Liquidation von OHG und KG durch Veräußerung des Unternehmens

Europäische Hochschulschriften Recht

European University Studies in Law

Publications Universitaires Européennes de Droit

Band/Volume 6176

Marten Schmitt

Liquidation von OHG und KG durch Veräußerung des Unternehmens

PETER LANG

Bibliografische Information der Deutschen Nationalbibliothek
Die Deutsche Nationalbibliothek verzeichnet diese Publikation in der Deutschen Nationalbibliografie; detaillierte bibliografische Daten sind im Internet über http://dnb.d-nb.de abrufbar.

Zugl.: Marburg, Univ., Diss.,

Gedruckt auf alterungsbeständigem, säurefreiem Papier.
Druck und Bindung: CPI books GmbH, Leck

D 4
ISSN 0531-7312
ISBN 978-3-631-81942-5 (Print)
E-ISBN 978-3-631-82602-7 (E-PDF)
E-ISBN 978-3-631-82603-4 (EPUB)
E-ISBN 978-3-631-82604-1 (MOBI)
DOI 10.3726/b16897

Diese Publikation wurde begutachtet.

www.peterlang.com

Meiner Mutter

Vorwort

Die vorliegende Arbeit wurde im Wintersemester 2019/2020 vom Fachbereich Rechtswissenschaften der Phillips-Universität Marburg als Dissertation angenommen. Mein besonderer Dank gilt meinem Doktorvater Herrn Professor Dr. Johannes Wertenbruch, der die Entstehung dieser Arbeit durch seinen wertvollen Rat und freundliche Diskussionen gefördert hat. Danken möchte ich außerdem Herrn Prof. Dr. Wolfgang Voit für die sehr zügige Erstellung des Zweitgutachtens.

Mein Dank gilt Frau Lena Schönewald und Herrn Jens Eichler, die das Manuskript durchgesehen und einen wichtigen Beitrag zum erfolgreichen Entstehen dieser Arbeit geliefert haben. Danken möchte ich darüber hinaus meinen Kollegen am Lehrstuhl von Herrn Professor Dr. Wertenbruch sowie Herrn Simeon Schmitt, die mit stets anregenden und konstruktiven Diskussionen Einfluss auf den Werdegang der Arbeit genommen haben.

Die zitierte Literatur wurde für die Veröffentlichung auf den Stand von Februar/März 2020 gebracht; hierdurch konnte insbesondere das Urteil des BGH vom 08.01.2019, Aktenzeichen 364/18 berücksichtigt werden.

Darmstadt, März 2020
Marten Schmitt

Inhaltsübersicht

Verzeichnis zitierter Literatur

Adler, Emanuel, Beiträge zum Firmenrecht, ZHR 85 (1921), S. 93–149

Albers, Gregor, Aufteilung von Preisen bei Gewinnspielen, NJW 2017, S. 2380–2383

Altmeppen, Holger, Insolvenz der gekauften Kapitalgesellschaft und Gewährleistungsrecht, Festschrift für Eduard Picker zum 70. Geburtstag, Tübingen 2010, S. 23–37

Altmeppen, Holger, Kernbereichslehre, Bestimmtheitsgrundsatz und Vertragsfreiheit in der Personengesellschaft, NJW 2015, S. 2065–2017

Altmeppen, Holger, Roth/Altmeppen Kommentar zum GmbHG, 9. Auflage München 2019 Zitiert als: Roth/Altmeppen/*Bearbeiter*, § Rn.

Arlt, Ulrich, Verbot der Fremdorganschaft bei der GbR, NZG 2002, S. 407–411

Baier, Klaus-Georg, Die Störung der Geschäftsgrundlage im Recht der Personengesellschaften, NZG 2004, S. 356–360

Bayer, Walter / Vetter, Jochen (Hrsg.), Umwandlungsgesetz, 6. Auflage Köln 2019 1. Band §§ 1–122 Zitiert als: Lutter/*Bearbeiter*, § Rn.

Bayer, Walter / Lieder, Jan / Hoffmann, Thomas, Übertragung des gesamten Gesellschaftsvermögens nach § 179a AktG, AG 2017, S. 717–725

Bayer, Walter / Hommelhoff, Peter / Kleindiek, Detlef, GmbHG, Kommentar, 20. Auflage 2020 Zitiert als: Lutter/Hommelhoff/*Bearbeiter*, § Rn.

Ballerstedt, Kurt, Der gemeinsame Zweck als Grundbegriff des Rechts der Personengesellschaften, JuS 1963, S. 254–263

Ballerstedt, Kurt, Thomas Raiser, Das Unternehmen als Organisation. Kritik und Erneuerung der juristischen Unternehmenslehre – Rezension, ZHR 134 (1970), S. 251–261

Ballerstedt, Kurt, GmbH-Reform, Mitbestimmung, Unternehmensrecht, ZHR 135 (1991), S. 479–510

Bamberger, Georg / Roth, Herbert / Hau, Wolfgang / Poseck, Roman (Hrsg.), BeckOK.BGB, 53. Edition München 01.02.2020 Zitiert als: BeckOK.BGB/*Bearbeiter*, § Rn.

Baumann, Horst, Die GmbH in Anwartschaft– ein neues Konzept zur Gründerhaftung, JZ 1998, S. 597–602

Baur, Fritz, Die Rechtsprechung des Bundesgerichtshofs in Zivilsachen (Band 13 bis 16 der amtlichen Sammlung), JZ 1955, S. 607–611.

Beck, Lukas, Die Bedeutung des identitätswahrenden Formwechsels zwischen OHG und GbR in der Zwangsvollstreckung, MittBayNot 2017, S. 209–213

Bergjan**, **Ralf, Die Haftung aus culpa in contrahendo beim Letter of Intent nach neuem Schuldrecht, ZIP 2004, S. 395–401

Berkefeld**, **Sebastian, Praktische Auswirkungen der Entscheidung des BGH v. 8. 1. 2019 – II ZR 364/18 zu § 179a AktG (analog), DNotZ 2020, S. 85–94

Beurskens**, **Michael** / **Fastrich**, **Lorenz** / **Haas**, **Ulrich** / **Kersting**, **Christian** / **Noack**, **Ulrich** / **Servatius**, **Wolfgang, Baumbach/Hueck Kommentar zum GmbHG, 22. Auflage 2019 Zitiert als: Baumbach/Hueck/*Bearbeiter*, § Rn.

Beuthien**, **Volker, Zur Begriffsverwirrung im deutschen Gesellschaftsrecht, JZ 2003, S. 715–722

Beuthien**, **Volker, Zur Systemvergessenheit im deutschen Gesellschaftsrecht, JZ 2003, S. 969–978

Beuthien**, **Volker, Zur Grundlagenungewissheit des deutschen Gesellschaftsrechts, NJW 2005, S. 855–860

Beuthien**, **Volker, Ist die Innengesellschaft nicht rechtsfähig?, NZG 2011, S. 161–165

Beuthien**, **Volker, Wer sind die Handelnden? Warum und wie lange müssen sie haften?, GmbHR 2013, S. 1–17

Beuthien**, **Volker, Haftung der Vorgesellschafter: Warum so umständlich? Warum so milde?, WM 2013, S. 1485–1494

Beuthien**, **Volker** / **Wolff**, **Reinmar** / **Schöpflin**, **Martin, Genossenschaftsgesetz, 16. Auflage München 2018 Zitiert als: Beuthien/*Bearbeiter*, § Rn.

Binz**, **Mark** / **Mayer**, **Gerd, Bilanzierungsentscheidungen und Jahresabschlussfeststellung bei Personenhandelsgesellschaften, DB 2007, S. 1739–1743

Blaurock**, **Uwe (Hrsg.), Handbuch Stille Gesellschaft, 8. Auflage Köln 2016 Zitiert als: *Bearbeiter* in Blaurock, Rn.

Blaurock**, **Uwe** / **Pordzik**, **Philipp, Die Auseinandersetzung der stillen Gesellschaft, NZG 2018, S. 81–87

Bochmann**, **Christian** / **Becker**, **Carolin, Anmerkung zum Urteil des BGH vom 30.1.2018, Az. II ZR 95/16 – Zur Inanspruchnahme des Treugeberkommanditisten durch den Liquidator der Gesellschaft, EWiR S. 229–230

Böhmer**, **Martin, Die Vereinbarung eines gemeinsamen Zwecks bei der Gesellschaft bürgerlichen Rechts, JZ 1994, S. 982–990

Bork**, **Reinhard** / **Oepen**, **Klaus, Einzelklagebefugnisse des Personengesellschafters, ZGR 2001, S. 515–553

Borris**, **Christian, Die „Schiedsfähigkeit" von Beschlussmängelstreitigkeiten in der Personengesellschaft Zum Beschluss des BGH 6.4.2017 („Schiedsfähigkeit III"), NZG 2018, S. 761–767

Böttcher, Lars, Verpflichtung des Vorstands einer Aktiengesellschaft zur Durchführung einer Due Diligene beim Beteiligungserwerb, Baden-Baden 2005 Zitiert als: *Böttcher*, Beteiligungswerwerb, S.

Böttcher, Lars, Verpflichtung des Vorstands einer AG zur Durchführung einer Due Diligence, NZG 2005, S. 49–54

Böttcher, Lars, Organpflichten beim Unternehmenskauf, NZG 2007, S. 481–485

Brandani, Andrea, Die BGB-Gesellschaft in der Liquidation, Frankfurt a.M. 2002 Zitiert als: *Brandani*, BGB-Gesellschaft, S.

Braun, Eberhard, Handelsbilanz contra Schlussrechnung – Der entmündigte Rechtspfleger?, ZIP 1993, S. 1013–1015

Braun, Johann, Zur Auslegung der §§ 1365, 1369 BGB, Festschrift für Hans-Joachim Musielak zum 70. Geburtstag, München 2004, S. 119–139

Bredol, Martin, Die Rechtsstellung der Abwickler einer Aktiengesellschaft, Baden-Baden 2010 Zitiert als: *Bredol*, Rechtsstellung, S.

Bredol, Martin / Natterer, Jochen, Von Irrungen und Wirrungen bei der Veräußerung des „ganzen" Vermögens einer Kommanditgesellschaft: Keine analoge Anwendung von § 179a AktG!, ZIP 2015, S. 1419–1426

Bredthauer, Jürgen, Zum Anwendungsbereich des § 179a AktG, NZG 2008, S. 816–819

Breschendorf, Peter, § 179a AktG ist auf die GmbH nicht analog anwendbar, GWR 2019, S. 145

Brock, Ulrich, Die Haftungssituation des Geschäftsführers der GmbH und ihre Begrenzung im Bereich der Vorgesellschaft: § 11 Abs. 2 GmbHG: Eine überflüssige Vorschrift, Frankfurt 1987 Zitiert als: *Brock*, Haftungssituation, S.

Brocker, Moritz /Schulenberg, Volker, Das Damoklesschwert des § 179a AktG bei M&A Transaktionen insbesondere im insolvenznahen Bereich, BB 2015, S. 1993–1998

Brudermüller, Gerd / Ellenberger, Jürgen / Götz, Isabell et. all., Palandt Bürgerliches Gesetzbuch mit Nebengesetzen, 79. Auflage, München 2020 Zitiert als: Palandt/*Autor*, § Rn.

Brüggemann, Dieter et. all., Handelsgesetzbuch Großkommentar, Zweiter Band, 2. Halbband, §§ 145–177 §§ 335–342, 3. Auflage Berlin 1970 Zitiert als: Groß-Komm.HGB/*Bearbeiter* (3. Aufl.), § Rn.

Bitter, Georg / Heim, Sebastian, Gesellschaftsrecht, 4. Auflage München 2018 Zitiert als: *Bitter/Heim*, GesR, § Rn.

Bungert, Hartwin / Evertz, Moritz, Keine analoge Anwendbarkeit des § 179a AktG auf die GmbH, EWiR 2019, S. 263–264

Butzer, Herman, Die Liquidation von Personenhandelsgesellschaften – ein Überblick, Jura 1994, S. 628–635

Canaris, Claus-Wilhelm, Schadensersatz- und Bereicherungshaftung des Vertretenen ohne Vertretungsmacht – BGH NJW 1980, 115, JuS 1980, S. 332–335

Canaris, Claus-Wilhelm, Handelsrecht, 24. Auflage, München 2006 Zitiert als: *Canaris*, HandelsR, § Rn.

Canaris, Claus-Wilhelm / Habersack, Mathias / Schäfer, Carsten (Hrsg.), Handelsgesetzbuch Großkommentar,

Band 1, Einleitung; §§ 1–104, 4. Auflage Berlin 1995

Band 1, Einleitung; §§ 1–47b, 5. Auflage Berlin 2009

Band 3, §§ 105–160, 5. Auflage Berlin 2009

Band 4, §§ 161–236, 5. Auflage Berlin 2015 Zitiert als: GroßKomm. HGB/*Autor*, § Rn.

Cobe, Matondo / Kling, Michael, Die business judgement rule im Genossenschaftsrecht, ZG 2018, S. 48–54

Coenenberg, Adolf G. / Haller, Axel / Schulze, Wolfgang (Hrsg.), Jahresabschluss und Jahresabschlussanalyse, 25. Auflage Stuttgart 2018 Zitiert als: *Coenenberg/Haller/Schultze*, Jahresabschluss, S.

Dauner-Lieb, Barbara / Langen, Werner, BGB Schuldrecht Band 2/2: §§ 611–853, 3. Auflage Baden-Baden 2016 Zitiert als: Nk-BGB/*Bearbeiter*, § Rn.

Detterbeck, Steffen, Allgemeines Verwaltungsrecht mit Verwaltungsprozessrecht, 17. Auflage 2019 Zitiert als: *Detterbeck*, Verwaltungsrecht, Rn.

Dicken, Andre Jacques / Henssler, Martin, Bilanzrecht, 1. Auflage 2015 Zitiert als: *Dicken/Henssler*, BilanzR, Rn.

Drescher, Ingo, Aktuelle Rechtsprechung des II. Zivilsenats des BGH zum Kapitalmarktrecht, WM 2019, S. 137–144

Drinhausen, Florian / Eckstein, Hans-Martin (Hrsg.), Beck'sches Handbuch der AG, 3. Auflage München 2018 Zitiert als: *Bearbeiter* in BeckHdB AG, § Rn.

Drüsedau, Arno / Kleinhans, Joachim, F.W. Raiffeisen Die Darlehnskassen-Vereine, 8. Auflage, Neuwied am Rhein 1966 Zitiert als: *Raiffeisen,* Die Darlehnskassen-Vereine, S.

Dunz, Walter / Heimann-Trosien, Georg / Nüßgens, Karl / Steffen, Erich, Das Bürgerliche Gesetzbuch mit besonderer Berücksichtigung der Rechtsprechung des Reichsgerichts und des Bundesgerichtshofs, Band II, 5. Teil §§ 812–831 (Anhang nach § 823: I. Verletzung des Persönlichkeitsrechts II. Arzthaftungsrecht), 12. Auflage Berlin 1989 Zitiert als: RGRK/*Bearbeiter*, § Rn.

Eggenberger, Jens, Gesellschaftsrechtliche Voraussetzungen und Folgen einer due-diligence-Prüfung, Frankfurt 2001 Zitiert als: Eggenberger, due-diligene-Prüfung

Eickelberg, Jan / Mühlen, Fabian, Versteckte Vorgaben für Unternehmenskaufverträge mit einer GmbH als Veräußerin, NJW 2011, S. 2476–2481

Eickhoff, Andreas, Die Praxis der Gesellschafterversammlung, 4. Auflage Köln 2006 Zitiert als: *Eickhoff*, Gesellschafterversammlung, Rn.

Einmahl, Jürgen, Die erste gesellschaftsrechtliche Richtlinie des Rates der Europäischen Gemeinschaften und ihre Bedeutung für das deutsche Aktienrecht (I), AG 1969, S. 131–139

Einmahl, Jürgen, Die erste gesellschaftsrechtliche Richtlinie des Rates der Europäischen Gemeinschaften und ihre Bedeutung für das deutsche Aktienrecht (II), AG 1969, S. 167–173

Eller, Peter, Liquidation der GmbH, 2. Auflage Berlin 2012 Zitiert als: *Eller*, Liquidation, Rn.

Emmerich, Volker, Erfüllungstheorie oder Haftungstheorie – Zur Auslegung der §§ 126 und 128 HGB, Festschrift für Rudolf Lukes zum 65. Geburtstag, Köln 1989, S. 639–653

Ensthaler, Jürgen, Gemeinschaftskommentar zum Handelsgesetzbuch mit UN-Kaufrecht, 8. Auflage Köln 2015 Zitiert als: Ensthaler/*Bearbeiter*, § Rn.

Ernst, Wolfgang, Der Beschluss als Organakt, Rechtsgeschäft, Methodenlehre und darüber hinaus, Liber Amicorum für Detlef Leenen zum 70. Geburtstag am 4. August 2012, Berlin 2012, S. 1–42 Zitiert als: *Ernst*, Liber Amicorum Leenen, S.

Escher-Weingart, Christine, Die Treuepflicht zur Zustimmung zum Rauswurf – zugleich eine Besprechung zu BGH vom 9.6.2015 = WM 2015, 1635, WM 2016, S. 1596–1576

Eschwey, Claudius, Der wundersame Aufstieg des § 179a AktG – ein Stolperstein auch beim Grundstückskaufvertrag, MittBayNot 2018, S. 299–316

Ettinger, Jochen / Jaques, Henning (Hrsg.), Beck'sches Handbuch Unternehmenskauf im Mittelstand, w. Auflage München 2017 Zitiert als: *Bearbeiter* in Ettinger/Jaques, Kapitel Rn.

Falkenhausen, Jürgen Freiherr von, Die Post-M&A Due Diligence, NZG 2015, S. 1209–1212

Faust, Florian, Kaufrecht: Mängelgewährleistung, JuS 2012, S. 354–356

Fendt, Philip J.S., Der Aufsichtsrat in der Mitverantwortung einer interessenpluralistischen Formalzielbestimmung, AG 2017, S. 99–112

Fezer, Karl-Heinz, Liberalisierung und Europäisierung des Firmenrechts, ZHR 161 (1997), S. 52–66

Fikentscher, Wolfang, Zu Begriff und Funktion des „gemeinsamen Zwecks" im Gesellschafts- und Kartellrecht, Festschrift für Harry Westermann zum 65. Geburtstag, Karlsruhe 1974, S. 87–117

Fink, Michael / Chilevych, Kyrill, Anwendbarkeit und Anforderungen des § 179a AktG bei Personengesellschaften – Eine einzige Grauzone?, NZG 2017, S. 1254–1256

***Fleischer*, *Holger* / *Körber*, *Thorsten*,** Due diligence und Gewährleistung beim Unternehmenskauf, BB 2001, S. 841–849

***Fleischer*, *Holger*,** Ungeschriebene Hauptversammlungskompetenzen im Aktienrecht: Von „Holzmüller" zu „Gelatine", NJW 2004, S. 2335–2339

***Fleischer*, *Holger*,** Reichweite und Grenzen der unbeschränkten Organvertretungsmacht im Kapitalgesellschaftsrecht, NZG 2005, S. 529–537

***Fleischer*, *Holger* / *Schneider*, *Stephan*,** Zulässigkeit und Grenzen von Shoot-Out-Klauseln im Personengesellschafts- und GmbH-Recht, DB 2010, S. 2713–2719

***Fleischer*, *Holger*,** Gestaltungsgrenzen für Zustimmungsvorbehalte des Aufsichtsrats nach § 111 Abs. 4 S. 2 AktG, BB 2013, S. 835–843

***Fleischer*, *Holger* / *Danninger*, *Nadja*,** Der Sorgfaltsmaßstab in der Personengesellschaft (§ 708 BGB), NZG 2016, S. 481–492

***Fleischer*, *Holger/Goette*, *Wulf (Hrsg.)*,** Münchener Kommentar zum GmbH-Gesetz,

1. Band, §§ 1–34, 3. Auflage München 2018

2. Band, §§ 35–52, 3. Auflage München 2019

3. Band, §§ 53–85, 3. Auflage München 2018 Zitiert als: MüKo.GmbHG/*Bearbeiter*, § Rn.

***Flume*, *Johannes W.*,** Die Firma als „tradeable Asset" – Die derivative Firmennutzung zwischen Vollrechtsübertragung und schuldrechtlicher Namenslizenzierung, DB 2008, S. 2011–2016

***Flume*, *Werner*,** Allgemeiner Teil des Bürgerlichen Rechts Erster Band Erster Teil Die Personengesellschaft, Berlin 1977 Zitiert als: *Flume*, AT I/1, S.

***Flume*, *Werner*,** Zur Enträtselung der Vorgesellschaft Eine Untersuchung aus Anlaß der Entscheidung BGH, NJW 1981, 1373, NJW 1981, S. 1753–1756

***Flume*, *Werner*,** Anmerkung zu *BGH* Urt. v. 10.10.1994 – II ZR 18/94, ZIP 1995, S. 651–653

***Flume*, *Werner*,** Vom Beruf unserer Zeit für Gesetzgebung, ZIP 2000, S. 1427–1430

***Forkel*, *Hans*,** Die Übertragbarkeit der Firma, Festschrift für Heinz Paulick zum 65. Geburtstag 9. Mai 1973, Köln 1973, S. 101–117

***Förschle Gerhart* / *Kropp*, *Manfred* / *Deubert*, *Michael*,** „Schlußbilanz der werbenden Gesellschaft" kein Pflichtbestandteil der Rechnungslegung von Kapitalgesellschaften in Liquidation, DB 1994, S. 998–1000

***Förster*, *Wolfgang* / *Grönwoldt*, *Jens*,** Das Bilanzrichtlinien-Gesetz und die Liquidationsbilanz, BB 1987, S. 577–581.

***Freund*, *Stefan*,** Die gesellschaftsrechtliche Durchsetzungssperre, MDR 2011, S. 577–581

***Frey*, *Kaspar* / *Wiedemann*, *Herbert*,** Gesellschaftsrecht, 9. Auflage München 2016 Zitiert als: *Wiedemann/Frey*, GesR, S.

Frotz, Gerhard, Verkehrsschutz im Vertretungsrecht, Frankfurt 1972 Zitiert als: *Frotz*, Verkehrsschutz, S.

Gasteyer, Thomas / Goldschmidt, Christof-Ulrich, Wissenszurechnung bei juristischen Personen und im Konzern, AG 2016, S. 116–125

Gehrlein, Markus / Born, Manfred / Simon, Stefan (Hrsg.), GmbHG, 4. Auflage Köln 2019 Zitiert als: *Bearbeiter* in Gehrlein/Born/Simon, § Rn.

Gernhuber, Joachim / Coester-Waltjen, Dagmar, Familienrecht, 6. Auflage München 2010 Zitiert als: *Gernhuber/Coester-Waltjen*, FamR, § Rn.

Gersch, Eva-Maria / Jäger, Markus / Rätke, Bernd / Ratschow, Eckart / Rüsken, Reinhart / Werth, Franceska, Abgabenordnung einschließlich Steuerstrafrecht, 14. Auflage München 2018 Zitiert als: Klein/*Bearbeiter*, § Rn.

Geßler, Ernst / Hafermehl, Wolfgang / Hildebrandt, Wolfgang / Schröder, Georg / Martens, Klaus-Peter / Schmidt, Karsten, Schlegelberger, Handelsgesetzbuch,

Band III / 1. Halbband §§ 105–160, 5. Auflage Zitiert als: Schlegelberger/*Bearbeiter*, § Rn.

Giedinghagen, Jan / Keller, Tobias, Keine analoge Anwendung von § 179 a AktG auf die GmbH, NJW-Spezial 2019, S. 271–272

Gierke, Otto von, Die Genossenschaftstheorie und die deutsche Rechtsprechung, Berlin 1887 Zitiert als: *O. v. Gierke*, Genossenschaftstheorie, S.

Gierke, Otto von, Deutsches Privatrecht Band 1: Allgemeiner Teil und Personenrecht, Leipzig, 1895 Zitiert als: *O. v. Gierke*, Privatrecht, S.

Glas, Heike / Hörstel, Reinhard / Jäger, Axel / Schulte, Knut / Walpert, Klaus, Sudhoff Personengesellschaften, 7. Auflage München 1999 Zitiert als: Sudhoff/*Bearbeiter*, Rn.

Glanegger, Peter / Kirnberger, Christian / Dusterer, Stefan / Ruß, Wolfang / Selder, Johannes / Stuhlfelner, Ulrich, Heidelberger Kommentar zum Handelsgesetzbuch, 7. Auflage Heidelberg 2007 Zitiert als: Glanegger/*Bearbeiter*, § Rn.

Goette, Wulf, Minderheitenschutz bei gesellschaftsvertraglicher Abweichung vom Einstimmigkeitsprinzip, Familiengesellschaften Festschrift für Walter Sigle zum 70. Geburtstag, Köln 2000, S. 145–161

Goette, Wulf / Goette, Maximilian, Mehrheitsklauseln im Personengesellschaftsrecht, DStR 2016, S. 74–84

Goette, Wulf / Habersack, Mathias / Kalss, Susanne, Münchener Kommentar zum Aktiengesetz

Band 1 §§ 1–75, 5. Auflage München 2019

Band 2 §§ 76–117, MitbestG, DrittelbG, 5. Auflage München 2019

Band 4 §§ 179–277, 4. Auflage München 2016 Zitiert als: MüKo.AktG/*Bearbeiter*, § Rn.

Gottschalk, Eckart / Hancioglu, Levent, Befugnisse des Abwicklers einer Publikums-KG zum Innenausgleich unter den Gesellschaftern, GWR 2018, S. 161

Götze, Cornelius, „Gelatine“ statt „Holzmüller“ – Zur Reichweite ungeschriebener Mitwirkungsbefugnisse der Hauptversammlung, NZG 2004, S. 585–589

Götze, Cornelius, Karriereknick eines Fremdkörpers – Zur Nichtanwendbarkeit des § 179a AktG in der GmbH, NZG 2019, 695–697

Göz Philipp, Poolvertrag, Stimmrechtsbindung, Mehrheitsklausel/„Schutzgemeinschaftsvertrag II“, EWiR 2009, S. 173–174

Graf Wolffskeel von Reichenberg, Luitpold, Forderungen eines Personengesellschafters gegen seine Gesellschaft bzw. Mitgesellschafter, NZG 2017, S. 45–50

Gran, Andreas, Abläufe bei Mergers & Acquisitions, NJW 2008, S. 1409–1415

Grigoleit, Hans Christoph (Hrsg.), Aktiengesetz, 1. Auflage München 2013 Zitiert als: Grigoleit/*Bearbeiter*, § Rn.

Grunewald, Barbara, Die Gesellschafterklage in der Personengesellschaft und der GmbH, Tübingen 1990 Zitiert als: *Grunewald*, Gesellschafterklage, S.

Grunewald, Barbara, Anmerkung zu BGH v. 9.1.1995 – II ZR 27/94, JZ 1995, S. 577–578

Grunewald, Barbara, Durchsetzung von Ersatzansprüchen durch besondere Vertreter in Personengesellschaften, liber amicorum Martin Winter, Köln 2011, S. 167–176

Grunewald, Barbara, Gesellschaftsrecht, 10. Auflage Tübingen 2017 Zitiert als: *Grunewald*, GesR, § Rn.

Grunewald, Barbara, Die Aufgabe des Bestimmtheitsgrundsatzes – was bleibt vom Minderheitenschutz in der Personengesellschaft?, BB 2015, S. 333

Grunewald, Barbara, Festschrift für Theodor Baums zum siebzigsten Geburtstag, Band I, Tübingen 2017, S. 507–515

Grützner, Thomas / Jakob, Alexander (Hrsg.), Compliance von A–Z, 2. Auflage München 2015 Zitiert als: *Grützner/Jakob*, Compliance von A–Z, Stichwort

Grziwotz, Herbert, Die Liquidation von Personengesellschaften, DStR 1992 S. 1365–1369

Grziwotz, Herbert, Probleme der Liquidation und Nachtragsliquidation bei der Publikums-KG, DStR 1993, S. 362–364

Gsell, Beate / Krüger, Wolfgang / Lorenz, Stephan, Reymann, Christoph (Gesamt-Hrsg.), beck-online.Grosskommentar BGB, München 01.02.2020 Zitiert als: BeckOGK.BGB/*Bearbeiter*, § Rn.

Gummert, Hans / Weipert, Lutz (Hrsg.), Münchener Handbuch des Gesellschaftsrechts, Band 1, BGB-Gesellschaft, Offene Handelsgesellschaft, Partnerschaftsgesellschaft, Partenreederei, EWIV 5. Auflage München 2019

Band 2, Kommanditgesellschaft, GmbH & Co.KG, Publikums-KG, Stille Gesellschaft, 5. Auflage München 2019 Zitiert als: *Bearbeiter* in MHdB GesR, Band, § Rn.

Gummert*, *Hans (Hrsg.), Münchener Anwaltshandbuch Personengesellschaftsrecht, 3. Auflage München 2019 Zitiert als: *Bearbeiter*, MAH Personengesellschaftsrecht, § Rn.

Haag*, *Oliver / Löffler*, *Joachim (Hrsg.), Handelsgesetzbuch – HGB Kommentar, 2. Auflage Köln 2013 Zitiert als: Haag/Löffler/*Bearbeiter*, § Rn.

Haar*, *Brigitte, Die Personengesellschaft im Konzern, Tübingen 2006 Zitiert als: *Haar*, Konzern, S.

Haar*, *Brigitte, Unternehmensfinanzierung in der Personengesellschaft zwischen Kernbereich und Mehrheitsmacht Grundlagengeschäfte im Lichte der „Otto"-Entscheidung des BGH vom 15. 1. 2007, NZG 2007, S. 601–605

Habersack*, *Mathias, Zur Rechtsnatur der Gesellschaft bürgerlichen Rechts – BAG NJW 1989, 3034, JuS 1990, S. 179–184

Habersack*, *Mathias, Die Mitgliedschaft – subjektives und „sonstiges" Recht, Tübingen 1996 Zitiert als: *Habersack*, die Mitgliedschaft, S.

Habersack*, *Mathias, Grenzen der Mehrheitsherrschaft in Stimmrechtskonsortien, ZHR 164 (2000), S. 1–22

Habersack*, *Mathias, Die Besorgung von Rechtsangelegenheiten durch beauftragte Geschäftsführer – kein Problem des RBerG?, BB 2005, S. 1695–1697

Hadding*, *Walther, Einschränkung des Umfangs organschaftlicher Vertretungsmacht bei OHG und KG entsprechend § 179a AktG?, Festschrift für Marcus Lutter zum 70. Geburtstag, Köln 2000, S. 851–869

Hadding*, *Walther, Zur Rechtsfähigkeit und Parteifähigkeit der (Außen-)Gesellschaft bürgerlichen Rechts sowie zur Haftung ihrer Gesellschafter für Gesellschaftsverbindlichkeiten, ZGR 2001, S. 712–743

Hasselbach*, *Kai / Ebbinghaus*, *Felix, Vorvertragliche Pflichtverletzung als Haftungsfalle beim Unternehmenskauf, DB 2012, S. 216–222

Häublein*, *Martin, § 174 S. 1 BGB – eine (Haftungs-) Falle nicht nur für Rechtsanwälte, NJW 2002, S. 1398–1399

Häublein*, *Martin / Hoffmann-Theinert*, *Roland (Hrsg.), HGB, 1. Auflage Baden-Baden 2017 Zitiert als: Nk-HGB/*Bearbeiter* § Rn.

Häublein*, *Martin / Hoffmann-Theinert*, *Roland (Hrsg.), BeckOK HGB, 27. Edition München 2020 Zitiert als: BeckOK.HGB/Bearbeiter, § Rn.

Heckschen*, *Heribert / Bachmann*, *Daniel, Mehrheitsklauseln bei Personengesellschaften, NZG 2015, S. 531–536

Heckschen*, *Heribert, Keine analoge Anwendung des § 179a AktG auf die GmbH, AG 2019, S. 420–422

Heckschen, Heribert / Strnad, Korina, Gesellschaftsrecht Aktuelle Entwicklungen, notar 2019, S. 406–425

Heermann, Peter W. / Schlingloff, Jochen (Hrsg.), Münchener Kommentar zum Lauterkeitsrecht

Band 2, §§ 5–20 UWG, 3. Auflage München 2020 Zitiert als: MüKo.UWG/Bearbeiter, § Rn.

Heidel, Thomas (Hrsg.), Aktienrecht und Kapitalmarktrecht, 5. Auflage Baden-Baden 2020 Zitiert als: Nk-AktG/*Bearbeiter*, § Rn.

Heidel, Thomas / Schall, Alexander (Hrsg.), Handelsgesetzbuch Handkommentar, 3. Auflage Baden-Baden 2020 Zitiert als: Hk-HGB/*Bearbeiter*, § Rn.

Heidinger, Andreas / Leible, Stefan / Schmidt, Jessica (Hrsg.), Kommentar zum GmbHG,

Band I, Systematische Darstellungen, §§ 1–34 GmbHG, 3. Auflage München 2017 Zitiert als: M/H/L/S/*Bearbeiter*, § Rn.

Heimann, Ralf, Die Entwicklung der handelsrechtlichen Veröffentlichung vom ALR bis zum ADHGB, Berlin 2010 Zitiert als: *Heimann*, ADHGB, S.

Heinze, Stefan, Zustimmungsbeschlüsse zur Transaktionsvorbereitung, NJW 2019, S. 1995–1997

Helms, Tobias / Zeppernick, Jens Martin, Sachenrecht I Mobiliarsachenrecht, 4. Auflage München 2018 Zitiert als: *Helms/Zeppernick*, SachenR I, Rn.

Henne, Alexander / Dittert, Christian, Blick ins Gesellschaftsrecht, DStR 2019, 2371–2376

Hennrichs, Joachim / Kleindiek, Detlef / Watrin, Christoph (Hrsg.), Münchener Kommentar zum Bilanzrecht, München 2013 Zitiert als: MüKo. BilanzR/*Bearbeiter*, § Rn.

Henssler, Martin, Material Adverse Change Klauseln in deutschen Unternehmenskaufverträgen – (r)eine Modeerscheinung?, Festschrift für Ulrich Huber zum siebzigsten Geburtstag, Tübingen 2006, S. 739–756

Henssler, Martin / Strohn, Lutz, Gesellschaftsrecht, 4. Auflage München 2019 Zitiert als: Henssler/Strohn/*Bearbeiter*, § Rn.

Henze, Hartwig, Minderheitenschutz durch materielle Kontrolle der Beschlüsse über die Zustimmung nach § 179a AktG und die Änderung des Unternehmensgegenstands der Aktiengesellschaft?, Festschrift für Karlheinz Boujong zum 65. Geburtstag, München 1996, S. 233–250

Henze, Hartwig, Erscheinungsformen des squeeze-out von Minderheitsaktionären, Festschrift für Herbert Wiedemann zum 70. Geburtstag, München 2002, S. 935–953

Hermes, Ludger, Der mitgliedschaftliche Nießbrauch in der Rechnungslegung, DStR 2018, S. 1878–1885

Heuermann, Bernd / Brandis, Peter (Hrsg.), Blümich Einkommensteuergesetz Körperschaftsteuergesetz Gewerbesteuergesetz, 149. Ergänzungslieferung München August 2019 Zitiert als: Blümich/*Bearbeiter*, § Rn.

Hillers, Klaus, Personengesellschaft und Liquidation, München 1988 Zitiert als: *Hillers*, Liquidation, S.

Hintzen, Maria A., Auflösung und Liquidation von Personengesellschaften, Darmstadt 1965 Zitiert als: *Hintzen*, Liquidation, S.

Hofmann, Jochen / Bartlitz, David, Vermögensübertragung und Missbrauch der Vertretungsmacht im GmbH-Recht, DB 2019, S. 1833–1839

Hoffmann-Becking, Michael (Hrsg.), Münchener Handbuch des Gesellschaftsrechts Band 4 Aktiengesellschaft, 4. Auflage München 2015 Zitiert als: *Bearbeiter* in MHdB GesR Band 4, § Rn.

Hofmann, Paul, Zur Liquidation einer GmbH (I), GmbHR 1976, S. 229–235

Hofmann, Paul, Zur Liquidation einer GmbH (II), GmbHR 1976, S. 258–269

Holler, Lorenz, Grenzen der Mehrheitsmacht in Personengesellschaften, DB 2008, S. 2067–2074

Hölters, Wolfgang, Aktiengesetz, 3. Auflage München 2017 Zitiert als: Hölters/*Bearbeiter*, § Rn.

Hoenig, Klaus Marinus / Klingen, Sebastian, Grenzen der Wissenszurechnung beim Unternehmenskauf, NZG 2013, S. 1046–1051

Hönn. Günther, Die konstitutive Wirkung der Löschung von Kapitalgesellschaften, ZHR 138 (1974), S. 50–79

Hönn, Günther, Zur Problematik der Privatautonomie, Jura 1984, S. 57–74

Honsell, Thomas, Die Besonderheiten der handelsrechtlichen Stellvertretung, JA1984, S. 17–23

Hopt, Klaus J. / Wiedemann, Herbert, Aktiengesetz Großkommentar

Band 1 Einleitung; §§ 1–53, 4. Auflage Berlin 2004

Band 7 Teil 2 §§ 241–277, 4. Auflage Berlin 2013 Zitiert als: GroßKomm. AktG/*Bearbeiter*, § Rn.

Hopt, Klaus, MAC-Klauseln im Finanz- und Übernahmerecht, Festschrift für Karsten Schmidt zum 70. Geburtstag, Köln 2009, S. 681–704

Hopt, Klaus / Kumpan, Christoph / Merkt, Hanno / Roth, Marcus, Baumbach/Hopt Kommentar zum Handelsgesetzbuch, 39. neubearbeitete Auflage München 2020 Zitiert als: Baumbach/Hopt/*Autor*, § Rn.

Norbert Horn / Peter Balzer / Georg Borges / Harald Herrmann, Heymann Kommentar zum Handelsgesetzbuch, 2. Band, §§ 105–237, 3. Auflage Berlin 2020 Zitiert als: Heymann/*Bearbeiter*, § Rn.

Huber, Ulrich, Vermögensanteil, Kapitalanteil, Gesellschaftsanteil an Personengesellschaften des Handelsrechts, Heidelberg 1970 Zitiert als: *U. Huber*, Vermögensanteil, S.

Huber, Ulrich, Rechtsfähigkeit, juristische Person und Gesamthand, Festschrift für Marcus Lutter zum 70. Geburtstag, Köln 2000, S. 107–139

Huber, Ulrich, Die Praxis des Unternehmenskaufs im System des Kaufrechts, AcP 202 (2002), S. 179–242

Huber, Peter, Testamentsvollstreckung am Kommanditanteil – Voraussetzungen und Rechtsfolgen, NJW 1990, S. 73–83

Hübner, Leonhard, Examinatorin Gesellschaftsrecht – Teil 2, Jura 2017, S. 257–270

Hübner, Rudolf Matthias, Schadensersatz wegen Täuschung beim Unternehmenskauf, BB 2010 S. 1483–1489

Hüffer, Uwe, Die Gesellschafterversammlung – Organ der GmbH oder bloßes Beschlussverfahren, Festschrift 100 Jahre GmbH-Gesetz, Köln 1992, S. 521–537

Hüffer, Uwe / Koch, Jens, Aktiengesetz, 14. Auflage München 2020 Zitiert als: Hüffer/Koch/*Koch*, § Rn.

Hülsmann, Christoph, Aktuelle höchstrichterliche Rechtsprechung zum GmbH-Geschäftsführer in 2018/2019, GmbHR 2019, S. 1093–1104

Hüren, Dominik, Gesamtvermögensgeschäfte im Gesellschaftsrecht, RNotZ 2014, S. 77–98

Jakobs, Horst Heinrich / Schubert, Werner (Hrsg.), Die Beratung des Bürgerlichen Gesetzbuchs in systematischer Zusammenstellung der unveröffentlichten Quellen,

Recht der Schuldverhältnisse I §§ 241 bis 432, Berlin 1978

Recht der Schuldverhältnisse III §§ 652 bis 853, Berlin 1983 Zitiert als: *Jakobs/Schubert*, Die Beratung des BGB, S.

Jans, Oliver, Anmerkung zu BGH v. 08.01.2019 II ZR 364/18, WuB 2019, S. 438–442

John, Uwe, Die organisierte Rechtsperson: System und Probleme der Personifikation im Zivilrecht, Berlin 1977 Zitiert als: *John*, Rechtsperson, S.

Joost, Detlev / Strohn, Lutz (Hrsg.), Ebenroth/Boujong/Joost/Strohn Handelsgesetzbuch, 4. Auflage München 2020 Zitiert als: E/B/J/S/*Bearbeiter*, § Rn.

Junker, Abbo, Grundkurs Arbeitsrecht, 18. Auflage 2019, Zitiert als: *Junker*, ArbR, Rn.

Karrer, Götz, Bestellung und Rechtsstellung des besonderen Vertreters im Recht der Personengesellschaften, NZG 2009, S. 932–937

Kästle, Florian / Oberbracht, Dirk, Unternehmenskauf – Share Purchase Agreement, 3. Auflage München 2018 Zitiert als: *Kästle/Oberpracht*, Unternehmenskauf, Abschnitt

Kiem, Roger, Das Beurkundungserfordernis beim Unternehmenskauf im Wege des Asset Deals, NJW 2006, S. 2363–2368

Kießling, Erik, Der Rechtsformwechsel zwischen Personalgesellschaften, WM 1999, S. 2391–2401

Kilian, Matthias, Partnerschaftsgesellschaftsgesetz, 1. Auflage Baden-Baden 2012 Zitiert als: Kilian, § PartGG Rn.

Kilian, Wolfgang, Rechtssoziologische und rechtstheoretische Aspekte des Vertragsabschlusses, Festschrift für Rudolf Wassermann zum 60. Geburtstag, Neuwied 1985, S. 715–725

Kindl, Johann, Rechtsscheintatbestände und ihre rückwirkende Beseitigung, Berlin 1999 Zitiert als: *Kindl*, Rechtsscheintatbestände, S.

Kirchhof Paul / Seer, Roman (Hrsg.), Einkommensteuergesetz, 18. Auflage Köln 2019 Zitiert als: Kirchhof/*Bearbeiter*, § Rn.

Klausing, Friedrich, Gesetz über Aktiengesellschaften und Kommanditgesellschaften auf Aktien nebst Einführungsgesetz und „Amtlicher Begründung“, Berlin 1937 Zitiert als: Amtliche Begründung zum AktG 1937, abgedruckt bei *Klausing*, AktG 1937 S.

Kleindiek, Detlef, Mehrheitsentscheidungen in der Personengesellschaft: Formelle und materielle Legitimation, GmbHR 2017, S. 674–679

Koch, Jens, Gesellschaftsrecht, 11. Auflage München 2019 Zitiert als: *Koch*, GesR, § Rn.

Koenig, Ulrich (Hrsg.), Abgabenordnung §§ 1 bis 368, 3. Auflage München 2014 Zitiert als: Koenig/*Bearbeiter*, § Rn.

Köhl, Dietmar, Der Prokurist in der unechten Gesamtvertretung, NZG 2005, S. 197–200

Köhler, Helmut, Die kommerzielle Verwertung der Firma durch Verkauf und Lizenzvergabe, DStR 1996, S. 510–515

Koller, Ingo / Kindler, Peter / Roth, Wulf-Henning / Drüen, Klaus-Dieter, Handelsgesetzbuch, 9. Auflage München 2019 Zitiert als: K/K/R/D/*Bearbeiter*, § Rn.

Koppmann, Verena, Die gesetzliche Aufklärungspflicht des Verkäufers und ihre Erfüllung beim Unternehmenskauf – ein Praxisleitfaden, BB 2014, S. 1673–1680

Körber, Torsten, Geschäftsleitung der Zielgesellschaft und due diligence bei Paketerwerb und Unternehmenskauf NZG 2002, S. 263–272

Korch, Stefan, Der Unternehmenskauf, JuS 2018, S. 521–526

Kornblum, Udo, Bundesweite Rechtstatsachen zum Unternehmens- und Gesellschaftsrecht (Stand 1.1.2015), GmbHR 2015, S. 687–696

Kornblum, Udo, Bundesweite Rechtstatsachen zum Unternehmens- und Gesellschaftsrecht (Stand 1.1.2016), GmbHR 2016, S. 691–701

Kornblum*, *Udo, Bundesweite Rechtstatsachen zum Unternehmens- und Gesellschaftsrecht (Stand 1.1.2017), GmbHR 2017, S. 739–748

Kornblum*, *Udo, Bundesweite Rechtstatsachen zum Unternehmens- und Gesellschaftsrecht (Stand 1.1.2018), GmbHR 2018, S. 669–680

Kornblum*, *Udo, Bundesweite Rechtstatsachen zum Unternehmens- und Gesellschaftsrecht (Stand 1.1.2019), GmbHR 2019, S. 689–698

Kort*, *Michael, Die Gründerhaftung in der Vor-GmbH, ZIP 1996, S. 109–117

Kropff*, *Bruno, Aktiengesetz, Düsseldorf 1965 Zitiert als: *Kropff*, AktG 1965, S.

Kübler*, *Friedrich* / *Assmann*, *Heinz-Dieter, Gesellschaftsrecht Die privatrechtlichen Ordnungsstrukturen und Regelungsprobleme von Verbänden und Unternehmen, 6. Auflage Heidelberg 2006 Zitiert als: *Kübler/Assmann*, GesR, § Abschnitt.

Künkele*, *Kai Peter* / *Zwirner*, *Christian, BilMoG: Handelsrechtliche Reform mit steuerlichen Konsequenzen? Übersicht über die Änderungen durch das BilMoG und die steuerlichen Folgen, DStR 2009, S. 1277–1283

Kuntz*, *Thilo, Grundlagen und Grenzen der aktienrechtlichen Leitungsautonomie Zugleich ein Beitrag zur Möglichkeit schuldrechtlicher Bindung des Vorstands, AG 2016, S. 101–116

Lamprecht*, *Philipp, Fortsetzung der OHG bei Ausscheiden eines Gesellschafters?, ZIP 1997, S. 919–923.

Lange*, *Christoph, „Material Adverse Effect" und „Material Adverse Change"-Klauseln in amerikanischen Unternehmenskaufverträgen, NZG 2005, S. 454–458

Lange*, *Oliver, Ungelöste Rechtsfragen der gesetzlichen Unternehmensmangelgewährleistung, ZGS 2003, S. 300–306

Lange*, *Knut Werner, Grundzüge des Rechts der OHG, Jura 2017, S. 665–672

Larenz*, *Karl, Methodenlehre der Rechtswissenschaft, 6. Auflage Berlin 1991 Zitiert als: *Larenz*, Methodenlehre, S.

Leenen*, *Detlef, „Bestimmtheitsgrundsatz“ und Vertragsänderung durch Mehrheitsbeschluß im Recht der Personengesellschaften, Festschrift für Karl Larenz zum 80. Geburtstag am 23. April 1983, München 1983, S. 371–393

Lehnhoff*, *Dirk J.* / *Holthaus*, *Jan, Lang/Weidmüller Genossenschaftsgesetz, 39. Auflage Berlin 2019 Zitiert als: Lang/Weidmüler/*Lehnhoff/Holthaus*, § Rn.

Leinekugel*, *Rolf, Die Ausstrahlungswirkung des Umwandlungsgesetzes, Köln 2000 Zitiert als: *Leinekugel*, Ausstrahlung, S

Leitzen*, *Mario, Die analoge Anwendung von § 179a AktG auf Gesellschaften mit beschränkter Haftung und Personengesellschaften in der Praxis, NZG 2012, S. 491–496

Lettl*, *Tobias, Das Recht zur Fortführung der Firma nach Unternehmensveräußerung, WM 2006, S. 1841–1847

Lettl, Tobias, Haftung bei Gesellschaftsgründung, JuS 2006, S. 912–920

Lettl, Tobias, Handelsrecht, 4. Auflage München 2018 Zitiert als: *Lettl*, HandelsR, § Rn.

Leuering, Dieter / Rubner, Daniel, Mehrheitsklauseln im Personengesellschaftsrecht, NJW-Spezial 2017, S. 655–656

Lieb, Manfred, Zum Entwurf eines Nachhaftungsbegrenzungsgesetzes, GmbHR 1992, S. 561–569

Lieder, Jan / Wilk, Cornelius / Ghassemi-Tabar, Nima (Hrsg.), Münchener Handbuch des Gesellschaftsrechts, Band 8, Umwandlungsrecht, Gesellschaftsrecht, Insolvenzrecht, Steuerrecht, Bilanzrecht, Arbeitsrecht, Kartellrecht, Öffentliches Recht, 5. Auflage München 2018 Zitiert als: *Bearbeiter* in MHdB GesR Band 8, § Rn.

Liekefett, Kai Haakon, Due Diligence bei M&A-Transaktionen, Berlin 2005 Zitiert als: *Liekefett*, Due Diligence, S.

Lind, Thorsten Patric, BGH: Aufgabe des Bestimmtheitsgrundsatzes bei Personengesellschaften, LMK 2015, 366316

Louven, Christoph / Mehrbrey, Kim Lars, Bedeutung aktueller M&A-Streitigkeiten für die Gestaltungspraxis, NZG 2014, S. 1321–1328

Lutter, Marcus / Bayer, Walter / Schmidt, Jessica, Europäisches Unternehmens- und Kapitalmarktrecht, 6. Auflage 2018 Zitiert als: *Lutter/Bayer/J. Schmidt*, Rn.

Mack, Benedikt, Anmerkung zu BGH Urt. v. 8.1.2019, II ZR 364/18, MittBayNot 2019, S. 491–494

Madaus, Stephan, Die Bruchteilsgemeinschaft als Unternehmensträger, ZHR 178 (2014), S. 98–114.

Maier-Reimer, Georg / Schilling, Myriam, Information und Haftung beim Unternehmenskauf Nutzen und Risiken des Datenraums, IWRZ 2016, S. 106–114

Marburger, Peter, Abschied vom Bestimmtheitsgrundsatz im Recht der Personengesellschaften?, NJW 1984, S. 2252–2258

Medicus, Dieter / Petersen, Jens, Allgemeiner Teil des BGB, 11. Auflage 2017 Zitiert als: *Medicus/Petersen*, BGB AT, Rn.

Meilicke, J. Frederic, Erzielbarer Veräußerungserlös vs. objektivierten Unternehmenswert bei Abfindung von Gesellschaftern, ZIP 2015, S. 605–612

Meilicke, Wienand / Graf v. Westphalen, Friedrich / Hoffmann, Jürgen / Lenz, Tobias / Wolff, Reinmar, Partnerschaftsgesellschaftsgesetz, 3. Auflage München 2015 Zitiert als: Meilicke/*Bearbeiter*, § Rn.

Merkt, Hanno, Grundsatz- und Praxisprobleme der Amerikanisierungstendenzen im Recht des Unternehmenskaufs, Festschrift für Otto Sandrock zum 70. Geburtstag, Heidelberg 2000, S. 657–688

Mertens*, *Hans-Joachim, Die Übertragung des ganzen Vermögens ist die Übertragung des (so gut wie) ganzen Vermögens, Festschrift für Wolfgang Zöllner zum 70. Geburtstag, Band I, Köln 1998, S. 385–393

Meyer*, *Andreas, Übertragung des ganzen Gesellschaftsvermögens in GmbH und Personengesellschaften, GmbHR 2019, S. 973–980

Mezger*, *Christian, Die vollständige Abwicklung insolventer Handelsgesellschaften, München 2011 Zitiert als: *Mezger*, Abwicklung, S.

Michalski*, *Lutz, OHG-Recht Kommentar zum Recht der offenen Handelsgesellschaft, Köln 2000 Zitiert als: *Michalski*, OHG, § Rn.

Mielke*, *Werner* / *Molz*, *Danielle, Anspruch des veräußerungswilligen Gesellschafters auf Durchführung einer due diligence durch den Erwerbsinteressenten?, DB 2008, S. 1955–1961

Mock*, *Sebastian, Die Gesellschafterklage (actio pro socio), JuS 2015, S. 590–596

Möller*, *Jan, Offenlegungen und Aufklärungspflichten beim Unternehmenskauf, NZG 2012, S. 841–846

Möllers*, *Thomas M.J., Juristische Methodenlehre, 2. München 2019 Zitiert als: *Möllers*, Juristische Methodenlehre, § Rn.

Morawietz*, *Matthias, Die rechts- und parteifähige Gesellschaft bürgerlichen Rechts im Zivilprozess, Baden-Baden 2011 Zitiert als: *Morawietz*, die rechts- und parteifähige GbR, S.

Moxter*, *Adolf, Zum Sinn und Zweck des handelsrechtlichen Jahresabschlusses nach neuem Recht, Bilanz- und Konzernrecht, Festschrift zum 65. Geburtstag von Dr. Dr. h.c. Reinhard Geerdeter, Düsseldorf 1987, S. 361–374

Mugdan*, *Benno (Hrsg.), Die gesamten Materialien zum Bürgerlichen Gesetzbuch für das Deutsche Reich, Neudruck 1979,

Band II Recht der Schuldverhältnisse Zitiert als: *Mugdan*, Band II, S.

Mülbert*, *Peter O., Aktiengesellschaft, Unternehmensgruppe und Kapitalmarkt, 2. Auflage München 1996 Zitiert als: *Mülbert*, Aktiengesellschaft, S.

Mülbert*, *Peter O.* / *Gramse*, *Gerold R., Gesellschafterbeschlüsse bei der rechtsfähigen Personengesellschaft, WM 2002, S. 2085–2094

Müller*, *Klaus J., Reichweite der Vertretungsmacht des GmbH-Geschäftsführers bei der Veräußerung des gesamten Gesellschaftsvermögens, NZG 2019, S. 807–813

Müller-Glöge*, *Rudi* / *Preis*, *Ulrich* / *Schmidt*, *Ingrid (Hrsg.,), Erfurter Kommentar zum Arbeitsrecht, 20. Auflage München 2020 Zitiert als: *Bearbeiter* in ErfK, § Rn.

Natterer*, *Joachim, Vom Musiklehrer und dem Retuscheur zu den Herren „Ba." und „Bä" – Neues zur analogen Anwendung von § 179a AktG außerhalb des Aktienrechts, ZIP 2019, S. 1796–1802

Neumann, Lorenz, Die Bestellung eines Nachtragsliquidators für Personenhandelsgesellschaften, NZG 2015, S. 1018–1021

Nitschke, Manfred, Die körperschaftlich strukturierte Personengesellschaft, Bielefeld 1970

Noack, Ulrich, Mitgliederversammlung bei Großvereinen und digitale Teilhabe, NJW 2018, S. 1345–1350

Nolting, Ekkehard, Neue Anforderungen an Schiedsklauseln zwischen Personengesellschaftern – „Schiedsfähigkeit III", ZIP 2017, S. 1641–1646

Oechsler, Jürgen, Vertragliche Schuldverhältnisse, 2. Auflage Tübingen 2017 Zitiert als: *Oechsler*, Vertragliche Schulverhältnisse, Rn.

Oetker, Hartmut, Lehrbuch Handelsrecht, 7. Auflage Heidelberg 2015 Zitiert als: *Oetker*, HandelsR, § Rn.

Oetker, Hartmut, Handelsgesetzbuch, 6. Auflage München 2019 Zitiert als: Oetker/*Bearbeiter*, § Rn.

Packi, Benno A., Die Veräußerung des ganzen Gesellschaftsvermögens, Baden-Baden 2011 Zitiert als: *Packi*, Veräußerung, S.

***Paura*, Jörg**, Liquidation und Liquidationspflichten Pflichten von Organen und Mitgliedern nach Auflösung der Gesellschaft, Hamburg 1996 Zitiert als: *Paura*, Liquidationspflichten, S.

Panzer, Christoph, Grundfragen des Unternehmenskaufs im Lichte der jüngeren Rechtsprechung, Jura 2011, S. 917–928

Peetz, Carsten, Handelsrechtliche Rechnungslegung der aufgelösten GmbH, GmbHR 2007, S. 858–865

Peltzer, Martin, Vorstand und Geschäftsführung als Leitungs- und gesetzliches Vertretungsorgan der Gesellschaft, JuS 2003, S. 348–353

Petersen, Jens, Der Dritte im Handels- und Gesellschaftsrecht, Jura 2017, S. 294–299

Pfeiffer, Gero, Für die Frage nach dem „Ob" eines Zustimmungsbeschlusses ist wenig gewonnen, Vorteile könnten sich aber für das „Wie" ergeben, BB 2019, S. 1107

Picot, Gerhard, Unternehmenskauf und Sachmängelhaftung, DB 2009, S. 2587–2594

Piepenburg, Horst, Unternehmenskauf in Krise und Insolvenz, Festschrift für Günter Greiner zum 70. Geburtstag, Köln 2005, S. 271–284

Podewils, Felix, Mehrheitsklauseln in Stimmrechts-Poolgesellschaften: Maßgeblichkeit des Trennungsprinzips, BB 2009, S. 733–738

Podewils, Felix, Liquidation einer Publikumsgesellschaft vor Wirksamwerden der Kündigung eines Gesellschafters Anmerkung zu BGH Urteil vom 06.02.2018 – II ZR 1/16, juris PraxisReport Handels- und Gesellschaftsrecht 6/2018 Anmerkung 2

Pöhlmann**, **Peter** / **Fandrich**, **Andreas** / **Bloehs**, **Joachim, Genossenschaftsgesetz, 4. Auflage München 2012 Zitiert als: Pöhlmann/Fandrich/Bloehs/*Bearbeiter*, § Rn.

Priester**, **Hans-Joachim, Die Unversehrtheit des Stammkapitals bei Eintragung der GmbH – ein notwendiger Grundsatz?, ZIP 1982, S. 1141–1153

Priester**, **Hans-Joachim, Das Gesellschaftsverhältnis im Vorgründungsstadium – Einheit oder Dualismus?, GmbHR 1995. S. 481–486

Priester**, **Hans-Joachim, Feststellung des Jahresabschlusses bei der Personengesellschaft, Festschrift für Walther Hadding zum 70. Geburtstag am 8. Mai 2004, Berlin 2004, S. 607–619

Priester**, **Hans-Joachim, Personengesellschaften im Umwandlungsrecht Praxisrelevante Fragen und offene Posten, DStR 2005, S. 788–794

Priester**, **Hans-Joachim, Eigene Anteile an Personengesellschaften, ZIP 2014, S. 245–250

Priester**, **Hans-Joachim, Geltung einer allgemeinen Mehrheitsklausel in einem Personengesellschaftsvertrag auch für Grundlagen- und ungewöhnliche Geschäfte, EWiR 2015, S. 71–72

Prinz**, **Ulrich** / **Hoffmann**, **Wolf-Dieter, Beck'sches Handbuch der Personengesellschaften Gesellschaftsrecht – Steuerrecht, 4. Auflage, München 2014 Zitiert als: *Bearbeiter* in BeckHBPersG, § Rn.

Prittwitz**, **Adrian von, Licht und Schatten – Das „Januar-Urteil" des BGH zu Gesamtvermögensgeschäften bei der GmbH sowie dem Missbrauch der Vertretungsmacht, DStR 2019, S. 1265–70

Prütting**, **Hanns** / **Wegen**, **Gerhard** / **Weinreich**, **Gerd (Hrsg.), Bürgerliches Gesetzbuch Kommentar, 14. Auflage Köln 2019 Zitiert als: Prütting/Wegen/Weinreich/*Bearbeiter*, § Rn.

Raisch**, **Peter, Geschichtliche Voraussetzungen, dogmatische Grundlagen und Sinnwandlung des Handelsrechts, Karlsruhe 1965 Zitiert als: *Raisch*, Geschichtliche Voraussetzungen, S.

Raiser**, **Thomas, Das Unternehmen als Organisation, Zitiert als: *Raiser*, Unternehmen, S.

Raiser**, **Thomas, Gesamthand und juristische Person im Licht des neuen Umwandlungsrechts, AcP 194 (1994), S. 495–512

Raiser**, **Thomas, Der Begriff der juristischen Person. Eine Neubesinnung, AcP 199 (1999), S. 105–144

Raiser**, **Thomas** / **Veil**, **Rüdiger, Recht der Kapitalgesellschaften, 6. Auflage München 2015 Zitiert als: *Raiser/Veil*, KapGesR, § Rn.

Reichelt**, **Juliane** / **Lye**, **Mark, § 179a AktG – raus aus dem GmbH-Recht!, ZfIR 2019, S. 369–373

Reichert**, **Jochem** / **Winter**, **Martin, Die „Abberufung" und Ausschließung des geschäftsführenden Gesellschafters der Publikumspersonengesellschaft, BB 1988, S. 981–992

Reichold**, **Hermann, Das neue Nachhaftungsbegrenzungsgesetz, NJW 1994, S. 1617–1622

Reuter**, **Dieter, Rechtsfähigkeit und Rechtspersönlichkeit – Rechtstheoretische und rechtspraktische Anmerkungen zu einem großen Thema, AcP 207 (2007), S. 673–717

Reuter**, **Dieter, Zur Lehre Karsten Schmidts vom Innenrecht der Personengesellschaft und der GmbH, Festschrift für Karsten Schmidt zum 70. Geburtstag, Köln 2009, S. 1357–1373

Röder**, **Erik, Reformüberlegungen zum Recht der GbR, AcP 215 (2015), S. 451–532

Röhricht**, **Volker** / **Graf v. Westphalen**, **Friedrich** / **Haas**, **Ulrich, Handelsgesetzbuch, 5. Auflage Köln 2019 Zitiert als: Röhricht/Graf v. Westphalen/Haas/*Bearbeiter*, § Rn.

Rosse**, **Tilman, Umfang und Grenzen der Vertretungsmacht des Gesellschafters einer Personenhandelsgesellschaft nach § 126 HGB, Frankfurt a.M. 2006

Roth**, **Wulf-Henning, Die Gründerhaftung im Recht der Vor-GmbH, ZGR 1984, S. 597–628

Roth**, **Dieter, Das Sperrjahr bei Liquidation der GmbH & Co. KG, GmbHR 2017, S. 901–907

Röttger**, **Robert, Die Kernbereichslehre im Recht der Personengesellschaften, Heidelberg 1989 Zitiert als: *Röttger*, Kernbereichslehre, S.

Richardi**, **Reinhard (Hrsg.), Betriebsverfassungsgesetz mit Wahlordnung, 16. Auflage München 2018 Zitiert als: *Bearbeiter*, BetrVG § Rn.

Rieble**, **Volker, Betriebsführungsvertrag als Gestaltungsinstrument, NZA 2010, S. 1145–1150

Risse**, **Jörg** / **Höfling Tobias, Leitplankentheorie statt Bestimmtheitsgrundsatz und Kernbereichslehre, NZG 2017, S. 1131–1138

Rittner**, **Fritz, Die werdende juristische Person, Tübingen 1973 Zitiert als: *Rittner*, werdende jP, S.

Ruthardt**, **Frederik** / **Hachmeister**, **Dirk, Der Verkehrswert des Unternehmens als rechtliche Wertkategorie, NZG 2014, S. 885–892

Säcker**, **Franz Jürgen** / **Rixecker**, **Roland** / **Oetker**,* **Hartmut** */ **Limperg**, **Bettina, Münchener Kommentar zum Bürgerlichen Gesetzbuch,

Band 1, Allgemeiner Teil, §§ 1–240, AllgPersönlR, ProstG, AGG, 8. Auflage 2018

Band 3, Schuldrecht Allgemeiner Teil II, §§ 311–432 BGB, 8. Auflage 2019

Band 3, Schuldrecht Besonderer Teil I §§ 433–534, Finanzierungsleasing, CISG, 8. Auflage 2019

Band 6, Schuldrecht Besonderer Teil IV §§ 705–853, Partnerschaftsgesellschaftsgesetz, Produkhaftungsgesetz, 7. Auflage 2017

Band 8, Familienrecht I, §§ 1297–1588, Versorgungsausgleichsgesetz, Gewaltschutzgesetz, Lebenspartnerschaftsgesetz, 8. Auflage 2019 Zitiert als.: MüKo. BGB/*Bearbeiter*, § Rn.

Saenger*, *Ingo, Gesellschaftsrecht, 4. Auflage München 2018 Zitiert als: *Saenger*, GesR, Rn.

***Saenger*, *Ingo* / *Aderhold*, *Lutz* / *Lenkaitis*, *Karlheinz*/ *Speckmann*, *Gerhard* (Hrsg.)**, Praxishandbuch Handels- und Gesellschaftsrecht, 2. Auflage Baden-Baden 2011 Zitiert als: *Bearbeiter* in S/A/L/S, § Rn.

***Saenger*, *Ingo* / *Inhester*, *Michael* (Hrsg.)**, GmbHG Handkommentar, 3. Auflage Baden-Baden 2016 Zitiert als: Hk-GmbHG, § Rn.

Sandrock*, *Otto, Handels- und Wirtschaftsrecht Band 1: Allgemeine Grundlagen Der Kaufmann und sein Unternehmen, 9. Auflage Berlin 1975 Zitiert als: *J. v. Gierke/Sandrock*, HandelsR, § III 1.

Schäfer*, *Carsten, Offen Fragen der Haftung des BGB-Gesellschafters, ZIP 2003, S. 1225–1234

Schäfer*, *Carsten, Vom Einstimmigkeitsprinzip zum treupflichtgetragenen Mehrheitsentscheid im Personengesellschaftsrecht, ZGR 2013, S. 237–272

Schäfer*, *Carsten, Offene Fragen der Haftung des BGB-Gesellschafters, ZIP 2003, S. 1225–1234

Schäfer*, *Carsten, Gibt es noch einen Schutz des Kernbereichs der Mitgliedschaft?, ZIP 2015, S. 1313–1316

Schäfer*, *Carsten, Empfiehlt sich eine grundlegende Reform des Personengesellschaftsrechts? Gutachten E zum 71. Deutschen Juristentag, in Verhandlungen des 71. Deutschen Juristentages Essen 2016, Band I Gutachten, München 2016 Zitiert als: *Schäfer*, Gutachten E zum 71. DJT, E 83 f.

Schäfer*, *Carsten, Gesellschaftsrecht, 5. Aufl. München 2018 Zitiert als: *Schäfer*, GesR, S.

Scheel*, *Hansjörg, § 179a AktG – ein Fremdkörper macht Karriere, Festschrift für Gerhard Wegen zum 65. Geburtstag, München 2015, S. 297–311

Scherrer*, *Gerhard* / *Heni*, *Bernhard, Die externe Rechnungslegung bei Liquidation, DStR 1992, S. 797–804

Scherrer*, Gerhard / *Heni*, *Bernhard, Liquidations-Rechnungslegung, 3. Auflage Düsseldorf 2009 Zitiert als: *Scherrer/Heni*, Liquidations-Rechnungslegung, S.

Schiffer*, *Jack, Mehrheitsentscheidungen in der Personengesellschaft – Ende der Kernbereichslehre?, BB 2015 S. 584–586

Schlüter*, *Wilfried, Die Vertretungsmacht des Gesellschafters und die „Grundlagen der Gesellschaft“, Köln 1965 Zitiert als: *Schlüter*, Vertretungsmacht, S.

Schmidt, Karsten, Zur Stellung der OHG im System der Handelsgesellschaften Eine Untersuchung des gesellschaftsrechtlichen Grundsatzes der unbeschränkten Haftung, Bonn 1972 Zitiert als: *Karsten Schmidt*, die oHG, S.

Schmidt, Karsten, Liquidationszweck und Vertretungsmacht der Liquidatoren, AcP 174 (1974), S. 55–77

Schmidt, Karsten, Zum Liquidationsrecht der GmbH & Co., GmbHR 1980, S. 261–266

Schmidt, Karsten, Die Vor-GmbH als Unternehmerin und als Komplementärin Zur Bedeutung des Urteils vom 9. 3. 1981, NJW 1981, S. 1945–1947

Schmidt, Karsten, Ultra-vires-Doktrin: tot oder lebendig?, AcP 184 (1984), S. 529–540

Schmidt, Karsten, Verbandszweck und Rechtsfähigkeit im Vereinsrecht Eine Studie über Erwerb und Verlust der Rechtsfähigkeit nichtwirtschaftlicher und wirtschaftlicher Vereine, Heidelberg 1984 Zitiert als: *Karsten Schmidt*, Rechtsfähigkeit, S.

Schmidt, Karsten, Vom Handelsrecht zum Unternehmens-Privatrecht, JuS 1985, S. 249–257

Schmidt, Karsten, Die Beschlussfassung bei Vereinen und Personengesellschaften, Festschrift für Walter Stimpel zum 68. Geburtstag am 29.November 1985, Berlin 1985, S. 217–243

Schmidt, Karsten, Theorie und Praxis der Vorgesellschaft nach gegenwärtigem Stand Rechtsfortbildung am Ziel oder noch auf dem Wege?, GmbHR 1987, S. 77–87

Schmidt, Karsten, Zur Haftung der persönlich haftenden Gesellschafter bei Liquidation und Konkurs der Personengesellschaft, ZHR 152 (1988), S. 105–122

Schmidt, Karsten, Liquidationsbilanzen und Konkursbilanzen, Heidelberg 1989 Zitiert als: *Karsten Schmidt*, Liquidationsbilanzen, S.

Schmidt, Karsten, Die Handels-Personengesellschaft in Liquidation, ZHR 153 (1989), S. 270–299

Schmidt, Karsten, Gesellschaftsrechtliche Grundlagen eines Nachhaftungsgesetzes – Zum Konzept einer überfälligen Regelung, DB 1990 S. 2357–2361

Schmidt, Karsten, Wider eine „lex Holzmüller", Festschrift für Theodor Heinsius zum 65. Geburtstag am 25. September 1991, Berlin 1991, S. 715–731

Schmidt, Karsten, Liquidationsergebnisse und Liquidationsrechnungslegung im Handels- und Steuerrecht, Festschrift für Ludwig Schmidt zum 65. Geburtstag, München 1993, S. 227–249

Schmidt, Karsten, Vorfinanzierung der Liquidationsquote im Einklag mit dem Ausschüttungssperrjahr?, DB 1994, S. 2013–2015

Schmidt, Karsten, Anmerkung zu BGH Urt. v. 10.10.1994 – II ZR 18/94, JZ 1995, S. 313–314

Schmidt, Karsten, Mehrheitsregelungen in GmbH & Co.-Verträgen Verständnis oder Missverständnis des „Bestimmtheitsgrundsatzes", ZHR 1995 205–228

Schmidt, Karsten, Vermögensveräußerung aus der Personengesellschaft: ein Lehrstück am Rande des neuen Umwandlungsrechts – Besprechung der Entscheidung BGH NJW 1995, 596, ZGR 1995, S. 675–687

Schmidt, Karsten, Außenhaftung und Innenhaftung bei der Vor-GmbH, ZIP 1996, S. 353–359

Schmidt, Karsten, Selbstorganschaft – Eine Skizze, Gedächtnisschrift für Brigitte Knobbe-Keuk, Köln 1997, S. 307–320

Schmidt, Karsten, Die BGB-Außengesellschaft: rechts- und parteifähig Besprechung des Grundlagenurteils II ZR 331/00 vom 29.1.2001, NJW 2001, S. 993–1003

Schmidt, Karsten, Gesellschaftsrecht, 4. Auflage 2002 Zitiert als: *Karsten Schmidt*, GesR, S.

Schmidt, Karsten, „Unternehmern" – „Kaufmann" – „Verbraucher", BB 2005, 837–842

Schmidt, Karsten, „Anwachsung": Was ist das, und... gibt es das noch?, Festschrift für Ulrich Huber zum 70. Geburtstag, Tübingen 2006, S. 969–995

Schmidt, Karsten, Mehrheitsbeschlüsse in Personengesellschaften Stand und Fortbildung des Innenrechts der Personengesellschaften nach dem „Otto"-Urteil des Bundesgerichtshofs, ZGR 2008, S. 1–33

Schmidt, Karsten, Konsolidierte Abwicklung von Personengesellschaften bei simultaner Gesellschafterinsolvenz?, ZIP 2008, S. 2337–2347

Schmidt, Karsten, Plädoyer für die freiberufliche (GmbH & Co.-)Kommanditgesellschaft, DB 2009 S. 271–274

Schmidt, Karsten, „Schutzgemeinschaftsvertrag II": ein gesellschaftsrechtliches Lehrstück über Stimmrechtskonsortien, ZIP 2009, S. 737–743

Schmidt, Karsten, Die Personengesellschaft als Rechtsfigur des „Allgemeinen Teils", AcP 209 (2009), S. 181–204

Schmidt, Karsten, Grundlagenungewissheit der Gesetzgebung oder der Rechtsfortbildung im Gesellschaftsrecht? – Rechtsfähigkeit und Rechtspersönlichkeit als Beispiele, Festschrift für Volker Beuthien zum 75. Geburtstag, München 2009, S. 211–233

Schmidt, Karsten, Zur Verjährung der Verlustausgleichshaftung von Personengesellschaften nach §§ 735, 739 BGB, DB 2010, S. 2093–2096

Schmidt, Karsten, Neuregelung des Rechts der Personengesellschaften?, ZHR 177 (2013), S. 712–739

Schmidt*, *Karsten, Handelsrecht – Unternehmensrecht I, 6. Auflage Köln 2014 Zitiert als: *Karsten Schmidt*, HandelsR, § Rn.

Schmidt*, *Karsten, Personengesellschaften: neu gedacht?, ZIP 2014, S. 493–499

Schmidt*, *Karsten (Hrsg.), Münchener Kommentar zum Handelsgesetzbuch,

Band 1, §§ 1–104a, 4. Auflage, München 2016

Band 2, §§ 105–160, 4. Auflage, München 2016

Band 3, §§ 161–237, 4. Auflage 2019 Zitiert als: MüKo.HGB/*Bearbeiter*, § Rn.

Schmidt*, *Karsten, Der Einzelunternehmer – Herausforderung des Handels- und Wirtschaftsrechts, JuS 2017, S. 809–816

Schmidt-Leithoff*, *Christian (Hrsg.), Rowedder Kommentar zum GmbHG, 6. Auflage München 2017 Zitiert als: Rowedder/*Bearbeiter*, § Rn.

Schmidt-Rimpler*, *Walter, Zum Problem der Vertretungsmacht des zur Einzelgeschäftsführung befugten Gesellschafters beim Widerspruch eines anderen in der Bürgerlich-rechtlichen Gesellschaft, Festschrift für Alexander Knur, München 1972, S. 235–258

Schmitt*, *Anne, Das Beschlußmängelrecht der Personengesellschaften, Frankfurt aM 1997, Zitiert als: *A. Schmitt*, Beschlußmängelrecht, S.

Schmoekel*, *Mathias* / *Rückert*, *Joachim* / *Zimmermann*, *Reinhard, Historisch-kritischer Kommentar zum BGB,

Band 2 Schuldrecht: Allgemeiner Teil §§ 241–432, Redaktion *Reinhard Zimmermann*, Tübingen 2007

2. Teilband §§ 305–432 Zitiert als: HKK/*Bearbeiter*, §§ Rn.

Schneider*, *Herbert* / *Schneider*, *Uwe Helmut, Die Organisation der Gesellschafterversammlung bei Personengesellschaften, Festschrift für Philipp Mehring zum 75. Geburtstag 4. September 1975, München 1975, S. 271–294

Schneider*, *Uwe H., Die Änderung des Gesellschaftsvertrages einer Personengesellschaft durch Mehrheitsbeschluß Ein Beitrag zur Funktion und zum Umfang des Minderheitenschutzes bei Personengesellschaften, ZGR 1972, S. 357–394

Scholz*, *Franz (Hrsg.), Kommentar zum GmbHG,

Band 1, §§ 1–34 GmbHG, Anh. § 13 Konzernrecht, Anh. § 34 Austritt und Ausschließung eines Gesellschafters, 12. Auflage Köln 2018

Band 2, §§ 35–52, Anh. 45 Gesellschafterversammlung und Gesellschafterkompetenzen in der GmbH § Co. KG, 11. Auflage Köln 2014

Band 3, §§ 53–85, 11. Auflage Köln 2015 Zitiert als: Scholz/*Bearbeiter*, §§ Rn.

Scholz*, *Kai-Steffen, Die BGB-Gesellschaft nach dem Grundsatzurteil des BGH vom 29. 1. 2001, NZG 2002, S. 153–163

Scholz*, *Kai-Steffen, Beschlussmängelstreitigkeiten in Personengesellschaften – Verselbstständigung auch im Innenverhältnis, WM 2006, S. 897–905

Schön**, **Wolfgang, Entwicklung und Perspektiven des Handelsbilanzrechts: vom ADHGB zum IASC, ZHR 161 (1997), S. 133–159

Schönhaar**, **Tobias, Verfahrensabläufe bei Unternehmenskaufverträgen im Mittelstand, GWR 2014, S. 273–276

Schubert**, **Werner / Burkhard**, **Schmiedel / Krampe**, **Christoph, Quellen zum Handelsgesetzbuch von 1897,

Band I Gesetze und Entwürfe

Band II Denkschriften, Beratungen, Berichte, Erster Halbband, Frankfurt a.M. 1987 Zitiert als: Denkschrift, abgedruckt in: *Schubert/Schmiedel/Krampe*, Quellen, Band, S.

Schubert**, **Werner, 100 Jahre Genossenschaftsgesetz Quellen zur Entstehung und jetziger Stand, Tübingen 1989 Zitiert als: Gesetzentwurf GenG 1889 abgedruckt bei *Schubert*, 100 Jahre GenG, S.

Schuld**, **Jan, Organschaftliche Beschlußzurechnung im Personengesellschaftsrecht, Frankfurt aM 2003 Zitiert als: *Schuld*, Beschlußzurechnung, S.

Schulze**, **Jörn-Christian / Schlütter-Lückel**, **Carolin, jurisPR-HaGesR 4/2019 Anm. 1

Schulze-Osterloh**, **Joachim, Erneuter Beginn der Verjährung von Ansprüchen gegen Gesellschafter durch Feststellung des Jahresabschlusses, Festschrift für Harm Peter Westermann zum 70. Geburtstag, Köln 2008, S. 1487–1503

Schulze-Osterloh**, **Joachim, Rechnungslegung bei Ausscheiden eines Gesellschafters aus einer fortbestehenden Personenhandelsgesellschaft gegen Abfindung aus dem Gesellschaftsvermögen, NZG 2016, S. 161–166

Schulze**, **Reiner (et. al.), Bürgerliches Gesetzbuch, Handkommentar, 10. Auflage, Baden-Baden 2019 Zitiert als: Hk-BGB/*Bearbeiter*, § Rn.

Schürnbrand**, **Jan, Organschaft im Recht der privaten Verbände, Tübingen 2007 Zitiert als: Schürnbrand, Organschaft, S.

Schwab**, **Martin, Das Prozessrecht gesellschaftsinterner Streitigkeiten, Tübingen 2005

Schwab**, **Martin, Wissenszurechnung in arbeitsteiligen Organisationen, JuS 2017, S. 481–490

Schwarz**, **Günter Christian, Die Gesamtvertreterermächtigung – Ein zivil- und gesellschaftsrechtliches Rechtsinstitut, NZG 2001. S. 529–539

Schwerdtfeger**, **Armin (Hrsg.), Gesellschaftsrecht Kommentar, 3. Auflage Köln 2015 Zitiert als: Schwerdtfeger/*Autor*, § Rn.

Seidel**, **Thorsten / Wolf**, **Maximilian, Minderheitenschutz in der Gesellschaft – Bedeutung der Kernbereichslehre in der neueren BGH-Rechtsprechung, BB 2015, S. 2563–2567

Servatius*, *Wolfang, Die Anwendung von § 179a AktG und § 311b Abs. 3 BGB beim Asset Deal, Festschrift für Eberhard Stilz zum 65. Geburtstag, München 2014, S. 601–616

Servos*, *Rüdiger, Die Personenhandelsgesellschaften und die stille Gesellschaft in den Kodifikationen und Kodifikationsentwürfen vom ALR bis zum ADHGB, 1984 Zitiert als: *Servos*, ADHGB, S.

Soergel Bürgerliches Gesetzbuch mit Einführungsgesetz und Nebengesetzen, Band 12, Schuldrecht 10 §§ 823–853 ProdHG, UmweltHG, Red. *Spickhoff, Andreas*, 13. Auflage Stuttgart 2005

Band 17/1, Familienrecht 1/1 §§ 1297–1588, Red. *Löhning, Martin*, 13. Auflage Stuttgart 2013 Zitiert als: Soergel/*Bearbeiter*, § Rn.

Spranger*, *Detlef, Zum Umfang der organschaftlichen Vertretungsmacht gemäß § 126 HGB bei der Veräußerung von Grundstücken, ZfIR 2011, S. 234–238

Spindler*, *Gerhard* / *Stilz*, *Eberhard (Hrsg.), Kommentar zum Aktiengesetz,

Band 1, §§ 1–149, 3. Auflage München 2015 Zitiert als: Spindler/Stilz/*Bearbeiter*, § Rn.

Spitze*, *Daniel A., Geschäftsführung in der Personengesellschaft Eine organschaftliche Tätigkeit im Interesse der Gesellschaft, Berlin 2014 Zitiert als: *Spitze*, Geschäftsführung, S.

Staudinger*, *Julius v., Kommentar zum Bürgerlichen Gesetzbuch: Mit Einführungsgesetzen und Nebengesetzen,

Buch 1 Allgemeiner Teil §§ 21–79 (Allgemeiner Teil 2), *Roth, Herbert*, Neubearbeitung Berlin 2019

Buch 1 Allgemeiner Teil §§ 164–240, *Herrler, Sebastian*, Neubearbeitung Berlin 2019

Übersicht §§ 311, 311a, 312, 312a–i (Vertragsschluss), *Kaiser, Dagmar*, Neubearbeitung Berlin 2018

Buch 2 Recht der Schuldverhältnisse §§ 311b, 311c (Vertrag über Grundstücke, das Vermögen oder den Nachlass, *Löwisch, Manfred (Hrsg.) / Schumacher, Robert*, Neubearbeitung Berlin 2012

§§ 433–480 (Kaufrecht), *Martinek, Michael (Hrsg.) / Beckmann, Roland Michael/ Matusche-Beckmann, Annemarie / Schermaier, Martin Josef*, Neubearbeitung Berlin 2014

§ 823 A–D (Unerlaubte Handlungen 1–Rechtsgüter und Rechte, Persönlichkeitsrecht, Gewerbebetrieb), *Mansel, Heinz-Peter (Hrsg.) / Hager, Johannes*, Neubearbeitung Berlin 2017 Zitiert als: Staudinger/*Bearbeiter*, § Rn.

Steinbeck*, *Anja, Die Verwertbarkeit der Firma und der Marke in der Insolvenz, NZG 1999, S. 133140

Stellmann*, *Frank* / *Stoeckle*, *Matthias, Verpflichtung zur Übertragung des ganzen Vermögens einer Gesellschaft, WM 2011, 1983–1990

Stüber*, *Katharina, Der Grundsatz der Durchsetzungssperre bei der Liquidation von Personengesellschaften, Baden-Baden 2013 Zitiert als: *Stüber*, Durchsetzungssperre, S.

Stürner*, *Rolf (Hrsg.), Jauernig Bürgerliches Gesetzbuch, 17. Auflage München 2018 Zitiert als: Jauernig/*Bearbeiter*, § Rn.

Strohm*, *Hans Gottfried, Die Gestattung der Firmenfortführung, Gewerblicher Rechtsschutz Urheberrecht Wirtschaftsrecht Mitarbeiterfestschrift zum 70. Geburtstag von Eugen Ulmer mit Beiträgen aus dem deutschen, ausländischen und internationalen Recht, Köln 1973, S. 333–343

Sudhoff*, *Heinrich, Berechnung und Verteilung des Liquidationserlöses bei OHG und KG, NJW 1957, S. 731–734

Tavakoli*, *Anusch* / *Eisenberg*, *Claudius, Die GmbH und ihre Verbindlichkeiten in der Liquidation, GmbHR 2018, S. 75–85

Thiessen*, *Jan, Zustimmungsvorbehalte des Aufsichtsrats zwischen Pflicht und Kür, AG 2013 S. 573–582

Timm*, *Wolfram, Die Aktiengesellschaft als Konzernspitze, Köln 1980 Zitiert als: *Timm*, Konzernspitze, S.

Timm*, *Wolfram, Hauptversammlungskompetenzen und Aktionärsrechte in der Konzernspitze, AG 1980, S. 172–187

Treeck*, *Joachim, Die Offenbarung von Unternehmensgeheimnissen durch den Vorstand einer Aktiengesellschaft im Rahmen einer Due Diligence, Festschrift für Wolfang Fikentscher zum 70. Geburtstag, S. 434–455, Tübingen 1998

Uhlenbruck*, *Wilhelm, Karsten Schmidt: Liquidationsbilanzen und Konkursbilanzen. Rechtsgrundlage für Sonderbilanzen bei aufgelösten Handelsgesellschaften, Rezension, KTS 1990, S. 372–376

Uhlenbruck*, *Wilhelm, Die Firma als Teil der Insolvenzmasse, ZIP 2000, S. 401–404

Ulmer*, *Peter, Gesellschafterbeschlüsse in Personengesellschaften – Zur Bindung der Gesellschafter an ihre Stimmabgabe, Festschrift für Huber Niederländer zum siebzigsten Geburtstag am 10. Februar 1991, Heidelberg 1991, S. 415–343

Ulmer*, *Peter* / *Timmann*, *Jan Oliver, Die Enthaftung ausgeschiedener Gesellschafter, ZIP 1992, S. 1–11

Ulmer*, *Peter, Hundert Jahre Personengesellschaftsrecht: Rechtsfortbildung bei OHG und KG, ZHR 161 (1997), S. 102–132

Ulmer*, *Peter, Die Gesamthandsgesellschaft – ein noch immer unbekanntes Wesen?, AcP 198 (1998), S. 113–151

Ulmer*, *Peter, Die vertragliche Beschränkung des Austrittsrechts und der Abfindungsansprüche ausscheidenswilliger Gesellschafter in der großen, generationsübergreifenden Familien-KG, ZIP 2010, S. 805–816

***Ulmer**, **Peter** / **Habersack**, **Mathias** / **Löbbe**, **Marc** (**Hrsg.**)*, GmbHG Großkommentar,

Band I, Einleitung; §§ 1–28, 2. Auflage Tübingen 2013

Band II, §§ 29–52, 2. Auflage Tübingen 2014 Zitiert als: Ulmer/Habersack/Löbbe/*Bearbeiter*, § Rn.

Ulmer**, **Peter, Mehrheitsbeschlüsse in Personengesellschaften: definitiver Abschied vom Bestimmtheitsgrundsatz, ZIP 2015, S. 657–662

Ulrich**, **Stephan, Anmerkung zu BGH v. 8.1.2019 – II ZR 364/18, GmbHR 2019, S. 535–536

Velte**, **Patrick, „Nachhaltige" Vorstandsvergütung bei börsennotierten Aktiengesellschaften, NZG 2016, S. 294–299

Vossius**, **Oliver, § 179a AktG gilt nicht mehr bei der GmbH, notar 2019, S. 161–163

Wachter**, **Thomas, Keine analoge Anwendung von § 179a AktG auf GmbH (§ 179a AktG), DB 2019, S. 1078–1078

Wachter**, **Thomas, Besprechung v. OLG Brandenburg v. 29.3.2019 – 5 U 18/16, GmbHR 2019, S. 183–18

Wagner**, **Matthias** / **Michel**, **Martin, Keine analoge Anwendbarkeit von § 179a AktG auf die GmbH, NotBZ 2019, S. 337–341

Wahlers**, **Henning W.** / **Orlikowski-Wolf**, **Sandra Maria, Feststellung des Jahresabschlusses und Gewinnverwendungsentscheidungen im Personengesellschaftsrecht, ZIP 2012, S. 1161–1168

Weber**, **Johannes, Miniatur: Mehrheitsklauseln in Gesellschaftsverträgen, ZfPW 2015, S. 123–128

***Weber**, **Klaus** (**Hrsg.**)*, Rechtswörterbuch, 21. Auflage München 2014 Zitiert als: *Creifelds*, S.

***Weber-Grellet**, **Heinrich** (**Hrsg.**)*, Schmidt Einkommensteuergesetz, 38. Auflage Zitiert als: Schmidt/*Bearbeiter*, § Rn.

***Wedelstädt**, **Alexander von** (**Hrsg.**)*, Abgabenordnung und Finanzgerichtsordnung, 21. Auflage Stuttgart 2015 Zitiert als: Kühn/v. Wedelstädt/*Bearbeiter*, § Rn.

Weitnauer**, **Wolfgang, Zur entsprechenden Anwendung von § 179a AktG außerhalb des Aktienrechts, GWR 2018, S. 1–5

Weller**, **Marc-Philippe, Sachmängelhaftung beim Unternehmenskauf, Festschrift für Georg Maier-Reimer zum 70. Geburtstag, München 2010, S. 839–854

Weller**, **Marc-Philippe** / **Prütting**, **Jens, Handels- und Gesellschaftsrecht, 9. Auflage München 2016 Zitiert als: *Weller/Prütting*, GesR, Rn.

Werra**, **Matthias, Zum Stand der Diskussion um die Selbstorganschaft, Berlin 1991 Zitiert als: *Werra*, Selbstorganschaft, S.

Wertenbruch, Johannes, Die Haftung von Gesellschaften und Gesellschaftsanteilen in der Zwangsvollstreckung, Köln 2000 Zitiert als: *Wertenbruch*, Haftung von Gesellschaften, S.

Wertenbruch, Johannes, BGB-Gesellschaft als Kommanditisten – oder: Der lange Weg zur Anerkennung im Rechtsverkehr, BB 2001, S. 737–742

Wertenbruch, Johannes, Die Firma des Einzelkaufmanns und der OHG/KG in der Insolvenz, ZIP 2002 S. 1931–1936

Wertenbruch, Johannes, Publizität der Vertretungsmacht eines GbR-Geschäftsführers, DB 2003, S. 1099–1102

Wertenbruch, Johannes, Die organschaftliche Vertretung der GbR, NZG 2005, S. 462–464

Wertenbruch, Johannes, Gewinnausschüttung und Entnahmepraxis in der Personengesellschaft, NZG 2005, S. 665–667

Wertenbruch, Johannes, Die Rechtsprechung zum Personengesellschaftsrecht in den Jahren 2003 bis 2005, NZG 2006, S. 408–421

Wertenbruch, Johannes, Begründung von Nachschusspflichten in der Personengesellschaft, DStR 2007, S. 1680–1684

Wertenbruch, Johannes, Quorumsabänderung und zweistufige Beschlusskontrolle ohne Bestimmtheitsgrundsatz, NZG 2013, S. 641–646

Wertenbruch, Johannes, Negative Kapitalkonten und Bürgschaften finanziell überforderter Gesellschafter, NZG 2013, S. 1321–1326

Wertenbruch, Johannes, Abschied von Bestimmtheitsgrundsatz und Kernbereichslehre im Beschlussanfechtungssystem der Personengesellschaft, DB 2014, S. 2875–2880

Wertenbruch, Johannes, Geschäftsführungsbezogene Gesellschafterbeschlüsse in KG und GmbH & Co. KG, NZG 2016, S. 1081–1089

Wertenbruch, Johannes, Das Stimmrecht von Treugebern, stillen Gesellschaftern und Unterbeteiligten in der Personengesellschaft, NZG 2017, S. 81–88

Wertenbruch, Johannes, BGB Allgemeiner Teil, 4. Auflage München 2017 Zitiert als: *Wertenbruch*, BGB AT, § Rn.

Wertenbruch, Johannes / Westermann, Harm Peter, Handbuch der Personengesellschaften, 76. Lieferung Februar 2020 Zitiert als: *Bearbeiter* in Westermann/Wertenbruch, Rn.

Wertenbruch, Johannes, Otto – BGHZ 170, 283, Gesellschaftsrechts-Geschichten, herausgegeben von Holger Fleischer / Jan Thiessen, Tübingen 2018

Wertenbruch, Johannes, Ansprüche der Kommanditisten auf Einberufung der Gesellschafterversammlung und Ergänzung der Tagesordnung, NZG 2018, S. 1121–1130

Wertenbruch*, *Johannes, Die Vertretung der GbR in der Reform des Personengesellschaftsrechts, NZG 2019, S. 407–412

Westermann*, *Harm Peter, Die rechtsfähige BGB-Gesellschaft – ein Zwischenbericht, Festschrift für Horst Konzen zum siebzigsten Geburtstag, Tübingen 2006, S. 957–976 Zitiert als: *H.P. Westermann*, Festschrift Konzen, S.

Westermann*, *Harm Peter, Geschäftsführung im Personengesellschafts-Konzern, ZIP 2009, S. 2289–2297

Westermann*, *Harm Peter, Neues zur Risikolage der Anleger in geschlossenen Immobilienfonds, Festschrift für Achim Krämer zum 70. Geburtstag am 19. September 2009, Berlin 2009, S. 373–396 Zitiert als: *H.P. Westermann*, Festschrift Krämer, S.

Westermann*, *Harm Peter, Die Gesellschaft bürgerlichen Rechts auf dem Wege in die Rechtsfähigkeit, WM 2013, S. 441–448

Westermann*, *Harm Peter* / *Grunewald*, *Barbara* / *Maier-Reimer*, *Georg (Hrsg.), Erman Bürgerliches Gesetzbuch, 15. Auflage 2017 Zitiert als: Erman/*Bearbeiter*, § Rn.

Westermann*, *Harry, Die Umwandlung einer Personenhandelsgesellschaft aufgrund eines Mehrheitsbeschlusses in eine Kapitalgesellschaft, Freundesgabe für Hans Hengeler zum 70. Geburtstag am 1. Februar 1972, Berlin 1972, S. 240–254

Wöhe*, *Günter* / *Mock*, *Sebastian, Die Handels- und Steuerbilanz, 6. Auflage München 2010

Wolf*, *Christian, Übertriebener Verkehrsschutz, JZ 1997, S. 1087–1094

Wolf*, *Manfred* / *Neuner*, *Jörg, Allgemeiner Teil des Bürgerlichen Rechts, 11. Auflage München 2016 Zitiert als: *Wolf/Neuner*, AT, § Rn.

Wicke*, *Hartmut, Mehrheitsentscheidungen in Personengesellschaften, MittBayNot 2017, S. 125–130

Wicke*, *Hartmut, Gesetz betreffend die Gesellschaft mit beschränkter Haftung, 3. Auflage München 2016 Zitiert als: *Wicke*, § Rn.

Wiedemann*, *Herbert, Die Legitimationswirkung von Willenserklärungen im Recht der Personengesellschaften, Festschrift für Harry Westermann zum 65. Geburtstag, Karlsruhe 1974, S. 585–601

Wiedemann*, *Herbert, Zur Selbständigkeit der BGB-Gesellschaft, Festschrift für Alfred Kellermann zum 70. Geburtstag am 29. November 1990, S. 529–546

Wiedemann*, *Herbert, Zu den Treuepflichten im Gesellschaftsrecht, Festschrift für Theodor Heinsius zum 65. Geburtstag am 25. September 1991, S. 949–968

Wiedemann*, *Herbert, Die Personengesellschaft – Vertrag oder Organisation, ZGR 1996, S. 286–299

Wiedemann*, *Herbert, Identität beim Rechtsformwechsel, ZGR 1999, S. 568–582

Wiedemann, Herbert, Die Personenunabhängigkeit der Personengesellschaft, Gedächtnisschrift für Alexander Lüderitz, München 2000, S. 839–860

Wiedemann, Herbert, Gesellschaftsrecht Ein Lehrbuch des Unternehmens- und Verbandsrechts Band II Recht der Personengesellschaften, München 2004 Zitiert als: *Wiedemann,* GesR Band 2, S.

Wiedemann, Herbert, Treuebindungen und Sachlichkeitsgebot – Ein Systemvergleich, WM 2009, S. 1–9

Wiedemann, Herbert, Mehrheitsbeschlüsse und Gesellschafterschutz in Personengesellschaften, Festschrift für Klaus J. Hopt zum 70. Geburtstag am 24. August 2010, Berlin 2010 S. 1491–1503

Wimpfheimer, Heinrich, Die Gesellschaften des Bürgerlichen Rechts und des Handelsrechts im Stadium der Liquidation, 1908 Zitiert als: *Wimpfheimer,* Liquidation, S.

Windbichler, Christine, Gesellschaftsrecht, 24. Auflage München 2017 Zitiert als: *Windbichler,* GesR, § Rn.

Winkeljohann, Norbert / Förschle, Gerhart / Deubert, Michael, Sonderbilanzen Von der Gründungsbilanz bis zur Liquidationsbilanz, 5. Auflage München 2016 Zitiert als: *Bearbeiter,* Sonderbilanzen, Kapitel Rn.

Winnefeld, Robert, Bilanz-Handbuch, 5. Auflage München 2015 Zitiert als: *Winnefeld,* HB Bilanzrecht, Rn.

Witt, Carl-Heinz, Mehrheitsregelnde Satzungsklauseln und Kapitalveränderungsbeschlüsse, AG 2000, S. 345–353

Zöllner, Wolfgang, Die Schranken mitgliedschaftlicher Stimmrechtsmacht bei den privatrechtlichen Personenverbänden, München 1963 Zitiert als: *Zöllner,* Stimmrechtsmacht, S.

Zöllner, Wolfgang, Unternehmensinnenrecht: Gibt es das?, AG 2003, S. 2–12

Zöllner, Wolfgang / Noack, Ulrich (Hrsg.), Kölner Kommentar zum Aktiengesetz,

Band 1 §§ 1–75. AktG, 3. Auflage Köln 2011

Band 2/1 §§ 76–94 AktG, 3. Auflage Köln 2010

Band 5 §§ 241–290 AktG, 3. Auflage Köln 2018 Zitiert als: KK.AktG/*Bearbeiter,* § Rn.

Einleitung und Gang der Untersuchung

A. Ausgangspunkt der nachfolgenden Betrachtung

Betrachtet man das Leben einer Gesellschaft, so steht an dessen Ende regelmäßig die Liquidation, die spiegelbildlich zur Gründung die Einstellung der unternehmerischen Tätigkeit beschreibt.[1] Dieses Verfahren ist für die offene Handelsgesellschaft (OHG) und die Kommanditgesellschaft (KG) in den §§ 145 ff. HGB geregelt. Da aber eine Einstellung jeglicher Geschäftstätigkeit zumeist nicht unmittelbar zum Stichtag der Auflösung möglich ist, wird hier ein Verfahren beschrieben, in welchem die Tätigkeit der Gesellschaft abnimmt und das Vermögen, die Rechtsbeziehungen zu Dritten sowie die geschaffenen Werte mit dem Ziel entflochten werden, die Gläubiger zu befriedigen und den verbleibenden Erlös auf die Gesellschafter zu verteilen. In § 149 HGB, dessen Auslegung Basis dieser Arbeit ist, beschreibt der Gesetzgeber die Aufgaben der Liquidatoren und drückt sein Verständnis von der insoweit typischen Liquidation wie folgt aus:

„Die Liquidatoren haben die laufenden Geschäfte zu beendigen, die Forderungen einzuziehen, das übrige Vermögen in Geld umzusetzen und die Gläubiger zu befriedigen; zur Beendigung schwebender Geschäfte können sie auch neue Geschäfte eingehen. Die Liquidatoren vertreten innerhalb ihres Geschäftskreises die Gesellschaft gerichtlich und außergerichtlich."

Nach § 145 I HGB kann die OHG/KG auch auf eine andere Art als die Liquidation auseinandergesetzt werden. Hierunter verstand der Gesetzgeber von 1897 insbesondere jene Verfahren, in denen das Vermögen nicht zunächst in Geld umgesetzt wird.[2] Aber auch die Veräußerung des von der Gesellschaft betriebenen Unternehmens als Ganzes sah der Gesetzgeber noch als einen Spezialfall der Liquidation an.[3] Der Unternehmensverkauf bietet gegenüber dem hier beschriebenen Liquidationsverfahren die Vorteile, dass einerseits geschaffene Werte und das Unternehmen erhalten werden können und andererseits der Firmenwert, der „good will", in Geld umgesetzt werden kann.[4] Aus der darin liegenden Möglichkeit,

---

1 So auch *Hillers*, Liquidation, S. 5.

2 Denkschrift zum HGB 1897, abgedruckt in *Schubert/Schmiedel/Krampe*, Quellen, Band II/1, S. 90.

3 Denkschrift zum HGB 1897, abgedruckt in *Schubert/Schmiedel/Krampe*, Quellen, Band II/1, S. 90, 149.

4 Vgl. dazu *RGZ* 107, 171 (172); *OLG Hamm* v. 27.7.54 – 15 W 287/54, BB 1954, 913; *BGH* v. 26.2.1960 – I ZR 159/58, BGHZ 32, 103 (108); *BGH* v. 28.1.1980 – II ZR 124/78, NJW 1980, 1278; *Hillers*, Liquidation, S. 66; *Wertenbruch* in Westermann/Wertenbruch, Rn. I 1739; *Wimpfheimer*, Liquidation, S. 63.

den Liquidationserlös zu maximieren, ergibt sich das wirtschaftliche und praktische Interesse an dieser Maßnahme.

Daraus ist die Frage abzuleiten, wie die Entscheidung der Gesellschafter einer OHG/KG, die Gesellschaft aufzulösen und zu liquidieren, das weitere Verfahren vorgibt und insbesondere, ob die Liquidatoren auch im Rahmen des Verfahrens nach §§ 145 I, 149 HGB das Unternehmen verkaufen dürfen und können. Zur Vertretungsmacht der Liquidatoren nahm der *Bundesgerichtshof (BGH)* letztmals 1983 Stellung und beschränkte sie gemäß § 149 S. 2 HGB auf den Liquidationszweck.[5] Er geht aber auch bei darüber hinausgehenden Geschäften von einer wirksamen Stellvertretung aus, soweit der Vertragspartner nicht um die Zweckwidrigkeit wusste oder hätte wissen müssen.[6] Die Frage, ob der Abschluss eines Unternehmenskaufvertrags von der Vertretungsmacht der persönlich haftenden Gesellschafter einer noch nicht aufgelösten KG erfasst ist, verneinte der *BGH* unter Verweis auf den Rechtsgedanken des § 361 AktG 1965.[7] Nach § 361 AktG aF, dem der heutige § 179a AktG weitgehend entspricht, bedürfen Verträge über das ganze Vermögen der Aktiengesellschaft (AG) der Zustimmung der Hauptversammlung.

Das Schrifttum widerspricht vehement der Ansicht des *BGH*, die Vertretungsmacht der Liquidatoren auf den Liquidationszweck zu beschränken, und fordert, die Liquidatoren zur Vornahme aller Geschäfte namens der Gesellschaft zu ermächtigen.[8] Hinsichtlich der Veräußerung des Unternehmens in der Liquidation wird daher unter Verweis auf die *„Pflicht zur optimalen Auseinandersetzung“*[9] die dahin gehende Geschäftsführungsbefugnis und Vertretungsmacht der Liquidatoren bejaht.[10] Diesbezüglich stützt sich die herrschende Lehre auf einen Beschluss des *RG* aus dem Jahre 1914. Das *RG* nahm ohne nähere Begründung an, dass die Liquidation einer Gesellschaft mit beschränkter Haftung (GmbH) der Veräußerung des Handelsgeschäfts mit Firma nicht entgegensteht.[11] Hier hatte allerdings

5 *BGH* v. 1.12.1983 – III ZR 149/82, NJW 1984, 982.

6 *BGH* v. 1.12.1983 – III ZR 149/82, NJW 1984, 982.

7 *BGH* v. 8.7.1991 – II ZR 246/90, NJW 1991, 2564; *BGH* v. 9.1.1995 – II ZR 24/94, NJW 1995, 596; diese Rechtsprechung dürfte aber seit *BGH* v. 8.1.2019, 364/18, NZG 2019, 505 überholt sein. Hier lehnte der BGH auf der Grundlage einer ausführlichen dogmatischen Begründung die analoge Anwendung des § 179a AktG auf die GmbH ab.

8 Hk-HGB/*Anissimov*, § 149 Rn. 13; GroßKomm.HGB/*Habersack*, § 149 HGB Rn. 46; Oetker/*Kamanabrou*, § 149 HGB Rn. 17; K/K/R/D/*Kindler*, § 149 HGB Rn. 3; *Paura*, Liquidationspflichten, S. 43; Heymann/*Peetz*, § 149 HGB Rn. 18; *Karsten Schmidt*, AcP 174 (1974), 55 (72, 76); *Karsten Schmidt*, AcP 184 (1984), 529 (537 ff.); *Karsten Schmidt*, BB 1989, 229 (231); MüKo.HGB/*Karsten Schmidt*, § 149 Rn. 52; Glanegger/*Stuhlfelner*, § 149 HGB Rn. 6; *Wertenbruch* in Westermann/Wertenbruch, Rn. I 1726c.

9 Zur Entwicklung dieses Begriffs siehe *Hillers*, Liquidation, S. 60 ff.

10 Vgl. GroßKomm.HGB/*Habersack*, § 149 Rn. 35; *Hillers*, Liquidation, S. 66; E/B/J/S/*Hillmann*, § 149 HGB Rn. 18; Henssler/Strohn/*Klöhn*, GesR, § 149 HGB Rn. 15; Baumbach/Hopt/*Roth*, § 149 HGB Rn. 4; MüKo.HGB/*Karsten Schmidt*, § 149 Rn. 36; *Wertenbruch* in Westermann/Wertenbruch Rn. I 1739.

11 *RGZ* 85, 397 (401).

die Alleingesellschafterin ihre Zustimmung erteilt, sodass weitere Ausführungen nicht erforderlich waren.[12] Überdies ging auch der GmbH-Gesetzgeber im Jahre 1891 noch davon aus, dass die Vertretungsmacht der Liquidatoren auf die in § 70 S. 1 GmbHG genannten Aufgaben beschränkt sei.[13] Dieser gleicht in seiner Formulierung dem oben zitierten § 149 S. 1 HGB. Weiterhin regelt das GmbHG nur die Liquidation und die Insolvenz als die auf die Beendigung der Gesellschaft gerichteten Verfahren,[14] sodass den Gesellschaftern einer Personenhandelsgesellschaft bereits bei Auflösung der Gesellschaft insoweit mehr Gestaltungsfreiheit zukommt.[15]

Nimmt man wie die Literatur eine unbeschränkte Vertretungsmacht der Liquidatoren an, schützt man den mit der Gesellschaft in geschäftlichen Kontakt tretenden Rechtsverkehr. Dies liefert allerdings die nicht an der Stellvertretung und Geschäftsführung beteiligten Gesellschafter den Liquidatoren aus, da unter Umständen auch nachteilige, dem Interesse der Gesellschaft oder den Interessen der einzelnen Gesellschafter zuwiderlaufende Geschäfte Wirkung entfalten können. Mit dem AktG von 1965 wurde dieser Konflikt zugunsten einer an die Bedürfnisse des modernen Wirtschaftsverkehrs angepassten Abwicklung entschieden.[16] Die Abwickler durften nach dem aus dem Jahre 1937 stammenden § 209 I AktG aF[17] neue Geschäfte nur eingehen, um schwebende zu beenden.[18] Demgegenüber sind sie nach § 268 I 2 AktG dazu ermächtigt, neue Geschäfte abzuschließen, soweit es die Abwicklung erfordert. Damit sollte die Handlungsfähigkeit der AG auch in der Abwicklung erhalten bleiben.[19] Darüber hinaus vertreten die Abwickler die AG in allen Belangen gerichtlich und außergerichtlich (§ 269 I AktG). Auf dieser Grundlage wird § 149 HGB, der nahezu unverändert auf Art. 137 ADHGB zurückgeht,[20] weit ausgelegt,[21] denn eine solche Beschränkung der Geschäftsführungsbefugnisse steht einer wirtschaftlich erfolgreichen Abwicklung entgegen.[22] Überdies hielt der

---

12 *RGZ* 85, 397 (401).

13 Begründung zum GmbHG 1891, S. 112.

14 Siehe auch die Begründung zum GmbHG 1891, S. 111.

15 Denkschrift zum HGB 1897, abgedruckt in *Schubert/Schmiedel/Krampe*, Quellen, Band II/1, S. 90.

16 Siehe die Begründung des RegE zu den §§ 268, 269 AktG 1965, abgedruckt bei *Kropff*, AktG, S. 357 ff.

17 Abgedruckt im Anhang.

18 Vgl. die Begründung des RegE zu § 268 AktG 1965, abgedruckt bei *Kropff*, AktG, S. 357 f.

19 Begründung des RegE zu § 268 AktG 1965, abgedruckt bei *Kropff*, AktG, S. 357 f.

20 Abgedruckt im Anhang sowie bei *Schubert/Schmiedel/Krampe*, Quellen, Band I, S. 126.

21 Dieses Verständnis geht zurück auf *RGZ* 72, 236 (240): Das *Reichsgericht (RG)* erlaubte einer Genossenschaft (eG) die Fortsetzung der wirtschaftlichen Tätigkeit, solange dies noch wirtschaftlich sinnvoll war. Schwebende Geschäfte sollten daher *„möglichst weit“* und neue *„möglichst eng“* ausgelegt werden.

22 Begründung des RegE zu § 268 AktG 1965, abgedruckt bei *Kropff*, AktG, S. 357 f.

Gesetzgeber von 1965 eine Ausweitung der Kompetenzen für erforderlich, um die Veräußerung des Unternehmens im Rahmen der Abwicklung zu ermöglichen.[23] Damit wird ein gewandeltes Verständnis der Liquidation deutlich. Daraus ergibt sich zugleich ein besonderes praktisches Interesse, auch § 149 HGB weit auszulegen, um die unternehmerische Tätigkeit der Liquidatoren nicht zu hemmen.[24] Fraglich bleibt dann allerdings, ob der Wortlaut des § 149 S. 1 HGB, der für die Auslegung herangezogen werden muss,[25] eine fortgesetzte unternehmerische Tätigkeit und die Veräußerung des Unternehmens als Liquidationsmaßnahmen erfasst. Weiterhin stellt sich die Unternehmensveräußerung als eine Handlung zwischen faktischer Änderung des Zwecks und noch zulässiger Geschäftsführung dar, die im Aktienrecht auch innerhalb der Abwicklung zum Schutz der Aktionäre deren Zustimmung bedarf.[26] Im Rahmen der Liquidationsphase von OHG und KG rückt das Gesetz vermehrt die Interessen der Gesellschafter in den Mittelpunkt und gewährt sowohl den persönlich haftenden Gesellschaftern als auch den Kommanditisten in § 152 HGB ein Mitspracherecht in allen die Geschäftsführung betreffenden Angelegenheiten:

„Gegenüber den nach § 146 Abs. 2 und 3 Beteiligten haben die Liquidatoren, auch wenn sie vom Gericht bestellt sind, den Anordnungen Folge zu leisten, welche die Beteiligten in Betreff der Geschäftsführung einstimmig beschließen.“

Daher entfällt die für die werbende Gesellschaft geltende Trennung in gewöhnliche und außergewöhnliche Geschäfte im Sinne der §§ 116 I, II, 164 S. 1 Hs. 2 HGB. An deren Stelle treten die Liquidationsaufgaben aus § 149 S. 1 HGB und eine Anordnungsbefugnis gemäß § 152 HGB. Vor dem Hintergrund dieser unbeschränkten Weisungsmöglichkeiten stellt sich einerseits die Frage nach der Entscheidungsfreiheit der Liquidatoren. Andererseits sind die Grenzen der Mitbestimmung der Gesellschafter zu untersuchen. Jedenfalls in Bezug auf die auch von § 152 HGB angedeutete Beschlussfassung innerhalb der Personengesellschaft konnte der *BGH* im Rahmen mehrerer Urteile in jüngerer Zeit Stellung nehmen; er beschäftigte

---

23 Begründung des RegE zu § 268 AktG 1965, abgedruckt bei *Kropff*, AktG, S. 358.

24 Nach MüKo.HGB/*Karsten Schmidt*, § 149 HGB Rn. 12 und ihm zustimmend Henssler/Strohn/*Klöhn*, § 149 HGB Rn. 8 ist das in § 149 S. 1 Hs. 2 HGB stehende „können“ als „dürfen“ zu verstehen. Demgegenüber will *Wertenbruch* in Westermann/Wertenbruch, Rn. I 1726b in § 149 S. 2 HGB keine hinreichende Unterscheidung zwischen „können“ und „sollen“ erkennen. Somit könnte zumindest eine Beschränkung der Vertretungsmacht nach Maßgabe des Liquidationszwecks vermieden werden.

25 Siehe zur „Wortlautgrenze der Auslegung“ *Larenz*, Methodenlehre, S. 343 und deren Bedeutung im Zivilrecht *Möllers*, Juristische Methodenlehre, § 4 Rn. 42.

26 So sieht es zumindest das Schrifttum: *Bredol/Natterer*, ZIP 2015, 1419 (1423); Grigoleit/*Ehmann*, § 179a AktG Rn. 11; Hölters/*Haberstock/Greitemann*, § 179a AktG Rn. 3; Hölters/*Hirschmann*, § 268 AktG Rn. 4; *Hüren*, RNotZ 2014, 77 (78); Hüffer/Koch/*Koch*, § 179a AktG Rn. 24; *Leitzen*, NZG 2012, 491 (492); GroßKomm.AktG/*Karsten Schmidt*, § 268 Rn. 3; MüKo.AktG/*Stein*, § 179a Rn. 12; Henssler/Strohn/*Strohn*, § 179a AktG Rn. 12; *Timm*, Konzernspitze, S. 115; KK.AktG/*Winnen*, § 269 Rn. 10.

sich sowohl mit dem *Bestimmtheitsgrundsatz*[27] als auch mit der *Kernbereichslehre*[28] und traf Aussagen zu den formellen und materiellen Voraussetzungen von Gesellschafterbeschlüssen. Das Urteil zur Kernbereichslehre ist jedoch äußerst umstritten.[29] Zwar erging auch diese Rechtsprechung zur werbend tätigen und damit noch nicht aufgelösten Personengesellschaft, es sind dennoch deren Folgen auf die Satzungsoffenheit des § 152 HGB und die damit einhergehende Reichweite von Mehrheitsentscheidungen in der Liquidationsphase zu untersuchen. Zugleich gewinnt die Beteiligung der Gesellschafter an der Liquidation eine besondere Bedeutung, da der *BGH* ab Auflösung der Gesellschaft ein Ausscheiden aus dem Verband für unzulässig erachtet.[30] Vor diesem Hintergrund geht es also nicht nur um die Ermöglichung einer möglichst weitreichenden wirtschaftlichen Betätigung der zu liquidierenden OHG/KG und den gleichzeitigen Schutz des Rechtsverkehrs, sondern auch darum, die Interessen der Gesellschafter an einer ordnungsgemäßen und profitablen Abwicklung zur Geltung zu bringen.

In der Praxis nimmt die Bedeutung von OHG und KG, insbesondere zugunsten der GmbH, ab.[31] Ebenfalls in dogmatischer Hinsicht nähern sich spätestens seit

---

27 *BGH* v. 15.1.2007 – II ZR 245/05, BGHZ 170, 283 Rn. 9; bestätigt in *BGH* v. 24.11.2008 – II ZR 116/08, BGHZ 179, 13 Rn. 15; *BGH* v. 19.10.2009 – II ZR 240/08, BGHZ 183, 1 Rn. 14; *BGH* v. 15.11.2011 – II ZR 266/09, BGHZ 191, 293 Rn. 16; *BGH* v. 16.10.2012 – II ZR 251/10, NZG 2013, 57 Rn. 25; *BGH* v. 16.10.2012 – II ZR 239/11, NZG 2013, 63 Rn. 15; *BGH* v. 21.10.2014 – II ZR 84/13, BGHZ 203, 77 Rn. 14.

28 *BGH* v. 21.10.2014 – II ZR 84/13, BGHZ 203, 77 Rn. 12; in diese Richtung bereits *BGH* v. 24.11.2008 – II ZR 116/08, NJW 2009, 669 Rn. 17.

29 Dem *BGH*-Urteil zur Kernbereichslehre zustimmend MüKo.HGB/*Enzinger*, § 119 Rn. 66 f., 80a; E/B/J/S/*Freitag*, § 119 HGB Rn. 70 ff, 73; *Goette/Goette*, DStR 2016, 74 (76); *Grunewald*, BB 2015, 333; Röhricht/Graf von Westphalen/Haas/*Haas*, § 119 HGB Rn. 20c; *Leuering/Rubner*, NJW-Spezial 2017, 655 (656); Oetker/*Lieder*, § 119 HGB Rn. 53; *Lind*, LMK 2015, 366316; *Risse/Höfling*, NZG 2017, 1131 (1133); *Seidel/Wolf*, BB 2015, 2563; *Weber*, ZfPW 2015, 123 (127); *Wertenbruch*, DB 2014, 2875 (2877); *Wertenbruch* in Fleischer/Thiessen, Gesellschaftsrechts-Geschichten, S. 637 (654); *Wicke*, MittBayNot 2017, 125 (126); in diese Richtung auch *H.P. Westermann* in Westermann/Wertenbruch, Rn. I 525; gegenüber der *BGH*-Rechtsprechung ablehnend *Altmeppen*, NJW 2015, 2065; *Heckschen/Bachmann*, NZG 2015, 531 (535); *Kleindiek*, GmbHR 2017, 674 (678); K/K/R/D/*Kindler*, § 119 HGB Rn. 12; BeckOK.HGB/*Klimke*, § 119 Rn. 47; *Priester*, EWiR 2015, 71 (72); *Priester*, NZG 2015, 529 (530); Hk-HGB/*Psaroudakis*, § 119 Rn. 11; *Raiser/Veil*, KapGesR, § 47 Rn. 47; *Schäfer*, ZIP 2015, 1313; *Ulmer*, ZIP 2015, 657 (659); *Schäfer*, NZG 2014, 1401 (1404) lobt zwar das Urteil in Bezug auf die endgültige Aufgabe des Bestimmtheitsgrundsatzes, hält aber am Kernbereich fest; unklar Baumbach/Hopt/*Roth*, § 119 HGB Rn. 36.

30 *BGH* v. 11.12.1978 – II ZR 41/78, NJW 1979, 765; *BGH* v. 28.6.2004 – I ZR 373/00, juris Rn. 11; *BGH* v. 30.1.2018 – II ZR 95/16, NJW 2018, 539 Rn. 55; *BGH* v. 6.2.2018 – II ZR 1/16, juris Rn. 23 ff.; *BGH* v. 15.5.2018 – II ZR 92/16, juris Rn. 22.

31 Siehe dazu *Kornblum*, GmbHR 2015, 687 (688); *Kornblum*, GmbHR 2016, 691 (692); *Kornblum*, GmbHR 2017, 739 (740); *Kornblum*, GmbHR 2018, 669; *Kornblum*, GmbHR

Anerkennung der Rechtsfähigkeit der Gesellschaft bürgerlichen Rechts (GbR)[32] die Personengesellschaften den juristischen Personen an. Dies findet in der vorstehend skizzierten Rechtsprechung sowie der Beantwortung der aufgeworfenen Fragen Anklang. Aus dem Recht der Kapitalgesellschaften bekannte Rechtsgedanken werden auf OHG und KG übertragen. Insoweit bestehen Unterschiede zwischen den Verbänden nicht in erster Linie in deren Rechtsfähigkeit, sondern die rechtsformspezifischen Unterschiede ergeben sich vor allem aus dem Verbandszweck, dem Grad der Trennung zwischen Gesellschaft und Gesellschaftern sowie der jeweiligen Bereitschaft, das unternehmerische Risiko selbst zu tragen. Allen Gesellschaftsformen ist jedoch gemein, dass sie die gemeinsame Tätigkeit mehrerer Personen mit dem Ziel der Vereinigung von Expertise und/oder Kapital ermöglichen.[33] OHG/KG verlangen diesbezüglich allein die Einigung auf einen gemeinsamen Zweck im Sinne der §§ 105 I, II HGB, 705 BGB sowie die Übernahme der persönlichen Haftung für die Verbindlichkeiten der Gesellschaft, jedenfalls soweit die Gesellschafter nicht als Kommanditisten ihre Hafteinlage geleistet haben (§§ 128, 161 II, 171 I HGB). Auch aus diesem Grund liegt im Rahmen der §§ 145 ff. HGB der Fokus auf den Gesellschaftern, deren Interesse an einer optimalen Auseinandersetzung sowie der diesbezüglichen Beteiligung am Liquidationsverfahren. Anders als im Recht der Kapitalgesellschaften wird der Schutz der Gläubiger nicht besonders betont und allein an jenen Stellen verwirklicht, an denen die Gesellschaft mit Dritten in Kontakt tritt.[34] Von wesentlicher Bedeutung ist daher erneut § 149 HGB, denn in Abhängigkeit des Verständnisses von der Ermächtigung der Liquidatoren zur Vertretung der Gesellschaft unter gleichzeitiger Beachtung von Aufgaben und Zwecken der Liquidation bietet dessen Verständnis die Möglichkeit, entweder den Rechtsverkehr oder die Gesellschafter zu schützen.

Die Untersuchung widmet sich daher einerseits der Frage nach den Aufgaben der Liquidation sowie der Liquidatoren, insbesondere ob deren Geschäftsführungsbefugnis und Vertretungsmacht sie zur Veräußerung des von der Gesellschaft betriebenen Unternehmens ermächtigen. Andererseits sind die Mitwirkungsbefugnisse der Gesellschafter, die Abgrenzung der Kompetenzen der Liquidatoren von denen der Gesellschafterversammlung sowie die Verwirklichung des Schutzes der Beteiligten im Innenverhältnis zu untersuchen.

2019, 689 (690); GroßKomm.HGB/*Schäfer*, § 105 Rn. 12; vgl. auch *Windbichler*, GesR, Rn. 101.

32 *BGH* v. 29.1.2001 – II ZR 331/00, BGHZ 146, 341.

33 Vgl. dazu *Karsten Schmidt*, JuS 2017, 809 (816).

34 Siehe dazu auch Denkschrift zum HGB 1897, abgedruckt in *Schubert/Schmiedel/Krampe*, Quellen, Band II/1, S. 90. So ging der Gesetzgeber davon aus, dass die Liquidation nicht die notwendige Folge der Auflösung ist. Vielmehr sollte die Auseinandersetzung auch auf andere Art, etwa die *„Veräußerung des Geschäfts und Theilung des Erlöses“* herbeigeführt werden können.

B. Gang der Untersuchung

Einleitend ist im 1. Kapitel im Hinblick auf das Verständnis des § 149 HGB nach den Zielen des Liquidationsverfahrens zu fragen. Im 2. Kapitel schließen die Betrachtung des Zwecks der Liquidationsgesellschaft und die Frage an, ob es einen den gemeinsamen Zweck im Sinne der §§ 105 I, II HGB, 705 BGB ersetzenden Liquidationszweck gibt.

Im 3. und 4. Kapitel sind die Folgen der Auflösung und des Eintritts in das Liquidationsstadium unter Beachtung der gewandelten Gesellschafterinteressen sowie des Liquidationszwecks zu untersuchen. Insbesondere ist zu beleuchten, wie stark sich die gewandelte Aufgabe auf die Organisation der Gesellschaft auswirkt und inwiefern die §§ 145 ff. HGB einer effektiven Teilhabe am Handelsverkehr entgegenstehen. Das 3. Kapitel ist zunächst der Organisationsverfassung der Gesellschaft und deren durch Eröffnung des Liquidationsverfahrens bedingten Änderungen gewidmet. Im 4. Kapitel wird diese Untersuchung anhand der die Gesellschaft und die Liquidatoren treffenden Bilanzierungspflichten fortgesetzt. Daran wird der Charakter des Liquidationsverfahrens im Sinne der §§ 145 ff. HGB veranschaulicht. Zugrunde gelegt wird zum einen die Ansicht des HGB-Gesetzgebers, der lediglich die Erstellung von Vermögensbilanzen im Sinne des § 154 HGB für notwendig hielt, da seiner Ansicht nach das Liquidationsverfahren bloß auf Verteilung des Gesellschaftsvermögens unter den Gesellschaftern gerichtet ist.[35] Zum anderen werden modernere Ansätze einbezogen, die auch in der Liquidation die allgemeinen handelsrechtlichen Rechnungslegungsvorschriften anwenden und allein intern eine Bilanzierung im Sinne des § 154 HGB für erforderlich erachten.

Auf der Grundlage der bisherigen Ergebnisse befassen sich die Kapitel 5 und 6 mit den Geschäftsführungskompetenzen sowie der Vertretungsmacht der Liquidatoren. Diesbezüglich wird ein Verständnis des § 149 HGB entwickelt, welches sich am Wortlaut orientiert, die Unterschiede zwischen den Gesellschaftsformen und elementare Grundsätze der handelsrechtlichen Stellvertretung berücksichtigt und sich in das vom AktG-Gesetzgeber 1965 geäußerte Verständnis des Liquidationsverfahrens einpasst.

Darauf aufbauend ist im 7. Kapitel der Spezialfall des Unternehmensverkaufs in den Mittelpunkt zu stellen und eine Beschränkung der Vertretungsmacht unter Beachtung des § 179a AktG zu begutachten. Abschließend ist im 8. Kapitel für das Innenverhältnis zu untersuchen, wie die Gesellschafter an der Liquidation beteiligt werden, wenn sie nicht selbst die Liquidation durchführen. Ausgangspunkt der Überlegungen sind § 152 HGB und die damit einhergehenden Mitwirkungsansprüche und Mitwirkungskompetenzen der Gesellschafter sowie die Rechtsprechung des *BGH* zur Reichweite von Mehrheitsklauseln.

---

35 Vgl. dazu Denkschrift zum HGB 1897, abgedruckt in *Schubert/Schmiedel/Krampe*, Quellen, Band II/1, S. 93.

1. Kapitel Das Ziel der Liquidation

A. Die Bedeutung des Gesellschaftszwecks hinsichtlich der Pflichten der Gesellschafter

OHG und KG sind als Personengesellschaften Zusammenschlüsse mehrerer Personen auf vertraglicher Basis zur Verfolgung und Förderung eines gemeinsamen Zwecks.[36] Dieser besteht grundsätzlich im Betrieb eines Handelsgewerbes unter gemeinschaftlicher Firma (so § 105 I HGB).[37] An diesem den Gesellschaftern gemeinen Zweck ist deren gesamtes Verhalten sowohl untereinander als auch gegenüber der Gesellschaft auszurichten,[38] auf ihn beziehen sich die Leistungspflichten, insbesondere hinsichtlich der Leistung von Beiträgen und Einlagen.[39] Die Einlagen dienen anders als in den Kapitalgesellschaften (AG und GmbH) nicht der Bildung eines Haftungsfonds, da die Gesellschafter gemäß § 128 HGB[40] persönlich für die Verbindlichkeiten der Gesellschaft haften.[41] Auch die persönliche Haftung dient

---

36 Vgl. §§ 105 I, III HGB, 705 BGB; *BGH* v. 26.6.1989 – II ZR 128/88, NJW 1990, 573 (574); *BGH* v. 10.10.1994 – II ZR 32/94, BGHZ 127, 176 (177); *BGH* v. 12.11.2007 – II ZR 183/06, NZG 2008, 68 (69); *BGH* v. 20.10.2008 – II ZR 207/07, NZG 2009, 21 (22); außerdem *Ballerstedt*, JuS 1963, 253 (254); *Beuthien*, JZ 2003, 715 f.; *Fikentscher*, Festschrift Harry Westermann, S. 84 f. *Flume*, AT I, S. 39; Henssler/Strohn/*Henssler*, § 105 HGB Rn. 6; *Raiser*, ACP 194 (1994), 495 (496); Baumbach/Hopt/*Roth*, § 105 Rn. 1; *Karsten Schmidt*, ZIP 2014, 493 (497); E/B/J/S/ *Wertenbruch*, § 105 HGB Rn. 11; kritisch *Madura*, ZHR 178 (2014), 98 (108 ff.).

37 *BGH* v. 19.5.1960 – II ZR 72, 59, BGHZ 23, 307 (311); Röhricht/Graf v. Westphalen/ Haas/*Haas*, § 105 HGB Rn. 8; K/K/R/D/*Kindler*, § 105 HGB Rn. 8, 10; Nk-HGB/*Klimke*, § 105 HGB Rn. 3; *Karsten Schmidt*, GesR, S. 62; *Wertenbruch* in Westermann/Wertenbruch, Rn. I. 703, vgl. auch *Karsten Schmidt*, DB 2009, 271 (273); *Karsten Schmidt*, JuS 2017, 809 (810).

38 *RGZ* 147, 340 (342); *Flume*, AT I, S. 43; Erman/*H.P. Westermann*, § 705 BGB Rn. 33; vgl. *Grunewald*, GesR, § 1 Rn. 8.

39 *BGH* v. 20.10.2008 – II ZR 207/07, NZG 2009, 21 (22); MüKo.HGB/*Karsten Schmidt*, § 105 Rn. 29; E/B/J/S/ *Wertenbruch*, § 105 HGB Rn. 24; zur Abgrenzung zwischen Beiträgen und Einlagen *U. Huber*, Vermögensanteil, S. 191 ff.; *v. Falkenhausen/ H.C. Schneider* in MHdB GesR, Band 2 § 17 Rn. 1 ff.

40 Ausnahmen bestehen im Hinblick auf die Kommanditisten. Diese haften nach § 171 I HGB lediglich summenmäßig beschränkt. Die Haftung der Kommanditisten gegenüber den Gläubigern der Gesellschaft ist überdies ausgeschlossen, soweit sie ihre Hafteinlage geleistet haben.

41 GroßKomm.HGB/*Schäfer*, § 105 Rn. 18; überdies genügt die persönliche Haftung der Förderung des Gesellschaftszwecks *RGZ* 20, 71 (74 f.); *RGZ* 37, 58 (61); *RGZ* 80, 268 (271); K/K/R/D/*Kindler*, § 105 HGB Rn. 9; Baumbach/Hopt/*Roth*, § 105 HGB Rn. 1; MüKo.HGB/*Karsten Schmidt*, § 105 Rn. 29; *v. Falkenhausen/ H.C. Schneider* in MHdB GesR, Band 2 § 17 Rn. 11, 14 ff.; kritisch *Karsten Schmidt*, die oHG, S. 149.

der Förderung des Gesellschaftszwecks, weshalb die Beiträge der Gesellschafter insgesamt nicht in einer Leistung in Geld bestehen müssen.[42] Vielmehr genügt die Übernahme von Geschäftsleitungstätigkeiten.[43] Beiträge sind daher alle im Rahmen der Zweckförderung geschuldeten Pflichten der Gesellschafter gegenüber der Gesellschaft (vgl. auch § 706 III BGB).[44] Parallel gehen von der Zweckförderpflicht Handlungs-, Duldungs- und Unterlassungspflichten aus, wie etwa ein Wettbewerbsverbot,[45] welches gemäß §§ 112, 113 HGB nicht nur für die an der Geschäftsleitung beteiligten Gesellschafter gilt.[46] Die Gesellschafter sind folglich dazu angehalten, all jene Handlungen zu unterlassen, die die Zweckerreichung gefährden. Der Zweck ist damit nicht nur die Grundlage des Zusammenschlusses, sondern maßgeblich für die Einordnung aller Handlungen, Rechte und Pflichten im Gesellschaftsverhältnis.

Aufgrund der überragenden Bedeutung dieses Zwecks ist zunächst die Frage zu stellen, was überhaupt der Zweck der Liquidationsgesellschaft ist, denn begrifflich scheinen sich die Liquidation und der fortgesetzte Betrieb eines Handelsgewerbes gegenseitig auszuschließen. Außerdem ist das Verhältnis des Zwecks zu den Aufgaben und dem Geschäftskreis der Liquidatoren zu untersuchen. Es soll zunächst die Ausgangsthese formuliert sein: Die Liquidation ist zwar ein Tatbestand im Leben der Handelsgesellschaft, aber der Zweck der Gesellschaft ändert sich. Es geht nicht mehr um den gemeinsamen Betrieb eines Handelsgewerbes, sondern dessen Beendigung rückt in den Mittelpunkt.

---

42 *BGH* v. 11.1.2011 – II ZR 187/09, NJW 2011, 921 Rn. 15; *Grunewald*, GesR, § 1 Rn. 13; Oetker/*Lieder*, § 105 HGB Rn. 75; MüKo.BGB/*Schäfer*, 706 Rn. 2; MüKo.HGB/*Karsten Schmidt*, § 105 Rn. 78; E/B/J/S/*Wertenbruch*, § 105 HGB Rn. 24; *Wertenbruch* in Westermann/Wertenbruch, Rn. I 378 f.; auch *Weipert* in MHdB GesR Band 1, § 6 Rn. 20 f.; vgl. zur Entstehung des § 705 *Jakobs/Schubert*, Die Beratung des BGB, S. 233 ff.

43 Vgl. *RGZ* 147, 340 (342); Oetker/*Lieder*, § 105 HGB Rn. 75; MüKo.BGB/*Schäfer*, 706 Rn. 2; MüKo.HGB/*Karsten Schmidt*, § 105 Rn. 78; E/B/J/S/*Wertenbruch*, § 105 HGB Rn. 24; *Wertenbruch* in Westermann/Wertenbruch, Rn. I 378.

44 *v. Falkenhausen/ H.C. Schneider* in MHdB GesR Band 2, § 17 Rn. 2; *Karsten Schmidt*, die oHG, S. 148; siehe auch *RGZ* 95, 147 (150); *OLG Köln* v. 14.6.1971 – 2 U 45/71, BB 1971, 1077.

45 Ausführlich, *Weller*, ZHR 175 (2011), 110 ff.

46 *BGH* v. 5.12.1983– II ZR 242/82, BGHZ 89, 162 (165); Henssler/Strohn/*Finckh*, §112 HGB Rn. 1, 6; MüKo.HGB/*Langhein*, § 112 Rn. 5; Baumbach/Hopt/*Roth*, § 112 Rn. 1 f.; zu Ausnahmen GroßKomm.HGB/*Schäfer*, § 112 Rn. 7.

B. Der Gegenstand des von der OHG/KG betriebenen Unternehmens

I. Verhältnis von Verbandszweck zu Unternehmensgegenstand

Betrachtet man die juristischen Personen, so sind Gesellschaftszweck und Unternehmensgegenstand zu unterscheiden (vgl. §§ 23 III Nr., 2, 275 I AktG, 3 I Nr. 2, 75 I GmbHG, § 6 Nr. 2 GenG). Anders als bei den Personengesellschaften, die einzig den gemeinsamen Zweck kennen, genügt bei den Kapitalgesellschaften (sowie der eG) die Angabe des Unternehmensgegenstands in der Satzung. Der gemeinsame Zweck muss gemäß § 105 I, II HGB auf den Betrieb eines Handelsgewerbes oder die Verwaltung des eigenen Vermögens lauten und ist nach § 705 BGB von den Gesellschaftern zu fördern.[47] Aufgrund der Einigung der Gesellschafter auf einen gemeinsamen Zweck wird ein Interessengleichlauf zwischen diesen hergestellt und die Geschäftsgrundlage des Verbands festgestellt.[48] In gleichem Maße beschreibt der Unternehmensgegenstand von AG und GmbH den Tätigkeitsbereich der Gesellschaft.[49] Übertragen auf die OHG/KG würde das Handelsgewerbe (dessen Betrieb der gemeinsame Zweck ist) durch den Unternehmensgegenstand näher beschrieben. Es handelt sich um eine Zweck-Mittel-Relation: Der Zweck ist

47 *BGH* v. 10.6.1965 – III ZR 239/63, WM 1965, 1052 (1053); *BGH* v. 12.11.2007 – II ZR 183/06, NZG 2008, 68 (69); *Grunewald*, GesR, § 1 Rn. 5, 7; GroßKomm.HGB/*Schäfer*, § 105 Rn. 20; *Karsten Schmidt*, GesR, S. 63; vgl. zur Rechtsnatur des Gesellschaftsvertrags auch *BGH* v. 2.7.1990 – II ZR 243/89, BGHZ 112, 40 (45, 47); *Koch*, GesR, § 1 Rn. 2, § 12 Rn. 9, § 20 Rn. 1; Schwerdtfeger/*Lehleiter*, § 105 HGB Rn. 30; Baumbach/Hopt/*Roth*, § 105 Rn. 2, 4; *Saenger*, GesR, Rn. 71; *Windbichler*, GesR, § 6 Rn. 2.

48 Vgl. zur Differenzierung von Gesellschaftszweck und Gesellschafterinteressen *Flume*, AT I, S. 38; GroßKomm.HGB/*Schäfer*, § 105 Rn. 20; Henssler/Strohn/*Henssler*, § 105 HGB Rn. 6; MüKo.HGB/*Karsten Schmidt*, § 105 Rn. 28; zur Bedeutung des Gesellschaftszwecks als Geschäftsgrundlage *BGH* v. 11.11.1985 – II ZB 5/85, BGHZ 96, 245 (250, 251); *OLG Köln* v. 29.11.1994 – 24 U 101/94, NJW 1996, 1180; *Karsten Schmidt*, GesR, S. 65 f.

49 Vgl. dazu *RGZ* 164, 129 (140 ff.); *BGH* v. 8.10.1969 – VIII ZR 166/67, BGHZ 53, 1 (3); *BGH* v. 10.10.1994 – II ZR 32/94, BGHZ 127, 176 (179); Pöhlmann/Fandrich/Bloehs/*Fandrich*, § 6 GenG Rn. 6; Röhricht/Graf v. Westphalen/Haas/*Haas*, § 105 HGB Rn. 8; Henssler/Strohn/*Henssler*, § 105 HGB Rn. 6; Lang/Weidmüller/*Holthaus/Lehnhoff*, § 6 GenG Rn. 11; Hüffer/Koch/*Koch*, § 23 AktG Rn. 21; *Kübler/Assmann*, GesR, § 5 II; Oetker/*Lieder*, § 105 HGB Rn. 18; MüKo.AktG/*Pentz*, § 23 Rn. 69; Saenger/*Pfister*, § 3 GmbHG Rn. 9; Hölters/*Solveen*, § 23 AktG Rn. 21; Grigoleit/*Vedder*, § 23 AktG Rn. 25; Henssler/Strohn/*Vetter*, § 23 AktG Rn. 13; a.A. *Karsten Schmidt*, GesR, S. 64 ff.; *Karsten Schmidt*, AcP 209 (2009), 181 (192); das Verhältnis von Unternehmensgegenstand und Zweck der Kapitalgesellschaft ist umstritten. Zur Darstellung des Meinungsstands siehe MüKo.GmbHG/*Fleischer*, § 13 Rn. 7 f. und MüKo.AktG/*Pentz*, § 23 Rn. 70 ff.

der Grund des Zusammenschlusses und mittels des Unternehmensgegenstands im Sinne einer konkreten Betätigung zu fördern.[50]

II. Beschränkung des Tätigkeitsspektrums durch den Unternehmensgegenstand

In der Satzung von AG und GmbH dient die Angabe des Unternehmensgegenstands dem Schutz der Aktionäre, indem das Betätigungsfeld des Verbands und zugleich der Geschäftsleitung eingegrenzt wird.[51] Gleichwohl beschränkt der Unternehmensgegenstand nicht die Vertretungsmacht, sondern die interne Geschäftsführungsbefugnis und sichert damit den Schutz der Minderheitsgesellschafter vor einer unvorhergesehenen Ausweitung der Geschäftstätigkeit.[52] Unter anderem konkretisiert er Art, Inhalt und Umfang der Treuepflicht.[53] Außerdem wird damit eine Transparenz gegenüber Dritten (Gläubigern und Investoren) erreicht[54] und dem Registergericht die Prüfung vereinfacht, ob ein zulässiger Gesellschaftszweck verfolgt wird.[55]

III. Bedürfnis zur Bestimmung der Leistungspflichten

Eine Differenzierung zwischen Gesellschaftszweck und Unternehmensgegenstand ist bei OHG/KG nicht notwendig, da das entscheidende Moment des Vertrags

---

50 *BGH* v. 8.10.1969 – VIII ZR 166/67, BGHZ 53, 1 (3); KK.AktG/*Arnold*, § 23 Rn. 74; Pöhlmann/Fandrich/Bloehs/*Fandrich*, § 6 GenG Rn. 6; *Fendt*, AG 2017, 99 (100); Henssler/Strohn/*Henssler*, § 105 HGB Rn. 6; Sudhoff/*Jäger*, Rn. B 1; Hüffer/Koch/*Koch*, § 23 AktG Rn. 21; Oetker/*Lieder*, § 105 HGB Rn. 18; *Karsten Schmidt*, GesR, S. 65; Hölters/*Solveen*, § 23 AktG Rn. 21; Henssler/Strohn/*Vetter*, § 23 AktG Rn. 13; Lang/Weidmüller/*Holthaus/Lehnhoff*, § 6 GenG Rn. 11; vgl. auch *BGH* v. 11.11.1985 – II ZB 5/85, BHGZ 96, 245 (250 ff.); weiterhin MüKo.AktG/*Pentz*, § 23 Rn. 76.

51 Vgl. *BGH* v. 10.10.1994 – II ZR 32/94, BGHZ 127, 176 (179), zur stillen Gesellschaft; *Grunewald*, GesR, § 10 Rn. 10; Hüffer/Koch/*Koch*, § 23 AktG Rn. 21; Spindler/Stilz/*Limmer*, § 23 AktG Rn. 16; Hölters/*Solveen*, § 23 AktG Rn. 21; *Timm*, AG 1980, 172 (178); Grigoleit/*Vedder*, § 23 AktG Rn. 25; Henssler/Strohn/*Vetter*, § 23 AktG Rn. 13; *Windbichler*, GesR, § 27 Rn. 25; vgl. auch zur Rechtslage bei der OHG/KG *Hübner*, Jura 2017, 257 (258).

52 *BGH* v. 15.1.2013 – II ZR 90/11, NJW 2013, 1958, NJW 2013, 1958 Rn. 16; *BGH* v. 5.10.1992 – II ZR 172/91, NJW 1993, 57 (63); Baumbach/Hueck/*Fastrich*, § 3 GmbHG Rn. 7; Hk-GmbHG/*Pfister*, § 3 GmbHG Rn. 10. Siehe auch § 164 S. 1 HGB.

53 Hk-GmbHG/*Pfister*, § 3 GmbHG Rn. 10.

54 KK.AktG/*Arnold*, § 23 Rn. 83; Hüffer/Koch/*Koch*, § 23 AktG Rn. 21; Spindler/Stilz/*Limmer*, § 23 AktG Rn. 16; Hk-GmbHG/*Pfister*, § 3 GmbHG Rn. 10; Hölters/*Solveen*, § 23 AktG Rn. 21; Grigoleit/*Vedder*, § 23 AktG Rn. 25; Henssler/Strohn/*Vetter*, § 23 AktG Rn. 13.

55 Spindler/Stilz/*Limmer*, § 23 AktG Rn. 16; Hölters/*Solveen*, § 23 AktG Rn. 21.

die Einigung auf den gemeinsamen Zweck ist.[56] Zwar können die Gesellschafter gemäß § 705 BGB die genaue Art der Zweckförderung statutarisch festlegen und umschreiben, anderenfalls werden Art und Weise der Förderpflichten aber aus dem Vertrag und den diesen begleitenden Umständen hergeleitet, da gleichwohl das Bedürfnis besteht, die genaue Art der Zweckverfolgung zu bestimmen.[57] Bedeutung könnte der Unterscheidung jedoch im Stadium der Liquidation zukommen, denn § 149 S. 2 HGB spricht vom Geschäftskreis der Liquidatoren: Diese haben als Gesellschaftsorgan den Zweck zu fördern.[58] Der Umfang dieser Tätigkeit wird in § 149 S. 2 HGB als Geschäftskreis beschrieben, welcher den Unternehmensgegenstand entsprechen könnte. Diese Überlegung verdeutlicht, dass den Liquidatoren die Aufgaben zugewiesen sind, die der Abwicklung dienen und gleichsam Mittel zum Zweck der Vollbeendigung sind. Sie nehmen diesbezüglich eine verfahrensdienende Funktion ein.

Im Gegensatz zur AG sind OHG/KG in der Regel keine Kapital-Anlagegesellschaften, weshalb Dritte nicht in vergleichbarer Weise über die Gesellschaft und deren Unternehmen informiert werden müssen.[59] Der gemeinsame Zweck dient der Gleichschaltung von Interessen und Pflichten der Gesellschafter. In der AG und GmbH ist die Rechtslage anders als in der OHG/KG: Nach § 23 III Nr. 2 AktG und nach § 3 I Nr. 2 GmbHG ist nicht die statutarische Angabe des Zwecks (vgl. dazu § 1 GmbHG), sondern des Unternehmensgegenstands erforderlich. Weil die Haftung auf das Stammkapital begrenzt ist, dient dessen Angabe allerdings der Warnung und Information der Gläubiger.[60] Für die OHG/KG muss allein der gemeinsame Zweck als verbandskonstituierendes Merkmal begriffen werden, nur in diesem Rahmen wird eine Willensübereinstimmung hergestellt, gleichwohl dient auch dieser der Beschränkung und Festlegung der Geschäftsleitungstätigkeit.

---

56 Siehe auch *Heckschen* in Westermann/Wertenbruch, M 1; Sudhoff/*Jäger*, Rn. B 2; *Quinke* in MHdB GesR Band 1, § 49 Rn. 153 ff.

57 Vgl. *BGH* v. 5.12.1983 – II ZR 242/82, BGHZ 89, 162 (170); *Weipert* in MHdB GesR Band 1, § 6 Rn. 17; *Quinke* in MHdB GesR Band 1, § 49 Rn. 155.

58 5. Kapitel A.

59 Wobei Ausnahmen für die der Kapitalgesellschaft angenäherten Publikumsgesellschaften gelten können.

60 Baumbach/Hueck/*Fastrich*, § 3 GmbHG Rn. 7; MüKo.GmbHG/*Wicke*, § 3 Rn. 10.

C. Die Liquidation – Ein auf Vollbeendigung gerichtetes Verfahren

I. Die Vollbeendigung der Gesellschaft als mit Auflösung beabsichtigtes Ziel

Entscheidend für die Beantwortung der hier aufgeworfenen Fragen ist in erster Linie der Zweck des Liquidationsverfahrens. Dieser Zweck bestimmt die Aufgaben des Liquidators, was sich neben der Organstellung auch daraus ergibt, dass der Geschäftskreis im Sinne des § 149 HGB am Liquidationsziel zu messen ist.[61] Der Zweck der Liquidation und damit auch der Gesellschaftszweck ist es, die an die Vermögensloskeit[62] anknüpfende Vollbeendigung der Gesellschaft herbeizuführen.[63] Allein die Auflösung der Gesellschaft markiert somit nicht das Ende derselben (dies ist erst die Vollbeendigung),[64] sodass ein geordnetes Abwicklungs- oder Liquidationsverfahren erforderlich wird. Die Vermögenslosigkeit ist die tatsächliche Folge der Liquidation. Das rechtliche Ergebnis ist die Beendigung der von der Gesellschaft ausgehenden Rechtsverhältnisse. Diese werden sowohl gegenüber Dritten als auch zwischen den Gesellschaftern beendigt.[65] Die rechtsfähige Personengesellschaft hört nach außen und nach innen zu existieren auf.[66] Auf wirtschaftlicher Ebene ist das betriebene Handelsgewerbe sukzessive einzustellen und zu beendigen, was mit einer Rückführung des Gesellschaftsvermögens an die

---

61 Siehe dazu auch das 5. Kapitel.

62 Zur Vermögenslosigkeit als Tatbestandsmerkmal der Vollbeendigung: *RGZ* 109, 387 (391); *BayOblG* v. 18.11.1982 – BReg. 3 Z 32/82, BB 1983, 82; *BGH* v. 21.6.1979 – IX ZR 69/75, NJW 1979, 1987; *OLG Düsseldorf* v. 14.9.2012 – 1–3 Wx 62/12, NZG 2013, 108 (110); *OLG Düsseldorf* v. 5.3.2014 – I-3 Wx 187/12, NZG 2014, 508 (509); *OLG Düsseldorf* v. 17.10.2016 – I-3 Wx 215/16, NZG 2016, 1385.

63 *RGZ* 123, 151 (155); Hk-HGB/*Anissimov*, § 145 Rn. 1; *Butzer/Knof* in MHdB GesR Band 1, § 84 Rn. 2; Röhricht/Graf v. Westphalen/Haas/*Haas*, § 145 HGB Rn. 4; Groß-Komm.HGB/*Habersack*, § 145 HGB Rn. 7; E/B/J/S/*Hillmann*, § 145 HGB Rn. 12; Oetker/*Kamanabrou*, § 145 HGB Rn. 3; K/K/R/D/*Kindler*, § 145 HGB Rn. 2; Henssler/Strohn/*Klöhn*, § 145 HGB Rn. 2; MüKo.HGB/*Karsten Schmidt*, § 145 Rn. 7 ff.; *Karsten Schmidt* ZHR 153 (1989), 270 (274); *Wertenbruch* in Westermann/Wertenbruch, Rn. I 1706.

64 RefE HRefG, ZIP 1996, 1485 (1486); *RGZ* 118, 337 (341); Hk-HGB/*Anissimov*, § 145 HGB Rn. 1; Haag/Löffler/*Empting*, § 145 HGB Rn. 1; Röhricht/Graf v. Westphalen/Haas/*Haas*, § 145 HGB Rn. 4; *Hillers*, Liquidation, S. 6; *Weiß*, MAH Personengesellschaftsrecht, § 25 Rn. 2; *Mezger*, Abwicklung, 30; *Karsten Schmidt*, BB 1989, 229 (230); *Karsten Schmidt*, ZHR 153 (1989), 270 (281); *Wimpfheimer*, Liquidation, S. 31.

65 GroßKomm.HGB/*Habersack*, § 145 HGB Rn. 4; vgl. auch *Butzer/Knof* in MHdB GesR Band, § 84 Rn. 47.

66 *Butzer/Knof* MHdB GesR Band 1, § 84 Rn. 1 ff.; *Karsten Schmidt*, ZHR 153 (1989), 270 (273 f.).

Gesellschafter (Desinvestition) einhergeht;[67] jedenfalls soweit nach Befriedigung der Gläubiger solches verbleibt (§ 155 I HGB).

II. Idealziel Desinvestition – Rückführung des Gesellschaftsvermögens

Die Desinvestition ist das Idealziel des Liquidationsverfahrens, denn sie erfordert, dass das Gesellschaftsvermögen nicht nach Begleichung der Schulden aufgezehrt ist und somit an die Gesellschafter ausgeschüttet werden kann.[68] Daher wird § 155 I HGB teilweise eine drittschützende Wirkung zugeschrieben.[69] Anderenfalls werden die noch bestehenden Verbindlichkeiten der Gesellschaft auf die Gesellschafter umgelegt, die dann analog § 735 BGB Geld nachschießen müssen.[70] Im Gegensatz zu den anderen Arten der Auseinandersetzung im Sinne des § 145 I HGB[71] wird das vorhandene Gesellschaftsvermögen im Rahmen der Liquidation nicht schlicht unter den Gesellschaftern verteilt (Realteilung) beziehungsweise die Gesellschaftsanteile oder das Gesellschaftsvermögen nicht von einem oder wenigen Gesellschaftern unter Abfindung der Anderen übernommen.[72] Gleichwohl ist das bei Auflösung vorhandene Vermögen nach dessen Umsetzung in Geld unter den Gesellschaftern oder Gläubigern aufzuteilen, weshalb die Liquidation gemäß § 145 III HGB Aktivvermögen der Gesellschaft erfordert.[73] Daran wird erneut deutlich,

---

67 *RGZ* 158, 226 (231); *OLG Hamburg* v. 17.3.1972 – 11 U 162/71, BB 1972, 417; *BGH* v. 1.2.1988 – II ZR 75/87, BGHZ 103, 184 (189, 191); *BGH* v. 8.12.2015 – II ZR 333/14, ZIP 2016, 523 Rn. 9; *BGH* v. 15.3.2016 – II ZR 333/14, NZG 2016, 520; ferner *BGH* v. 19.11.2013 – II ZR 383/12, BGHZ 199 Rn. 27; *Karsten Schmidt*, ZHR 153 (1989), 270 (273); vgl. zur Lage in der Krise, die regelmäßig Grund einer Liquidation sein kann *Piepenburg*, Festschrift Greiner, 271.

68 Siehe *OLG Hamburg* v. 31.10.2014 – 11 U 57/13, ZIP 2015, 688 (689); *BGH* v. 8.12.2015 – II ZR 333/14, ZIP 2016, 523 Rn. 9, 12; *Grziwotz*, DStR 1992, 1365; GroßKomm.HGB/*Habersack*, § 145 HGB Rn. 2.

69 Siehe auch *OLG Hamburg* v. 31.10.2014 – 11 U 57/13, ZIP 2015, 688 (689); *BGH* v. 8.12.2015 – II ZR 333/14, ZIP 2016, 523 Rn. 9, 12; GroßKomm.HGB/*Habersack*, § 145 HGB Rn. 2.

70 Dazu *Karsten Schmidt*, ZHR 153 (1889), 270 (294 ff.); MüKo.HGB/*Karsten Schmidt*, § 155 Rn. 17.

71 Vgl. Denkschrift zum HGB 1897, abgedruckt in *Schubert/Schmiedel/Krampe*, Quellen, Band II/1, S. 90.

72 Vgl. *RGZ* 43, 133 (134); *BGH* v. 9.6.1968 – V ZR 80/66; *OLG Hamm* v. 31.10.1983 – 15 W 134/83, ZIP 1984, 180 (181); *OLG Zweibrücken*, GmbHR 1988, 307 f.; *BGH* v. 15.3.2004 – II ZR 247/01, ZIP 2004, 1047 (1048); *BGH* v. 7.7.2008 – II ZR 37/07, ZIP 2008, 1677 (1678); *Hillers*, Liquidation, S. 19; *Karsten Schmidt* ZHR 153 (1989), 270 (276 f.).

73 *RGZ* 134, 91 (94); *BGH* v. 21.6.1979 – IX ZR 69/75, NJW 1979, 1987; *OLG Düsseldorf* v. 27.3.2014 – 1-3 Wx 48/14, NZG 2014, 583 (584); *OLG Hamm* v. 15.6.2016 – 15 W 365/15, RNotZ 2016, 509 (510); *Hönn*, Jura 1984, 57 (58); *Wertenbruch* in Westermann/Wertenbruch, Rn. I 1757.

dass es sich um ein Verfahren handelt, bei dem das Gesellschaftsvermögen in den Mittelpunkt rückt.

1. *Aufteilung des Gesamthandsvermögens*

Die Fokussierung auf das Gesellschaftsvermögen in der Liquidationsphase folgt aus der gesamthänderischen Vermögensbindung. Das Gesellschaftsvermögen steht den Gesellschaftern in ihrer gesamthänderischen Verbundenheit zu und die einzelnen Gesellschafter können nicht einmal auf ihren fiktiven Anteil zugreifen, solange die Gesellschaft besteht (§§ 105 III HGB, 719 I HGB).[74] Gemäß § 719 I BGB ist dieser *„Anteil am Gesellschaftsvermögen"* auch nicht übertragbar, sodass er anders etwa als eine Aktie in der Regel kein liquides Vermögen darstellt.[75] Um das in die Gesellschaft investierte Kapital freizusetzen, muss der Gesellschafter daher entweder ausscheiden, seine Mitgliedschaft übertragen (grundsätzlich ist dies nur mit Zustimmung der anderen Gesellschafter zulässig; der Anteil ist insoweit vinkuliert)[76] oder die Liquidation der Gesellschaft betreiben. Daher kann man in der Liquidation auch die gemeinschaftliche Auflösung und die Aufteilung des Gesamthandsvermögens unter den Gesellschaftern sehen.[77]

2. *Vermögensrechtliche Komponente der Liquidation*

Neben der Vollbeendigung ist eines der Verfahrensziele daher die Verteilung des Vermögens unter den Gesellschaftern (§ 155 I HGB). Voraussetzung des Liquidationsverfahrens könnte daher nur aktuell vorhandenes Vermögen der Gesellschaft sein. Der gegen die Gesellschafter gerichtete Nachschussanspruch aus § 735 S. 1 BGB wäre dann kein die Liquidation erforderlich machendes Vermögen.[78] Aufgrund der Rechtsfähigkeit der OHG/KG, die auch im Innenverhältnis gegenüber den Gesellschaftern gilt, gehört der Anspruch aus § 735 S. 1 BGB gleichwohl zum Gesellschaftsvermögen.[79] Die Gesamthandsgesellschaft ist insoweit nicht nur ein

---

74 *v. Falkenhausen/H.C. Schneider* in MHdB GesR Band 2, § 20 Rn. 2 ff.; Henssler/Strohn/*Kilian*, § 719 BGB Rn 1 f.; MüKo.BGB/*Schäfer*, § 719 Rn. 2, 4.

75 Vgl. *BGH* v. 28.4.1954 – II ZR 8/53, BGHZ 13, 179 (184 ff.); *Priester*, ZIP 2014, 245 (247).

76 Siehe dazu MüKo.BGB/*Schäfer*, § 719 Rn. 27 ff.

77 *Grziwotz*, DStR 1992, 1365.

78 So *RGZ* 40, 29 (31); *RGZ* 158, 302 (314); *BGH* v. 28.11.1957 – II ZR 55/57, BGHZ 26, 126 (130, 132); *BGH* v. 5.7.1993 – II ZR 234/92, ZIP 1993, 1307 (1309); *Hillers*, Liquidation, S. 18; E/B/J/S/ *Hillmann*, § 155 HGB Rn. 21; K/K/R/D/*Kindler*, § 155 HGB Rn. 1; Nk-HGB/*Lehmann-Richter*, § 155 HGB Rn. 14; wohl auch Oetker/*Kamanabrou*, § 149 HGB Rn. 11.

79 Hk-HGB/*Anissimov*, § 155 HGB Rn. 11; Ensthaler/*Ensthaler*, § 145 HGB Rn. 1; Röhricht/Graf v. Westphalen/Haas/*Haas*, § 145 HGB Rn. 2; GroßKomm.HGB/*Habersack*, § 155 Rn. 34; Henssler/Strohn/*Klöhn*, § 157 HGB Rn. 5; Heymann/*Peetz*, § 149 HGB Rn. 15; *Karsten Schmidt*, ZHR 153 (1989), 270 (283); Schlegelberger/*Karsten Schmidt*, § 155 HGB Rn. 53; MüKo.HGB/*Karsten Schmidt*, § 155 Rn. 53; *Wertenbruch*

Schuldverhältnis unter den Gesellschaftern, sondern ein eigenes Rechtssubjekt (vgl. § 14 II BGB).

Der Nachschussanspruch steht mit der Gläubigerbefriedigung in einem engen systematischen Zusammenhang (vgl. nur §§ 735 S. 2 BGB, 155 HGB), weshalb dessen Geltendmachung ebenfalls den Aufgaben der Liquidatoren zuzuordnen ist.[80] Der daran anknüpfende Saldenausgleich zwischen den Gesellschaftern ist damit Teil des Tatbestands „Vollbeendigung"[81] und die Liquidation eine vollumfängliche Abwicklung aller Gesellschaftsrechtsverhältnisse.[82] Dem entspricht die Stellung der Liquidatoren als neutralen Mittlern zwischen den (möglicherweise zerstrittenen) Gesellschaftern, soweit die Liquidation nicht gemeinsam von allen Gesellschaftern durchgeführt wird (§§ 146 I 1, 150 I HGB). Dieser vermögensrechtlichen Komponente der Liquidation ist bei Aufstellung der Bilanzen sowohl während als auch am Ende des Verfahrens Rechnung zu tragen, denn anhand dieser ist das Liquidationsergebnis zu berechnen und gemäß § 155 I HGB der Schlussausgleich durchzuführen.[83]

Außerdem zählen auch Sozialansprüche zum (Aktiv-)Vermögen der Gesellschaft,[84] weshalb sie von deren Organen geltend zu machen sind.[85] Damit folgt

---

in Westermann/Wertenbruch, Rn. I 1701a; wohl auch *Grunewald*, GesR, § 2 Rn. 87; Baumbach/Hopt/*Roth*, § 155 HGB Rn. 2 f. Vgl. auch Schlegelberger/*Karsten Schmidt*, § 155 HGB Rn. 17; *Karsten Schmidt*, Festschrift L. Schmidt, 226 (234); MüKo.HGB/*Karsten Schmidt*, § 155 Rn. 17; im Fall *BGH* v. 12.7.2016 – II ZR 74/14, NZG 2016, 1025 entschied der *BGH*, dass der Abfindungsanspruch des ausscheidenden Gesellschafters diesem gegen die Gesellschaft zusteht. Selbiges entschied das *OLG München* v. 2.7.2009 – 23 U 4240/08, GWR 2009, 269, mit Anmerkung *Boll*, jeweils im Hinblick auf die Publikumsgesellschaft.

80 *RGZ* 59 (59 f); *BayOblG* v. 18.11.1982 – BReg. 3 Z 32/82, BB 1983, 82; Hk-HGB/*Anissimov*, § 155 HGB Rn. 7; GroßKomm.HGB/*Habersack*, § 145 HGB Rn. 24; Henssler/Strohn/*Klöhn*, § 155 HGB Rn. 8; *Mezger*, Abwicklung, S. 82 ff.; *Karsten Schmidt*, ZHR 153 (1989), 296; Schlegelberger/*Karsten Schmidt*, § 155 HGB Rn. 17; MüKo.HGB/*Karsten Schmidt*, § 155 Rn. 17; *Wiedemann/Frey*, GesR, S. 115; offenlassend aber sich dem für die Publikumsgesellschaft anschließend jüngst *BGH* v. 30.1.2018 – II ZR 137/16, NJW-RR 2018, 677 (682) mit Anmerkung *Bochmann/Becker*, EWiR 2018, 229 sowie *Gottschalk/Hancioglu*, GWR 2018, 161; *BGH* v. 15.5.2018 – II ZR 92/16, juris Rn. 21,38.

81 *Grziwotz*, DStR 1992, 1365 (1368); a.A. *RGZ* 106, 63 (65); *BGH* v. 28.11.1957 – II ZR 55/57, BGHZ 26, 126 (131); *BGH* v. 14.4.1966 – II ZR 34/64, WM 1966, 706; *BGH* v. 21.11.1983 – II ZR 19/83, ZIP 1984, 49 (53); *OLG Hamm* v. 11.5.2004 – 27 U 224/03, NZG 2005, 175; *BGH* v. 21.11.2005 – II ZR 17/04, ZIP 2006, 232 (232 f.); *BGH* v. 13.10.2015 – II ZR 214/13, NJW-RR 2016, 292 (294); E/B/J/S/*Hillmann*, § 155 HGB Rn. 23; Baumbach/Hopt/*Roth*, § 155 HGB Rn. 4.

82 *Karsten Schmidt*, ZHR 153 (1989), 270 (296).

83 Siehe dazu im 4. Kapitel.

84 *RGZ*, 76, 277 (278); *BGH* v. 30.1.2018 – II ZR 137/16, NZG 2018, 700 Rn. 58; GroßKomm.HGB/*Habersack*, § 145 HGB Rn. 9; *Wertenbruch* in Westermann/Wertenbruch, Rn. I 1701.

85 *Karsten Schmidt*, ZHR 153 (1989), 270 (296).

die Einforderung der Nachschussansprüche durch die Liquidatoren bereits aus der gesetzlichen Kompetenzzuweisung einerseits und andererseits daraus, dass sie Teil des die Liquidation erforderlich machenden Vermögens der Gesellschaft sind.[86]

3. Ausgleich und Sicherung dieses Ausgleichs unter den Gesellschaftern

a) Betonung der Interessen der Gesellschafter

Die Liquidation ist ein Verfahren, welches – dem Wortlaut des § 155 I HGB zum Trotz – zunächst den Interessen der Gesellschafter dient. Eines der schwerpunktmäßigen Verfahrensziele ist daher die Herbeiführung eines (Vermögens-)Ausgleichs unter diesen.[87] § 155 I HGB ordnet für das Liquidationsverfahren nach den §§ 145 I, 146 ff. HGB an, dass nach Bereinigung der Verhältnisse nach außen die internen Vermögensverhältnisse auszugleichen sind. Solange Gesellschaftsschulden bestehen, bestehen Ansprüche der Gesellschaft gegen die Gesellschafter analog § 735 BGB. Diese zählen als Sozialansprüche zum Gesellschaftsvermögen, weshalb die Gesellschaft nicht erlöschen kann, soweit nicht sämtliche Gläubiger befriedigt sind. So wird überdies der drittschützende Charakter des § 155 HGB deutlich;[88] erst sind die Gläubiger und anschließend die Gesellschafter zu befriedigen. Reflexartig rücken somit auch Drittinteressen in den Fokus.[89] § 155 HGB stellt indes dispositives Innenrecht im Sinne des § 109 HGB dar, sodass kraft eines Beschlusses der Gesellschafter die Vermögensverteilung unter diesen vorgezogen werden kann.[90]

b) Rechtsfrieden durch Enthaftung gemäß § 159 HGB

Dieses Ergebnis deckt sich mit dem Sinn und Zweck der Enthaftung nach § 159 I HGB, welche an die Auflösung und nicht die Vollbeendigung der Gesellschaft

---

86 So auch *Karsten Schmidt*, ZHR 153 (1989), 270 (296).

87 *Hillers*, Liquidation, S. 6 ff.; MüKo.HGB/*Karsten Schmidt*, § 149 Rn. 22; vgl. auch *BGH* v. 6.2.1958 – II ZR 210/56, BGHZ 26, 330 (336); *BGH* v. 19.11.2013 – II ZR 383/12, BGHZ 199, 104 (119); *BGH* v. 13.10.2015 – II ZR 214/13, NZG 2016, 218 Rn. 14 ff.; im Fall v. 19.11.2013 – II ZR 383/12, BGHZ 199, 104 bejahte der *BGH* sogar die fortbestehende Einlagepflicht der arglistig Getäuschten, soweit sie der gleichmäßigen Verteilung des Verlusts aller Getäuschten dient.

88 Vgl. *BGH* v. 28.11.1957 – II ZR 55/57, BGHZ 26, 126 (128); Schlegelberger/*Karsten Schmidt*, § 145 HGB Rn. 29; MüKo.HGB/*Karsten Schmidt*, § 145 Rn. 29; GroßKomm. HGB/*Habersack*, § 149 HGB Rn. 37; ausführlich *Hillers*, Liquidation, S. 8, 111 f.; *Wertenbruch* in Westermann/Wertenbruch, Rn. I 1701a; a.A. *Wertenbruch*, Haftung von Gesellschaften, S. 173 f.

89 Hierzu etwa Oetker/*Kamanabrou*, § 155 HGB Rn. 14; Henssler/Strohn/*Klöhn*, § 155 HGB Rn. 3; MüKo.HGB/*Karsten Schmidt*, § 155 Rn. 1, 15, 50.

90 *BayOblG* v. 18.11.1982 – BReg 3 Z 32/82, BB 1983, 82; Oetker/*Kamanabrou*, § 155 HGB Rn. 14.

anknüpft.[91] Einerseits ist für den Zeitpunkt der Vollbeendigung der Zeitpunkt der absoluten Vermögenslosigkeit entscheidend, der aber regelmäßig nur schwer feststellbar ist,[92] sodass auch die Gläubiger keinen Stichtag haben, an dem sie den Enthaftungsbeginn festmachen können. Andererseits verbietet sich ein anderes Ergebnis wegen § 159 III HGB, welcher für nach Auflösung fällig werdende Ansprüche gegen die Gesellschafter diesen späteren Fälligkeitszeitpunkt für maßgeblich erklärt.[93] Damit werden (längere) Liquidationsverfahren angemessen berücksichtigt.[94]

Die Regelung des § 159 HGB soll aus Sicht des Gesetzgebers ausgleichen, dass den Gläubigern ein Schuldner genommen wird beziehungsweise nur noch bis zum Ende der Abwicklung (der Liquidation) verbleibt.[95] Außerdem ermöglicht er den Gesellschaftern eine rechtssichere und verlässliche Beendigung ihres Engagements. Aus diesem Grund ist ein Beginn der Nachhaftung ab Vollbeendigung unmöglich und würde außerdem einem Schuldnerwechsel gleichen: Die Gesellschaft kann erst erlöschen, wenn sie keine Schulden mehr hat und die Gesellschafter haften nur akzessorisch. Indes kann wegen des bestehenden internen Nachschussanspruchs die Gesellschaft nicht erlöschen, solange Verbindlichkeiten bestehen. Aus diesen Verbindlichkeiten resultieren nämlich Ansprüche der Gesellschaft gegen die Gesellschafter und damit Aktivvermögen der OHG/KG, welches einer Vollbeendigung entgegensteht. Wegen des internen Ausgleichsanspruchs erlischt die Gesellschaft daher nicht.

Die Anknüpfung an die Eintragung der Auflösung (vgl. § 143 I 1 HGB) wird nicht nur dem Sinn der Verjährung (der Schaffung von Rechtsfrieden) gerecht,[96] sondern auch dem Wortlaut. Dauert die Abwicklung länger als fünf Jahre, führt die Regelung des § 159 I HGB zu einer Konzentration der Verbindlichkeiten in den

---

91 Hk-HGB/*Eberl*, § 159 Rn. 4; *Hueck*, OHG, S. 389; *Wertenbruch* in Westermann/Wertenbruch, Rn. I 948; a.A. Röhricht/Graf v. Westphalen/Haas/*Haas*, § 159 HGB Rn. 5; GroßKomm.HGB/*Habersack* § 159 HGB Rn. 16; *Lieb*, GmbHR 1992, 561 (566); *Reichold*, NJW 1994, 1617 (1619); *Karsten Schmidt*, ZHR 152 (1988), 105 ff.; *Karsten Schmidt*, ZHR 153 (1989), 270 (292); *Karsten Schmidt* DB 1990, 2357 (2360 ff); MüKo. HGB/*Karsten Schmidt*, § 159 Rn. 7; sich dem wohl anschließend Oetker/*Boesche* § 159 HGB Rn. 4 Fn. 6; im Ergebnis auch *Ulmer/Timmann* ZIP 1992, 1 (10).

92 Vgl. *Mezger*, Abwicklung, S. 68 ff.; *Hueck*, OHG, S. 389; *Wertenbruch* in Westermann/Wertenbruch, Rn. I 949.

93 GroßKomm.HGB/*Habersack* § 159 HGB Rn. 14; *Wertenbruch* in Westermann/Wertenbruch, Rn. I 949; dieses Ergebnis wird von § 159 IV HGB gestützt, dazu *Karsten Schmidt*, ZHR 152 (1988), 105 (119 f.).

94 Entsprechende Kritik noch an § 159 HGB aF *Karsten Schmidt*, ZHR 152 (1988), 105 (107).

95 BT-Drucks. 12/1868, S. 7; GroßKomm.HGB/*Habersack* § 159 HGB Rn. 12; vgl. *Reichold* NJW 1994, 1617 (1619); zur internen Verjährung *Karsten Schmidt*, DB 2010, 2093 (2095).

96 *Wertenbruch* in Westermann/Wertenbruch, Rn. I 948.

Händen der Gesellschaft, was den Schlussausgleich vereinfacht.[97] Dies gilt jedenfalls, wenn nicht fortlaufend neue Verbindlichkeiten eingegangen werden und ist daher ab der Einstellung der Geschäftstätigkeit von Bedeutung. Aufgrund der drohenden Enthaftung sind die Gläubiger dazu angehalten, ihre Ansprüche geltend zu machen. Dies führt zugleich zu einer Beschleunigung der Liquidation. Somit zeigt diese Norm sehr deutlich, dass es auch eines der Liquidationsziele ist, Rechtsfrieden für die Gesellschafter zu schaffen.

c) Vermögensstabilisation aufgrund der Durchsetzungssperre[98]

Zu einer Art internen Rechtssicherheit führt der in der Liquidationsphase Anwendung findende Grundsatz der Durchsetzungssperre. Danach können Sozialverbindlichkeiten und Sozialforderungen nur soweit geltend gemacht werden, wie dies dem Liquidationszweck entspricht und im Sinne der späteren Auseinandersetzung liegt.[99] Dadurch wird eine Stabilisation des Gesellschaftsvermögens nach innen erreicht und spiegelbildlich ein Abfluss von Vermögenswerten nach außen verhindert. Die Gesellschafter dürfen das Vermögen der Gesellschaft nicht über Gebühr durch Entnahmen belasten (vgl. § 155 II HGB) – das Vermögen bleibt auch für die Gläubiger erhalten.[100] Das kann im Ergebnis nicht nur zu einer verminderten Inanspruchnahme der Gesellschafter, sondern auch zu einer Beschleunigung des Verfahrens führen,[101] da unnütze Hin- und Herzahlungen vermieden werden (dies entspricht dem „dolo agit“-Gedanken).[102] Überdies wird der Schlussausgleich vorbereitet, wenn sowohl Forderungen als auch Verbindlichkeiten in den Händen der Gesellschaft konzentriert werden, wodurch zugleich dieses Vermögen und

---

97 Vgl. dazu auch. *Hueck*, OHG, S. 387; *Karsten Schmidt*, ZHR 152 (1988), 105 (108, 110).

98 Siehe dazu auch 3. Kapitel B. II. 4.

99 Vgl. *RGZ* 40, 29 (31); *BGH* v. 2.7.1962 – II ZR 204/60, BGHZ 37, 299 (304); *BGH* v. 16.5.1988 – II ZR 316/87, NJW 1988, 1379; *BGH* v. 10.5.1993 – II ZR 111/92, NJW 1993, 1187; *BGH* v. 30.1.2018 – II ZR 137/16, NZG 2018, 700 Rn. 41; Hk-HGB/*Anissimov*, § 155 HGB Rn. 8; GroßKomm.HGB/*Habersack*, § 149 HGB Rn. 21; *Hillers*, Liquidation, S. 120; Henssler/Strohn/*Kilian*, § 730 BGB Rn. 13; Hk-BGB/*Saenger*, § 730 BGB Rn. 4; MüKo.BGB/*Schäfer*, § 730 BGB Rn. 49; MüKo.HGB/*Karsten Schmidt*, § 155 Rn. 19.

100 *Hillers*, Liquidation, S. 120.

101 Kritisch *Stüber*, Durchsetzungssperre, S. 129.

102 *RGZ* 45, 153 (155); *RGZ* 111, 77 (83); *BGH* v. 30.11.1959 – II ZR 145/58, NJW 1960, 433 (434); *BGH* v. 2.7.1962 – II ZR 204/60, BGHZ 37, 299 (305); *BGH* v. 14.11.1977 – II ZR 183/75, NJW 1978, 424 (425); *BGH* v. 15.1.1988 – V ZR 183/86, BGHZ 103, 72 (77 f.); *BGH* v. 13.10.2015 – II ZR 214/13, NZG 2016, 216 Rn. 18; *Butzer*, Jura 1994, 628 (632); *Freund*, MDR 2011, 577; *Hillers*, Liquidation, S. 133 ff.; E/B/J/S/*Hillmann*, § 155 HGB Rn. 7; Henssler/Strohn/*Kilian*, § 730 BGB Rn. 13; *Roth*, GmbHR 2017, 901 (903); *Wertenbruch* in Westermann/Wertenbruch, Rn. I 1745; Hk-HGB/*Seeger*, § 128 Rn. 38; kritisch MüKo.HGB/*Karsten Schmidt*, § 155 HGB Rn. 19; *Stüber*, Durchsetzungssperre, S. 126 f.

die Geltendmachung der Ansprüche in die Hände der Liquidatoren überantwortet werden. Dementsprechend werden von diesem Grundsatz allerdings Ausnahmen zugelassen, wo die Interessenlage einer Vorabverteilung im Sinne des § 155 II HGB vergleichbar ist.[103] Der prägende Zweck der Durchsetzungssperre ist daher weniger in der Vermögenserhaltung als in der Verfahrensbeschleunigung und der Vorbereitung des Gesellschafterausgleichs zu sehen. Reflexartig werden auch die Gläubiger geschützt: Vermögen wird zum Zweck der Liquidation in der Gesellschaft gebunden.[104] Damit wird die gesamthänderische Vermögensbindung im Sinne der §§ 718, 719 BGB gewissermaßen fortgeschrieben.

4. Abwicklung des die Gesellschaft konstituierenden Vertrags

Voraussetzung der Vollbeendigung ist außerdem die Abwicklung des Gesellschaftsvertrags, da die OHG/KG gerade durch diesen Vertrag und die darin zum Ausdruck gekommene Willensübereinstimmung errichtet wird. Solange dieser besteht, existiert die OHG/KG als Außengesellschaft,[105] wie sie über Vermögen verfügt (vgl. § 145 III HGB) und im Handelsregister eingetragen ist. Ein solcher Liquidationsgang entspricht spiegelbildlich der Entstehung der Gesellschaft sowie ihrer Wirksamkeitserlangung im Verhältnis zu Dritten im Sinne des § 123 I, II HGB.[106]

Nach innen entsteht die OHG/KG bereits durch den Abschluss des Gesellschaftsvertrags.[107] Dieser ist allgemeiner Ansicht nach Schuldverhältnis und Organisationsvertrag zugleich.[108] Sofern noch kein Gesellschaftsvermögen gebildet wurde, liegt nur eine Innengesellschaft vor, die allein ein zwischen den Gesellschaftern bestehendes Schuldverhältnis ist.[109] Mit Abschluss des Gesellschaftsvertrags

---

103 *BGH* v. 2.7.1962 – II ZR 204/60, BGHZ 37, 299 (304); *BGH* v. 10.5.1993 – II ZR 111/92, NJW 1993, 1187; Henssler/Strohn/*Kilian*, § 730 BGB Rn. 15; MüKo.BGB/*Schäfer*, § 730 BGB Rn. 56; *Wertenbruch* in Westermann/Wertenbruch, Rn. I 1755 ff.

104 *Hillers*, Liquidation, S. 137 ff. sieht dies als primäres Ziel der Durchsetzungssperre.

105 Vgl. dazu *BGH* v. 13.10.2015 – II ZR 214/13, NJW-RR 2016, 292 (294); Röhricht/Graf v. Westphalen/Haas/*Haas*, § 145 HGB Rn. 4; Ensthaler/*Ensthaler*, § 145 HGB Rn. 1; *Karsten Schmidt*, ZHR 153 (1989), 270 (296); Schlegelberger/*Karsten Schmidt*, § 155 HGB Rn. 17; MüKo.HGB/*Karsten Schmidt*, § 155 Rn. 17; siehe auch *Wertenbruch*, NZG 2017, 81 (83).

106 Siehe dazu MüKo.BGB/*Schäfer*, § 705 Rn. 2; *Tröger* in Westermann/Wertenbruch, Rn. I 162 ff.; E/B/J/S/*Wertenbruch*, § 105 HGB Rn. 46.

107 Vgl. Henssler/Strohn/*Henssler*, § 105 HGB Rn. 5; Baumbach/Hopt/*Roth*, § 105 HGB Rn. 47.

108 *RGZ* 76, 276 (279); *RGZ* 147, 340 (342); *BGH* v. 29.1.1951 – IV ZR 171/50, NJW 1951, 308; *BGH* v. 2.7.1990 – II ZR 243/89, BGHZ 112, 40 (45); Henssler/Strohn/*Henssler*, § 105 HGB Rn. 70; Oetker/*Lieder*, § 105 HGB Rn. 96; Hk-HGB/*Psaroudakis*, § 109 Rn. 5; Baumbach/Hopt/*Roth*, § 105 HGB Rn. 47; MüKo.HGB/*Karsten Schmidt*, § 105 Rn. 114; E/B/J/S/*Wertenbruch*, § 105 HGB Rn. 46, 69.

109 *BGH* v. 29.10.1952 – II ZR 16/52, NJW 1953, 138 (139); *BGH* v. 24.2.1954 – II ZR 3/53, BGHZ 12. 308 (315); MüKo.BGB/*Schäfer*, § 705 Rn. 254; a.A. *Beuthien*, NZG 2011,

werden allerdings Einlageleistungen oder Beiträge versprochen und soweit diese auf die Übertragung von Vermögen gerichtet sind, Gesellschaftsvermögen gebildet (siehe nur §§ 705, 718 I BGB),[110] wenn die Gesellschaft wenigstens Forderungen gegen die Gesellschafter erhält.[111] Es entsteht die Außengesellschaft. Die Wirksamkeit gegenüber Dritten im Sinne einer Rechtsfähigkeit bemisst sich genau anhand dieses Zeitpunkts. Bereits mit Abgabe des Versprechens auf Einlageleistung der Gesellschafter muss sie ihre Forderungsinhaberschaft gegenüber Dritten, insbesondere den Privatgläubigern der Gesellschafter, behaupten können.[112] Der Status als Handelsgesellschaft bleibt davon unberührt.[113] Die derzeit gegebenenfalls noch bestehende GbR wird erst zur Handelsgesellschaft, wenn sie entweder ins Handelsregister eingetragen wird (§ 123 I HGB) oder ihre Geschäftstätigkeit aufnimmt § 123 II HGB).[114]

In der Liquidation vollziehen sich diese Schritte gegenläufig: Im Verhältnis zu Dritten bestehende Geschäfte und Rechtsakte werden gemäß § 149 HGB beendet, die Beziehungen zwischen den Gesellschaftern ausgeglichen und das Erlöschen der Firma (§ 157 I HGB) im Handelsregister eingetragen.[115] Nach § 157 HGB wird die Firma erst nach Beendigung der Liquidation im Handelsregister gelöscht. Die OHG/KG ist demnach solange als Handelsgesellschaft im Sinne des § 6 HGB anzusehen, wie sie ins Handelsregister eingetragen ist.[116] Gemäß § 156 HGB sind die Voraussetzungen des § 1 II HGB dann unbeachtlich.[117] Sinkt die Geschäftstätigkeit liquidationsbedingt unter das Niveau eines Handelsgewerbes ab, berührt dies

---

161 (165); *H.P. Westermann*, WM 2013, 441 (444); Erman/*H.P. Westermann*, Vor § 705 BGB Rn. 28.

110 Vgl. *RGZ* 76, 276 (278); *RGZ* 111, 77 (83); *BGH* v. 2.7.1990 – II ZR 243/89, BGHZ 112, 40 (45); *Hadding*, ZGR 2001, 712 (715); GroßKomm.HGB/*Schäfer*, § 105 HGB Rn. 266, 270; MüKo.BGB/*Schäfer*, § 705 Rn. 280.

111 Vgl. *RGZ* 76, 276 (278 f.); *Hadding*, ZGR 2001, 712 (715).

112 *Hadding*, ZGR 2001, 712 (715); so wohl auch GroßKomm.HGB/*Schäfer*, § 105 HGB Rn. 266; MüKo.BGB/*Schäfer*, § 705 Rn. 280; MüKo.HGB/*Karsten Schmidt*, § 123 Rn. 1; *Tröger* in Westermann/Wertenbruch, Rn. I 162.

113 Vgl. *Beck*, MittBayNot 2017, 209 (212); MüKo.HGB/*Karsten Schmidt*, § 123 Rn. 1; *Tröger* in Westermann/Wertenbruch, Rn. I 162.

114 *BGH* v. 17.6.1953 – II ZR 205/52, BGHZ 10, 91 (96); *BGH* v. 19.2.1990 – II ZR 42/89, ZIP 1990, 505 (507); *BGH* v. 26.4.2004 – II ZR 120/02, ZIP 2004, 120 (1209); *Karsten Schmidt*, ZHR 153 (1989), 270 (272).

115 Vgl. dazu *Hueck*, OHG, S. 518 f.

116 *Karsten Schmidt*, ZHR 153 (1989), 270 (299).

117 Zum Handelsgewerbe im Sinne des § 1 II HGB *BGH* v. 7.7.1960 – VIII ZR 215/59, BGHZ 33, 321 (324); *BGH* v. 10.5.1979 – VII ZR 97/78, BGHZ 74, 273 (276); Baumbach/Hopt/*Hopt*, § 1 HGB Rn. 12 ff.; GroßKomm.HGB/*Schäfer*, § 105 Rn. 23; *Karsten Schmidt*, JuS 1985, 249 (255); *Karsten Schmidt*, BB 2005, 837 (839); *Karsten Schmidt*, HandelsR, § 3 Rn. 4; vgl. außerdem *Ballerstedt*, ZHR 134 (1970), 251 (260); *Canaris*, HandelsR, § 2 Rn. 2 ff., 16; *Raisch*, Geschichtliche Voraussetzungen, S. 193; S/A/L/S/*Saenger*, § 1 Rn. 5; *J. v. Gierke/Sandrock*, HandelsR, § 13 III 1.

weder die Wirksamkeit noch die Identität der Gesellschaft.[118] Wegen der Publizitätswirkung der Löschungseintragung nach § 157 I HGB und des damit verbundenen Gläubiger- sowie Drittschutzes ist die Anmeldung des Erlöschens zwingend.[119] Gleichwohl kommt ihr allein deklaratorische Bedeutung zu,[120] da ebenfalls die Eintragung der Firma für die Entstehung der Gesellschaft nicht konstitutiv wirkt.[121] Daher ist auch die nicht ins Handelsregister eingetragene OHG/KG, sofern sie Aktivvermögen hat, eine wirksame und rechtsfähige Gesellschaft. Sie erlischt erst, wenn im Innenverhältnis keine Ansprüche im Sinne des § 735 BGB gegen ihre Gesellschafter bestehen.[122] Eine Liquidation ist in jedem Fall erforderlich, soweit nicht ein anderes Auseinandersetzungsverfahren durchgeführt wird (§ 145 I HGB). Dafür spricht, dass mit der Liquidation der Außengesellschaft ein potenzieller Schuldner abgewickelt und aus dem Rechtsleben entfernt wird.[123] Es müssen sowohl die zwischen der Gesellschaft und den Gesellschaftern als auch die zwischen den Gesellschaftern bestehenden Ansprüche, die ihre Grundlage im Gesellschaftsverhältnis haben, abgewickelt werden.

D. Zusammenfassung

Im Innenverhältnis bestimmen sich die Aufgaben des Verbands sowie die Pflichten der Gesellschafter und der Geschäftsleitung anhand des Verbandszwecks. In der Liquidation ist dieser auf die Vollbeendigung der Gesellschaft gerichtet, welche auf zwei Säulen ruht:

Einerseits ist die Gesellschaft in rechtlicher Hinsicht zu einem Ende zu bringen. Diesbezüglich müssen die von der Gesellschaft ausgehenden Rechtsbeziehungen sowohl zu Dritten als auch im Innenverhältnis gegenüber und unter den Gesellschaftern beendet werden. Andererseits ist die Gesellschaft in vermögensrechtlicher Hinsicht abzuwickeln. Dies erfordert, dass die Verbindlichkeiten gegenüber Gläubigern erfüllt werden. Die daraus resultierenden Ausgleichsansprüche gegenüber

---

118 Vgl. *BGH* v. 14.1.2016 – V ZB 148/14, NZG 2016, 517 (518); *Beck*, MittBayNot 2017, 209 (210); Oetker/*Lieder*, § 105 HGB Rn. 7, 31 f.

119 Hk-HGB/*Anissimov*, § 157 Rn. 3; GroßKomm.HGB/*Habersack*, § 157 HGB Rn. 1.

120 *BGH* v. 21.6.1979 – IX ZR 69/75, NJW 1979, 1987; *BayOblG* v. 18.11.1982 – BReg 3 Z 32/82, BB 1983, 82; vgl. *BGH* v. 2.6.2003 – II ZR 102/02, NZG 2003, 769; Hk-HGB/*Anissimov*, § 157 Rn. 3; *Mezger*, Abwicklung. S. 72; *Karsten Schmidt*, ZHR 153 (1989), 270 (297 f.); *Karsten Schmidt*, GesR, S. 316; zu Kapitalgesellschaften *Hönn*, ZHR 138 (1974), 50 ff.

121 *Karsten Schmidt*, GesR, S. 316.

122 Vgl. statt vieler *BGH* 29.1.2001 – II ZR 331/00, BGHZ 146, 341 (343).

123 Sehr plastisch *Michalski*, OHG, § 145 Rn. 3; vgl. zu Innengesellschaften *BGH* v. 24.2.1954 – II ZR 3/53, BGHZ 12. 308 (314); *OLG Hamburg* v. 31.10.2014 – 11 U 57/13, ZIP 2015, 688 (689); *BGH* v. 8.12.2015 – II ZR 333/14, NZG 2016, 422 (423 f.); MüKo.BGB/*Schäfer*, § 705 Rn. 282; Erman/*H.P. Westermann*, Vor § 705 BGB Rn. 27 f.; vgl. zu OHG/KG *Karsten Schmidt*, ZHR 153 (1989), 270 (284).

den Gesellschaftern stellen zugleich Gesellschaftsvermögen dar. Außerdem ist das Gesellschaftsvermögen, soweit möglich, an die Gesellschafter zurückzuführen. Aus § 155 I HGB folgt, dass zunächst die Gesellschaftsschulden gegenüber den Gläubigern zu berichtigen sind. Erst wenn dies geschehen ist, soll das verbliebene Gesellschaftsvermögen unter den Gesellschaftern verteilt werden. Wenn somit alle von der Gesellschaft ausgehenden Rechtsbeziehungen beendet sind, kann sie aufhören zu existieren. Dies ist im Handelsregister einzutragen.

Damit ist festzuhalten, dass die Gesellschaft, auch wenn ihre Aufgabe nicht mehr originär und primär auf den Betrieb eines Handelsgewerbes lautet, zum Zweck der Vollbeendigung fortbesteht.

2. Kapitel Änderung des Gesellschaftszwecks

A. Anpassung des Gesellschaftszwecks an die neue Aufgabenstellung

In der Liquidation besteht (wenigstens kraft Registereintragung) eine Handelsgesellschaft.[124] Teilweise wird deswegen davon ausgegangen, dass der Liquidationszweck nur neben den fortbestehenden und auf den Betrieb eines Handelsgewerbes gerichteten Gesellschaftszweck tritt und diesen ausschließlich dort überlagert, wo es die Liquidation verlangt.[125] Vielmehr kommt es aber zu einer vollumfänglichen Zweckänderung.[126] Einerseits besteht gerade kein Wille mehr, ein Handelsgewerbe fortgesetzt zu betreiben. Andererseits kennt die Personengesellschaft nur einen Gesellschaftszweck, daneben tretende Konkretisierungen und Ausprägungen gibt es nicht, da sie zur Schaffung von Willensübereinstimmung nicht erforderlich sind. Überdies schließen sich Liquidationszweck und ehemaliger Gesellschaftszweck begrifflich gegenseitig aus: Entweder man betreibt ein auf den laufenden Geschäftsbetrieb gerichtetes Handelsgewerbe oder beendigt dieses. Auch das spricht für eine Änderung des Zwecks.

---

124 So im Ergebnis MüKo.HGB/*Karsten Schmidt*, § 156 Rn. 11 unter Verweis auf *Karsten Schmidt*, GesR, S. 313.

125 So Hk-HGB/*Anissimov*, § 145 Rn. 7; *Paura*, Liquidationspflichten, S. 9; *Karsten Schmidt*, BB 1989, 229 (230); *Karsten Schmidt*, ZHR 153 (1989), 270 (274); *Karsten Schmidt*, BB 1989, 229 (230); Schlegelberger/*Karsten Schmidt*, § 156 HGB Rn. 11; MüKo.HGB/*Karsten Schmidt*, § 156 Rn. 11; im Ergebnis auch *Wertenbruch* in Westermann/Wertenbruch, Rn. I 1706a.

126 *RGZ* 118, 337 (341); *RGZ* 123, 151 (155); *BGH* v. 4.4.1951 – II ZR 10/50, NJW 1951, 650; *BGH* v. 17.6.1953 – II ZR 205/02, BGHZ 10, 91 (104); *BGH* v. 23.10.2006 – II ZR 162/05, BGHZ 165, 270 (273); *BGH* v. 19.11.2015 – V ZB 2014/14, NZG 2016, 107; *BGH* v. 30.1.2018 – II ZR 137/16, NZG 2018, 700 Rn. 38; *BGH* v. 15.5.2018 – II ZR 92/16, juris Rn. 21; *Ballerstedt*, JuS 1963, 253 (257); *Blaurock/Pordzik*, NZG 2018, 81 (82); Haag/Löffler/*Empting*, Vor § 145 HGB Rn. 2; Ensthaler/*Ensthaler*, § 145 HGB Rn. 2; *Weiß*, MAH Personengesellschaftsrecht, § 25 Rn. 54; *Grunewald*, GesR, § 2 Rn. 86; GroßKomm.HGB/*Habersack*, § 145 Rn. 16; *Hillers*, Liquidation, S. 6; Nk-HGB/*Lehmann-Richter*, § 145 Rn. 7; E/B/J/S/*Lorz*, § 131 HGB Rn. 9; *Mezger*, Abwicklung, S. 29 ff.; Baumbach/Hopt/*Roth*, § 131 HGB Rn. 2; Glanegger/*Stuhlfelner*, § 145 HGB Rn. 1.

I. Konzentration des Vermögens in den Händen der Gesellschaft

Eine erste Stütze dieser Theorie ist in der Ersetzung des Entnahmerechts des § 122 I HGB durch § 155 II 2 HGB zu finden. In der werbenden Gesellschaft stellt das Entnahmerecht grundsätzlich die einzige Zugriffsmöglichkeit der Gesellschafter auf das Gesamthandsvermögen dar.[127] Die Gesellschafter haben gewinnunabhängig das Recht, vier Prozent ihres für das letzte Geschäftsjahr festgestellten Kapitalanteils zu entnehmen (§ 122 I Fall 1 HGB).[128] Gemäß § 122 I Fall 2 HGB können sie zur Entnahme weiteren Gewinns berechtigt sein.[129] Außerdem kann nach Maßgabe des § 121 I, III HGB der Jahresgewinn ausgeschüttet werden. Dies ist auch von § 155 II 3 HGB für die Liquidationsphase nicht ausdrücklich ausgeschlossen. Gleichwohl steht der Gewinnentnahme als Sozialanspruch die Durchsetzungssperre entgegen. Zwar ist das Gewinnstreben der einzelnen Gesellschafter vom gemeinsamen, auf Betrieb des Handelsgewerbes gerichteten Zweck zu unterscheiden.[130] Es stellt aber den tatsächlichen Grund des Zusammenschlusses dar. Der Wegfall des Entnahmerechts ist somit als logische Folge des Wegfalls des werbenden Zwecks zu sehen. Folgerichtig tritt mit der Zweckänderung an die Stelle des Entnahmerechts der Anspruch auf Beteiligung am Liquidationserlös.[131] Damit wird das Ziel, den persönlichen Gewinn zu maximieren, in der Liquidation fortgesetzt, soll aber auf anderem Wege erreicht werden. Das zeigt auch die grundsätzliche Vergleichbarkeit der beiden Entnahme- beziehungsweise Ausschüttungsrechte.

---

127 Vgl. MüKo.HGB/*Priester*, § 122 Rn. 1; Baumbach/Hopt/*Roth*, § 122 HGB Rn. 8.

128 Siehe dazu Henssler/Strohn/*Finckh*, § 122 HGB Rn. 21; Röhricht/Graf v. Westphalen/Haas/*Haas*, § 122 HGB Rn. 1; MüKo.HGB/*Priester*, § 122 Rn. 17; Baumbach/Hopt/*Roth*, § 122 HGB Rn. 8.

129 Vgl. E/B/J/S/*Ehricke*, § 122 HGB Rn. 2; Röhricht/Graf v. Westphalen/Haas/*Haas*, § 122 HGB Rn. 1; *U. Huber*, Vermögensanteil, S. 180; Oetker/*Lieder*, § 122 HGB Rn. 1; *Michalski*, OHG, § 122 Rn. 6; MüKo.HGB/*Priester*, § 122 Rn. 1 f.; Hk-HGB/*Psaroudakis*, § 122 Rn. 1; Baumbach/Hopt/*Roth*, § 122 HGB Rn. 2; GroßKomm.HGB/*Schäfer*, § 122 HGB Rn. 1.

130 *BGH* v. 29.1.1951 – IV ZR 171/50, NJW 1951, 308; *BGH* v. 26.10.1959 – KZR 2/59, NJW 1960, 145 (147); *Ballerstedt*, JuS 1963, 253 (254); *Fikentscher*, Festschrift H.P. Westermann, 87 (94); Staudinger/*Habermeier*, § 705 BGB Rn. 17; MüKo.BGB/*Schäfer*, § 705 Rn. 148; GroßKomm.HGB/*Schäfer*, § 105 HGB Rn. 20; *Karsten Schmidt*, GesR, S. 62; RGRK/*v. Gamm*, Vor § 705 BGB Rn. 1; E/B/J/S/*Wertenbruch*, § 105 HGB Rn. 23; vgl. *Karsten Schmidt*, die oHG, S. 143.

131 Hk-HGB/*Anissimov*, § 155 HGB Rn. 2; E/B/J/S/*Ehricke*, § 122 HGB Rn. 3; *Freund*, MDR 2011, 577 (579); Röhricht/Graf v. Westphalen/Haas/*Haas*, § 122 HGB Rn. 1; MüKo.HGB/*Priester*, § 122 Rn. 3; Baumbach/Hopt/*Roth*, § 122 HGB Rn. 2.

Die Grenze der nach § 122 I Fall 2 HGB zulässigen Entnahme liegt dort, wo sie *„zum offenbaren Schaden der Gesellschaft gereicht"*. Das ist der Fall, wenn infolge der Entnahme der Bestand der Gesellschaft gefährdet wäre.[132] Ähnlich ist die Rechtslage in der Liquidation nach § 155 II HGB: Es besteht die Befugnis, *„das während der Liquidation entbehrliche Geld [zu] verteil[en]"*. Danach sind in der Liquidation Auszahlungen soweit zulässig, wie das ausgezahlte Geld für das Verfahrensziel Vollbeendigung nach § 155 I HGB nicht benötigt wird.[133] Der dahinter stehende Gedanke ist jeweils, die finanziellen Interessen der Gesellschafter angemessen zu berücksichtigen und mit den Kapitalinteressen der Gesellschaft in Ausgleich zu bringen.[134] Weil die Gesellschafter aber in der Liquidation bloß durch den auf Vollbeendigung gerichteten Zweck zusammengehalten werden, ist eine jährliche Ausschüttung nicht mehr angezeigt. Die Gesellschaft erwirtschaftet überdies keinen (Jahres-)Gewinn durch operative Tätigkeiten im Sinne eines aktiven Gewerbebetriebs mehr, sodass ihr in der Regel die Mittel zur Befriedigung des Entnahmerechts fehlen werden. Dies gilt insbesondere, wenn zunächst die Gläubiger zu befriedigen sind (§§ 149, 155 I HGB). Daher ist es nur konsequent, dass der Anspruch des § 122 I Fall 1 HGB verdrängt wird. Dieser soll die für die Geschäftsleitung aufgewandte Zeit entschädigen.[135] Das Entnahmerecht stellt diesbezüglich eine Art Mindestunterhalt dar, der die Lebensführung des Gesellschafters ermöglichen soll, welcher seine Zeit und Arbeitskraft in die Gesellschaft einbringt.[136] Wenn dieses Recht entfällt, kann die Konsequenz nur sein, dass der Gesetzgeber nicht davon ausging, dass die Liquidation einen Zeitraum länger als ein Jahr in Anspruch nimmt.

Daneben dient die Liquidation der Freisetzung des Gesellschaftskapitals, sodass die Rückführung als Ausgleich des entfallenen Entnahmerechts dient. Außerdem besteht die Möglichkeit zwischenzeitlicher und vorläufiger Verteilungen, die ebenfalls an die Stelle des Entnahmeanspruchs treten können. Insgesamt sind die Verteilungsregelungen als solche des Innenverhältnisses (§ 109 HGB) dispositiv,

---

132 *Haar*, NZG 2007, 601 (604); Nk-HGB/*Klimke*, § 122 Rn. 18; MüKo.HGB/*Priester*, § 122 Rn. 37; GroßKomm.HGB/*Schäfer*, § 122 HGB Rn. 20; *H.P. Westermann*, ZIP 2007, 2289 (2292).

133 Siehe dazu *Butzer/Knof* in MHdB GesR Band 1, § 84 Rn. 48; Henssler/Strohn/*Klöhn*, § 155 HGB Rn. 10 f.; BeckOK.HGB/*Lehmann-Richter*, § 155 Rn. 4; *Schmid* in MHdB GesR Band 2, § 46 Rn. 74 f.; MüKo.HGB/*Karsten Schmidt*, § 155 Rn. 4.

134 Vgl. auch Henssler/Strohn/*Klöhn*, § 155 HGB Rn. 10.

135 Denkschrift zum HGB 1897, abgedruckt in *Schubert/Schmiedel/Krampe*, Quellen, Band II/1, S. 76; Henssler/Strohn/*Finckh*, § 122 HGB Rn. 1; BeckOK.HGB/*Klimke*, § 122 Rn. 2; GroßKomm.HGB/*Schäfer*, § 122 Rn. 2.

136 Denkschrift zum HGB 1897, abgedruckt in *Schubert/Schmiedel/Krampe*, Quellen, Band II/1, S. 76; E/B/J/S/*Ehricke*, § 122 HGB Rn. 1; *Grunewald*, GesR, § Rn. § 2 Rn. 56; Nk-HGB/*Klimke*, § 122 Rn. 2; Oetker/*Lieder*, § 122 HGB Rn. 2; MüKo.HGB/*Priester*, § 122 Rn. 1; Hk-HGB/*Psaroudakis*, § 122 Rn. 1; Baumbach/Hopt/*Roth*, § 122 HGB Rn. 8; GroßKomm.HGB/*Schäfer*, § 122 HGB Rn. 2.

sodass auch in längeren Liquidationsverfahren angemessene Einzelfallregelungen gefunden werden können. Dass das Entnahmerecht durch das Recht auf vorläufige sowie Schlussverteilung ersetzt wird, spricht im Ergebnis für die in Liquidation geänderte Zwecksetzung. Es geht nicht mehr die Finanzierung oder Erhaltung der Liquidität eines Unternehmens, sondern um die Beendigung des Rechtsträgers und der unternehmerischen Tätigkeit.

II. Operative Neuausrichtung der Gesellschaft durch die Gesellschafter

1. Berücksichtigung des bei Beschlussfassung über die Auflösung gebildeten Willens

Auch die im Hinblick auf die Auflösung der Gesellschaft sowie die Eröffnung der Liquidation erforderliche Statutenänderung zeigt, dass der Gesellschaftszweck nicht mehr auf den Betrieb eines Handelsgewerbes gerichtet ist. Zwar kann die aufgelöste und zu liquidierende OHG/KG jederzeit wieder in eine werbende *„zurückverwandelt“*[137] werden, sofern der Auflösungsgrund beseitigt wird und keine Interessen Dritter entgegenstehen.[138] Daraus darf aber nicht gefolgert werden, dass in der OHG/KG in statutarischer Hinsicht noch immer eine Art Handelsgewerbe ruht und der gemeinsame Zweck nur von der Liquidationsabsicht überlagert wird.

Vorzugswürdig ist es, die Gründe für die Zweckänderung in der Struktur der OHG/KG als Spezialform der GbR (§ 105 III HGB)[139] zu suchen. Personengesellschaften werden durch ein zwischen den Gesellschaftern bestehendes Schuldverhältnisses errichtet, welches um korporative Elemente angereichert ist.[140] Dieser Vertrag konstituiert eine Organverfassung und bestimmt Art und Maß der Pflichten im Innenverhältnis.[141] Für die folgenden Überlegungen gilt, dass die Freiheit in Bezug auf die statutarische Ausrichtung der Gesellschaft (§§ 109, 163 HGB) nur möglich ist, weil der Drittschutz im Rahmen der persönlichen Haftung der Gesellschafter (§ 128 HGB) verwirklicht wird. Der Gesellschaftsvertrag kann daher

---

137 So etwa *RGZ* 106, 63 (66).

138 *RGZ* 106, 63 (66); *RGZ* 118, 337 (339); *BGH* v. 4. 4. 1951 – II ZR 10/50, BGHZ 1, 324 (329); *BGH* v. 4.12.1986 – IX ZR 47/86, BGHZ 99, 151, 155; *BGH* v. 19.6.1995 – II ZR 255/93, NJW 1995, 2843; *OLG Hamm* v. 5.1.2017 – I-15 W 246/16, BeckRS 2017, 104113 Rn. 9; *Hönn*, ZHR 138 (1974), 50 (62); *Hüren*, RNotZ 2014, 77 (78); E/B/J/S/*Lorz*, § 131 HGB Rn. 32 f.; *Mezger*, Abwicklung, S. 64 f. *Karsten Schmidt*, ZHR 153 (1989), 270 (281). a.A. *Wimpfheimer*, Liquidation, S. 128 ff.

139 Oetker/*Lieder*, § 105 HGB Rn. 6, 35 f; GroßKomm.HGB/*Schäfer*, § 105 Rn. 8; E/B/J/S/*Wertenbruch*, § 105 HGB Rn. 6 f.

140 GroßKomm.HGB/*Schäfer*, § 105 HGB Rn. 64; E/B/J/S/*Wertenbruch*, § 105 HGB Rn. 69.

141 Vgl. GroßKomm.HGB/*Schäfer*, § 105 HGB Rn. 64; E/B/J/S/*Wertenbruch*, § 105 HGB Rn. 69.

gemäß § 311 I BGB jederzeit zwischen den Parteien inhaltlich geändert werden, *„soweit nicht das Gesetz ein anderes vorschreibt“*.[142]

Erforderlich für eine Statutenänderung ist nach § 311 I BGB eine Willensbetätigung der Gesellschafter (gemäß § 119 I HGB grundsätzlich kraft Konsens).[143] Die Beschlussfassung über die Auflösung ist als Vertragsänderung in diesem Sinne einzustufen.[144] Dadurch ändern sich Art und Maß der auf den Betrieb des Handelsgewerbes gerichteten Hauptleistungspflichten, die Identität des Gesellschaftsvertrags und der Gesellschaft bleiben unberührt.[145] Die Auflösung begründet die Pflicht, die Gesellschaft zu beendigen,[146] gleichwohl ist gemäß § 145 I HGB die Liquidation nicht die zwingende Auflösungsfolge.[147] Daher können die Gesellschafter Beschluss über die Art und Weise der Auseinandersetzung im Sinne des § 145 I HGB fassen, die Liquidation einleiten und somit die Zweckförderpflichten in ihrem Sinne neu ausrichten. Aufgrund dieser vielfachen Willensbetätigungen darf nicht davon ausgegangen werden, dass am auf den Betrieb eines Handelsgewerbes gerichteten Zweck festgehalten wird.

Demgemäß schließen sich der Betrieb eines Handelsgewerbes zur Erwirtschaftung von Gewinn mittels laufenden Gewerbebetriebes und dessen Auflösung logisch gegenseitig aus (entweder man betreibt ein Handelsgewerbe oder eben nicht). Die Verwirrung, dass es zwei in der Gesellschaft bestehende Zwecke gibt, folgt allenfalls aus den §§ 105 I, 123 II, 156 HGB, die besagen, dass die ins Handelsregister eingetragene Gesellschaft Handelsgesellschaft ist (siehe auch § 6 HGB). Dagegen spricht einerseits das Liquidationsrecht, welches die den Betrieb des Handelsgewerbes ermöglichenden Vorschriften verdrängt, wo es im Interesse der Liquidation erforderlich ist, sodass allenfalls eine modifizierte Handelsgesellschaft

---

142 Vgl. dazu *BGH* v. 24.4.1958 – VIII ZR 194/57, BB 1958, 820 (821); *BGH* v. 14.10.1965 – II ZR 214/63, BB 1966, 52; *OLG Hamm* v. 26.10.1988 – 8 U 21/88, DB 1989, 815; *BGH* v. 21.10.2014 – II ZR 84/13, BGHZ 203, 77 ff.; *Altmeppen*, NJW 2015, 2065 (2070); *Caliebe*, VGR 2013, 130; *Flume*, AT I, S. 216; E/B/J/S/*Lorz*, § 131 HGB Rn. 14; *Reichert/Winter*, BB 1988, 981 (984); Baumbach/Hopt/*Roth*, § 105 HGB Rn. 60; *Wertenbruch* in Westermann/Wertenbruch, Rn. I 1603; allgemein zu § 311 BGB Erman/*Kindl*, § 311 BGB Rn. 3; HKK/*Thier*, § 311 BGB Rn. 1. Siehe auch im 8. Kapitel I. II. 2. b).

143 Vgl. *BGH* v. 18.4.2005 – II ZR 55/03, NZG 2005, 625; MüKo.BGB/*Emmerich*, § 311 Rn. 1; Staudinger/*Feldmann*, § 311 BGB Rn. 60; Erman/*Kindl*, § 311 BGB Rn. 4; HKK/*Thier*, § 311 BGB Rn. 1; *Wertenbruch*, NZG 2005, 665 (666); zu Änderungen durch Mehrheitsbeschluss *BGH* v. 21.10.2014 – II ZR 84/13, BGHZ 203, 77 ff.; *Altmeppen*, NJW 2015, 2065; *Haar*, NZG 2007, 601; siehe auch das 8. Kapitel.

144 Vgl. auch Nk-HGB/*Klimke*, § 119 Rn. 54; GroßKomm.HGB/*Schäfer*, § 119 Rn. 42; *Schäfer*, ZGR 2013, 237 (246); *Wiedemann*, Festschrift Hopt, 1491 (1499); *Wiedemann*, WM 2009, 1 (8).

145 3. Kapitel A.

146 So auch von MüKo.HGB/*Karsten Schmidt*, § 156 Rn. 11 unbestritten.

147 Denkschrift zum HGB 1897, abgedruckt in *Schubert/Schmiedel/Krampe*, Quellen, Band II/1, S. 90; *RGZ* 106, 63 (65); *RGZ* 118, 337 (340); *Mezger*, Abwicklung, S. 30.

vorliegt. Andererseits ist der Kunstgriff einer Zweckkontinuität aufgrund der mittlerweile anerkannten Rechts- und Parteifähigkeit der Außengesellschaft nicht erforderlich, um die Rechtsfähigkeit über eine fortbestehende Anwendbarkeit des § 124 I HGB zu fingieren.[148]

2. *Vornahme werbender Geschäfte im Liquidationsstadium*

Auch der einstweilige Betrieb des Handelsgewerbes sowie dessen kurzfristige Fortsetzung durch die Liquidatoren erfordern kein Nebeneinander des auf Betrieb eines Handelsgewerbes gerichteten Gesellschaftszwecks und des Liquidationszwecks.[149] Die Liquidatoren dürfen gemäß § 149 S. 1 Hs. 2 HGB zur Beendigung schwebender Geschäfte neue Geschäfte abschließen.[150] Außerdem können die Gesellschafter die Liquidatoren zur Vornahme aller Arten von Geschäften anweisen.[151]

III. Die Liquidation als Verfahren zur gemeinsamen Beendigung der Gesellschaft

Dieses Ergebnis wird davon gestützt, dass Auflösung und Liquidation der Gesellschaft aufgrund des Beschlusserfordernisses in der Regel nur im Einvernehmen der Gesellschafter herbeigeführt werden können.[152] Mit dem HRefG 1998[153] beabsichtigte der Gesetzgeber eine Stärkung der Unternehmenskontinuität. Gesellschaften sollten, solange sie wirtschaftlich leistungsfähig sind, nach Möglichkeit unabhängig vom konkreten Gesellschafterbestand bestehen bleiben. Dies bringt insbesondere § 131 HGB zum Ausdruck. Demgegenüber lag bei Erlass des ADHGB sowie des HGB der Fokus in stärkerem Maße auf den Gesellschaftern sowie deren vertraglicher, auf persönlichem Vertrauen basierenden Verbindung untereinander.[154] Grundlage der somit geschaffenen Gesellschaft war und ist die persönliche Einstandspflicht der Gesellschafter.[155] Deshalb wurde die Verbindung zwischen den Gesellschaftern und deren Handelsgewerbe hergestellt.[156] Dies bedeutete, dass

---

148 So noch die Denkschrift zum HGB 1897, abgedruckt in *Schubert/Schmiedel/Krampe,* Quellen, Band II/1, S. 96: *„Den Grundsatz, dass die Gesellschaft trotz der Auflösung als fortbestehend gilt..."*

149 A.A. *Karsten Schmidt,* ZHR 153 (1989), 270.

150 Dazu ausführlich 5. Kapitel B. II.

151 Beratungen zum HGB 1897, abgedruckt in *Schubert/Schmiedel/Krampe,* Quellen, Band II/1, S. 337.

152 Siehe aber zur Zulässigkeit von Mehrheitsbeschlüssen das 8. Kapitel.

153 Siehe dazu *RefE* HRefG, ZIP 1996, 1485 (1488 ff.).

154 Vgl. Denkschrift zum HGB 1897, abgedruckt in *Schubert/Schmiedel/Krampe,* Quellen, Band II/1, S. 85 ff.; *Servos,* ADHGB, S. 237.

155 Denkschrift zum HGB 1897, abgedruckt in *Schubert/Schmiedel/Krampe,* Quellen, Band II/1, S. 85 ff.; *Servos,* ADHGB, S. 237.

156 Vgl. Denkschrift zum HGB 1897, abgedruckt in *Schubert/Schmiedel/Krampe,* Quellen, Band II/1, S. 85 ff.; *Servos,* ADHGB, S. 237.

bereits das Ausscheiden eines einzigen Gesellschafters zur Auflösung der Gesellschaft führen konnte.

1. *Gesellschafterbezogener Anwendungsbereich der Liquidation*

Der Vergleich der Auflösungsgründe (§ 131 I, II HGB) mit den Ausscheidensgründen (§ 131 III HGB), welche allein an die Person des Gesellschafters anknüpfen, zeigt, dass die freiwillige Auflösung und Liquidation durch die Gesellschafterversammlung herbeigeführt werden muss. Will indes ein einzelner Gesellschafter sein Gesellschaftsengagement beenden oder das investierte Vermögen freisetzen, so kann er die Gesellschaft nach Maßgabe des § 132 HGB kündigen. Dies führt seit dem HRefG 1998[157] zu dessen Ausscheiden (§ 131 I Nr. 3 HGB) unter Abfindung (§ 738 BGB) oder Haftung für Fehlbeträge (§ 739 BGB). Die Gesellschaft wird in diesem Fall unter den verbliebenen Gesellschaftern fortgesetzt. Selbiges gilt gemäß § 135 HGB für die Kündigung des Privatgläubigers oder Insolvenzverwalters eines Gesellschafters. Der Anwendungsbereich des § 146 II, III HGB ist daher fraglich. Dem Liquidationsverfahren verbleibt im Ergebnis nämlich bloß ein kleiner Anwendungsbereich. Zwar kann es die Beendigung der Gesellschaft auch dann in geordnete Bahnen lenken, wenn das gegenseitige Vertrauen zwischen den Gesellschaftern entfallen ist (was dem Gesetz nach eher die Regel, denn die Ausnahme ist). Im Ergebnis aber ermöglicht es die gemeinschaftliche Einstellung der Geschäfts- und Gesellschaftstätigkeit. In ersterem Falle ist die Sinnhaftigkeit der §§ 146 I, 150 I HGB deutlich, in letzterem Falle kann von der weitgehenden Dispositivität des Liquidationsrechts Gebrauch gemacht werden. Die §§ 145 ff. HGB gewährleisten daher nicht nur den Schutz der Gesellschafter untereinander, sondern ermöglichen es auch einer noch intakten Gesellschaft, die Abwicklung nach eigenen Wünschen effizient zu gestalten. Während dem Außenrecht also die Aufgabe zukommt, das Vertrauen in den Bestand des Rechtsträgers zu schützen, muss das Innenrecht den Schutz der Gesellschafter verwirklichen und zugleich eine handlungsfähige Organisation erhalten.

2. *Sperrwirkung der Liquidation gegenüber dem individuellen Ausscheiden*

Subjektives Ziel der Kündigung nach Maßgabe des § 132 HGB ist es, aus der Gesellschaft auszuscheiden. Die Intention der Kündigung durch den Privatgläubiger gemäß § 135 HGB wird es vorrangig sein, jenes innerhalb der Gesellschaft gebundene Kapital (§§ 718, 719 BGB) seines Schuldners freizusetzen, um gesellschaftsfremde Privatforderungen zu befriedigen. Die im Ergebnis gleichen Ziele werden auch mit der Auflösung sowie der daran anschließenden Liquidation erreicht. Insbesondere spricht § 738 I 2 BGB (in Verbindung mit § 105 III HGB) davon, dass der

157 Vgl. *RefE* HRefG, ZIP 1996, 1485 (1488 ff.); *Lamprecht*, ZIP 1997, 919.

Gesellschafter bei seinem kündigungsbedingten Ausscheiden das erhält, *„was er bei der Auseinandersetzung erhalten würde, wenn die Gesellschaft zum Zeitpunkt seines Ausscheidens aufgelöst worden wäre"*. Damit führt auch das Ausscheiden zu einer fiktiven Liquidation anhand von Buchwerten.[158] Der Abfindungsanspruch bemisst sich anhand des aktuellen Anteilswerts.[159] Derweil unterliegt das Gesellschaftsvermögen verfahrensimmanent während der Liquidation starken Bindungen und darf, um keine Schlussverteilung vorwegzunehmen, gemäß § 155 II 1 HGB nur an die Gesellschafter zurückgewährt werden, soweit es im Hinblick auf die Vollbeendigung absehbar *„entbehrlich"* ist (§ 155 II 2 HGB).[160] Die Kündigung aufseiten des Gesellschafters ist gemäß § 132 HGB nur dann möglich, wenn die Gesellschaft *„auf unbestimmte Zeit eingegangen ist"*. Weil auch der im Stadium der Liquidation kündigende Gesellschafter der gesellschafterlichen Treuepflicht unterworfen ist, darf seine Kündigung unter Achtung des § 155 II HGB sowie des Grundsatzes der Durchsetzungssperre nicht zu einer individuellen Vorwegnahme der Schlussverteilung führen.[161] Dies gilt insbesondere, wenn dem Kündigenden ein Abwarten bis zur Beendigung der Liquidation und damit der Vollbeendigung des Gesellschaftsverhältnisses zumutbar ist.[162] Daher wird die Bindung der Gesellschafter an den Verband mit der Auflösung erhöht und die Gesellschaft in verstärktem Maße zu einer Solidargemeinschaft.[163]

3. *Zusammenfassung*

Einerseits erlangt die OHG/KG die Rechtsfähigkeit aufgrund der Einigung, einen gemeinsamen Zweck zu verfolgen und andererseits, weil aus diesem Grund Gesellschaftsvermögen gebildet wird. Damit ist die Gesellschaft im Außenverhältnis

---

158 Vgl. BeckOGK.BGB/*R. Koch*, § 738 Rn. 24; BeckOK.BGB/*Schöne*, § 738 Rn. 13; Palandt/*Sprau*, § 738 BGB Rn. 4 f.; Erman/*H.P. Westermann*, § 738 BGB Rn. 6.

159 Dazu *BGH* v. 21.4.1955 – II ZR 227/53, BGHZ 17, 130 (136); *BGH* v. 22.10.1973 – II ZR 37/72, NJW 74, 312; *BGH* v. 16.12.1991 – II ZR 58/91, BGHZ 116, 350 (370); *BGH* v. 18.4.2002 – IX ZR 72/99, ZIP 2002, 114 (1149); *Meilicke*, ZIP 2014, 665; Palandt/*Sprau*, § 738 BGB Rn. 5; mit diesbezüglicher Kritik *Ruthardt/Hachmeister*, NZG 2014, 885.

160 Vgl. dazu auch 1. Kapitel C. II. 3. c).

161 So insbesondere die Ausführungen des Berufungsgerichts in *BGH* v. 6.2.2018 – II ZR 1/16 Rn. 10.

162 Vgl. dazu *BGH* v. 11.12.1978 – II ZR 41/78, NJW 1979, 765; *BGH* v. 28.6.2004 – I ZR 373/00, juris Rn. 11; *BGH* v. 30.1.2018 – II ZR 95/16, NJW 2018, 539 Rn. 55; *BGH* v. 6.2.2018 – II ZR 1/16, juris Rn. 23 ff. mit Anmerkung *Podewils*, jurisPR-HaGesR 6/2018 Anmerkung 2; *BGH* v. 15.5.2018 – II ZR 92/16, juris Rn. 22; siehe auch E/B/J/S/*Lorz*, § 132 HGB Rn. 21; GroßKomm.HGB/*Schäfer*, § 132 Rn. 42; überdies dehnt der *BGH* im Fall v. 15.5.2018 – II ZR 92/16, juris Rn. 22 die „Austrittssperre" auf die Anfechtung wegen arglistiger Täuschung aus; zustimmend *Drescher*, WM 2019, 137 (140).

163 Vgl. *BGH* v. 6.2.2018 – II ZR 1/16, juris Rn. 10 (Ausführungen des Berufungsgerichts).

ein von den Gesellschaftern verschiedenes Rechtssubjekt. Überdies löste sich die Gesellschaft aufgrund der wegen des HRefG 1998 gewandelten Kündigungsfolgen auch intern vom konkreten Gesellschafterbestand und steht insoweit abstrakt von den Mitgliedsgesellschaftern. Weiterhin führt erst der Beschluss der Gesellschafter, den Verband gemeinsam zu beenden, die Änderung des Zwecks herbei.

B. Vergleich des aufgelösten mit dem zu gründenden Verband

Vergleichbar mit der Auflösung und der Liquidation stellt sich das Verhältnis von Gesellschaftszweck und rechtsfähiger Existenz der Gesellschaft im Rahmen der Gründung einer juristischen Person dar. Hier existiert insbesondere eine Vorgesellschaft, deren Zweck auf die Beendigung des Gründungsvorgangs gerichtet ist,[164] wobei Ausnahmen und Erweiterungen,[165] insbesondere in Bezug auf eine unternehmerische Zwecksetzung, möglich sind.[166] Eine entgegenstehende Auffassung will hier, ähnlich der Liquidationsgesellschaft, eine Kontinuität der Gesellschaft sowie des Zwecks von vertraglicher Gründung bis Vollbeendigung sehen und hält den Zweck der Vorgesellschaft bereits für auf den Betrieb des Handelsgewerbes der späteren Gesellschaft gerichtet.[167] Aufgrund dieses Kontinuitätsmodells sowie der Beständigkeit des Gesellschaftszwecks wird teilweise der Vergleich von Vorgesellschaft und Liquidationsgesellschaft bemüht.[168] Die Vorgesellschaft beschreibt allerdings das „*Stadium des Werdens*“[169] einer juristischen Person, weil die Gesellschaft

164 *RGZ* 83, 370 (373); *RGZ* 105, 228 (229); *RGZ* 134, 121 (122); *BGH* v. 10.1.1963 – II ZR 19/62, NJW 1963, 859; *BGH* v. 9.3.1981 – II ZR 54/80, BGHZ 80, 129 (139); *BGH* v. 23.10.2006 – II ZR 162/05, BGHZ 165, 270 (273); Gehrlein/Born/Simon/*Link*, § 11 GmbHG Rn. 4; MüKo.GmbHG/*Merkt*, § 11 Rn. 15; *Mezger*, Abwicklung, S. 30; Rowedder/*C. Schmidt-Leithoff*, § 11 GmbHG Rn. 36; *Wicke*, GmbHG § 11 Rn. 4; zur VorGen vgl. Pöhlmann/Fandrich/Bloehs/*Fandrich*, § 13 GenG Rn. 6.

165 *RGZ* 58, 55 (56); *RGZ* 83, 370 (373); *BGH* v. 10.1.1963 – II ZR 19/62, NJW 1963, 859; *Flume*, NJW 1981, 1753; Gehrlein/Born/Simon/*Link*, § 11 GmbHG Rn. 13; MüKo.GmbHG/*Merkt*, § 11 Rn. 17; *Karsten Schmidt*, GmbHR 1987, 77 (80).

166 Vgl. zu den Einzelheiten *BGH* v. 9.3.1981 – II ZR 54/80, BGHZ 80, 129 (139); Gehrlein/Born/Simon/*Link*, § 11 GmbHG Rn. 4; MüKo.GmbHG/*Merkt*, § 11 Rn. 15; Ulmer/Habersack/öbe/*Ulmer/Habersack*, § 11 GmbHG Rn. 38; a.A. aber gleiches Ergebnis *Karsten Schmidt*, GmbHR 1987, 77 (80); Scholz/*Karsten Schmidt*, § 11 GmbHG Rn. 32; vgl. auch *Karsten Schmidt*, NJW 1981, 1845.

167 M/H/L/S/*Blath*, § 11 GmbHG Rn. 45; *Paura*, Liquidationspflichten, S. 20; MüKo.AktG/*Pentz*, § 41 Rn. 29; *Karsten Schmidt*, GmbHR 1987, 77 (79); *Karsten Schmidt*, ZHR 153 (1989), 270 (281); Scholz/*Karsten Schmidt*, § 11 GmbHG Rn. 32 unter Verweis auf *Karsten Schmidt*, die oHG, S. 299.

168 Vgl. *Mezger*, Abwicklung, S. 30; *Paura*, Liquidationspflichten, S. 20; *Karsten Schmidt*, ZHR 153 (1989), 270 (281).

169 *Rittner*, werdende jP, S. 319 ff.; auch *Beuthien*, WM 2013, 1485 (1486); Rowedder/*C. Schmidt-Leithoff*, § 11 GmbHG Rn. 13.

vor Eintragung im Handelsregister *„als solche nicht"* besteht (§§ 41 I 1 AktG, § 13 GenG, § 11 I GmbHG, auch § 21 BGB); sie ist in diesem Stadium insbesondere weder juristische Person noch rechtsfähige Personengesellschaft[170] Demgegenüber stellt sich die Interessenlage bei der Liquidation der OHG/KG grundlegend verschieden dar: Die Personengesellschaft besteht in der Liquidationsphase als solche fort und bleibt solange eine rechtsfähige Personengesellschaft, wie sie über Vermögen verfügt. Außerdem stellt sich die Frage des Werdens der Personenhandelsgesellschaft nicht in dem Maße wie bei der Kapitalgesellschaft oder juristischen Person. Die Eintragung der Gesellschaft ins Handelsregister kann allein für die Kaufmannseigenschaft im Sinne der §§ 105 II, 123 I, 161 II HGB relevant sein. Sie dient unter anderem vermögensverwaltenden oder kleingewerblichen Gesellschaften dazu, die Vorzüge der Haftung einer KG zu genießen.

I. Die vor Vertragsschluss bestehende Vorgründungsgesellschaft

Vor dem formwirksamen Abschluss des Gesellschaftsvertrags der juristischen Person, der später zur Satzung erstarken wird, besteht in der Errichtungsphase die Vorgründungsgesellschaft.[171] Werden die Gesellschafter übereinstimmend zum Zweck der Gründung tätig, kann eine GbR vorliegen, deren Gesellschaftszweck die Gründung respektive der Abschluss des Gesellschaftsvertrags ist.[172] Soll bereits eine kaufmännische Tätigkeit entfaltet werden, so kann eine OHG bestehen.[173] Die Vorgründungsgesellschaft ist allerdings kein notwendiges Durchgangsstadium auf

---

170 Siehe dazu *BGH* v. 27.1.1997 – II ZR 123/94, BGHZ 134, 333 (336); Roth/Altmeppen/*Altmeppen*, § 11 GmbHG Rn. 17; MüKo.GmbHG/*Merkt*, § 11 Rn. 10f.; MüKo. AktG/*Pentz*, § 41 Rn. 24.

171 Gehrlein/Born/Simon/*Link*, § 11 GmbHG Rn. 40; MüKo.AktG/*Pentz*, § 41 Rn. 10, 18; *Karsten Schmidt*, die oHG, S. 258; Scholz/*Karsten Schmidt*, § 11 GmbHG Rn. 9 ff.

172 Ganz h.M. *BGH* 7.5.1984 – II ZR 276/83, BGHZ 91, 148 (151); *BGH* v. 24.9.1984 – II ZR 311/84, GmbHR 1985, 114; *BGH* v. 12.11.1984 – II ZR 96/84, GmbHR 1985, 115; M/H/L/S/*Blath*, § 11 GmbHG Rn. 14; Lang/Weidmüller/*Holthaus/Lehnhoff*, § 13 GenG Rn. 2; *Lettl*, JuS 2006, 912 (913); Gehrlein/Born/Simon/*Link*, § 11 GmbHG Rn. 5; *Koch*, GesR, § 33 Rn. 24 ff.; MüKo.AktG/*Pentz*, § 41 Rn. 10; *Priester*, GmbHR 1995, 481 (484); Henssler/Strohn/*Schäfer*, § 11 GmbHG Rn. 2, 4; *Karsten Schmidt*, die oHG, S. 261; *Karsten Schmidt*, GmbHR 1987, 77 (79); Rowedder/*C. Schmidt-Leithoff*, § 11 GmbHG Rn. 7; *Lettl*, JuS 2006, 912 (913); Ulmer/Habersack/Löbbe/*Ulmer/Habersack*, § 11 GmbHG Rn. 30; vgl. zum Streitstand MüKo.GmbHG/*Merkt*, § 11 Rn. 99 ff.

173 *BGH* v. 20.6.1983 – II ZR 200/82, NJW 1983, 2822; *BGH* v. 24.9.1984 – II ZR 311/84, GmbHR 1985, 114; *BGH* v. 12.11.1984 – II ZR 96/84, GmbHR 1985, 115; *BGH* v. 13.1.1992 – II ZR 63/91, GmbHR 1992, 164; Lang/Weidmüller/*Holthaus/Lehnhoff*, § 13 GenG Rn. 2; Gehrlein/Born/Simon/*Link*, § 11 GmbHG Rn. 5; MüKo.AktG/*Pentz*, § 41 Rn. 18; *Priester*, GmbHR 1995, 481 (482); Henssler/Strohn*Schäfer*, § 11 GmbHG Rn. 6; a.A. *Karsten Schmidt*, die oHG, S. 262; Scholz/*Karsten Schmidt*, § 11 GmbHG Rn. 15.

dem Weg zur juristischen Person,[174] weshalb den Gesellschaftern vollumfänglich die Disposition über den Gesellschaftszweck sowie die Gestaltung der Rechtsverhältnisse nach innen wie außen obliegt.[175] Maßgeblich sind die Vorschriften der §§ 705 ff. BGB, 105 ff. HGB.[176] Allerdings entsteht diese Gesellschaft nur, wenn die Gesellschafter bewusst den Willen bilden, eine solche Vorgründungsgesellschaft ins Leben zu rufen.[177] Diese ist daher nicht identisch mit den im weiteren Verlauf des Verfahrens entstehenden Gesellschaften.[178]

II. Parallelen zwischen Vorgesellschaft und Liquidationsgesellschaft

Sobald der Gesellschaftsvertrag wirksam abgeschlossen ist, besteht die Vorgesellschaft, welche mit Eintragung der Gesellschaft im Handelsregister und somit dem Entstehen der eigentlich gewollten juristischen Person endet; sie besteht gewissermaßen als AG/eG/GmbH fort.[179] Ausschließlich zwischen diesen Rechtsträgern besteht Kontinuität.[180] Die Vorgesellschaft ist unter Durchbrechung des gesellschaftsrechtlichen Numerus clausus eine Rechtsform sui generis.[181] Dennoch

---

174 MüKo.AktG/*Pentz*, § 41 Rn. 10; *Priester*, GmbHR 1995, 481 (484); Henssler/Strohn/*Schäfer*, § 11 GmbHG Rn. 5; Scholz/*Karsten Schmidt*, § 11 GmbHG Rn. 7.

175 Ausführlich *Priester*, GmbHR 1995, 481 (484).

176 Hierzu *BGH* v. 20.6.1983 – II ZR 200/82, NJW 1983, 2822; Baumbach/Hueck/*Fastrich*, § 11 GmbHG Rn. 36; MüKo.GmbHG/*Merkt*, § 11 Rn. 104.

177 Siehe nur Roth/Altmeppen/*Altmeppen*, § 11 GmbHG Rn. 3; Baumbach/Hueck/*Fastrich*, § 11 GmbHG Rn. 35; MüKo.GmbHG/*Merkt*, § 11 Rn. 102 f.; *Priester*, GmbHR, 1995, 481 (485).

178 Vgl. Roth/Altmeppen/*Altmeppen*, § 11 GmbHG Rn. 4 ff.; Baumbach/Hueck/*Fastrich*, § 11 GmbHG Rn. 39; MüKo.GmbHG/*Merkt*, § 11 Rn. 110.

179 Dazu M/H/L/S/*Bluth*, § 11 GmbHG Rn. 115 ff.; Pöhlmann/Fandrich/Bloehs/*Fandrich*, § 13 GenG Rn. 8; Hüffer/Koch/*Koch*, § 41 AktG Rn. 3, 16; Henssler/Strohn/*Schäfer*, § 11 GmbHG Rn. 36; Henssler/Strohn/*Wardenbach*, § 41 AktG Rn. 3; *Wicke*, § 11 GmbHG Rn. 3.

180 Im Ergebnis h.M. *BGH* v. 9.3.1981 – II ZR 54/80, BGHZ 80, 129 (140); *BGH* v. 7.5.1984 – II ZR 276/83, BGHZ 91, 148 (151); *BGH* v. 24.10.1988 – II ZR 176/88, BGHZ 105, 300 (304); *BGH* v. 27.1.1997 – II ZR 123/94, BGHZ 134, 333 (336); Lang/Weidmüller/*Holthaus/Lehnhoff*, § 13 GenG Rn. 9; *Koch*, GesR, § 33 Rn. 36; Gehrlein/Born/Simon/*Link*, § 11 GmbHG Rn. 3; MüKo.AktG/*Pentz*, § 41 Rn. 106 f.; *Karsten Schmidt*, NJW 1981, 1945; *Karsten Schmidt*, GmbHR 1987, 77 (78); Scholz/*Karsten Schmidt*, § 11 GmbHG Rn. 27 ff.; Rowedder/*C. Schmidt-Leithoff*, § 11 GmbHG Rn. 6; Ulmer/Habersack/Löbbe/*Ulmer/Habersack*, § 11 GmbHG Rn. 11; *Wicke*, GmbHG, § 11 Rn. 3; a.A. *Baumann*, JZ 1998, 597 (598); siehe auch zur Gründung des eingetragenen Vereins (eV) Staudinger/*Schwennicke*, Vor §§ 21 ff. Rn. 86 ff.

181 Vgl. statt vieler *BGH* v. 16.6.1955 – II ZR 300/53, NJW 1955, 1229 (1230); *BGH* v 23.4.1956 – II ZR 116/55, NJW 1956, 946 (947); *BGH* v. 12.7.1956 – II ZR 218/54, NJW 1956, 1435; Baumbach/Hueck/*Fastrich*, § 11 GmbHG Rn. 6; Hüffer/Koch/*Koch*, § 41 AktG Rn. 4; Hölters/*Solveen*, § 41 AktG Rn. 6.

besitzt sie eine körperschaftliche Struktur, da sie auf der Grundlage des Gesellschaftsvertrags, der Satzung der späteren Körperschaft, besteht und ein notwendiges Durchgangsstadium auf dem Weg zur juristischen Person darstellt.[182] Das AktG, GenG oder GmbHG findet daher bereits Anwendung, soweit nicht die fehlende Eintragung entgegensteht.[183]

1. *Die Aufgabe der GmbH: wirtschaftliche Tätigkeit unter Ausschluss der Haftung der Gesellschafter*

Vor diesem Hintergrund wird der Diskussionsbedarf um den Zweck der Gesellschaft deutlich, da noch kein auf Dauer angelegter Rechtsträger besteht; dem in diesem Stadium bestehenden Verband fehlt insbesondere die verfestigte Struktur einer juristischen Person.[184] Gleichwohl ist es Voraussetzung der Gründung beziehungsweise der Eintragung, dass die Einlagen bereits so an die Gesellschaft geleistet sind, dass diese zur freien Verfügung der Geschäftsführer stehen.[185] Soll ein Unternehmen eingebracht werden, bedeutet dies, dass schon vor Eintragung der Gesellschaft eine werbende Tätigkeit aufgenommen werden muss und kann.[186] Unabhängig von einem bereits bestehenden Gewerbebetrieb verfügt die Vorgesellschaft daher über eine gewisse Organisation; sie hat Organe und aufgrund des Einlageversprechens der Gesellschafter auch Gesellschaftsvermögen (siehe auch

---

182 *BGH* v. 9.3.1981 – II ZR 54/80, BGHZ 80, 129 (142); *BGH* v. 20.6.1983 – II ZR 200/82, NJW 1983, 2822; Beuthien/*Beuthien*, § 13 GenG Rn. 4; Hüffer/Koch/*Koch*, § 41 AktG Rn. 3; MüKo.AktG/*Pentz*, § 41 Rn. 22; Henssler/Strohn/*Schäfer*, § 11 GmbHG Rn. 13.

183 Heute h.M. *BGH* v. 12.6.1956 – II ZR 218/54, BGHZ 21, 242 (246); *BGH* v. 9.3.1981 – II ZR 54/80, BGHZ 80, 129 (139); *BGH* v. 23.3.1981 – II ZR 27/80, BGHZ 80, 212 (214); *BGH* v. 20.6.1983 – II ZR 200/82, NJW 1983, 2822; *BGH* 7.5.1984 – II ZR 276/83, BGHZ 91, 148 (151); *BGH* v. 16.3.1992 – II ZB 17/91, BGHZ 117, 323 (326); *BGH* v. 23.10.2006 – II ZR 162/05, BGHZ 165, 270 (272 f.); Roth/Altmeppen/*Altmeppen*, § 11 GmbHG Rn. 15 ff.; *Baumann*, JZ 1998, 597 (599). *Beuthien*, WM 2013, 1485 (1486); M/H/L/S/*Blath*, § 11 GmbHG Rn. 2; *Brock*, Haftungssituation, S. 34 ff.; *John*, Rechtsperson, S. 313; *Koch*, GesR, § 33 Rn. 36; *Kort*, ZIP 1996, 109 (110 f.); *Lettl*, JuS 2006, 912 (913); Gehrlein/Born/Simon/*Link*, § 11 GmbHG Rn. 3; *Mezger*, Abwicklung, S. 30; MüKo.AktG/*Pentz*, § 41 Rn. 22, 27; Henssler/Strohn/*Schäfer*, § 11 GmbHG Rn. 2 f.; *Karsten Schmidt*, GmbHR 1987, 77 (78); Scholz/*Karsten Schmidt*, § 11 GmbHG Rn. 27, 34; Rowedder/*C. Schmidt-Leithoff*, § 11 GmbHG Rn. 5 f.; Ulmer/Habersack/Löbbe/*Ulmer/Habersack*, § 11 GmbHG Rn. 6, 11; vgl. zur VorGen Beuthien/*Beuthien*, § 13 GenG Rn. 4; Pöhlmann/Fandrich/Bloehs/*Fandrich*, § 13 GenG Rn. 5; Lang/Weidmüller/*Holthaus/Lehnhoff*, § 13 GenG Rn. 4.

184 *BGH* v. 23.10.2006 – II ZR 162/05, BGHZ 165, 270 (274).

185 Vgl. dazu *BGH* v. 13.10.1954 – II ZR 295/53, NJW 1954, 1844; Hüffer/Koch/*Koch*, § 36 AktG Rn. 7.

186 *Priester*, ZIP 1982, 1141 (1146); *W.H. Roth*, ZGR 1984, 597 (599).

§ 7 II, II, 8 II 1 GmbHG).[187] Spätestens hieraus leitet sich die Rechtsfähigkeit ab; ähnlich erlangt die Personengesellschaft durch Leistung der Einlagen in Ansehung des gemeinsamen Zwecks ihre Rechtsfähigkeit. Zwischen Abschluss des Gesellschaftsvertrags und der Eintragung der Gesellschaft vergeht überdies immer einige Zeit, sodass ein sofortiger Beginn der unternehmerischen Tätigkeit unter dem Schutz der §§ 1 I 2 AktG, 13 II GmbHG nur dann möglich ist, wenn eine Mantel- oder Vorratsgesellschaft erworben wird. Außerdem will man der aktuell bestehenden Gesellschaft nicht die Chance nehmen, am Markt aufzutreten, um ihr gleichzeitig die Möglichkeit zu geben, für sie günstige Geschäftschancen wahrzunehmen.[188] Zudem gibt es mangels eines Konzessionssystems keinen Grund, ihr diese Tätigkeit zu verwehren,[189] denn der in diesem Stadium bestehende Rechtsträger trägt bereits die endgültige Rechtsform in sich. Daher findet auch das entsprechende Gesellschaftsrecht bereits Anwendung (vgl. §§ 41 I 1 AktG; 11 I GmbHG: *„besteht als solche nicht"*; nach § 13 GenG hingegen hat die Genossenschaft nicht die Rechte einer eingetragenen Genossenschaft. Das darf wohl dahin gehend verstanden werden, dass noch keine juristische Person besteht.).[190] In diesem Stadium ist zwar eine Gesellschaft vorhanden, die grundsätzlich geeignet ist, ein Handelsgewerbe zu betreiben. Weil die Haftung der Gesellschaft aber noch nicht vollends auf das Gesellschaftsvermögen beschränkt ist, erfüllt diese Gesellschaft nicht den ihr nach der Vorstellung der Gesellschafter beigemessenen Zweck: die wirtschaftliche Betätigung unter Ausschluss der persönlichen Haftung. Daher wird auch grundsätzlich noch keine Gesellschaft mit dem auf den Betrieb eines Handelsgewerbes gerichteten Zweck vorliegen.

2. Das Verhältnis von Satzungszweck zu Rechtsform

Teilweise wird die Begründung der Kontinuität des Zwecks in einem Vergleich mit der formwechselnden Umwandlung sowie der Identität von Vorgesellschaft und Gesellschaft gesucht.[191] Mit der Eintragung ändert sich zwar die Rechtsform, der Rechtsträger aber bleibt erhalten, sodass dieser Schluss naheliegt. Im Ergebnis stellt sich indes die Frage, wie vom Satzungszweck der Gesellschaft auf deren Rechtsform geschlossen werden kann, soweit nicht beispielsweise eine GbR aufgrund des Betriebs eines Handelsgewerbes im Sinne des § 1 II HGB zur OHG wird (oder umgekehrt). Vielmehr sind der Gesellschaftszweck und die Rechtsform soweit abstrakt voneinander zu beurteilen, wie das Gesetz nicht die Verfolgung des konkreten Zwecks mit der gewählten Rechtsform ausnahmsweise

187 Vgl. Pöhlmann/Fandrich/Bloehs/*Fandrich*, § 13 GenG Rn. 5; Henssler/Strohn/*Geibel*, § 13 GenG Rn. 3; MüKo.GmbHG/*Merkt*, § 11 Rn. 21 ff.; Scholz/*Karsten Schmidt*, § 11 GmbHG Rn. 35; *Wicke*, § 11 GmbHG Rn. 3 ff.

188 Siehe dazu *Priester*, ZIP 1982, 1141 (1146); *W.H. Roth*, ZGR 1984, 597 (599).

189 Vgl. zum Konzessionssystem Staudinger/*Schwennicke*, Vor §§ 21 ff. BGB Rn. 38 ff.

190 Siehe dazu Pöhlmann/Fandrich/Bloehs/*Fandrich*, § 13 GenG Rn. 5; *Karsten Schmidt*, GmbHR 1987, 77 (82); kritisch aber *Rittner*, werdende jP, S. 320.

191 MüKo.AktG/*Pentz*, § 41 Rn. 29.

verbietet. Zwar wirkt sich der Gesellschaftszweck auf die Aufgaben des Verbands aus, aus denen wiederum der Regelungsrahmen folgt. Die Gründer beziehungsweise die Gesellschafter wählen aber in der Regel die Rechtsform, die sich für die Verfolgung des von ihnen angestrebten Zwecks am besten eignet. Insoweit gibt der Satzungszweck (beispielsweise der Betrieb eines Handelsgewerbes) die Rechtsform vor. Gleichwohl ist dieser Verbandszweck vom individuellen Endzweck der einzelnen Gesellschafter,[192] der wie auch bei den Personengesellschaften nicht deckungsgleich sein muss, zu unterscheiden. Aber auch dieser Endzweck ist bestimmend für die Wahl der Rechtsform. Dies gilt insbesondere bezüglich der Bereitschaft, das unternehmerische Risiko zu tragen. Ferner dienen Umwandlungen dazu, eine Gesellschaft oder den Rechtsträger sowie das betriebene Unternehmen an neue Marktsituationen oder geänderte Bedürfnisse anzupassen.[193] Das Stadium der Vorgesellschaft müssen die Gesellschafter indes auf dem Weg zur Gründung einer juristischen Person absolvieren, sodass sie deren Existenz bestenfalls billigend in Kauf nehmen. Für die GmbH bedeutet dies beispielsweise, dass der Satzungszweck im Sinne des § 1 GmbHG auf den Betrieb eines Unternehmens lautet, in Abgrenzung zu OHG/KG (§§ 105 I, 161 I HGB) soll dies aber unter Ausschluss der persönlichen Haftung geschehen. Das kann die Vorgesellschaft gerade nicht bieten.

Die Auslegung, dass sich der Zweck der Vorgesellschaft von dem der eigentlichen Gesellschaft unterscheidet, widerspricht überdies nicht dem AktG, GenG oder GmbHG. In die Satzung ist im Ergebnis ohnehin nur der Unternehmensgegenstand aufzunehmen. Auch wird das behauptete Regel-Ausnahme-Verhältnis deutlich, wenn man sieht, dass es noch keine Haftungsbeschränkung gibt.

III. Die Haftung der Gesellschafter der Vorgesellschaft

1. Aufgabe des Verbands ist auch Beschränkung des persönlichen Risikos

In der Vorgesellschaft finden die Regeln über AG, eG und GmbH nur soweit Anwendung, wie sie die Eintragung im entsprechenden Register nicht vorsehen, denn das Haftkapital ist weder aufgebracht noch Publik gemacht – auch die Kapitalerhaltungsvorschriften greifen noch nicht ein.[194] Daran anknüpfend sind Art und Umfang der Haftung von Gesellschaft und Gesellschaftern diskussionsbedürftig.[195] In der Gründungsphase haften die Gesellschafter noch unbeschränkt, sodass eine Einengung

---

192 Zu diesem Begriff *BGH* v. 29.1.1951 – IV ZR 171/50, NJW 1951, 308; MüKo.BGB/*Schäfer*, § 705 Rn. 147 f.; BeckOK.BGB/*Schöne*, § 705 Rn. 64; vgl. auch *Böhmer*, JZ 1994, 982 (985).

193 Vgl. *Lieder* in MHdB GesR Band 8, § 2 Rn. 1; *Saenger*, GesR, Rn. 883.

194 M/H/L/S/*Blath*, § 11 GmbHG Rn. 67; Lang/Weidmüller/*Holthaus/Lehnhoff*, § 13 GenG Rn. 4 ff.; GroßKomm.AktG/*Karsten Schmidt*, § 41 Rn. 84; vgl. MüKo.GmbHG/*Merkt*, § 11 Rn. 70 ff.

195 Dazu nachfolgend in diesem Abschnitt 3. Kap A. II. 3. c).

der Geschäftsleitungsaufgaben die Gesellschafter vor unabsehbaren Haftungsrisiken schützen kann.[196] Die Befugnisse erweitern sich, wenn die Vorgesellschaft auf den Betrieb eines Handelsgewerbes angewiesen ist oder deren Zweck ausgedehnt wird.[197] Das bedeutet wiederum, dass auch hier die Parallele zu den §§ 145 ff., 156 HGB gezogen werden kann, die das Recht für die werbende Gesellschaft soweit verdrängen, wie dies zum Zweck der Liquidation erforderlich ist. Ebenfalls stellt sich in gleichem Maße die Frage, wie die Geschäftsleitungsbefugnisse der Liquidatoren zu verstehen sind.[198] Besonders anschaulich wird das Verhältnis von Gesellschafter- zu Drittschutz anhand der für die Vorgesellschaft maßgeblichen Haftungsfragen.

Der in der Gründungsphase bestehende Konflikt zwischen dem Schutz der gründungswilligen Gesellschafter sowie des mit der Vorgesellschaft in Kontakt tretenden Rechtsverkehrs resultiert daraus, dass die Rechtsformen der AG oder GmbH gewählt werden, weil die Gesellschafter nicht mit ihrem (sogar zukünftigen) Privatvermögen für Verbindlichkeiten der Gesellschaft haften wollen. Das in der Vorgesellschaft geltende Haftungssystem, bestehend aus den Koordinaten Handelndenhaftung[199], Verlustdeckungshaftung[200] sowie Unterbilanzhaftung[201]

---

196 Vgl. dazu *BGH* v. 9.3.1981 – II ZR 54/80, BGHZ 80, 129 (141); *BGH* v. 16.3.1981 – II ZR 59/80, BGHZ 80, 182 (183); *LAG Hamm* v. 28.10.1982 – 10 Sa 726/82, ZIP 1983, 312 (314); *Karsten Schmidt*, GmbHR 1987, 77 (80,84).

197 Vgl. dazu *BGH* v. 9.3.1981 – II ZR 54/80, NJW 1981, 1373 (1375); Roth/Altmeppen/*Altmeppen*, § 11 GmbHG Rn. 47; Pöhlmann/Bloehs/Fandrich/*Fandrich*, § 13 GenG Rn. 5 f.; Baumbach/Hueck/*Fastrich*, § 11 GmbHG Rn. 10; Henssler/Strohn/*Schäfer*, § 11 GmbHG Rn. 20 f.

198 Dazu im 5. Kapitel.

199 *BGH* v. 9.2.1970 – II ZR 137/69, BGHZ 53, 210 (211 ff.); *BGH* v. 16.3.1981 – II ZR 59/80, BGHZ 80, 182 (184); *BGH* v. 7.5.1984 – II ZR 276/83, BGHZ 91, 148 (152); *BGH* v. 27.1.1997 – II ZR 123/94, BGHZ 134, 333 (337); *BAG* v. 27.5.1997 – 9 AZR 483/96, BAGE 86, 38 (40); *BGH* v. 7.7.2003 – II ZB 4/02, BGHZ 155, 318 (327); Gehrlein/Born/Simon/*Link*, § 11 GmbHG Rn. 48 ff.; *Karsten Schmidt*, NJW 1981, 1845 (1847); *Wicke*, GmbHG Rn. 5; diesbezügliche Kritik *Priester*, ZIP 1982, 1141 (1152); zur VorGen Pöhlmann/Fandrich/Bloehs/*Fandrich*, § 13 GenG Rn. 7; Lang/Weidmüller/*Holthaus/Lehnhoff*, § 13 GenG Rn. 8; a.A. Beuthien/*Beuthien*, § 13 GenG Rn. 12, nach *Beuthien* besteht eine Rechtsanalogie zu §§ 54 S. 2 BGB, 41 I 2 AktG, 11 II GmbHG.

200 *BGH* v. 27.1.1997 – II ZR 123/94, BGHZ 134, 333 (336); *BAG* v. 27.5.1997 – 9 AZR 483/96, BAGE 86, 38 (41); *OLG Dresden* v. 26.2.2001 – 2 U 2766/00, NZG 2001, 947 (948 f.); *BGH* v. 10. 12. 2001 – II ZR 89/01, NJW 2002, 824; *BGH* v. 4.11.2002 – II ZR 204/00, BGHZ 152, 290 (293); Gehrlein/Born/Simon/*Link*, § 11 GmbHG Rn. 24; *Koch*, GesR, § 33 Rn. 38; *Wicke*, GmbHG Rn. 7; zur VorGen Pöhlmann/Fandrich/Bloehs/*Fandrich*, § 13 GenG Rn. 7; Lang/Weidmüller//*Holthaus/Lehnhoff*, § 13 GenG Rn. 8.

201 H.M. *BGH* v. 9.3.1981 – II ZR 54/80, BGHZ 80, 129 (140 ff.); *BGH* v. 24.10.1988 – II ZR 176/88, BGHZ 105, 300 (302 f.); *BGH* v. 6.12.1993 – II ZR102, 93, BGHZ 124, 282 (284, 286); *BGH* v. 27.1.1997 – II ZR 123/94, BGHZ 134, 333 (337); *BAG* v. 27.5.1997 – 9 AZR 483/96, BAGE 86, 38 (41); *BGH* v. 4.11.2002 – II ZR 204/00, BGHZ 152, 290 (293); *BGH* v. 7.7.2003 – II ZB 4/02, BGHZ 155, 318 (326); *BGH* v. 16.1.2006 – II ZR 65/04,

ab Eintragung, begründet eine unbeschränkte Gesellschafterhaftung, welche im Gegensatz zu dem Ziel und den Aufgaben des Verbands steht. Dieses Haftungssystem ist jedenfalls in Bezug auf die genannten Eckpunkte sowie die unbeschränkte Haftung allgemein akzeptiert. Allein die Frage, ob die Gesellschafterhaftung in der Vorgesellschaft als Innen- oder Außenhaftung ausgestaltet ist, ist Gegenstand der Diskussion. Im Kern geht es um die Modalitäten der Verlustdeckungshaftung.

2. *Subjektive und objektive Komponente der Haftungsbeschränkung*

Die Verlustdeckungshaftung steht in der Kritik, weil die Gesellschafter allein pro rata[202] im Innenverhältnis haften und das auch erst, wenn die Eintragungsabsicht endgültig aufgegeben wird oder die Eintragung endgültig scheitert.[203] Nehmen die Gesellschafter keinerlei Handlungen vor, die auf die Eintragung der Gesellschaft abzielen, werden ihnen die Vorzüge der Innenhaftung verwehrt und abweichend der strengere Haftungsmaßstab des § 128 HGB angelegt.[204] Dementsprechend ist Voraussetzung der Anwendung des Haftungssystems der GmbH auf die Vorgesellschaft die Erfüllung einer subjektiven und einer objektiven Komponente. Die Gesellschafter müssen den Willen zur Haftungsbeschränkung bilden und bekommen diese gewährt, ehe die Gesellschaft *„als solche besteht"*, wenn sie in objektiver Hinsicht einen wirksamen Gesellschaftsvertrag abschließen und die Eintragung tatsächlich fördern.[205]

BGHZ 165, 392 (396); *Brock*, Haftungssituation, S. 62 ff.; *Koch*, GesR, § 33 Rn. 42; *Kort*, ZIP 1996, 109 (115); Gehrlein/Born/Simon/*Link*, § 11 GmbHG Rn. 34 ff.; *Priester*, ZIP 1982, 1141 (1142); *W.H. Roth*, ZGR 1984, 597 (622); *Karsten Schmidt*, ZIP 1996, 592; *Wicke*, GmbHG Rn. 5; mit beständiger Kritik *Karsten Schmidt*, NJW 1981, 1345 (1346); *Karsten Schmidt*, GmbHR 1987, 77 (86); im Grundsatz nunmehr zustimmend Scholz/*Karsten Schmidt*, § 11 GmbHG Rn. 139 ff.; zur eG Beuthien/*Beuthien*, § 13 GenG Rn. 11; Lang/Weidmüller/*Holthaus/Lehnhoff*, § 13 GenG Rn. 8; Pöhlmann/Fandrich/Bloehs/*Fandrich*, § 13 GenG Rn. 7.

202 Kritisch etwa M/H/L/S/*Blath*, § 11 GmbHG Rn. 68.

203 Vgl. zu Kritik an diesem und Argumenten gegen dieses Haftungssystem Roth/Altmeppen/*Altmeppen*, § 11 GmbHG Rn. 86 ff.; M/H/L/S/*Blath*, § 11 GmbHG Rn. 67 f.; *Baumann*, JZ 1998, 597 (599); MüKo.AktG/*Pentz*, § 41 Rn. 56 ff.; *Karsten Schmidt*, NJW 1981, 1345 (1346); *Karsten Schmidt*, GmbHR 1987, 77 (86); *Karsten Schmidt*, ZIP 1996, 353 (356); *Karsten Schmidt*, ZIP 1996, 590 (591); GroßKomm.AktG/*Karsten Schmidt*, § 41 Rn. 84; Scholz/*Karsten Schmidt*, § 11 GmbHG Rn. 91 f.; zur VorGen Beuthien/*Beuthien*, § 13 GenG Rn. 6 ff.; vgl. auch *W.H. Roth*, ZGR 1984, 597 (626).

204 *BGH* v. 17.6.1953 – II ZR 205/52, BGHZ 10, 91 (97); *BGH* v. 29.11.1956 – II ZR 282/55, BGHZ 22, 240 (244); *BGH* v. 24.10.1968 – II ZR 216/66, BGHZ 51, 30 (32); *BGH* v. 4.11.2002 – II ZR 204/00, BGHZ 152, 290 (294); siehe dazu auch Baumbach/Hueck/*Fastrich*, § 11 GmbHG Rn. 32; *Kort*, ZIP 1996, 109 (111); MüKo.GmbHG/*Merkt*, § 11 Rn. 85; vgl. auch *W.H. Roth*, ZGR 1984, 597 (623).

205 Vergleichend ist auch auf § 176 HGB hinzuweisen, der in ähnlicher Weise ausgehend von einer subjektiven und objektiven Komponente die Haftung des Kommanditisten bei Geschäftsbeginn vor Eintragung beschränkt.

Damit wird bereits in der Gründungsphase berücksichtigt, dass die Gesellschafter eine Rechtsform mit Haftungsbeschränkung wählen und anders als in einer Personengesellschaft die persönliche Haftung nicht in Kauf nehmen.[206]

Zwar wird hiergegen angeführt, dass jedenfalls die Handelnden gemäß §§ 41 I 2 AktG, 11 II GmbHG persönlich haften.[207] Dies soll zugleich ein allgemeines Prinzip darstellen, welches auf die Haftung der Gesellschafter der Vorgesellschaft übertragen werden kann und soll.[208] Diese Auffassung verkennt aber, dass die Handelndenhaftung unter anderem auch die noch nicht vorhandene Registerpublizität ausgleicht und den Gläubigern einen ihnen bekannten Schuldner gibt, sodass es sich hierbei um eine Art Spezialnorm für die Gründungsphase handelt.[209]

3. *Notwendigkeit der gesetzlichen Regelung der Haftungsverfassung*

Teilweise wird ein *„allgemeiner zivil- und handelsrechtlicher Grundsatz“* angeführt, wonach derjenige, der allein oder gemeinsam mit anderen wirtschaftlich tätig ist, immer dann die persönliche und unbeschränkte Haftung tragen müsse, wenn gesetzlich nichts Gegenteiliges angeordnet ist.[210] Daraus kann gleichwohl keine unbeschränkte Haftung der an der Vorgesellschaft beteiligten Gesellschafter folgen. Das Recht der Vorgesellschaft hat gesetzlich nur soweit Ausgestaltung erfahren, wie festgelegt ist, dass die Gesellschaft vor Eintragung *„als solche“* nicht besteht. Die Beantwortung von Detailfragen, worunter auch die Haftung zu fassen ist, überließ der Gesetzgeber der Rechtsprechung und der Lehre.[211] Auch wenn

---

206 Vgl. dazu *BGH* v. 15.12.1975 – II ZR 95/73, BGHZ 65, 378 (382); *BGH* v. 15.6.1978 – II ZR 205/76, BGHZ 72, 45 (50); *BGH* v. 13.12.1982 – II ZR 282/81, BGHZ 85, 122 (125); *BGH* v. 4.11.2002 – II ZR 204/00, BGHZ 152, 290; *Kort*, ZIP 1996, 109 (113); *W.H. Roth*, ZGR 1984, 597 (600, 609); vgl. MüKo.GmbHG/*Merkt*, § 11 Rn. 79, 81; vgl. Ulmer/Habersack/Löbbe/*Ulmer/Habersack*, § 11 GmbHG Rn. 61; *Wiedemann*, Festschrift Harry Westermann, 585 (601); siehe zur OHG *BGH* v. 19.5.1960 – II ZR 72/59, BGHZ 32, 307 (310).

207 MüKo.AktG/*Pentz*, § 41 Rn. 60.

208 MüKo.AktG/*Pentz*, § 41 Rn. 60.

209 Vgl. *BGH* v. 26.1.1967 – II ZR 122/64, BGHZ 47, 25 (29); *BGH* v. 7.5.1984 – II ZR 276/83, NJW 1984, 2164 (2165); Lang/Weidmüller/*Holthaus/Lehnhoff*, § 13 GenG Rn. 8; Vgl. zu den Erwägungen zum ähnlichen § 54 S. 2 BGB *Mugdan*, Band 1, S. 641; MüKo.BGB/*Arnold*, § 54 Rn. 15; nach h.M. hat die Handelndenhaftung aber eine Ausgleichsfunktion, da das Kapital noch nicht aufgebracht ist, so *BGH* v. 9.3.1981 – II ZR 54/80, NJW 1981, 1373 (1374); *BGH* v. 16.3.1981 – II ZR 59/80, BGHZ 80, 182 (183 f.); insoweit ist bereits an dieser Stelle hervorzuheben, dass die persönliche Gesellschafterhaftung in Verbindung mit der Selbstorganschaft die fehlende Registerpflicht (insbesondere im Hinblick auf die GbR) auszugleichen vermag.

210 Siehe dazu *BGH* v. 4.3.1996 – II ZR 123/94, ZIP 1996, 590; *John*, Rechtsperson, S. 324; *Flume*, NJW 1981, 1753 (1756).

211 BT-Drucks. 7/253, S. 96 zu § 22; *Priester*, ZIP 1982, 1141 (1151 f.); *W.H. Roth*, ZGR 1984, 597 (608).

man einen allgemeinen Grundsatz anführt, kann dessen Geltung für die Vorgesellschaft nicht mit einem pauschalen Hinweis auf ihn begründet werden. Die Haftungsverfassung aller wirtschaftlich tätigen Gesellschaften hat eine gesetzliche Regelung erfahren: Die Haftung der AG und GmbH ist kraft Gesetzes auf das Gesellschaftsvermögen begrenzt; grundsätzlich gilt dies auch für die eG. Für die Personengesellschaften ordnet § 128 HGB ausdrücklich an, dass die Gesellschafter neben der Gesellschaft haften. Die beschränkte Kommanditistenhaftung ist ebenfalls in § 171 I HGB geregelt worden. Die §§ 41 I 2 AktG, 11 II GmbHG beispielsweise wenden sich nur an die Handelnden, nicht aber alle Gesellschafter.[212] Auch für die GbR gilt nichts Abweichendes, so bedarf die Haftung analog § 128 HGB einer besonderen Begründung.[213] Zuvor ging man noch davon aus, dass hier die rechtsgeschäftliche Mitverpflichtung der anderen Gesellschafter und damit die gemeinsame Haftung im Rahmen der Stellvertretung (vgl. § 714 BGB) besonders begründet werden müsse.[214] Der Sache nach ist der Grundsatz der unbeschränkten persönlichen Haftung daher zwar richtig, insbesondere natürliche Personen und Personengesellschaften haften unbeschränkt, jedenfalls soweit sie selbst Schuldner sind. Jene die Gesellschafter gemäß §§ 128, 161 II, 171 I HGB treffende Haftung bedarf allerdings einer besonderen Anordnung, da es sich nicht um die originären Schuldner handelt. Außerdem ist die Haftung für jeden Verband (gegebenenfalls mit Ausnahme der GbR) positivrechtlich geregelt und die Zahl der haftungsbeschränkten Verbandsformen überwiegt die derjenigen, die eine unbeschränkte Haftung kennen. Daraus lässt sich zwar ableiten, dass jedenfalls der unmittelbare Schuldner mit seinem Vermögen unbeschränkt haftet, eine Haftungsverfassung für einen Verband lässt sich daraus und aus einem allgemeinen haftungsrechtlichen Grundsatz aber nicht ableiten.

Aufgrund der bruchstückhaften Regelung der Gründungsphase kann kein Argument für die Art der Haftung in den §§ 1 I 2, 41 I 1 AktG sowie §§ 13 II, 11 I GmbHG gefunden werden. AG und GmbH haften zwar nur mit ihrem Gesellschaftsvermögen, sie bestehen vor Eintragung aber nicht.[215] Allerdings verwendet das Gesetz nur in den §§ 1 I, 41 I 2 AktG und §§ 11 I, 13 I GmbHG die Bezeichnung AG

---

212 Siehe dazu *BGH* v. 26.1.1967 – II ZR 122/64, BGHZ 47, 25; Roth/Altmeppen/*Altmeppen*, § 11 GmbHG Rn. 116; Hölters/*Solveen*, § 41 AktG Rn. 21; Henssler/Strohn/*Wardenbach*, § 41 AktG Rn. 11; *Wicke*, § 11 GmbHG Rn. 13.

213 Dazu *BGH* v. 27.9.1999 – II ZR 371/98, BGHZ 142, 315 (318 ff.).

214 *Mugdan* Band II, S. 341 zu § 641 BGB; *BGH* v. 27.9.1999 – II ZR 371/98, BGHZ 142, 315 (318); außerdem *BGH* v. 29.1.2001 – II ZR 331/00, BGHZ 146, 341; *Baumann*, JZ 1998, 597 (598); *W.H. Roth*, ZGR 1984, 597 (609); siehe auch *U. Huber*, Festschrift Lutter, 107 (130 ff.).

215 MüKo.AktG/*Pentz*, § 41 Rn. 56; *Karsten Schmidt*, ZIP 1996, 353 (358); hiergegen *Kort*, ZIP 1996, 109 (112): die *ratio legis* des § 13 II GmbHG strahlt auf die Vorgesellschaft aus.

beziehungsweise GmbH, in den übrigen Fällen spricht es von der *„Gesellschaft“*.[216] In Verbindung mit der Stellung der Haftungsbeschränkung in den §§ 1 I 2 AktG, 13 II GmbHG, die unmittelbar auf § 1 I 1 AktG und § 13 I GmbHG folgen, welche jeweils die AG und GmbH zur juristischen Person erklären, lässt sich schließen, dass eine ausschließlich auf das Gesellschaftsvermögen begrenzte Haftung den juristischen Personen vorbehalten ist. Dieses Argument ist zwar wenig geeignet, eine der beiden Theorien zu verneinen, zeigt aber, dass eine gänzlich auf das Vermögen der Vorgesellschaft beschränkte Haftung im Gründungsstadium keinesfalls Anwendung finden kann, da insoweit noch nicht die juristische Person existiert.

4. Angemessene Risikoverteilung unter Berücksichtigung des Gesellschaftszwecks

Im Ergebnis geht es hinsichtlich der Ausgestaltung der Haftung um eine angemessene Verteilung des unternehmerischen Risikos.[217] Insbesondere, da es nie auszuschließen ist, dass ein Schuldner ausfällt.[218] So erhöht allein die unbeschränkte Haftung der Gründer die Verkehrsfähigkeit der Gesellschaft, steht aber deren Interesse an einer risikoarmen Geschäftstätigkeit entgegen. Gleichwohl lässt sich eine pauschale Antwort auf die Frage nach dem Zweck der Vorgesellschaft nicht finden. Geht man aber davon aus, dass die Regel die Begrenzung des Zwecks auf die Gründung und damit die Herbeiführung der Eintragung der Gesellschaft ist, dieser jedoch in Ausnahmen, wenn die Vorgesellschaft bereits ein Unternehmen betreibt, nahezu grenzenlos ausgeweitet werden kann, so erscheint es überzeugend, den Gesellschaftszweck in der Vollendung der Gründung zu sehen. In diesem Stadium wird dann noch keine vollunternehmerische Aufgabe verfolgt. Allerdings haften die Gesellschafter im Innenverhältnis noch unbegrenzt. Den Gläubigern steht also eine Art unbeschränkter Haftungsfonds zur Verfügung. Daher kann die nach außen begrenzte Haftung überzeugen.

IV. Übertragung auf die zu liquidierende OHG/KG

Der wesentliche Unterschied ist, dass die sich in Liquidation befindliche OHG/KG nicht nur identisch mit der werbenden Gesellschaft, sondern es ein und dieselbe

216 Vgl. dazu *BGH* v. 16.6.1955 – II ZR 300/53, NJW 1955, 1229; der *BGH* führte aus, dass das GenG sowohl für die eingetragene als auch die nicht eingetragene Genossenschaft den Begriff „Genossenschaft“ verwendet. Daran machte er seine folgenden Überlegungen fest. Die Frage aber, ob „Wesenseinheit“ zwischen den Gesellschaften bestehe, klammerte er aus, da es um die Frage ging, ob die eingetragene Genossenschaft für die Verbindlichkeiten der (noch) nicht eingetragenen Genossenschaft haftet.

217 *Baumann*, JZ 1998, 597 ff.; *Kort*, ZIP 1996, 109 (114); *Karsten Schmidt*, ZIP 1996, 353 (359); vgl. auch Scholz/*Karsten Schmidt*, § 11 GmbHG Rn. 91 f.

218 M/H/L/S/*Blath*, § 11 GmbHG Rn. 67.

Gesellschaft ist.[219] Verbunden mit der Änderung der Aufgabe[220] des Verbands, wird der Regelungsrahmen in den §§ 146 ff. HGB angepasst. Die grundsätzlichen Strukturentscheidungen erfahren derweil weiterhin Geltung. Ähnlich der Gründungsphase, muss man erkennen, dass die Gesellschaft nur den einen durch die Aufgabe bestimmten Zweck hat, neben den nicht ein irgendwie geartetes Verfahrensziel tritt. Die Struktur der Gesellschaft sowie die Gesellschafterpflichten folgen allein ersterem. Da der Zweck der Vorgesellschaft nicht dem Zweck der eigentlichen Gesellschaft entspricht, kann dieser Vergleich nicht dazu herangezogen werden, um die Kontinuität des Zwecks der werbenden Gesellschaft und dem der Liquidationsgesellschaft zu verneinen. Die Vorgesellschaft ist eine Rechtsform sui generis mit unbeschränkter Binnenhaftung der Gesellschafter. AG und GmbH sind juristische Personen und die Haftung ist nach §§ 1 I 2 AktG, 13 II GmbHG auf das Gesellschaftsvermögen beschränkt. Die somit bestehende Diskontinuität könnte wiederum im Umkehrschluss darauf schließen lassen, dass der Zweck von OHG/KG unverändert bleibt.[221] Insoweit lautet die Prämisse, dass die Kontinuität des Verbands auch die des Zwecks voraussetzt. Rechtsfähig ist die Gesellschaft, solange sie über eine gewisse Organisation beziehungsweise Vermögen verfügt. Allerdings ist die Liquidationsgesellschaft im Sinne der §§ 145 I, 146 ff. HGB anders als die Vorgesellschaft kein notwendiges Durchgangsstadium, weshalb die Disposition über den Zweck und die Aufgaben des Verbands in den Händen der Gesellschafter liegen. Mithin lösen sie die Gesellschaft freiwillig auf und beschließen ebenso freiwillig und bewusst über die Liquidation. In dieser Hinsicht kann man zwischen zwei Verfahren differenzieren: Die Unternehmensveräußerung erfolgt erst innerhalb des Liquidationsverfahrens oder das Liquidationsverfahren schließt an die erfolgte Unternehmensveräußerung an und dient allein der Verteilung des Erlöses unter den Gesellschaftern.[222] Nur im ersten Fall setzt die Liquidation die unternehmerische Tätigkeit fort; zur Abwicklung wird dann noch ein Unternehmen getragen. Aber auch die Vorgesellschaft – welche das Vorstadium der unternehmerischen Tätigkeit ist – kann auf eine unternehmerische Tätigkeit ausgerichtet werden. Dann erweitern die Gesellschafter den Zweck; das gilt entsprechend für die Liquidation. Gleichwohl bieten sowohl die Vorgründungsgesellschaft als auch die Vorgesellschaft insoweit eine verfestigte Handlungsorganisation, wie dies für die in diesem Stadium unter Umständen bereits geplante und notwendige Verkehrsteilhabe erforderlich ist. Für die Verkehrsfähigkeit der Gesellschaft ist neben einer verfestigten Organisation außerdem entscheidend, welche Erwartungen der Verband (auch aufgrund der Wahl der Rechtsform und der entsprechenden

219 Dazu nachfolgend im 3. Kapitel.

220 *BGH* v. 20.6.1983 – II ZR 200/82, NJW 1983, 2822; *Rittner*, werdende jP, S. 320.

221 Siehe zur Organisationsverfassung der OHG/KG in Liquidation das 3. Kapitel.

222 Vgl. Denkschrift zum HGB 1879, abgedruckt bei *Schubert/Schmiedel/Krampe*, Quellen, Bd. II/1, S. 90.

Firmierung) im Rechtsverkehr erweckt. Geht beispielsweise ein Dritter von der Haftungsbeschränkung oder der unbeschränkten Haftung der Gesellschafter aus.

C. Zusammenfassung

Entscheidend für die Ausrichtung des Verbands und damit der im Innenverhältnis bestehenden Pflichten ist der Gesellschaftszweck. In der werbend tätigen Gesellschaft ist dieser auf den Betrieb eines Handelsgewerbes gerichtet. Mit der Auflösung der Gesellschaft und der Eröffnung des Liquidationsverfahrens geht die Änderung des Gesellschaftszwecks einher. Maßgeblich für die Änderung des Gesellschaftszwecks spricht hier, dass die Gesellschafter freiwillig sowohl über die Auflösung der Gesellschaft als auch über die Art und Weise des Auseinandersetzungsverfahrens beschließen. Indem sie sich für die Liquidation entscheiden, legen sie die Grundlage der weiteren Gesellschaftstätigkeit und damit den Verbandszweck freiverantwortlich fest. Der Verband muss nicht mehr ein Wirtschaftsunternehmen tragen, sondern aufgrund des Liquidationsbeschlusses dessen Abwicklung ermöglichen.[223]

Dass sich der Gesellschaftszweck ändert, folgt zudem aus den Aufgaben des Verbands. Diese lauten nicht mehr auf den fortgesetzten Betrieb eines Handelsgewerbes, sondern auf die Vollbeendigung der Gesellschaft und deren vollständige Beseitigung aus dem Rechtsleben.[224] Eine Vollbeendigung ist insbesondere erreicht, wenn die Gesellschaft über keinerlei Vermögen mehr verfügt und von ihr keinerlei Rechtsbeziehungen mehr ausgehen.[225]

Hierunter sind beispielsweise die im Innenverhältnis gegenüber den Gesellschaftern analog § 735 BGB bestehenden Ausgleichsansprüche zu fassen. Spiegelbildlich ist es ebenfalls Voraussetzung der Vollbeendigung, dass gegebenenfalls nach Durchführung der Liquidation vorhandenes Vermögen der Gesellschaft gemäß § 155 HGB unter den Gesellschaftern verteilt wird. Diesbezüglich geht es den Gesellschaftern um die bestmögliche Beteiligung am Liquidationsergebnis.[226]

Der weitere Geschäftsbetrieb wird diesem Ziel lediglich untergeordnet, was auch daran deutlich wird, dass die Gewinnbeteiligung der Gesellschafter während der Liquidation „suspendiert" ist. An die Stelle des Gewinnentnahmerechts nach

---

223 *BGH* v. 11.1.1971 – II ZR 143/68, NJW 1971, 802; *Ballerstedt*, JuS 1963, 253 (257); GroßKomm.HGB/*Habersack*, § 145 HGB Rn. 16 ff.; *Wiedemann*, JZ 1969, 470 (472); *Karsten Schmidt*, BB 1989, 229 (233); Schlegelberger/*Karsten Schmidt*, § 146 HGB Rn. 1; MüKo.HGB/*Karsten Schmidt*, § 146 Rn. 1.

224 Siehe dazu auch *Hönn*, ZHR 138 (1973), 50 (54), der aber von der Schaffung eines *„toten Mantels"* spricht.

225 Hierzu auch Kapitel 1 D.

226 *RGZ* 100, 165 (166); *BGH* v. 30.11.1959 – II ZR 145/58, NJW 1960, 433 (434); *BGH* v. 11.7.1960 – II ZR 260/59, BGHZ 33, 105 (109); *Hillers*, Liquidation, S. 60 ff.; Haag/Löffler/*Empting*, Vor § 145 HGB Rn. 2; GroßKomm.HGB/*Habersack*, § 149 HGB Rn. 21; *John*, Rechtsperson, S. 297.

§ 122 I HGB tritt § 155 I, II HGB. Ausschüttungen des Vermögens an die Gesellschafter sind nur noch zulässig, soweit das Geld für die Liquidation entbehrlich ist. Aus diesem Grund ist selbst das mit einem Kapitalabfluss verbundene Ausscheiden aus dem aufgelösten Verband untersagt. Daraus wird insgesamt deutlich, dass das Handelsgewerbe nicht mehr der Selbstzweck der Gesellschaft, sondern lediglich Mittel zum Zweck ist. Während es in der Liquidation also nicht mehr um den Betrieb eines Handelsgewerbes geht, geht es in der Vorgesellschaft noch nicht um den Betrieb eines Handelsgewerbes.

Legt man der Liquidation diese Annahmen zugrunde, so wird deutlich, dass die §§ 146 ff. HGB originär nicht darauf abzielen, die Beteiligung am Handelsverkehr zu ermöglichen. Wie aber die folgenden Kapitel zeigen werden, handelt es sich um ein Verfahren, in dem die unternehmerische Tätigkeit der Gesellschaft unter Berücksichtigung der geänderten Zwecksetzung und Interessenlage fortgeschrieben wird.

3. Kapitel Organisation der Gesellschaft und Geschäftsführung

A. Kontinuität und Identität zwischen werbender und aufgelöster Gesellschaft

Die OHG/KG ist[227] und bleibt[228] in der Liquidationsphase eine rechtsfähige Personenhandelsgesellschaft. Die fortgeltende Rechtsfähigkeit ordnet § 156 HGB in Verbindung mit § 124 I HGB ausdrücklich an,[229] weshalb die Liquidationsgesellschaft die Rechte und Pflichten der ehemals werbend tätigen Gesellschaft weiterhin trägt.[230] Daher bleibt die OHG/KG im Liquidationsstadium eine Handelsgesellschaft,[231] die auf einen Marktauftritt angewiesen ist, wenngleich nicht primär zur Erwirtschaftung von Gewinn mittels Geschäftsbetrieb, so doch um das vorhandene und ihr zugeordnete Vermögen im Sinne der §§ 149, 155 HGB zu verwerten. Darüber hinaus verweist § 156 HGB auf das Recht der werbenden Gesellschaft; die Gesellschaft behält bis zur Vollbeendigung und dem damit einhergehenden endgültigen Erlöschen ihre Identität, Firma sowie ihren Sitz.[232] Der Identitätsfortbestand

---

227 Vgl. *RGZ* 102, 301 (302); *BGH* v. 16.2.1961 – I III ZR 71/60, BGHZ 34, 293 (296); *BGH* v. 29. 1. 2001 – II ZR 331/00, NJW 2001, 1056 (1058); vgl. *Beuthien*, JZ 2003, 715 (716); *Beuthien*, NJW 2005, 855 (856); allgemein zur Rechtsfähigkeit auch der GbR; *Hadding*, ZGR 2001, 712 (718); *Raiser*, AcP 199 (1999), 104 (106); *Reuter*, AcP 207 (2007), 673 (674); *Karsten Schmidt*, Festschrift Beuthien, 211 (228); E/B/J/S/*Wertenbruch*, § 105 HGB Rn. 12; zur Entstehungsgeschichte des § 124 HGB *Wertenbruch*, Haftung von Gesellschaften, S. 46 ff.

228 *Karsten Schmidt*, AcP 184 (1984), 529 (532); *Karsten Schmidt*, ZHR 152 (1988), 105 (111); *Karsten Schmidt*, ZHR 153 (1989), 270 (273, 291); zu ihrem Status als Rechtsträger *BGH* v. 12.7.1982 – II ZR 157/81, BGHZ 84, 379 (381); *BGH* v. 19.11.2015 – V ZB 2014/14, NZG 2016, 107; vgl. nur *Karsten Schmidt*, ZHR 153 (1989), 270 (281); vgl. zu anderen Auslegungsmöglichkeiten und einer ultra-vires-Doktrin *Wimpfheimer*, Liquidation, S. 138 ff.; *Karsten Schmidt*, AcP 174 (1974), 55 (67); *Karsten Schmidt*, AcP 184 (1984) 529 (530).

229 GroßKomm.HGB/*Habersack*, § 156 HGB Rn. 1; E/B/J/S/*Hillmann*, § 156 HGB Rn. 1 f.; K/K/R/D/*Kindler*, § 156 HGB Rn. 1; Baumbach/Hopt/*Roth*, § 156 HGB Rn. 1; *Karsten Schmidt*, ZHR 153 (1989), 270 (270, 273).

230 Siehe auch *Karsten Schmidt*, GesR, S. 354 f., 1028 f., 1318 f.

231 Vgl. *RGZ* 123, 151 (155); *RGZ* 162, 370 (376); *OLG München* v. 9.8.2011 – 31 Wx 314/11, ZIP 2011, 2059; *OLG Düsseldorf* v. 7.3.2012 – I-3 Wx 200/11, NZG 2012, 957 (958); Hk-HGB/*Anissimov*, § 156 Rn. 1; GroßKomm.HGB/*Habersack*, § 156 Rn. 3; Henssler/Strohn/*Klöhn*, § 145 HGB Rn. 8; vgl. auch *Hübner*, Jura 2017, 257 (258 f.); *Lange*, Jura 2015, 665 (669).

232 *RGZ* 155, 75 (85); *BGH* v. 9.1.1969 – IX ZB 567/66, WM 1969, 293 (294); *BGH* v. 12.7.1982 – II ZR 157/81, BGHZ 84, 379 (381); *BGH* v. 19.11.2015 – V ZB 2014/14,

ermöglicht die für eine effektive Liquidation essenzielle Teilhabe am Rechtsverkehr.[233] Der Kontinuität im Außenverhältnis entsprechend bestehen im Innenverhältnis die Rechtsbeziehungen und insbesondere die sich am Gesellschaftszweck orientierende Treuepflicht unter den Gesellschaftern fort.[234] Dennoch ist die mit der Auflösung einhergehende Änderung des Gesellschaftszwecks nicht folgenlos. Die Vorschriften der §§ 105 ff. HGB, die den reibungslosen Betrieb eines Handelsgewerbes ermöglichen sollen, gelten nicht mehr ohne Weiteres und werden durch die §§ 145 ff. HGB dort ersetzt, wo es für die Liquidation erforderlich ist (§ 156 HGB). Die Gesellschaft aber ist und bleibt dieselbe.

B. Vermögens- und Haftungsverfassung in der Liquidation

In den Grundzügen gleicht die Liquidationsgesellschaft der werbenden Gesellschaft. Die Organisationsverfassung ändert sich nur dort, wo es aufgrund der Liquidation und der damit einhergehenden Zweckänderung angezeigt und erforderlich ist. Dies gilt ebenso für die Vermögens- und Haftungsverfassung.

I. Funktion des Gesellschaftsvermögens

1. Grundlage des Handelsgewerbes

Trägerin des Gesellschaftsvermögens und damit des Unternehmens ist die OHG/KG selbst.[235] Dies gilt sowohl für die werbende als auch die zu liquidierende Gesellschaft, ist Konsequenz der Rechtsfähigkeit und folgt aus § 124 I HGB.[236] Die Gesellschafter sind kraft ihrer Mitgliedschaft nur mittelbar am Gesellschaftsvermögen

---

NZG 2016, 107 Rn. 12; *OLG Hamm*, 15.6.2016 – 15 W 365/15, RNotZ 2016, 509 (510); K/K/R/D/*Kindler*, § 156 HGB Rn. 1; Baumbach/Hopt/*Roth*, § 145 HGB Rn. 4.

233 Vgl. *BGH* v. 9.1.1969 – IX ZB 567/66, WM 1969, 293 (294); *John*, Rechtsperson, S. 92; *Reuther*, AcP 207 (2007), 673 (681).

234 *BGH* v. 11.1.1971 – II ZR 143/68, NJW 1971, 802; *BGH* v. 9.9.2002 – II ZR 198/00, ZIP 2003, 74 (74); GroßKomm.HGB/*Habersack*, § 156 HGB Rn. 4; MüKo.BGB/*Schäfer*, § 705 Rn. 222, auch zur dogmatischen Herleitung.

235 *BGH* v. 5.3.2008 – IV ZR 89/07, ZIP 2008, 692 (693); *Albers*, NJW 2017, 2380; GroßKomm.HGB/*Habersack*, § 124 Rn. 3; *Ulmer*, ZHR 161 (1997), 102 (112); a.A. *RGZ* 3, 57; *RGZ* 9, 143 (144); *RGZ* 65, 227 (231); *RGZ* 102, 301 (302); *RGZ* 139, 252 (254); *BGH* v. 16.2.1961 – III ZR 71/60, BGHZ 34, 293 (296 f.) *BGH* v. 24.1.1990 – IV ZR 270/88, BGHZ 110, 127 (128); *Flume*, ZIP 2000, 1427 (1428); dazu auch *Karsten Schmidt*, Festschrift Huber, 969 (972).

236 Vgl. *RGZ* 40, 29 (32); siehe auch *Albers*, NJW 2017, 2380 (2383).

beteiligt.[237] Dadurch wird dieses vor willkürlichen Verfügungen geschützt,[238] denn über einzelne Vermögensgegenstände kann nur im Rahmen der Vertretungsmacht verfügt werden (vgl. §§ 125, 126 HGB, § 719 I BGB). Hierbei sind die Interessen der jeweils anderen Gesellschafter zu berücksichtigen. Auch in der Zwangsvollstreckung steht das Gesellschaftsvermögen nach § 124 II HGB einzig den Gesellschaftsgläubigern nicht aber den Privatgläubigern des einzelnen Gesellschafters offen,[239] was wiederum Ausfluss der Bindung des Vermögens an den Verbandszweck ist.[240] Nur aufgrund dieser Vermögensstabilisierung ist die OHG/KG als Rechtsträger, der seinen Gläubigern nicht das Vorhandensein eines Haftkapitals, sondern die persönliche Haftung der Gesellschafter als Kreditbasis garantiert,[241] geeignet, ein Unternehmen zu tragen und zu betreiben.[242] Nach außen findet gemäß § 128 HGB eine unbeschränkte Gesellschafterhaftung Anwendung, weshalb das Vorhalten eines Haftkapitals nicht notwendig ist.[243] Allein die Solvenz sowie der *„gute Ruf"* der Gesellschafter sind daher für den Marktauftritt und die Kreditfähigkeit der Gesellschaft entscheidend.[244] Auch in dieser Hinsicht ist die Trennung zwischen der Gesellschaft und den Gesellschaftern also nicht absolut. Gleichwohl ist das Gesellschaftsvermögen Teil des Haftungsverbands,[245] da die Gesellschaft unter ihrer Firma am Markt auftritt und Schuldnerin sein kann (§ 124 I HGB), denn sie wird nur zum Zweck ins Leben gerufen, die gemeinsame wirtschaftliche Betätigung der Gesellschafter zu ermöglichen und deren Zusammenwirken zu steuern.

---

237 GroßKomm.HGB/*Habersack*, § 124 Rn. 6; *U. Huber*, Festschrift Lutter, 107 (126); *Koch*, § 15 Rn. 57; *Wertenbruch* in Westermann/Wertenbruch, Rn. I 558a; vgl. *BGH* v. 5.2.2013 – II ZR 134/11, NZG 2013, 379 (381); *Wertenbruch*, NZG 2017, 81 (82).

238 Vgl. auch *Mugdan*, Band II, S. 990; *U. Huber*, Festschrift Lutter, 107 (125); *Röder*, AcP 215 (2015), 450 (457); *Wertenbruch*, Haftung von Gesellschaften, S. 122; *Madaus*, ZHR 178 (2014), 98 (102); *Raiser*, Unternehmen, S. 17.

239 *BGH* v. 17. 10. 2006 – XI ZR 19/05, NZG 2007, 140 (141); Oetker/*Boesche*, § 124 HGB Rn. 31; GroßKomm.HGB/*Habersack*, § 124 HGB Rn. 42; *Hadding*, ZGR 2001, 712 (734); *U. Huber*, Festschrift Lutter, 107 (125); vgl. auch *Röder*, AcP 215 (2015), 450 (502).

240 Vgl. *RGZ* 9, 143 (144); *RGZ* 39, 33 (34); *RGZ* 40, 29 (32); *Beuthien*, NZG 2011, 161 (163); *Röder*, AcP 215 (2015), 450 (503).

241 Vgl. dazu auch *BGH* v. 14.2.1957 – II ZR 190/55, BGHZ 23, 302 (305); *BGH* v. 29.3.1973, BGHZ 60, 324 (328); *BGH* v. 19.2.1990 – II ZR 268/88, BGHZ 110, 342 (356); *BGH* v. 7.4.2003 – II ZR 56/02, BGHZ 154, 370 (373); Oetker/*Boesche*, § 128 HGB Rn. 2; E/B/J/S/*Hillmann*, § 128 HGB Rn. 1.

242 Vgl. *BGH* v. 7.4.2003 – II ZR 56/02, BGHZ 154, 370 (374); *Röder*, AcP 215 (2015), 450 (457); Nk-HGB/*Lehmann-Richter*, § 145 HGB Rn. 8; vgl. auch die Ausführungen von *Weller/Prütting*, GesR, Rn. 116 f.; *Karsten Schmidt*, JuS 2017, 809 ff.

243 *BGH* v. 14.2.1957 – II ZR 190/55, BGHZ 23, 302 (305); *BGH* v. 27.9.1999 – II ZR 371/98, BGHZ 142, 315 (319); *BGH* v. 7.4.2003 – II ZR 56/02, BGHZ 154, 370 (373).

244 Vgl. *BGH* v. 30.4.1979 – II ZR 137/78, BGHZ 74, 240 (243); *Beuthien*, JZ 2003, 969 (972); *Hübner*, Jura 2017, 257 (261).

245 Vgl. auch *Ulmer*, AcP 198 (1998), 113 (126).

Daher stellt das aus den in Anerkennung des gemeinsamen Zwecks geleisteten Einlagen gebildete Verbandsvermögen als Zweckvermögen die Grundlage des Handelsgewerbes dar.

2. Grundlage der Schlussverteilung

Mit Eintritt in das Liquidationsstadium ändert sich der Zweck der Gesellschaft. An die Stelle des Betriebs eines Handelsgewerbes tritt der auf Vollbeendigung gerichtete Liquidationszweck. Damit erhält einerseits der Verband eine andere Aufgabe, andererseits ändert sich die Funktion des Gesellschaftsvermögens. Aufgrund der bevorstehenden Vollbeendigung dient das Vermögen gewissermaßen der eigenen „Vernichtung“. Daher ist das vorhandene illiquide Vermögen soweit wie möglich in Geld umzusetzen, um die Gläubiger zu befriedigen und verbleibendes Vermögen an die Gesellschafter auszukehren. Teil des Liquidationsverfahrens im Sinne des § 145 I HGB ist es daher, die Kapitalkonten der Gesellschafter auszugleichen, um somit alle Rechtsbeziehungen im gesellschaftsinternen Bereich aufzulösen.[246] Das Gesellschaftsvermögen dient folglich der Auseinandersetzung unter den Gesellschaftern; durch die Befriedigung der Gesellschaftsgläubiger wird eine Inanspruchnahme der Gesellschafter und die Notwendigkeit eines internen Ausgleichs gegenüber der Gesellschaft vermieden. Weiterhin können die Gesellschafter grundsätzlich nur im Rahmen der Auseinandersetzung (sowie des Ausscheidens) das Gesellschaftsvermögen über die Entnahmerechte der §§ 120 ff. HGB hinaus in ihr Privatvermögen überführen.[247]

Die grundlegende Wertung und Strukturentscheidung, dass das Gesellschaftsvermögen vor dem Zugriff der Privatgläubiger der Gesellschafter geschützt wird, bleibt im Ergebnis gleich.[248] Das Vermögen ist der Gesellschaft als Handlungssubjekt zugeordnet, um das Verfahren zu organisieren und effektiv durchführen zu können. Die Gesellschafter können allein nach Maßgabe des § 155 I, II HGB auf das Gesellschaftsvermögen zugreifen. So wird an § 155 II HGB erneut deutlich, dass der Schwerpunkt der Tätigkeit nicht mehr der Gewerbebetrieb ist, denn entgegen § 122 I HGB (§ 155 II 3 HGB) kann vorhandenes Geld nur unter den Gesellschaftern ausgeschüttet werden, soweit nicht die Liquidation entgegensteht. Dies ermöglicht es zwar einerseits, Gewinne aus Geschäftstätigkeit auszuschütten, andererseits müssen aber selbst für noch nicht fällige Verbindlichkeiten gemäß § 155 II HGB Rückstellungen gebildet werden, sodass die grundlegende Wertung doch auf Kapitalerhalt lautet. Statutarische Ausnahmen oder abweichende Beschlüsse sind im Umkehrschluss zu §§ 155 II 3, 122 II HGB zulässig.

---

246 Siehe dazu 1. Kapitel C. II.

247 Vgl. auch *RGZ* 9, 143 (144); *BGH* v. 14.2.1957 – VII ZR 250/56, BGHZ 23, 307 (314 f.); *BGH* v. 29.06.1981 – II ZR 165/80, NJW 1981, 2802; MüKo.BGB/*Schäfer*, § 717 Rn. 2 ff.; *Wertenbruch*, Haftung von Gesellschaften, S. 169.

248 *Karsten Schmidt*, GmbHR 1980, 261 (264); *Hueck*, NJW 1951, 650.

Die andere Seite der Zweckänderung ist die Befangenheit der im Innenverhältnis bestehenden Ansprüche der Gesellschafter.[249] Der Zweck der Durchsetzungssperre ist die Vereinfachung und Beschleunigung des Liquidationsverfahrens sowie der Vorbereitung des Ausgleichs der Gesellschafter untereinander.[250] Denn die Gesellschafter können während des Verfahrens nur das geltend machen und beanspruchen, was ihnen im Rahmen des finalen Schlussausgleichs in jedem Fall zustehen wird.[251] Damit ist auch der Ausgleichsanspruch des § 110 HGB gesperrt, welcher Kompensation für persönliche Verluste bietet, die aufgrund einer Inanspruchnahme nach § 128 HGB entstehen können.[252] Darin ist ein erneutes Indiz für die Verneinung der fortgesetzten gewerblichen Tätigkeit unter (auch einstweiliger) Aufrechterhaltung des Geschäftsbetriebs zu sehen. Dies zeigt, dass das Gesellschaftsvermögen nun ein einem besonderen Zweck gewidmetes Sondervermögen ist.

II. Die Haftung der Gesellschafter für Verbindlichkeiten der Gesellschaft

1. Sinn und Zweck der persönlichen Haftung der Gesellschafter

Der Gläubiger- und Verkehrsschutz wird in der Personengesellschaft über die auch in der Liquidation fortbestehende[253] persönliche Haftung der Gesellschafter

---

249 Dazu *BGH* v. 2.7.1972 – II ZR 204/60, BGHZ 37, 299 (304 f.); ständige Rechtsprechung vgl. *BGH* v. 24.10.1994 – II ZR 231/93, NJW 1995, 188 (189); *BGH* v. 3.4.2006 – II ZR 40/05, NZG 2006, 459 (460); E/B/J/S/*Hillmann*, § 155 Rn. 16; auch 1. Kapitel C. II. 3. und 3. Kap. B. II. 4.

250 Siehe oben 1. Kapitel C. II. 3.

251 Vgl. *BGH* v. 30.11.1959 – II ZR 145/58, NJW 1960, 433 (434); *BGH* v. 2. 7. 1962 – II ZR 204/60, BGHZ 37, 299 (305); *BGH* v. 4. 7. 1968 – II ZR 47/68, NJW 1968, 2005 (2006); *BGH* v. 24.5.1971 – II ZR 184/68, WM 1971, 931 (932); *BGH* v. 7.11.1977 – II ZR 106/76, WM 1978, 89 (90); *BGH* v. 29.6.1981 – II ZR 165/80, NJW 1981, 2802; *BGH* v. 26.6.1989 – II ZR 128/88, NJW 1990, 573 (574); *Butzer/Knof* in MHdB GesR Band 1, § 84 Rn. 45; *Hillers*, Liquidation, S. 108; MüKo.BGB/*Schäfer*, § 705 Rn. 142; *Karsten Schmidt*, ZHR 153 (1989), 270 (293).

252 *BGH* v. 30.4.1984 – II ZR 132/83, NJW 1984, 2290 (2291); *BGH* v. 9.5.1963 – II ZR 124/61, BGHZ 39, 319 (324); ständige Rechtsprechung vgl. *BGH* v. 19.7.2011 – II ZR 300/08, NZG 2011, 1023, Rn. 59 f.; E/B/J/S/*Bergmann*, § 110 Rn. 9 f.; K/K/R/D/*Kindler*, § 110 HGB Rn. 3; MüKo.HGB/*Langhein*, § 110 Rn. 11; Baumbach/Hopt/*Roth*, § 110 HGB Rn. 7, 10; GroßKomm.HGB/*Schäfer*, § 110 Rn. 12; *Wertenbruch* in Westermann/Wertenbruch, Rn. I 412.

253 Vgl. dazu *BGH* v. 21.12.1961 – II ZR 74/59, BGHZ 36, 224 (227); *BGH* v. 27.9.1999 – BGHZ 142, 318 (322 f.); *Weiß*, MAH Personengesellschaftsrecht, § 25 Rn. 5; Nk-HGB/*Lehmann-Richter*, § 145 Rn. 8; Paura, Liquidationspflichten, S. 2; *Butzer/Knof* in MHdB GesR Band 1, § 84 Rn. 46; *Karsten Schmidt*, ZHR 152 (1988), 105 (112);

(§ 128 HGB) verwirklicht.[254] Der Vorteil der persönlichen Gesellschafterhaftung wird deutlich, wenn man die Regelungen zur Selbstorganschaft heranzieht: Im Ausgangsfall sind alle persönlich haftenden Gesellschafter zur Stellvertretung ermächtigt (§ 125 I HGB). Damit ist sichergestellt, dass ein Gesellschaftsgläubiger grundsätzlich auch die Person in Anspruch nehmen kann, die mit ihm in eine Geschäftsbeziehung getreten ist. Weil die Wirksamkeit der Gesellschaft die Handelsregistereintragung nicht verlangt (vgl. § 123 I HGB) und eine Begrenzung der Vertretungsmacht gegenüber Dritten grundsätzlich keine Wirkung zeigt (§ 126 II Hs. 1 HGB), wird die Schutzwirkung der Verbindung von Vertretungsmacht und persönlicher Haftung sichtbar.[255] Überdies soll die persönliche Haftung eine verantwortungsvolle Unternehmensleitung sicherstellen, da die Geschäftsleiter die Folgen ihrer Handlungen selbst tragen.[256] Spätestens dann, wenn entstandene Verluste im Rahmen der Liquidation analog § 735 S. 1 oder S. 2 BGB auszugleichen sind.

2. *Inhalt der persönlichen Haftung*

Abseits der Nachschusspflicht analog § 735 BGB ist die Gesellschafterhaftung auf Erfüllung der Gesellschaftsschuld in natura gerichtet, sofern dem Gesellschafter dies nach Art der Forderung möglich und zumutbar ist.[257] Die Haftung auf Erfüllung der Gesellschaftsschuld folgt unmittelbar aus dem Prinzip der Akzessorietät, welches zwischen der Verbindlichkeit der Gesellschaft und dem gegen den Gesellschafter gerichteten Anspruch im Sinne des § 128 HGB besteht, sodass dieser zur Verbindlichkeit der Gesellschaft inhaltsgleich ist.[258] Dies stellt sicher, dass die Gläubiger von ihrem Recht der primären Inanspruchnahme Gebrauch machen können, ohne den Verlust ihres Anspruchs fürchten zu müssen.[259] Würde die Haftung der

---

Karsten Schmidt, ZHR 153 (1989), 270 (280); Schlegelberger/*Karsten Schmidt*, § 156 HGB Rn. 33; MüKo.HGB/*Karsten Schmidt*, §156 Rn. 33; *John*, Rechtsperson, S. 251.

254 Vgl. GroßKomm.HGB/*Habersack*, § 128 Rn. 1; *Hübner*, Jura 2017, 257; *Petersen*, Jura 2017, 294 (299); zur Dogmatik der Haftung nach § 128 HGB auch *Reuter*, AcP 207 (2007), 673 (692); *Ulmer*, AcP 198 (1998), 113 (122).

255 Zur Handelndenhaftung in der Vorgesellschaft siehe 2. Kapitel B. III. 2.

256 Vgl. RegE WPO v. 13.12.1958, BT-Drucks. 3/201, S. 50; GroßKomm.HGB/*Habersack*, § 128 Rn. 1; *John*, Rechtsperson, S. 275 *Karsten Schmidt*, DB 2009, 271 (272); vgl. dazu auch *Raiffeisen*, Die Darlehenskassen-Vereine, S. 68.

257 Vgl. statt vieler *BGH* v. 11.12.1978 – II ZR 235/77, BGHZ 73, 217 (222); *Grunewald*, GesR, § 2 Rn. 38; E/B/J/S/*Hillmann*, § 128 HGB Rn. 22; *Hübner*, Jura 2017, 257 /262); *Wertenbruch* in Westermann/Wertenbruch, Rn. I 903 m.w.N.

258 *RGZ* 136, 269 (271 f.); *BGH* v.16.2.1961 – III ZR 71/60, BGHZ 34, 293 (297); *BGH* v. 22.3.1988 – X ZR 64/87, BGHZ 104, 76 (77); GroßKomm.HGB/*Habersack*, § 128 Rn. 28; E/B/J/S/*Hillmann*, § 128 HGB Rn. 22; MüKo.HGB/*Karsten Schmidt*, § 128 Rn. 24; Hk-HGB/*Seeger*, § 128 Rn. 22.

259 GroßKomm.HGB/*Habersack*, § 128 Rn. 28; Hk-HGB/*Seeger*, § 128 Rn. 22.

Gesellschafter nur auf Geld lauten, wäre dieses Verhältnis gestört.[260] Im Ergebnis folgt die Erfüllungshaftung aus dem Rechtsgrund der persönlichen Haftung; nur so kann das fehlende Haftkapital kompensiert werden.[261] Dieses Ergebnis wird davon gestützt, dass die organschaftlichen Vertreter nur die Gesellschaft und nicht die Gesellschafter vertreten.[262] Die Gesellschafterhaftung ist nicht die Konsequenz einer rechtsgeschäftlichen Mitverpflichtung, sondern besteht kraft Gesetzes. Außerdem dient die Haftung einerseits der Förderung des Gesellschaftszwecks und andererseits wird den Gesellschaftern ein Freiraum zugebilligt, in dem sie nur auf das positive Interesse in Anspruch genommen werden können.[263]

3. *Die Fortgeltung der persönlichen Haftung in der Liquidation*

Auch in der Liquidationsphase haften die Gesellschafter weiterhin gemäß § 128 HGB für Verbindlichkeiten der Gesellschaft. Im Hinblick auf Altverbindlichkeiten, also solche, die noch vor Auflösung der Gesellschaft begründet wurden, folgt dies sowohl aus Aspekten des Vertrauens- und Verkehrsschutzes als auch aus § 159 I HGB.[264] Wenngleich die Treuepflichtbindung mit Fortschreiten der Liquidation gelockert wird, ändert dies nichts am Inhalt der Haftung gegenüber Dritten. Für diese ist das Innenverhältnis zwischen der Gesellschaft und den Gesellschaftern irrelevant (§ 128 S. 2 HGB). Nichts anderes gilt für im Rahmen der Liquidation entstandene und eingegangene Verbindlichkeiten.[265] Die persönliche Haftung im Sinne des § 128 HGB bleibt bestehen. Auch wenn anders als in der werbenden Gesellschaft, in der § 707 BGB die Erhöhung des vereinbarten Beitrags ausschließt, die Gesellschafter nun entsprechend § 735 BGB zu Nachschüssen verpflichtet sind,[266] hat dies keinen Einfluss auf das Außenverhältnis. Hier überwiegen die Verkehrsinteressen, zumal § 156 HGB die Fortgeltung der persönlichen Haftung anordnet.

---

260 GroßKomm.HGB/*Habersack*, § 128 Rn. 28; Hk-HGB/*Seeger*, § 128 Rn. 22.

261 *BGH* v. 14.2.1957 – II ZR 190/55, BGHZ 23, 302 (305); *BGH* v. 7.6.1972 – VIII ZR 175/70, BGHZ 59, 64 (67); *BGH* v.16.2.1961 – III ZR 71/60, BGHZ 34, 293 (298); *BGH* v. 11.12.1978 – II ZR 235/77, BGHZ 73, 217 (224); Oetker/*Boesche*, § 128 HGB Rn. 26; *Emmerich*, Festschrift Lukes, 639 (643); E/B/J/S/*Hillmann*, § 128 HGB Rn. 22; Nk-HGB/*Klimke*, § 128 Rn. 27; Baumbach/Hopt/*Roth*, § 128 HGB Rn. 8; *Wertenbruch* in Westermann/Wertenbruch, Rn. I 903.

262 Siehe dazu *Emmerich*, Festschrift Lukes, 639 (649 ff.); Baumbach/Hopt/*Roth*, § 128 HGB Rn. 9; vgl. auch GroßKomm.HGB/*Habersack*, § 128 Rn. 29; MüKo.HGB/*Karsten Schmidt*, § 128 Rn. 24.

263 Vgl. *RGZ* 136, 269 (272); *BGH* v. 14.2.1957 – II ZR 190/55, BGHZ 23, 302 (306); *Ballerstedt*, JuS 1963, 253 (257); GroßKomm.HGB/*Habersack*, § 128 HGB Rn. 28 ff.; Baumbach/Hopt/*Roth*, § 128 HGB Rn. 9.

264 Zu § 159 HGB 1. Kapitel C. II. 3. b).

265 Zu Umfang und Reichweite der Vertretungsmacht vgl. hingegen das 6. Kapitel und 7. Kapitel.

266 Vgl. *Hillers*, Liquidation, S. 122.

4. Der Innenregress und dessen Befangenheit[267]

Gleichwohl ist der eigentliche Schuldner die Gesellschaft und diese soll für die Befriedigung ihrer Gläubiger einstehen. Die Gesellschafter erhalten daher im Innenverhältnis Regressansprüche gegen die Gesellschaft (§ 110 HGB) sowie subsidiär gegen die Mitgesellschafter (§ 426 BGB).[268] Die gesamtschuldnerische Haftung der Gesellschafter untereinander besteht nur in Höhe der jeweiligen Verlust- oder Beteiligungsquote (pro rata) bemessen am jeweiligen Kapitalanteil,[269] so es diesen gibt. Aufgrund des Liquidationsverfahrens werden die internen Ausgleichsansprüche von der Durchsetzungssperre erfasst;[270] der interne Ausgleichsmechanismus ist einstweilig blockiert.

III. Kontinuität der Haftungsorganisation

Die §§ 105 ff. HGB erfahren nur dort Änderungen, wo es der Liquidationszweck und die Liquidationsaufgaben erfordern, so die Wertung des § 156 HGB. Das Vermögen bleibt der Gesellschaft als Rechtsträgerin uneingeschränkt zugeordnet; diese Zuordnung muss im Rahmen der Liquidation aufgelöst werden. Dem Drittschutz dient auch in der Liquidation die Haftung nach den §§ 128, 171 I HGB. Die Durchsetzung von Forderungen im Innenverhältnis gegen die Gesellschaft sowie die Mitgesellschafter wird „eingefroren". Das dient einer schnellen und transparenten Abwicklung.

C. Handlungsorganisation

Abseits der nun geltenden Durchsetzungssperre ist die Haftungsverfassung keinerlei Änderungen unterworfen, weil der haftungstechnische Drittschutz auch im Rahmen der Liquidation seinen bedeutenden Stellenwert beibehält. Demgegenüber wirkt sich die Liquidation in stärkerem Maße auf die Handlungsverfassung aus. Denn die Geschäftsleitung der OHG/KG ist den Erfordernissen des Handelsverkehrs angepasst und die gesetzliche Ausgangslage der §§ 114 ff., 125 f.

---

267 Siehe dazu auch 1. Kapitel C. II. 3. c).

268 *BGH* v. 2.7.1962 – II ZR 204/60, BGHZ 37, 299 (302); *BGH* v. 15.10.2007 – II ZR 136/06, ZIP 2007, 2313 (2315); Nk-HGB/*Klimke*, § 128 Rn. 39 ff.; MüKo.HGB/*Karsten Schmidt*, § 128 Rn. 34; Henssler/Strohn/*Steitz*, §128 HGB Rn. 33; zu den Einzelheiten *Wertenbruch* in Westermann/Wertenbruch, Rn. I 980 ff.

269 Vgl. *BGH* v. 15.1.1988 – V ZR 183/86, BGHZ 103, 72 (76); *BGH* v. 15.10.2007 – II ZR 136/06, ZIP 2007, 2313 (2315); *Graf Wolffskeel v. Reichenberg*, NZG 2017, 45 (46); Röhricht/Graf v. Westphalen/Haas/*Haas*, § 128 HGB Rn. 11; E/B/J/S/*Hillmann*, § 128 HGB Rn. 32; MüKo.HGB/*Karsten Schmidt*, § 128 Rn. 34; Henssler/Strohn/*Steitz*, §128 HGB Rn. 33.

270 *BGH* v. 15.1.1988 – V ZR 183/86, BGHZ 103, 72 (76 ff.); *Wertenbruch* in Westermann/Wertenbruch, Rn. I 1743.

HGB baut auf der Prämisse auf, dass sich die persönlich haftenden Gesellschafter besonderes Vertrauen entgegenbringen; daher und aufgrund des gemeinsamen Zwecks nicht zum Nachteil der anderen handeln sowie als Kaufleute eine besondere Fachkenntnis in die Gesellschaft tragen.[271] Die OHG/KG kennt als typischerweise kleiner Zusammenschluss weniger Personen hier nur zwei Ebenen: Die interne Willensbildung und die Kontrolle der Geschäftsleitung vollziehen sich innerhalb der Gesellschafterversammlung, an der alle Gesellschafter einschließlich der Kommanditisten beteiligt sind. Die Geschäftsleitung wird grundsätzlich von den persönlich haftenden Gesellschaftern wahrgenommen, sie übernehmen die Geschäftsführung nach innen und die Stellvertretung nach außen (vgl. §§ 114 I, 125 I, 164 S. 1 HGB). Das entspricht weitgehend auch der Handlungsverfassung der GmbH, bei der Geschäftsleitung und interne Willensbildung indes kraft Gesetzes eine stärkere Ausdifferenzierung erfahren haben. Die GmbH muss nach den mitbestimmungsrechtlichen Vorschriften bei Erreichen gewisser Größenklassen einen Aufsichtsrat bilden und erhält sodann eine dreigeteilte Organisation bestehend aus Geschäftsführung, Aufsichtsrat und Gesellschafterversammlung (vgl. §§ 1 I Nr. 1 DrittelBG, 1 I MitbestG sowie § 1 MontanMitbestG). Daraus lässt sich für OHG/KG erneut auch der Schutz der Entscheidungshoheit der Gesellschafter in Anbetracht der persönlichen Haftung sowie des ihnen gemeinsamen Zwecks ableiten.

I. Interne Willensbildung und die Einflussnahme Dritter[272]

In der Liquidation können an der internen Willensbildung nicht nur die Gesellschafter, sondern auch Dritte im Sinne des § 146 II, III HGB beteiligt sein. Die Einflussnahme dieser Parteien beschränkt sich allerdings auf die das Verfahren betreffenden Fragen hinsichtlich der Art der Auseinandersetzung (§ 145 II HGB), der Bestellung und der Abberufung der Liquidatoren (§§ 146 II, III, 147 HGB) sowie einer Weisungsbefugnis in Geschäftsführungsfragen (§ 152 HGB). Dieser Dritteinfluss auf Ebene der Willensbildung findet seine Begründung darin, dass nach Maßgabe des § 135 HGB die Liquidation die Vollstreckung in das in der Gesellschaft gemäß §§ 718, 719 BGB gebundene Vermögen eines der Gesellschafter ermöglichen sollte. Gemäß dem reformierten § 131 III 1 Nr. 2, 4 HGB führen indes sowohl die Eröffnung des Insolvenzverfahrens über das Vermögen eines Gesellschafters als auch die Kündigung eines Privatgläubigers eines Gesellschafters nur zum Ausscheiden des Betreffenden. Dritteinfluss in der Liquidation ist daher wohl eher die Ausnahme als die Regel, weshalb auch nur Ausnahmsweise im Innenverhältnis die Interessen Dritter zu berücksichtigen sind.

271 Vgl. dazu auch E/B/J/S/*Drescher*, §114 HGB Rn. 2; BeckOK.HGB/*Klimke*, § 125 Rn. 2; Hk-HGB/*Psaroudakis*, § 115 Rn. 1; MüKo.HGB/*Rawert*, § 114 Rn. 1; GroßKomm. HGB/*Schäfer*, § 114 Rn. 17; siehe auch zur Selbstorganschaft *Habersack*, BB 2005, 1965 (1967); GroßKomm.HGB/*Habersack*, § 125 Rn. 5; *Karsten Schmidt*, GesR, S. 56.

272 Ausführlich dazu im 8. Kapitel.

Die Herrschaft über das Verfahren ruht regelmäßig in den Händen der Gesellschafter, die weiterhin eigenverantwortlich und nach freiem Ermessen über die Gesellschaft herrschen und die Liquidation lenken können. Abweichend ordnet § 152 HGB entgegen § 164 S. 1 Hs. 2 HGB ein Weisungsrecht aller Gesellschafter (auch der Kommanditisten) in Geschäftsführungsangelegenheiten an. Dadurch erhalten alle Gesellschafter die Möglichkeit, die Gesellschaftstätigkeit zu beeinflussen. Aufgrund der personellen Identität ist die Gesellschaft weiterhin zur Unternehmensleitung in der Lage. Äquivalent dazu ermöglicht insbesondere § 152 HGB die gegenseitige Kontrolle. Gemäß § 146 I HGB gilt dies vergleichbar hinsichtlich der Leitungstätigkeit. Nach § 150 I HGB nehmen die Liquidatoren alle Handlungen nur gemeinsam vor; dies wiederum könnte die effektive Geschäftstätigkeit hemmen.

II. Geschäftsleitung als verbandsinterner Schutzmechanismus

Auf Ebene der Geschäftsleitung ändert sich das für die werbende Gesellschaft und Teilhabe am Handelsverkehr bewährte System, bestehend aus Einzelgeschäftsführungsbefugnis und -vertretungsmacht der persönlich haftenden Gesellschafter sowie des Ausschlusses der nicht an der Haftung teilnehmenden Kommanditisten davon, grundlegend. Dem tradierten Zweck des Liquidationsverfahrens entsprechend könnte nun der Schutz der Gesellschafter und nicht die effektive Verkehrsteilhabe im Vordergrund stehen.

1. *Die organschaftliche Geschäftsleitung der Gesellschafter*

Die (werbende) OHG/KG wird gemäß § 125 I (bei der KG in Verbindung mit §§ 161 II, 170 HGB) von den persönlich haftenden Gesellschaftern vertreten. Die Vertretungsmacht nach § 125 HGB ist organschaftlicher Natur und ermächtigt grundsätzlich zur Einzelvertretung.[273] Nach § 126 I HGB dürfen die Organvertreter alle Geschäfte namens der Gesellschaft mit Wirkung gegenüber Dritten abschließen.[274] Der Umfang der Vertretungsmacht wird weder durch den konkreten Gesellschaftszweck, das betriebene Handelsgewerbe noch den Charakter des in Rede stehenden Geschäfts als Handelsgeschäft beschränkt.[275] Die weite Vertretungsmacht des § 126 I HGB ist im Interesse des Rechtsverkehrs gemäß § 126 II HGB gegenüber Dritten nicht beschränkbar. Die Geschäftspartner der Gesellschaft dürfen sich darauf verlassen, dass der handelnde und als Vertreter ins Handelsregister eingetragene Gesellschafter[276] zur Vornahme des Geschäfts

---

273 GroßKomm.HGB/*Habersack*, § 125 HGB Rn. 4; E/B/J/S/*Hillmann*, § 125 HGB Rn. 3; *U. Huber*, ZHR 152 (1988), 1 (13); vgl. auch *Werra*, Selbstorganschaft, S. 111.

274 *Emmerich*, Festschrift Lukes, 639 (647).

275 GroßKomm.HGB/*Habersack*, § 126 Rn. 5; Baumbach/Hopt/*Roth*, § 126 HGB Rn. 1.

276 *BGH* v. 19.2.1990 – II ZR 268/88, BGHZ 110, 342 (356); E/B/J/S/*Born*, § 106 HGB Rn. 3, 17 f.; Hk-HGB/*Heidel*, § 106 Rn. 28; MüKo.HGB/*Langhein*, § 106 Rn. 1.

ermächtigt ist[277] und grundsätzlich auch persönlich haftet. Insoweit ist die Vertretungsmacht gegenüber der Geschäftsführungsbefugnis abstrakt,[278] da diese gemäß § 116 I HGB auf Geschäfte beschränkt ist, *„die der gewöhnliche Betrieb eines Handelsgewerbes mit sich bringt"* und sie sich als Regelung des Innenverhältnisses nach § 109 ff. HGB *„zunächst nach dem Gesellschaftsvertrage [... richtet]"*. Der Einzelvertretungsmacht entspricht im Innenverhältnis eine Einzelgeschäftsführungsbefugnis.[279]

Die Geschäftsleitungsbefugnisse der persönlich haftenden Gesellschafter bestehen kraft Gesetzes. Diese Handlungsorganisation existiert, ohne dass weiteres Zutun der Gesellschaft, etwa eine Bestellung, erforderlich ist.[280] Das ist die Kernaussage der Selbstorganschaft.[281] Statutarisch können einzelne Gesellschafter von der Stellvertretung ausgeschlossen, eine Gesamtvertretung vereinbart (§ 125 II, III HGB), die Vertretungsmacht intern auf bestimmte Geschäfte beschränkt oder statutarisch alle Befugnisse auf Dritte übertragen werden.[282] Grenzen erfahren diese Vertragsbestimmungen aber dort, wo einerseits kein persönlich haftender Gesellschafter mehr allein zur Stellvertretung ermächtigt ist[283] und andererseits Interessen Dritter entgegenstehen oder zumindest berührt werden.

277 *RGZ* 162, 370 (374); *BGH* 20.9.1962 – II ZR 209/61, BGHZ 38, 26 (33); vgl. *Emmerich*, Festschrift Lukes, 639 (647); Röhricht/Graf v. Westphalen/Haas/*Haas*, § 126 HGB Rn. 1, 7; GroßKomm.HGB/*Habersack*, § 126 Rn. 1; *Schürnbrand*, Organschaft, S. 259.

278 GroßKomm.HGB/*Habersack*, § 126 Rn. 3.

279 Vgl. *BGH* v. 17.3.1966 – II ZR 282/63, BGHZ 45, 204 (208 f.); *BGH* v. 9.12.1968 – II ZR 33/67, BGHZ 51, 198 (201); *Weber*, Privatautonomie, S. 90; *Wertenbruch* in Westermann/Wertenbruch, Rn. I 255; siehe auch *Emmerich*, Festschrift Lukes, 639 (645)

280 *Karsten Schmidt*, ZHR 153 (1989), 270 (288); *Karsten Schmidt*, Gedächtnisschrift Knobbe-Keuk, 307 (310); *Weber*, Privatautonomie, S. 75; *Wertenbruch*, Haftung von Gesellschaften, S. 178; Wertenbruch, NZG 2017, 81 (83); *Wertenbruch* in Westermann/Wertenbruch, Rn. I 234.

281 So auch *Karsten Schmidt*, ZHR 153 (1989), 270 (288); *Karsten Schmidt*, Gedächtnisschrift Knobbe-Keuk, 307 (310); *Weber*, Privatautonomie, S. 75; *Wertenbruch*, Haftung von Gesellschaften, S. 178; Wertenbruch, NZG 2017, 81 (83); *Wertenbruch* in Westermann/Wertenbruch, Rn. I 234.

282 Vgl. zu den Grenzen *BGH* v. 5.10.1981 – II ZR 203/80, NJW 1982, 1817 (1818); *BGH* v. 20.9.1993 – II ZR 204/92, WM 1994, 237 (238); *U. Huber*, ZHR 152 (1988), 1 (14); *Rieble*, NZA 2010, 1145 (1146); *Karsten Schmidt*, Gedächtnisschrift Knobbe-Keuk, 307 (308).

283 Vgl. *BGH* v. 6.2.1958 – II ZR 210/56, BGHZ 26, 330 (333); *BGH* v. 22.1.1962 – II ZR 11/61, BGHZ 36, 292 (295); *BGH* v. 25.5.1964 – II ZR 42/62, BGHZ 41, 367 (369); *BGH* v. 20.9.1993 – II ZR 204/92, WM 1994, 237 (238); *Flume*, AT I/1, S. 240; *Karsten Schmidt*, Gedächtnisschrift Knobbe-Keuk, 307 (309); *Wertenbruch*, Haftung von Gesellschaften, S. 176.

2. *Bedeutung und Hintergrund der Selbstorganschaft*

Vertragsgestaltungen betreffend die Vertretungsmacht und die Geschäftsführung finden ihre Zulässigkeitsgrenzen in der Selbstorganschaft. Die Geschäftsleitungsbefugnisse sind an die Gesellschafterstellung gebunden und folgen aus dieser.[284] Im Gesetz findet das Prinzip der Selbstorganschaft zwar keinen Niederschlag, dort heißt es, *„zur Vertretung der Gesellschaft ist jeder Gesellschafter ermächtigt, sofern er nicht von der Vertretung ausgeschlossenen ist“* (§ 125 I HGB), ähnlich lautet § 114 I HGB. Die Beschränkung folgt aber aus der persönlichen Haftung. Wer die wirtschaftlichen Konsequenzen unmittelbar trägt, soll für die Gesellschaft handeln dürfen und wird daher mit weitgehender Leitungsmacht ausgestattet.[285] Reflexartig wird der Geschäfts- und Rechtsverkehr geschützt, wenn nämlich die Geschäftsleiter aufgrund der drohenden Haftung umsichtig zum Wohle der Gesellschaft handeln.[286] Es ist daher davon auszugehen, dass sie nur solche Geschäfte abschließen, die im Rahmen der Leistungsfähigkeit der Gesellschaft liegen.[287] Auch die weiteren Argumente (der Schutz der Gesellschafter vor Fremdbestimmung[288] sowie die damit einhergehende Vermeidung von Prinzipal-Agent-Konflikten[289]) haben ihren Grund in der persönlichen Haftung, die zu weitgehenden wirtschaftlichen Einschnitten in die private Rechtsstellung sowie wirtschaftliche Leistungsfähigkeit der Gesellschafter führen kann.

Ferner findet die Selbstorganschaft ihre Begründung in der Gesamthandsdogmatik,[290] die in ihrer Konzeption vom Zusammenwirken gleichberechtigter Partner

---

284 Dazu auch vorstehend 3. Kapitel C. II. 2.

285 Vgl. *BGH* v. 25.5.1964 – II ZR 42/62, BGHZ 41, 367 (369); *BGH* v. 9.12.1968 – II ZR 33/67, JZ 1969, 469 mit Anmerkung *Wiedemann*, JZ 1969, 470 (471); *Werra*, Selbstorganschaft, S. 24, 82 f., 114; *Wertenbruch* in Westermann/Wertenbruch, Rn. I 235; nach *Reichert/Winter*, BB 1988, 981 (988) sind die Geschäftsleitungsrechte die Belohnung für die Haftung. Als Argument hiergegen wird die Zulässigkeit der Kapitalgesellschaft & Co. angeführt (*Spitze*, Geschäftsführung, S. 40). Diese haftet aber im Rahmen ihrer Leistungsfähigkeit (§ 13 II GmbHG) nach § 128 HGB.

286 Siehe dazu auch *Habersack*, BB 2005, 1965 (1967); GroßKomm.HGB/*Habersack*, § 125 Rn. 5; *Karsten Schmidt*, GesR, S. 561; vgl. auch die Erwägungen zur Handelndenhaftung bei *BGH* v. 26.1.1967 – II ZR 122/64, BGHZ 47, 25 (29).

287 GroßKomm.HGB/*Habersack*, § 125 HGB Rn. 5; MüKo.HGB/*Karsten Schmidt*, § 125 Rn. 5; vgl. außerdem zu den Grenzen der Geschäftsführung bei drohender Inanspruchnahme der Gesellschafter und Aufzehrung des Gesellschaftsvermögens, sodass der Innenregress vereitelt sein könnte *Spitze*, Geschäftsführung, S. 117 ff.; *Wertenbruch*, DStR 2007, 1680 (1683).

288 Vgl. GroßKomm.HGB/*Habersack*, § 125 HGB Rn. 5; *Weber*, Privatautonomie, S. 80; *Karsten Schmidt*, Gedächtnisschrift Knobbe-Keuk, 307 (317); nach *Beuthien*, NJW 2005, 855 (860) handelt es sich um die unmittelbare Gesellschafterselbstverwaltung.

289 So zur genossenschaftlichen Selbstorganschaft *Raiffeisen*, Die Darlehenskassen-Vereine, S. 68.

290 Vgl. dazu auch *O. v. Gierke*, Privatrecht, S. 684 ff.; *Wertenbruch*, Haftung von Gesellschaften, S. 40 ff.

ausgeht, welche durch einen gemeinsamen Zweck verbunden sind. Entscheidend ist aber, dass die Rechtsentwicklung dahin geht, dass sich die Gesellschaft intern sowie extern von den Gesellschaftern löst. Allein die persönliche Haftung führt zu einer Verschränkung dieser Sphären, sodass nicht die Gleichung, Gesellschaft ist gleich „Gemeinschaft der vertraglich verbundenen Gesellschafter", die Selbstorganschaft zu begründen vermag. Insoweit bestehen rechtlich voneinander getrennte und abstrakte Personen; die Gesellschaft und die einzelnen Gesellschafter. Außerdem wird im Rahmen der Kapitalgesellschaft & Co. gewissermaßen eine Drittorganschaft zulässig.[291] Die Selbstorganschaft wird überdies und anknüpfend an den vorstehenden Punkt als ein Ausdruck der gleichgerichteten Interessen der Gesellschafter gesehen[292] und soll ihren Ursprung demzufolge im gemeinsamen Zweck haben.[293] Das erscheint als Begründung aber nur solange überzeugend, wie der Kommanditist nur an der Gesellschaft beteiligt ist, um an der Verteilung des Gewinns teilzunehmen[294] und man ebenfalls verneint, dass auch die GmbH auf einer Interessenparallelität der Gesellschafter aufbaut. Gleichwohl darf man nicht den End- oder Individualzweck der Gesellschafter mit dem Satzungszweck der Gesellschaft vertauschen, welcher auch gegenüber den Kommanditisten auf den Betrieb eines Handelsgewerbes lautet. Das Gesetz misst dem Kommanditisten die Rolle eines in die Geschäfte der Gesellschaft uneingeweihten Kapitalgebers bei. Dies verdeutlichen dessen Ausschluss von der Geschäftsführung und Stellvertretung (§§ 164, 170 HGB) oder die Nichtanwendbarkeit der §§ 112 ff. HGB (siehe § 165 HGB). Zudem folgt dies aus der auf außergewöhnliche Geschäfte im Sinne der §§ 116, 164 HGB reduzierten Mitsprache oder der Begrenzung der Kontrollrechte auf allein jene Befugnisse, welche Relevanz für die Berechnung der Gewinnbeteiligung haben (§ 166 HGB). Das stimmt wiederum mit der ersten Gruppe von Argumenten überein, denn der Kommanditist haftet gemäß § 171 I HGB nur summenmäßig begrenzt für Gesellschaftsverbindlichkeiten.

Dass Kommanditisten und Dritten eine rechtsgeschäftliche Vertretungsmacht eingeräumt werden kann, die dem Umfang nach an die organschaftliche

---

291 Siehe hierzu auch *Spitze*, Geschäftsführung, S. 40.

292 *BGH* v. 11.7.1960 – II ZR 260/59, BGHZ 33, 105 (109); *BGH* v. 7.6.2010 – II ZR 210/09, NZG 2010, 1381 (1382); *Grunewald*, liber amicorum M. Winter, 167 (172); *Schürnbrand*, Organschaft, S. 257; *Weber*, Selbstorganschaft, S. 81; *Werra*, Selbstorganschaft, S. 115; *Wertenbruch* in Westermann/Wertenbruch, I Rn. 247a.

293 *BGH* v. 11.7.1960 – II ZR 260/59, BGHZ 33, 105 (109); selbiges gilt auch für die genossenschaftliche Selbstorganschaft, siehe BT-Drucks. 16/1025, S. 83; Beuthien/*Beuthien*, § 9 GenG Rn. 6.

294 Eine solche Sichtweise nähert den Kommanditisten dem Aktionär an, der nur aufgrund einer möglichen Gewinnausschüttung (in Form einer Dividende) an der AG beteiligt ist; siehe aber auch zum Kommanditisten als Mitunternehmer *BGH* v. 27.6.1955 – II ZR 232/54, BGHZ 17, 392 (393); *BFH* v. 25.6.1984 – GrS 4/82, NJW 1985, 93 (96); *Crezelius* in Westermann/Wertenbruch, Rn. II 188; *Schürnbrand*, Organschaft, S. 258; *H.P. Westermann*, Festschrift Lutter, 955 (962).

heranreicht, ist als Gegenargument insoweit untauglich, wie mangels registerrechtlicher Publizität dieser Vertretungsmacht (wo sie über die Prokura hinausreicht), der Rechtsverkehr nicht auf deren Unbegrenztheit vertrauen darf.[295] Außerdem ist eine solche rechtsgeschäftliche Vertretungsmacht zumindest gegenüber Dritten jederzeit und ohne Weiteres widerruflich (§§ 168 S. 2 BGB, 52 I HGB).[296] Der Entzug der organschaftlichen Vertretungsmacht hingegen richtet sich nach § 127 HGB und bedarf in der Regel eines gerichtlichen Verfahrens.[297]

Daher überzeugt allein die Begründung der Selbstorganschaft anhand der persönlichen Haftung. Als Aussagen der Selbstorganschaft sind abschließend festzuhalten: Die Gesellschaft hat Organe und muss diese nicht bestellen.[298] Dritten kann die Organstellung nicht statutarisch übertragen werden und die Vertragsfreiheit ist dahin gehend beschränkt, dass immer mindestens ein persönlich haftender Gesellschafter ohne Mitwirkung eines Dritten zur Vertretung der Gesellschaft ermächtigt sein muss.[299]

3. *Verfahrensbezogene Wandelung der Selbstorganschaft und der Organkompetenzen*

Die Liquidation wird gemäß § 146 I HGB von allen Gesellschaftern gemeinsam besorgt, sofern nichts Abweichendes bestimmt ist. Daher existieren auch hier kraft Gesetzes Organe und Bestellungsakte sind grundsätzlich nicht notwendig. Gleichwohl können die Geschäftsleitungsaufgaben nach §§ 146 I, II 1 Hs. 2 HGB auch Dritten übertragen werden. Dann aber leidet (auch mangels einer Art Handelndenhaftung) der durch die Gleichsetzung von Herrschaft und Haftung hergestellte Drittschutz.

a) Beteiligung der Kommanditisten und Dritter als Liquidator

Dass Kommanditisten zum Liquidator werden,[300] erscheint in Anbetracht der persönlichen Gesellschafterhaftung wenig konsequent, denn deren Teilnahme am

---

295 Vgl. zum Vertrauensschutz im Recht der Stellvertretung unten 7. Kapitel C. V.

296 Siehe nur *BGH* v. 27.6.1955 – II ZR 232/54, BGHZ 17, 392 (394); GroßKomm.HGB/*Habersack*, § 125 Rn. 7.

297 Zu den Einzelheiten *Wertenbruch* in Westermann/Wertenbruch, § 15, § 17; *Schürnbrand*, Organschaft, S. 245.

298 Vgl. *Karsten Schmidt*, Gedächtnisschrift Knobbe-Keuk, 307, 310; *Schürnbrand*, Organschaft, S. 242, 244.

299 Vgl. nur *BGH* v. 17.3.1966 – II ZR 282/63, BGHZ 45, 204; GroßKomm.HGB/*Habersack*, § 125 Rn. 11; *Wertenbruch* in Westermann/Wertenbruch, Rn. I 234; MüKo. HGB/*Karsten Schmidt*, § 125 Rn. 5 ff.

300 Vgl. *RGZ* 162, 370 (376); *BGH* v. 24.9.1982 – V ZR 188/79, WM 1982, 1170; *BGH* v. 19.2.1990 – II ZR 268/88, BGHZ 110, 342 (352); *BayObLG* v. 21.9.1994 – 3 Z BR 177/94, ZIP 1994, 1767 (1768); *OLG Hamm* v. 5.9.1996 – 15 W 125/96, NJW-RR 1997, 32 (33); *OLG Hamm* v. 5.3.2003 – 8 U 130/02, NZG 2003, 627; *Grziwotz*, DStR 1993,

Verlust der Gesellschaft beschränkt sich nach § 167 III HGB auf den *„Betrag des Kapitalanteils und [der] noch rückständigen Einlage"*. Mit der Leistung der (Haft-) Einlage in voller Höhe werden sie von der persönlichen Haftung frei (§ 171 I HGB) und sind nunmehr allein am Gewinn der Liquidation beteiligt. Eine Nachschusspflicht entsprechend § 735 BGB ist nicht vorgesehen.[301] Die Kommanditisten erhalten einen ihren Kapitalanteil übersteigenden Liquidationserlös ausgezahlt, sodass ihr Interesse am Liquidationsergebnis grundsätzlich dem der anderen Gesellschafter vergleichbar sein kann. Darüber hinaus spricht der Wortlaut des § 146 I 1 HGB für deren Beteiligung, denn es heißt, dass die Liquidation durch *„sämtliche Gesellschafter"* erfolgt.[302] Gegenteiliges könnte allein aus § 161 II HGB folgen,[303] wonach die Vorschriften über die OHG nur soweit Anwendung finden, wie in den §§ 161 ff. HGB nicht *„ein anderes vorgeschrieben ist"*. Zur Liquidation finden sich indes keine Regelungen in den §§ 161 ff. HGB, sodass ausschließlich die §§ 146 ff. HGB maßgeblich sind.[304]

Zwar sind die Kommanditisten von der Geschäftsleitung der KG ausgeschlossen (§§ 164 S. 1 Hs. 1, 170 HGB), dies gilt aber nicht in der Liquidation fort.[305] Aus § 146 I HGB ist zu schließen, dass mit Auflösung der Gesellschaft eine neue und von jener der werbenden Gesellschaft losgelöste Regelung gelten soll. Dies wird auch daran deutlich, dass nach § 146 I, II 1 Hs. 2 HGB Dritte (*„andere Personen"*) zum Liquidator ernannt werden können.[306] Der Hintergrund hierfür ist in § 146 II

362; GroßKomm.HGB/*Habersack*, § 146 Rn. 12; K/K/R/D/*Kindler*, § 146 HGB Rn. 4; *Karsten Schmidt*, BB 1989, 229 (232 f.); *Karsten Schmidt*, ZHR 153 (1989), 270 (290); MüKo.HGB/*Karsten Schmidt*, § 146 Rn. 14; *Wertenbruch* in Westermann/Wertenbruch, Rn. I 1712.

301 *BGH* v. 13.12.1982 – II ZR 282/81, BGHZ 86, 122 (126); GroßKomm.HGB/*Casper*, § 167 Rn. 23; Hk-HGB/*Eberl*, § 167 Rn. 6; MüKo.HGB/*Grunewald*, § 167 Rn. 16; Oetker/*Oetker*, § 167 HGB Rn. 20; K/K/R/D/*Kindler*, § 167 HGB Rn. 4; auch *Wertenbruch*, NZG 2013, 1321 (1322).

302 Daher bejaht *Karsten Schmidt*, ZHR 153 (1989), 270 (290 f.); MüKo.HGB/*Karsten Schmidt*, § 146 Rn. 14 die Anwendung auf die KG.

303 Vgl. zu Kritik hinsichtlich der Anwendung des § 146 auf die KG *Karsten Schmidt*, ZHR 153 (1989), 270 (290); MüKo.HGB/*Karsten Schmidt*, § 146 Rn. 14.

304 So auch KG *Karsten Schmidt*, ZHR 153 (1989), 270 (290); MüKo.HGB/*Karsten Schmidt*, § 146 Rn. 14.

305 Vgl. *BGH* v. 24.9.1982 – V ZR 188/79, WM 1982, 1170; *BayObLG* v. 21.9.1994 – 3 Z BR 177/94, ZIP 1994, 1767 (1768); *OLG Hamm* v. 5.9.1996 – 15 W 125/96, NJW-RR 1997, 32 (33); *OLG Hamm* v. 5.3.2003 – 8 U 130/02, NZG 2003, 627; GroßKomm. HGB/*Habersack*, § 146 HGB Rn. 12; Oetker/*Kamanabrou*, § 146 HGB Rn. 5; *Karsten Schmidt*, GmbHR 1980, 261 (264); *Karsten Schmidt*, ZHR 153 (1989), 270 (291); *Karsten Schmidt*, BB 1989, 229 (232); *Wiedemann/Frey*, GesR, S. 114.

306 Vgl. dazu nur *OLG Düsseldorf* v. 7.3.2012 – I-3 Wx 200/11, NZG 2012, 957 (958); *Grziwotz*, DStR 1992, 1365 (1367); *Grziwotz*, DStR 1993, 362; Oetker/*Kamanabrou*, § 146 HGB Rn. 4; *Neumann*, NZG 2015, 1018 (1019); *Nitschke*, Personengesellschaft, S. 233.

2 HGB zu finden, wonach auch Privatgläubiger der Gesellschafter die Liquidatoren gerichtlich ernennen lassen können. Dritte können insbesondere dann taugliche Liquidatoren sein, wenn zwischen den Gesellschaftern Streit besteht, sodass gerade ein neutraler Mittler erforderlich ist. Entscheidend für diese Umstellung spricht der dahinterstehende Gedankengang des Gesetzgebers, wonach die Gesellschafter nicht mehr durch den gemeinsamen auf den fortgesetzten Betrieb eines Handelsgewerbes gerichteten Zweck verbunden sind, sondern jeder das für sich beste Ergebnis anstrebt.[307] Auch wenn man nicht den Endzweck des Einzelnen mit dem gemeinsamen Zweck verwechseln darf, wird die Übereinstimmung dieser Zwecke im Zeitpunkt des Bestehens der werbenden Gesellschaft zu bejahen und während der Liquidation zu verneinen sein; selbst wenn sich hier ein positives Gesamtergebnis der Gesellschaft auf das Ergebnis des Einzelnen niederschlägt.[308] Daher erscheint die Zulässigkeit von Drittliquidatoren für jene Fälle von Vorteil, in denen im Rahmen der Auflösung Streit zwischen den Gesellschaftern herrscht, sodass die Entscheidung des Gesetzgebers, auch Nichtgesellschaftern die Organstellung zuzutrauen, zu begrüßen ist.[309] Zumal die Legitimation der Selbstorganschaft bereits im Hinblick auf die werbende Gesellschaft zweifelhaft ist, selbst wenn hier der Umkehrschluss zu §§ 146 I, II 1 Hs. 2 HGB, 6 III GmbHG naheliegt.

In der Liquidation gilt die Selbstorganschaft nicht fort.[310] Allein die Organstellung folgt mangels abweichender statutarischer Gestaltung aus der Mitgliedschaft.[311] Bestellungsakte sind nicht erforderlich. Die Frage lautet also: Wird die Personengesellschaft im Stadium der Liquidation unzulässig entmachtet oder entmachtet sie sich zulässigerweise selbst, wenn Herrschaftsrechte und Leitungsaufgaben auf Dritte übertragen werden?

---

307 *BGH* v. 11.7.1960 – II ZR 260/59, BGHZ 33, 105 (111); *BGH* v. 27.10.2008 – II ZR 255/07, NZG 2009, 72; *OLG Köln* v. 21.9.2016 – 2 Wx 377/16, NZG 2016, 1314.

308 Zur Interessenlage *BGH* v. 5.7.2011 – II ZR 199/10, NZG 2011, 1140 Rn. 20; *BGH* v. 17.9.2013 – II ZR 68/11, NZG 2014, 302 Rn. 38; *Arlt*, NZG 2002, 407 (411); GroßKomm.HGB/*Habersack*, § 146 HGB Rn. 2; *Wertenbruch* in Westermann/Wertenbruch, Rn. I 1711; *Zinn*, Selbstorganschaft, S. 92; zum Normzweck Hk-HGB/*Anissimov*, § 146 HGB Rn. 1.

309 Anders *Karsten Schmidt*, BB 1989, 229 (232).

310 H.M. *BGH* v. 5.7.2011 – II ZR 199/10, NZG 2011, 1140 Rn. 20; *BGH* v. 17.9.2013 – II ZR 68/11, NZG 2013, 302 Rn. 38; *Flume*, AT I/1, S. 241; GroßKomm.HGB/*Habersack*, § 146 Rn. 6; K/K/R/D/*Kindler*, § 146 HGB Rn. 3; Oetker/*Kamanabrou*, § 146 HGB Rn. 4; *Nitschke*, Personengesellschaft, S. 232; *Zinn*, Selbstorganschaft, S. 92; wohl auch E/B/J/S/*Hillmann*, § 146 HGB Rn. 10; a.A. *Karsten Schmidt*, ZHR 153 (1989), 279 (288); MüKo.HGB/*Karsten Schmidt*, § 156 Rn. 3; *Wertenbruch* in Westermann/Wertenbruch, Rn. I 1711.

311 Vgl. auch Baumbach/Hopt/*Roth*, § 146 HGB Rn. 2; GroßKomm.HGB/*Habersack*, § 146 Rn. 9 ff.; *Wertenbruch* in Westermann/Wertenbruch, Rn. I 1711; *Schürnbrand*, Organschaft, S. 49.

Vor dem Hintergrund der nur beschränkt verstandenen und auf Abwicklung gerichteten Aufgabe der Liquidatoren, die ebenfalls nur mit einer beschränkten Vertretungsmacht (§ 149 S. 2 HGB) einherging, stellte die Nichtgeltung der Selbstorganschaft kein Problem dar.[312] Dem ist entgegenzuhalten, dass die Vertretungsmacht des Liquidators unbegrenzt ist,[313] sodass die Begründung des Bruchs mit der Selbstorganschaft allein mit der Unterwerfung der Liquidatoren unter die Weisungsbefugnis der Gesellschafter (§ 152 HGB)[314] sowie der geänderten Aufgabenstellung des Verbands begründet werden kann. Weitergehend besteht die Möglichkeit der Abberufung im Sinne des § 147 HGB, die keinen wichtigen Grund voraussetzt.[315] Zuungunsten des Drittliquidators ist anzuführen, dass er aufgrund der persönlichen Haftung die Herrschaft auch über die Gesellschafter innehat.[316] Bloß weil nur noch in begrenztem Umfang neue werbende Geschäfte abgeschlossen werden dürfen, darf nicht davon ausgegangen werden, dass das Haftungsrisiko maßgeblich sinkt.[317] Dennoch steht er nicht unter der permanenten Aufsicht der Gesellschaft, diese muss aber die Folgen seines Handelns tragen. Es ist sehr zu bezweifeln, dass es sich hierbei um ein ausreichendes Korrektiv handelt.[318] Daher bleibt fraglich, ob mittels Abberufungs- und Weisungsbefugnis (§§ 147, 152 HGB) ausgeglichen werden kann, dass die Gesellschafter zugunsten der möglicherweise (Dritt-)Liquidatoren die Macht verlieren, die Gesellschaft im Rechtsverkehr zu vertreten und damit mittelbar die Herrschaft über ihr Privatvermögen preisgeben. Die Wahrung des diesbezüglichen Gleichgewichts ist zwar einerseits die wesentliche Aufgabe der Selbstorganschaft. Andererseits verzichten die Gesellschafter bei der Bestellung von Drittliquidatoren freiwillig auf Leitungsmacht, können diese aber nach den §§ 146, 147 HGB jederzeit wieder an sich ziehen.

Beispielsweise die Auslegung des Genossenschaftsrechts spricht für ein Verständnis der Selbstorganschaft dahin, dass deren Legitimation in der gemeinsamen Zweckverfolgung zu suchen ist.[319] Folglich könnte ob des geänderten

---

312 So *Flume*, AT I/1, S. 241; *Nitschke*, Personengesellschaft, S. 234.

313 Vgl. dazu das 6. Kapitel.

314 *BGH* v. 26.1.1959 – II ZR 174/57, WM 1959, 323 (324); *BGH* v. 13.7.1967 – II ZR 72/67, BGHZ 48, 251 (255); vgl. zum Normzweck E/B/J/S/*Hillmann*, § 152 HGB Rn. 1.

315 Vgl. *Grunewald*, liber amicorum M. Winter, 167 (172); *John*, Rechtsperson, S. 285; *Werra*, Selbstorganschaft, S. 113; zu den Voraussetzungen eines wichtigen Grundes *OLG Hamm* v. 13.12.1957 – 15 W 522/67, BB 1958, 497; *OLG Hamm* v. 14.6.1960 – 15 W 194/60, BB 1960, 918; *OLG Hamm* v. 29.9.1960 – 15 W 305/60, BB 1960, 1355; *OLG Hamm* v. 24.11.1981 – 15 W 17 und 136/81, DB 1981, 274 (275); *BayOblG* v. 1.6.1983 – BReg. 3 Z 9/83, DB 1983, 1708; *OLG Köln* v. 29.5.1989 – 2 Wx 65/88, BB 1989, 1432; *BayOblG* v. 25.9.1997 – 3Z BR 143–97, NJW-RR 1998, 470 (471); *KG* 12.1.1999 – 1 W 7923/98, NZG 1999, 437.

316 Siehe dazu *Flume*, AT I/1, S. 245.

317 Vgl. zur Auslegung des § 149 S. 1 Hs. 2 unten 6. Kapitel.

318 *Nitschke*, Personengesellschaft, S. 233.

319 *BGH* v. 5.7.2011 – II ZR 199/10, NZG 2011, 1040 Rn. 20; *BGH* v. 17.9.2013 – II ZR 68/11, NZG 2014, 302 Rn. 38; GroßKomm.HGB/*Habersack*, § 146 Rn. 6; E/B/J/S/*Hillmann*,

Abwicklungszwecks auch die Drittorganschaft eine Begründung finden. Dem entspricht weitgehend deren Begründung in der Eigenschaft der Gesellschafter als idealerweise gleichberechtigte Partner.[320] Beides ändert sich im Ergebnis in der Liquidation nicht. Der dem Verband ursprünglich gegebene Zweck ändert sich zwar, aber die Gesellschafter bleiben verhältnismäßig gleichberechtigte Partner trotz der gewandelten Rechte und der geänderten Handlungsverfassung. Insbesondere die Haftung besteht uneingeschränkt fort und aufgrund der bestehenden Durchsetzungssperre, die nicht nur die interne Rechtsdurchsetzung erschwert, sondern auch ein Ausscheiden verhindert, wird überdies die bestehende Solidargemeinschaft verstärkt.[321] Der Entfall der Selbstorganschaft kann daher nur anhand des Liquidationszwecks sowie der andersartigen Interessenlage begründet werden. Damit wird Diskontinuität nur soweit ersichtlich,[322] wie im Einzelfall die Befugnis besteht, Organe abweichend zu besetzen, um die Gesellschaft an die Erfordernisse der Liquidation anzupassen.[323] Der im Gesetz zum Ausdruck gekommene Wille des Gesetzgebers, von der Selbstorganschaft für die Liquidation Abstand zu nehmen, muss daher im Rahmen der Untersuchung von Kompetenzen und Vertretungsmacht der Liquidatoren Berücksichtigung finden, wenn man eine Selbstentmachtung der Gesellschafter vermeiden möchte. Darüber hinaus erfordert wenigstens die gerichtliche Bestellung von Drittliquidatoren eines wichtigen Grundes. Dieser liegt vor, wenn eine gedeihliche Abwicklung nicht zu erwarten ist.[324] Neben einer Selbstentmachtung im eigenen Interesse (§ 146 I 1 HGB) gebieten insbesondere Drittinteressen den Entfall der Selbstorganschaft.

b) *Kompetenzverteilung unter den Liquidatoren*

Aber nicht nur alle Gesellschafter werden mangels abweichender Vereinbarung automatisch mit Eintritt in die Liquidationsphase Liquidatoren, sondern gemäß § 150 I 1 HGB besteht Gesamtgeschäftsführungsbefugnis.[325] Der weite Wortlaut des

---

§ 146 HGB Rn. 10; Oetker/*Kamanabrou*, § 146 HGB Rn. 4; *Schürnbrand*, Organschaft, S. 245; einschränkend *Wertenbruch* in Westermann/Wertenbruch, Rn. I 1711.

320 Vgl. dazu *Wertenbruch* in Westermann/Wertenbruch, Rn. I 235; mit Kritik dazu *Beuthien*, NZG 2011, 161 (163) und *Schürnbrand*, Organschaft, S. 248; auch *U. Huber*, ZHR 152 (1988), 1 (13).

321 1. Kapitel C. II. 3. c) und 2. Kapitel A. III. 2.

322 Ähnlich auch *Karsten Schmidt*, BB 1989, 229 (232); *Karsten Schmidt*, ZHR 153 (1989), 270 (287 ff.).

323 Vgl. *RGZ* 100, 165 (166); *BGH* v. 11.7.1960, II ZR 260/59, BGHZ 33, 105 (109); GroßKomm.HGB/*Habersack*, § 146 Rn. 6; E/B/J/S/*Hillmann*, § 146 HGB Rn. 10; *Nitschke*, Personengesellschaft, S. 233; *Schürnbrand*, Organschaft, S. 256; *Wertenbruch* in Westermann/Wertenbruch, Rn. I 241a; *Zinn*, Selbstorganschaft, S. 92.

324 Siehe *Nitschke*, Personengesellschaft, S. 234.

325 *RGZ* 162, 370 (376); *OLG Hamm* v. 5.3.2003 – 8 U 130/02, NZG 2003, 627; Hk-HGB/*Anissimov*, § 150 Rn. 2 ff.; GroßKomm.HGB/*Habersack*, § 150 Rn. 2; E/B/J/S/*Hillmann*,

§ 150 I 1 HGB, wonach die Liquidatoren alle *„zur Liquidation gehörende Handlungen"* in Gemeinschaft vornehmen müssen, zeigt, dass sie nicht nur rechtsgeschäftlich, sondern auch tatsächlich gemeinsam tätig werden. Ihnen obliegt die gesamte Geschäftsleitung. Darüber hinaus gibt der Wortlaut eine Bindung an den Liquidationszweck vor. Hintergrund der gemeinsamen Geschäftsleitung aller Liquidatoren ist, dass das gesamte Gesellschaftsvermögen verwertet werden soll.[326] Dieses Verfahren wird unter Umständen von Personen durchgeführt, die nicht nur die Konsequenzen ihrer Handlungen nicht tragen müssen, sondern auch kein Eigeninteresse an der Liquidation haben.[327] Die Handlungsbefugnis im Sinne des § 150 I 1 HGB stellt dementsprechend ein Korrektiv zur Abkehr von der Selbstorganschaft dar.

Darüber hinaus sollen die Interessen aller Beteiligten zu einem gerechten Ausgleich gebracht werden, auch weil die Zweckbindung mit Fortschreiten des Verfahrens gelockert wird.[328] Einerseits sollen die Liquidatoren daher neutralsachliche Mittler sein, andererseits, wenn sie dies nicht sind, können sich die an der Geschäftsleitung beteiligten gegenseitig kontrollieren.[329] Aufgrund der mit einer Einstimmigkeit kombinierten Gesamtvertretung können Geschäfte grundsätzlich nicht gegen den Willen einzelner Liquidatoren abgeschlossen werden.[330] Wo also die Einzelvertretungsmacht im Sinne des § 125 I HGB den Bedürfnissen des Handelsverkehrs nach Einfachheit und Schnelligkeit dient,[331] werden nun der Schutz der Beteiligten und mittelbar auch der Schutz Dritter höher bewertet und Handlungen mit der Legitimation aller Beteiligten ausgestattet. Während im Rahmen der Einzelvertretungsmacht sich widersprechende Willenserklärungen der Geschäftsleiter grundsätzlich Wirksamkeit erlangen können,[332] ist dies bei Gesamtvertretung ob des Erfordernisses eines miteinander abgestimmten Vorgehens nicht

---

§ 150 HGB Rn. 2, 6; Oetker/*Kamanabrou*, § 150 HGB Rn. 1; Henssler/Strohn/*Klöhn*, § 150 HGB Rn. 3; Nk-HGB/*Lehmann-Richter*, § 150 Rn. 3.

326 Hk-HGB/*Anissimov*, § 150 Rn. 1; GroßKomm.HGB/*Habersack*, § 150 Rn. 1; E/B/J/S/*Hillmann*, § 150 Rn. 1; Oetker/*Kamanabrou*, § 150 HGB Rn. 1; Nk-HGB/*Lehmann-Richter*, § 150 Rn. 1.

327 *RGZ* 162, 370 (376); *BGH* v. 5.7.2011 – II ZR 199/10, NZG 2011, 1040 Rn. 20; *BGH* v. 17.9.2013 – II ZR 68/11, NZG 2014, 302 Rn. 38.

328 GroßKomm.HGB/*Habersack*, § 150 Rn. 1; Röhricht/Graf v. Westphalen/Haas/*Haas*, § 150 Rn. 1; E/B/J/S/*Hillmann*, § 150 Rn. 1; ähnlich Oetker/*Kamanabrou*, § 150 HGB Rn. 1; K/K/R/D/*Koller*, § 150 HGB Rn. 1; Henssler/Strohn/*Klöhn*, § 150 HGB Rn. 1.

329 Vgl. *Hueck*, OHG, S. 486; Oetker/*Kamanabrou*, § 150 HGB Rn. 1; K/K/R/D/*Kindler*, § 150 HGB Rn. 1.

330 GroßKomm.HGB/*Habersack*, § 150 Rn. 3; Oetker/*Kamanabrou*, § 150 HGB Rn. 2, 6; Henssler/Strohn/*Klöhn*, § 150 HGB Rn. 3; Nk-HGB/*Lehmann-Richter*, § 150 Rn. 4; MüKo.BGB/*Schäfer*, § 705 Rn. 280.

331 Vgl. *BGH* 20.9.1962 – II ZR 209/61, BGHZ 38, 26 (33); Nk-HGB/*Klimke*, § 125 Rn. 1; Henssler/Strohn/*Klöhn*, § 150 HGB Rn. 1; K/K/R/D/*Koller*, § 150 HGB Rn. 1.

332 GroßKomm.HGB/*Habersack*, § 125 Rn. 18.

möglich. Daher ist eine solche Regelung im Handelsverkehr impraktikabel und auch § 150 HGB zeugt davon, dass die aufgelöste OHG/KG nicht mehr fortgesetzt im Handelsverkehr auftreten soll.

c) Umfang der Vertretungsmacht

Der Umfang der Vertretungsmacht der Liquidatoren ergibt sich aus § 149 S. 2 HGB. Diese Norm ist vom Zwiespalt gekennzeichnet, dass einst die Aufgaben der Liquidatoren sowie die Rechtsfähigkeit der zu liquidierenden Gesellschaft begrenzt waren, die Liquidatoren nach modernem Verständnis aber ein unternehmerisches Verfahren zu leiten haben.[333]

D. Zusammenfassung

Die Auflösung der Gesellschaft führt, soweit sie mit einer Liquidation einhergeht, zu Änderungen in der Organisationsverfassung der OHG/KG. Die §§ 146 ff. HGB erfahren nun Geltung und verdrängen die §§ 105 ff., 161 ff. HGB, soweit es die Liquidation erfordert. Daher bestehen sowohl die Identität als auch die Eigenschaft der OHG/KG als Handelsgesellschaft fort.

Das Gesellschaftsvermögen bleibt der OHG/KG weiterhin zugeordnet. Es dient nunmehr der Auseinandersetzung. Das heißt, in einem ersten Schritt sollen die Gesellschaftsgläubiger daraus Befriedigung erhalten. In einem zweiten Schritt soll danach noch vorhandenes Vermögen unter den Gesellschaftern verteilt werden.

Bedingt durch die Liquidation wird das Vermögen von der Durchsetzungssperre erfasst. Insoweit spricht man auch von der Befangenheit der im Innenverhältnis bestehenden Ansprüche. Es wird lediglich das Gesellschaftsvermögen vorläufig unter den Gesellschaftern verteilt, welches während der Liquidation entbehrlich ist (vgl. § 155 II 1 HGB). Dieses Vorgehen dient der Vereinfachung und der Beschleunigung des Liquidationsverfahrens. Außerdem soll somit die Schlussverteilung am Ende der Liquidation vorbereitet werden.

Während das Gesellschaftsvermögen nach innen stabilisiert wird, besteht nach außen die unbeschränkte Gesellschafterhaftung gemäß § 128 HGB (und für die KG in Verbindung mit § 161 II HGB) fort. In Abweichung zu § 707 BGB können die Gesellschafter überdies zu Nachschüssen in das Gesellschaftsvermögen verpflichtet sein (§ 735 BGB).

Auch im Rahmen der Handlungsorganisation werden Änderungen offenbar. Die Verfahrensherrschaft ruht zwar grundsätzlich in den Händen der Gesellschafter. Nach §§ 145 II, 146 I, 147, 152 HGB können jedoch auch Dritte Einfluss auf die Liquidation nehmen. Weil das Gesetz davon ausgeht, dass der die Gesellschafter verbindende gemeinsame Zweck entfällt oder die Gesellschafter auch

333 Der Frage nach dem Umfang der Vertretungsmacht der Liquidatoren wird im 6. und 7. Kapitel nachgegangen.

Eigeninteressen zulasten des Verbands verfolgen, werden alle Gesellschafter – auch die Kommanditisten – zu gesamtvertretungsberechtigten Liquidatoren (vgl. § 150 I HGB). Hierdurch werden einerseits die Gesellschafter geschützt. Andererseits wird die effektive Teilhabe am Rechtsverkehr vernachlässigt.

Die Untersuchung der internen Organisation der Gesellschaft anhand der Parameter Identitäts-, Haftungs- und Handlungsverfassung liefert hinsichtlich des Verhältnisses zur werbenden Gesellschaft insgesamt nur wenige neue Erkenntnisse. Insbesondere aber die Handlungsverfassung ändert sich verfahrensbedingt; Drittorganschaft wird zulässig. Da allerdings die Gesellschaft weiterhin ein Rechtsträger sein muss und der Gläubigerschutz mittels der persönlichen Gesellschafterhaftung verwirklicht wird, zeigt die Liquidation keine wesentlichen Auswirkungen auf die Haftungsverfassung.

4. Kapitel Rechnungslegung in der Liquidation

A. Aufgabe der Liquidationsbilanzierung im Sinne des § 154 HGB

§ 154 HGB, der die Rechnungslegungspflicht der Liquidatoren regelt, basiert auf dem Gedanken, dass die Liquidationsgesellschaft allein zum Zweck der Auseinandersetzung fortbesteht.[334] Angeordnet wird daher die Pflicht, „*bei dem Beginne sowie bei der Beendigung der Liquidation eine Bilanz aufzustellen.*“[335] Weitere Bilanzen oder Rechenwerke abseits dieser Liquidationsbilanzen sind – beziehungsweise waren – nach Ansicht der Gesetzesverfasser nicht erforderlich, da sich bereits anhand dieser Bilanzen der Gewinn oder das Ergebnis des Verfahrens ermitteln lässt.[336] Auf nichts anderes soll sich das Informationsbedürfnis der Gesellschafter oder Beteiligten während der Liquidation beschränken.[337] Somit besteht der Zweck dieser Sonderbilanzierung allein in der Information der Gesellschafter und der Ermittlung des Ergebnisses des Verfahrens.[338] Dem entspricht § 155 I HGB: Die Schlussverteilung erfolgt aufgrund der Schlussbilanz im Sinne des § 154 HGB.

---

334 Vgl. Denkschrift zum HGB 1897, abgedruckt in *Schubert/Schmiedel/Krampe*, Quellen, Band II/1, S. 93.

335 Denkschrift zum HGB 1897, abgedruckt in *Schubert/Schmiedel/Krampe*, Quellen, Band II/1, S. 93.

336 Denkschrift zum HGB 1897, abgedruckt in *Schubert/Schmiedel/Krampe*, Quellen, Band II/1, S. 93; siehe auch den Gesetzentwurf zum GenG 1889 abgedruckt bei *Schubert*, 100 Jahre GenG, S. 263. Auch 87 GenG 1889 basiert auf dem Gedanken, dass allein die Liquidationsbilanzen über das vorhandene und zu verteilende Vermögen Auskunft geben sollen.

337 Denkschrift zum HGB 1897, abgedruckt in *Schubert/Schmiedel/Krampe*, Quellen, Band II/1, S. 93.

338 Vgl. dazu *BGH* v. 5.11.1979 – II ZR 145/78, NJW 1980, 1522 (1523); *OLG Celle* v. 11.5.1983 – 9 U 160/82, ZIP 1983, 943 (944); Hk-HGB/*Anissimov*, § 154 Rn. 1; GroßKomm.HGB/*Habersack*, § 154 Rn. 7; *Wertenbruch* in Westermann/Wertenbruch, Rn. I 1744 ff.; *Haar*, NZG 2007, 601 (602); *Scherrer/Heni*, Liquidations-Rechnungslegung, S. 214 ff.; auch HKK/*Gröschler*, §§ 259–261 Rn. 6 f.

B. Interne Liquidationsrechnungslegung

I. Ausschließlichkeit der Liquidationsbilanzen gemäß § 154 HGB

Dementsprechend wenig verwunderlich ist es, dass die ältere Rechtsprechung noch davon ausging, dass § 154 HGB als Spezialvorschrift die allgemeinen kaufmännischen Rechnungslegungspflichten verdrängt.[339] Allerdings müssen die Liquidatoren die Gesellschafter dann angemessen über den Stand der Liquidation informieren, wenn sich diese entweder über einen langen Zeitraum (wenigstens länger als ein Jahr)[340] erstreckt oder größere Veränderungen der Aktiven und Passiven eintreten.[341] In diesen Fällen können jährliche oder anlassbezogene Bilanzen erforderlich werden.[342] Eine Bilanzierung erscheint aber nicht zwingend, es genügt vielmehr, wenn die Liquidatoren die Gesellschafter über den Stand der Abwicklungsgeschäfte in Kenntnis setzen.[343] Insoweit ist die Subsumtion einwandfrei, das einstmals mit der Eröffnungsbilanz vorhergesagte Ergebnis ist aufgrund des Gangs des Verfahrens infrage gestellt, sodass eine weitere Rechnungslegung zum Zweck der Liquidationsplanung erforderlich wird. Diese aufgrund von § 154 HGB im Verhältnis zu den §§ 238 ff. HGB fortgesetzte Bilanzierung dient allein der Information der Gesellschafter, da ihnen die Durchsetzung der im Gesellschaftsverhältnis bestehenden Ansprüche ermöglicht oder erleichtert wird.[344] Dies sind insbesondere die Ansprüche auf Verteilung nach § 155 I, II HGB. Da die Liquidationsbilanzen dieser Ansicht nach an die Stelle der Jahresabschlüsse treten, ist das Einsichtsrecht nach § 118 HGB beziehungsweise nach den § 166 I und III HGB auf

---

339 *BGH* v. 5.11.1979 – II ZR 145/78, NJW 1980, 1522 (1523); *OLG Celle* v. 11.5.1983 – 9 U 160/82, ZIP 1983, 943 (944 f.); *BayObLG* v. 14.1.1994 – 3 Z BR 307/93, BB 1994, 523 (524), zu § 71 I aF GmbHG; *LG Bonn* v. 20.11.2009 – 39 T 1252/09, NZI 2010, 77; Glanegger/*Stuhlfelner/Selder*, § 154 Rn. 2; offenlassend *BGH* v. 16.9.2010 – II ZR 121/09, NZG 2010, 1436 Rn. 10; das *OLC Celle* weist im Fall v. 11.5.1983 – 9 U 160/82, ZIP 1983, 943 auf die weitergehenden Bilanzierungspflichten hin.

340 Vgl. *BGH* v. 5.11.1979 – II ZR 145/78, NJW 1980, 1522 (1523).

341 *BGH* v. 5.11.1979 – II ZR 145/78, NJW 1980, 1522 (1523); *OLG Celle* v. 11.5.1983 – 9 U 160/82, ZIP 1983, 943 (944 f.); *BayObLG* v. 14.1.1994 – 3 Z BR 307/93, BB 1994, 523 (524), zu § 71 I aF GmbHG; *LG Bonn* v. 20.11.2009 – 39 T 1252/09, NZI 2010, 77; Glanegger/*Stuhlfelner/Selder*, § 154 Rn. 2; offenlassend *BGH* v. 16.9.2010 – II ZR 121/09, NZG 2010, 1436 Rn. 10.

342 *BGH* v. 5.11.1979 – II ZR 145/78, NJW 1980, 1522 (1523); *OLG Celle* v. 11.5.1983 – 9 U 160/82, ZIP 1983, 943 (944 f.); *BayObLG* v. 14.1.1994 – 3 Z BR 307/93, BB 1994, 523 (524); Glanegger/*Stuhlfelner/Selder*, § 154 Rn. 2.

343 *BGH* v. 5.11.1979 – II ZR 145/78, NJW 1980, 1522 (1523); *OLG Celle* v. 11.5.1983 – 9 U 160/82, ZIP 1983, 943 (944 f.).

344 Siehe *BGH* v. 5.11.1979 – II ZR 145/78, NJW 1980, 1522 (1523).

die Mitteilung der Liquidationsbilanzen gerichtet.[345] Die steuerrechtliche Bilanzierungspflicht besteht daneben fort.[346]

II. Aufstellung sowohl von internen als auch externen Liquidationsbilanzen

An der fortbestehenden steuerrechtlichen Rechnungslegungspflicht sowie der in Liquidation fortbestehenden Identität und dem Charakter der Gesellschaft als Handelsgesellschaft knüpfte *Karsten Schmidt* an und arbeitete einen Unterschied zwischen *externer* und *interner* Rechnungslegung heraus.[347] Da der Wortlaut[348] nicht entgegensteht, ist § 154 HGB so auszulegen, dass er nur die interne Rechnungslegung der Liquidatoren gegenüber der Gesellschaft und den Gesellschaftern anordnet und die externen kaufmännischen Rechnungslegungspflichten gemäß den §§ 238 ff., 242 ff. HGB nicht verdrängt (so nunmehr die herrschende Meinung)[349]. Die externen Pflichten bestehen bis zur Beendigung der Liquidation und der Gesellschaft fort.[350] Abzustellen ist auf den Zeitpunkt, in dem das Gesellschaftsvermögen

345 *OLG Celle* v. 11.5.1983 – 9 U 160/82, ZIP 1983, 943 (944); *BayObLG* v. 18.9.1987 – 3 Z 27/87, BB 1987, 2184; GroßKomm.HGB/*Habersack*, § 156 Rn. 9.

346 *OLG Celle* v. 11.5.1983 – 9 U 160/82, ZIP 1983, 943 (944); Glanegger/*Stuhlfelner/Selder*, § 154 Rn. 2.

347 *Karsten Schmidt*, Liquidationsbilanzen, S. 57, 66; MüKo.HGB/*Karsten Schmidt*, § 154 Rn. 14.

348 Hierzu und dessen Bedeutung im Zivilrecht *Möllers*, Juristische Methodenlehre, § 4 Rn. 42.

349 Hk-HGB/*Anissimov*, § 154 Rn. 1; *Butzer/Knof* in MHdB GesR Band 1, § 84 Rn. 63 f., 70, 73; *Deubert*, Sonderbilanzen, S Rn. 41, unter Verweis auf § 156 HGB; Ensthaler/*Ensthaler*, § 154 HGB Rn. 1, 7, *Weiß*, MAH Personengesellschaftsrecht, § 25 Rn. 89; Röhricht/Graf v. Westphalen/Haas/*Haas*, § 154 HGB Rn. 9; GroßKomm. HGB/*Habersack*, § 154 HGB Rn. 2; E/B/J/S/*Hillmann*, § 154 HGB Rn. 5; BeckOK. HGB/*Hoffmann-Theinert*, § 154 Rn. 4; Oetker/*Kamanabrou*, § 154 HGB Rn. 1, 4; *Mezger*, Abwicklung, S. 61; Baumbach/Hopt/*Roth*, § 154 HGB Rn. 4; Heymann/*Peetz*, § 154 HGB Rn. 1; *Scherrer/Heni*, DStR 1992, 797; *Scherrer/Heni*, Liquidations-Rechnungslegung, S. 4; *Karsten Schmidt*, ZHR 153 (1989), 270 (286); *Karsten Schmidt*, Liquidationsbilanzen, S. 58 ff.; *Karsten Schmidt*, Festschrift L. Schmidt, 227 (230); MüKo.HGB/*Karsten Schmidt*, § 154 Rn. 14; *Schulze-Osterloh*, NZG 2016, 161 (164); *Stüber*, Durchsetzungssperre, S. 97; *Wertenbruch* in Westermann/Wertenbruch, Rn. I 1747; zu den Zwecken der §§ 238 ff., 242 ff. HGB siehe auch *Moxter*, Festschrift Goerdeler, 361 (365 ff.).

350 Vgl. dazu auch *Butzer/Knof* in MHdB GesR Band 1, § 84 Rn. 64, 73; GroßKomm. HGB/*Habersack*, § 154 HGB Rn. 10; *Hintzen*, Liquidation, S. 80; Oetker/*Kamanabrou*, § 154 HGB Rn. 4 f.; *Scherrer/Heni*, DStR 1992, 797; *Scherrer/Heni*, Liquidations-Rechnungslegung. S. 144 f.; *Karsten Schmidt*, Festschrift L. Schmidt, 226 (230); *Karsten Schmidt*, Liquidationsbilanzen, S. 57; MüKo.HGB/*Karsten Schmidt*, § 154 HGB Rn. 14 f.

zur Verteilung unter den Gesellschaftern im Sinne des § 155 I HGB reif ist.[351] Hier kommt es zu einem Gleichlauf mit der internen Schlussbilanz.[352]

Daher folgt der Fortbestand der externen Pflichten nicht unmittelbar aus dem Wortlaut des § 154 HGB, sondern aus der Identität der Liquidationsgesellschaft, die Kaufmann ist und bleibt.[353] Die §§ 238, 242 HGB knüpfen allein an die Kaufmannseigenschaft an (§ 238 I HGB: *„Jeder Kaufmann ist verpflichtet ...“*; § 242 I HGB: *„Der Kaufmann hat ...“*). Darüber hinaus führt die Eröffnung des Liquidationsverfahrens nach § 156 HGB nur dazu, dass die Vorschriften der §§ 105 ff. HGB modifiziert werden, die Vorschriften des dritten Buchs (*„Handelsbücher“*) bleiben davon unberührt. Eine solche Auslegung hat für sich, dass die Einheitlichkeit der Rechtsordnung gewahrt ist, denn sowohl die AG (§ 270 I AktG) als auch die GmbH (§ 71 I GmbHG) sind in der Liquidation zur Aufstellung von Jahresabschlüssen verpflichtet.[354] Damit wird für die Fälle der Kapitalgesellschaft & Co. ein Gleichlauf der Pflichten erreicht. Begründet wird diese Auslegung in der Literatur auch mit einem Verweis auf § 155 I InsO, der (wie auch die §§ 66, 153 InsO) für das Insolvenzverfahren, welches eben *„nur“* ein spezielles, im Interesse der Gläubiger liegendes Abwicklungsverfahren sei, ein Nebeneinander von interner und externer Rechnungslegung anordnet.[355] Daher ist deren Übertragung auf die Liquidation nur konsequent.[356] Die Aufschlüsselung in interne und externe Rechnungslegung folgt aus der Parallelität des § 154 HGB, der sich ausdrücklich an die Liquidatoren richtet, zu den §§ 238, 242 HGB, die allein die Kaufmannseigenschaft voraussetzen,

---

351 *OLG Celle* v. 11.5.1983 – 9 U 160/82, ZIP 1983, 943 (945); *Butzer/Knof* in MHdB GesR Band 1, § 84 Rn. 64, 71; Röhricht/Graf v. Westphalen/Haas/*Haas*, § 154 HGB Rn. 8; GroßKomm.HGB/*Habersack*, § 154 HGB Rn. 10; *Hintzen*, Liquidation, S. 80; Oetker/*Kamanabrou*, § 154 HGB Rn. 5; *Scherrer/Heni*, DStR 1992, 797; *Scherrer/Heni*, Liquidations-Rechnungslegung. S. 144 f.; *Karsten Schmidt*, Festschrift L. Schmidt, 226 (230); *Karsten Schmidt*, Liquidationsbilanzen, S. 57; MüKo.HGB/*Karsten Schmidt*, § 154 Rn. 14 f.; Glanegger/*Stuhlfelner/Selder*, § 154 HGB Rn. 5 ff.; siehe auch *Schön*, ZHR 161 (1997), 133 (142); *Künkele/Zwirner*, DStR 2009, 1277; Schmidt/*Weber-Grellet*, § 5 EStG Rn. 12 f.

352 *OLG Celle* v. 11.5.1983 – 9 U 160/82, ZIP 1983, 943 (945); *Butzer/Knof* in MHdB GesR Band 1, § 84 Rn. 71, 73; Röhricht/Graf v. Westphalen/Haas/*Haas*, § 154 HGB Rn. 14; GroßKomm.HGB/*Habersack*, § 154 Rn. 10; *Hintzen*, Liquidation, S. 80; Oetker/*Kamanabrou*, § 154 HGB Rn. 5 f.; *Scherrer/Heni*, DStR 1992, 797; *Scherrer/Heni*, Liquidations-Rechnungslegung. S. 144 f.; *Karsten Schmidt*, Festschrift L. Schmidt, 226 (230); *Karsten Schmidt*, Liquidationsbilanzen, S. 57; MüKo.HGB/*Karsten Schmidt*, § 154 Rn. 14 f.; Glanegger/*Stuhlfelner/Selder*, § 154 HGB Rn. 5 ff.

353 GroßKomm.HGB/*Habersack*, § 154 Rn. 9; E/B/J/S/*Hillmann*, § 154 HGB Rn. 5; *Karsten Schmidt*, Festschrift L. Schmidt, 226 (234).

354 Siehe dazu Röhricht/Graf v. Westphalen/Haas/*Haas*, § 154 HGB Rn. 9; Oetker/*Kamanabrou*, § 154 HGB Rn. 4; MüKo.HGB/*Karsten Schmidt*, § 154 Rn. 14.

355 GroßKomm.HGB/*Habersack*, § 154 Rn. 10; Baumbach/Hopt/*Roth*, § 154 HGB Rn. 4.

356 GroßKomm.HGB/*Habersack*, § 154 Rn. 10; Baumbach/Hopt/*Roth*, § 154 HGB Rn. 4.

die eben nur bei der (Handels-)Gesellschaft (im Sinne des § 6 HGB) besteht.[357] Die Grundlage hierfür ist zum einen die Kontinuität der OHG/KG und zum anderen die Rechenschaftspflicht der Liquidatoren als Verwalter eines fremden Vermögens.[358] So ging der HGB-Gesetzgeber von 1897 auch davon aus, dass neben den Liquidationsbilanzen (interne nach heutigem Verständnis) keine weiteren Bilanzen aufgestellt werden müssen.[359] Diesen Bilanzen käme demnach allein die Funktion zu, die Überwachung der Liquidatoren sowie deren Tätigkeit zu ermöglichen.[360]

Damit lässt sich zusammenfassen, dass die internen Bilanzen der Information der Beteiligten über das vorhandene Vermögen der Gesellschaft dienen,[361] die Überwachung der Liquidatoren ermöglichen und anhand dieser beiden Bilanzen (zumindest in der Konzeption des Gesetzgebers) der Gewinn des Verfahrens ermittelbar ist. Die externen Bilanzen ermöglichen den Gläubigerschutz[362] und dienen überdies der Erfüllung steuerrechtlicher Pflichten.

1. Interne Liquidationseröffnungsbilanz als Verzeichnis des vorhandenen Vermögens

Die interne Eröffnungsbilanz (eine externe gibt es nicht) wird als reine Vermögensbilanz angesehen,[363] in der das gesamte zu Beginn der Liquidation vorhandene Gesellschaftsvermögen im Sinne des § 247 I HGB zu verzeichnen ist.[364] Dementsprechend ist der Bilanzstichtag gemäß § 154 HGB, in dem es heißt *„bei Beginne der*

---

357 *Karsten Schmidt*, Liquidationsbilanzen, S. 20.

358 *Karsten Schmidt*, Liquidationsbilanzen, S. 21.

359 Denkschrift zum HGB 1897, abgedruckt in *Schubert/Schmiedel/Krampe*, Quellen, Band II/1, S. 93; auf dieser Grundlage argumentiert *Karsten Schmidt*, Liquidationsbilanzen, S. 21.

360 Siehe dazu die Denkschrift zum HGB 1897, abgedruckt in *Schubert/Schmiedel/Krampe*, Quellen, Band II/1, S. 93; vgl. auch *Karsten Schmidt*, Liquidationsbilanzen, S. 21.

361 Nach *Karsten Schmidt*, Liquidationsbilanzen, S. 64, dienen sie daher der Liquidationsplanung.

362 Zu diesem Bilanzzweck siehe *Moxter*, Festschrift Goerdeler, 361 (369 f.).

363 GroßKomm.HGB/*Habersack*, § 154 Rn. 14, 16; E/B/J/S/*Hillmann*, § 154 HGB Rn. 14; Baumbach/Hopt/*Roth*, § 154 HGB Rn. 2; *Karsten Schmidt*, Liquidationsbilanzen, S. 63; MüKo.HGB/*Karsten Schmidt*, § 154 Rn. 25; vgl. zur Rechtslage bei AG § 271 II 2 AktG; MüKo.AktG/*J. Koch*, § 271 Rn. 4 und zu § 71 II 2 GmbHG Rowedder/*Gesell*, § 71 GmbHG Rn. 3; siehe auch *Förschle/Kropp/Deubert*, DB 1994, 998 (999).

364 *BGH* v. 5.7.1993 – II ZR 234/92, ZIP 93, 1307 (1309); *BGH* v. 15.11.2011 – II ZR 266/09, BGHZ 191, 293 Rn. 30; *BGH* v. 20.11.2012 – II ZR 148/10, BeckRS 2013, 01859 Rn. 28, 31; *BGH* v. 13.10.2015 – II ZR 214/13, NJW-RR 2016, 292; *Frey/Bruhn*, in BeckHBPersG, § 26 Rn. 14; *Schulze-Osterloh*, NZG 2016, 161 (164); *Winnefeld*, HB Bilanzrecht, Rn. N 719; vgl. auch *OLG Celle* v. 11.5.1983 – 9 U 160/82, ZIP 1983, 943 (945).

Liquidation", der Tag der Beschlussfassung über die Verfahrenseröffnung.[365] Die Vermögensgegenstände der Gesellschaft sind daher mit dem Wert zu verzeichnen, den sie im Zeitpunkt der Beschlussfassung hatten, was allerdings bedeutet, dass Geschäftsvorfälle nicht exakt einer Rechnungsperiode zugeordnet werden können,[366] sodass das Vermögen gerade nicht in Bezug zu vorhergehenden oder anderen Rechnungsperioden gesetzt wird.[367] Daher stellt diese Eröffnungsbilanz einen Fremdkörper im Rahmen der Bilanzierung dar. Der seit Aufstellung des letzten Jahresabschlusses vor der Liquidation angefallene Gewinn lässt sich somit nicht ermitteln. Eine Abgrenzung des im Rahmen der Liquidation erzielten Gewinns zu dem, der noch aufgrund der werbenden Tätigkeit erzielt wurde, ist nicht möglich. Das einzige Ziel der Bilanz soll sein, dass die Liquidatoren gegenüber den Beteiligten kenntlich machen, welches Vermögen sie mit Amtsantritt übernehmen.[368] Da in der Liquidationsbilanz fiktive Zerschlagungswerte anzusetzen sind[369] und stille Reserven aufgelöst werden,[370] soll die Eröffnungsbilanz bereits einen Ausblick auf das mögliche Liquidationsergebnis geben,[371] weshalb der Ansatz und die Bewertung der in die Eröffnungsbilanz aufzunehmenden Vermögensgegenstände unter Berücksichtigung des Liquidationszwecks erfolgen soll und damit das vermeintliche Ergebnis vorweggenommen wird.[372] Daher erfolgt eine Bewertung nicht mit Fortsetzungswerten („going concern"-Prinzip des § 252 I Nr. 2 HGB),[373] sondern zu fiktiven Zerschlagungswerten. Insoweit stellt der Liquidationsbeschluss ein

---

365 Henssler/Strohn/*Klöhn*, § 154 HGB Rn. 6; Baumbach/Hopt/*Roth*, § 154 HGB Rn. 2; mit Kritik an diesem Modell, weil die externe Rechnungslegungspflicht an den Jahresabschluss anknüpft E/B/J/S/*Hillmann*, § 154 HGB Rn. 7, 11; K/K/R/D/*Kindler*, § 154 HGB Rn. 2; MüKo.HGB/*Karsten Schmidt*, § 154 Rn. 18.

366 Vgl. dazu *Coenenberg/Haller/Schultze*, Jahresabschluss, S. 4; *Winnefeld*, Bilanz-HB, Rn. Einf. 3.

367 Vgl. hierzu *Coenenberg/Haller/Schutze*, Jahresabschluss, S. 4; *Winnefeld*, Bilanz-HB, Rn. Einf. 3.

368 Vgl. *OLG München* v. 2.7.2009 – 23 U 4240/08, BeckRS 2009, 20731; *Braun*, ZIP 1997, 1013 (1015); GroßKomm.HGB/*Habersack*, § 154 HGB Rn. 8; *Scherrer/Heni*, DStR 1992, 797; *Scherrer/Heni*, Liquidations-Rechnungslegung, S. 217, 225; *Karsten Schmidt*, Liquidationsbilanzen, S. 14; MüKo.HGB/*Karsten Schmidt*, § 154 Rn. 24; *Schulze-Osterloh*, NZG 2016, 161 (164).

369 *Förster/Grönwoldt*, BB 1987, 577 (578); Röhricht/Graf v. Westphalen/Haas/*Haas*, § 154 HGB Rn. 10; vgl. auch Baumbach/Hopt/*Roth*, § 154 HGB Rn. 2; *Karsten Schmidt*, Liquidationsbilanzen, S. 14.

370 Röhricht/Graf v. Westphalen/Haas/*Haas*, § 154 HGB Rn. 10; E/B/J/S/*Hillmann*, § 154 HGB Rn. 14; MüKo.HGB/*Karsten Schmidt*, § 154 Rn. 25.

371 Vgl. auch *Hofmann*, GmbHR 1976, 258 (259), allerdings zur GmbH.

372 Vgl. GroßKomm.HGB/*Habersack*, § 154 Rn. 14; E/B/J/S/*Hillmann*, § 154 HGB Rn. 14; *Scherrer/Heni*, DStR 1992, 797 (803); *Scherrer/Heni*, Liquidations-Rechnungslegung, S. 86; MüKo.HGB/*Karsten Schmidt*, § 154 Rn. 25; auch *Sudhoff*, NJW 1957, 731.

373 Vgl. *Dicken/Henssler*, BilanzR, Rn. 551; *Förster/Grönwoldt*, BB 1987, 577 (579); GroßKomm.HGB/*Habersack*, § 154 HGB Rn. 23.

rechtliches, der Bewertung entgegenstehendes Hindernis im Sinne des § 252 I Nr. 2 HGB dar, was ebenfalls aus der Planungsfunktion folgt.[374] Ein solches Vorgehen steht im Gegensatz zu der Aufstellung der externen Bilanzen, bei welchen auch die Interessen Dritter zu berücksichtigen sind.[375] Hier ist solange mit dem Fortsetzungswert zu bilanzieren, bis die tatsächliche Betriebseinstellung oder die Veräußerung der Vermögensgegenstände erfolgt.[376]

Daneben soll beispielsweise Anlage- zu Umlaufvermögen umbewertet werden, sofern mit dessen Veräußerung zu rechnen ist. Unter den gleichen Gesichtspunkten können auch immaterielle Vermögensgegenstände nach Maßgabe des § 248 II 2 HGB in die Bilanz eingestellt werden.[377] Damit ist der Aussagegehalt dieser Bilanz eher gering, ein Verfahrensgewinn lässt sich aufgrund der ungenauen Schätzwerte schwer berechnen. Die Beurteilung der Liquidatorentätigkeit anhand des Verfahrensgewinns aufgrund dieser Bilanzen hängt damit maßgeblich davon ab, wie sie zu Beginn des Verfahrens die Vermögensgegenstände bewertet haben.[378] Die Bedeutung der internen Eröffnungsbilanz beschränkt sich somit auf die Liquidationsplanung.[379] Dieser Zweck kann auch im Rahmen der externen Rechnungslegung erreicht werden,[380] sodass gerade in Bezug auf die internen Bilanzen die Dispositionsbefugnis in den Händen der Gesellschafter als den Herren des Verfahrens liegt,[381] zumal die interne Bilanzierung ohnehin allein in deren Interesse erfolgt.[382] Sollten Dritte im Sinne des § 146 II 2, III HGB am Verfahren beteiligt sein, gilt wegen § 152 HGB nichts anderes.

---

374 Siehe auch E/B/J/S/*Böcking/Gros/Wirth*, § 252 HGB Rn. 13 ff.; *Förster/Grönwoldt*, BB 1987, 577 (579); siehe auch *Scherrer/Heni*, DStR 1992, 797 (803); *Winnefeld*, HB Bilanzrecht, Rn. N 716.

375 Vgl. BT-Drucks., 10/317, S. 17; *Förschle/Kropp/Deubert*, DB 1994, 998 (999); *Tavakoli/Eisenberg*, GmbHR 2018, 75 (76) jeweils zur Liquidationseröffnungsbilanz im Sinne des §§ 270 AktG, 71 GmbHG.

376 Vgl. BT-Drucks., 10/317, S. 17; *Förschle/Kropp/Deubert*, DB 1994, 998 (999); *Scherrer/Heni*, DStR 1992, 797 (803); *Winnefeld*, HB Bilanzrecht, Rn. N 716; *Tavakoli/Eisenberg*, GmbHR 2018, 75 (76) jeweils zur Liquidationseröffnungsbilanz im Sinne des §§ 270 AktG, 71 GmbHG.

377 GroßKomm.HGB/*Habersack*, § 154 Rn. 14; E/B/J/S/*Hillmann*, § 154 HGB Rn. 14.

378 *Scherrer/Heni*, Liquidations-Rechnungslegung, S. 80.

379 *Scherrer/Heni*, Liquidations-Rechnungslegung, S. 80; *Karsten Schmidt*, Liquidationsbilanzen, S. 64.

380 Vgl. dazu auch *Förster/Grönwoldt*, BB 1987, 577 (580); MüKo.HGB/*Karsten Schmidt*, § 154 Rn. 28.

381 E/B/J/S/*Hillmann*, § 154 HGB Rn. 16.

382 Denkschrift zum HGB 1897, abgedruckt in *Schubert/Schmiedel/Krampe*, Quellen, Band II/1, S. 94. Der Gesetzgeber ging daher davon aus, dass bei einem weitergehenden Informationsbedürfnis der Beteiligten und der Gesellschafter eine weitergehende Bilanzierung angeordnet werden könne.

2. Rechenschaft über das Verfahren aufgrund interner Liquidationsschlussbilanz

Die Rechtslage sowie der Streitstand in Betreff auf die interne Schlussbilanz im Sinne des § 154 HGB gestalten sich ähnlich. Diese Bilanz soll nach § 155 I HGB die Grundlage der am Ende der Liquidation stattfindenden Auseinandersetzung unter den Gesellschaftern sein.[383] Die herrschende Meinung sieht in der internen Schlussbilanz indes keine Erfolgsbilanz, sondern eine Bilanz, in der das am Ende der Liquidation vorhandene Vermögen der Gesellschaft und dessen Verwendung zu verzeichnen sind.[384] Daher wird das Liquidationsergebnis anhand eines Vergleichs des letzten Jahresabschlusses der werbenden Gesellschaft mit der externen Schlussbilanz ermittelt.[385] Dies folgt daraus, dass zwischen den externen Bilanzen Vergleichbarkeit besteht,[386] da einerseits kontinuierlich die Vorschriften der §§ 242 ff. HGB Anwendung finden und andererseits in der internen Bilanz fiktive Veräußerungs- und Zerschlagungswerte unter Auflösung stiller Rücklagen angesetzt werden, sodass es zu Buchgewinnen oder -verlusten kommen kann, die das Ergebnis verfälschen.[387]

Gleichwohl haben die Liquidatoren die Bilanz gegenüber der Gesellschaft aufzustellen, sobald das Gesellschaftsvermögen zur Verteilung auf die Gesellschafter reif ist.[388] Gemeint ist damit der Zeitpunkt, in dem die Aufgaben aus § 149 S. 1 HGB

---

383 Denkschrift zum HGB 1897, abgedruckt in *Schubert/Schmiedel/Krampe*, Quellen, Band II/1, S. 94; *BGH* v. 21.11.1983 – II ZR 19/83, ZIP 1984, 49 (53 f.); *BGH* v. 5.7.1993 – II ZR 234/92, ZIP 1993, 1307; *BGH* v. 21.11.2005 – II ZR 17/04, ZIP 2006, 232; *BGH* v. 23.10.2006 – II ZR 192/05, ZIP 2006, 2271; *OLG München* v. 2.7.2009 – 23 U 4240/08, BeckRS 2009, 20731; *BGH* v. 25.1.2011 – II ZR 280/09, BeckRS 2011, 03186; *BGH* v. 13.10.2015 – II ZR 214/13, NJW-RR 2016, 292 Rn. 15; Glanegger/*Stuhlfelner/Selder*, § 154 HGB Rn. 4.

384 *Hintzen*, Liquidation, S. 82; *Scherrer/Heni*, Liquidations-Rechnungslegung, S. 148, 208 f.; *Karsten Schmidt*, Liquidationsbilanzen, S. 65 f.; vgl. auch MüKo.HGB/*Karsten Schmidt*, § 154 Rn. 29.

385 Vgl. *Butzer/Knof* in MHdB GesR Band 1, § 84 Rn. 69; Ensthaler/*Ensthaler*, § 154 HGB Rn. 5; GroßKomm.HGB/*Habersack*, § 154 HGB Rn. 27; E/B/J/S/*Hillmann*, § 154 HGB Rn. 19; *Mezger*, Abwicklung, S. 61; Baumbach/Hopt/*Roth*, § 154 HGB Rn. 3; *Scherrer/Heni*, Liquidations-Rechnungslegung, S. 208; *Karsten Schmidt*, Liquidationsbilanzen, S. 62, 64 f.; MüKo.HGB/*Karsten Schmidt*, § 154 Rn. 26; *Sudhoff*, NJW 1957, 731; wohl auch Röhricht/Graf v. Westphalen/Haas/*Haas*, § 154 HGB Rn. 10; anders sah dies der Gesetzgeber, vgl. auch GroßKomm.HGB/*Habersack*, § 154 Rn. 2.

386 So auch *Scherrer/Heni*, Liquidations-Rechnungslegung, S. 81; *Karsten Schmidt*, Liquidationsbilanzen, S. 65.

387 Ensthaler/*Ensthaler*, § 154 HGB Rn. 5; *Sudhoff*, NJW 1957, 731 (732); vgl. auch *Deubert*, Sonderbilanzen, S Rn. 146; GroßKomm.HGB/*Habersack*, § 154 Rn. 27; *Winnefeld*, HB Bilanzrecht, Rn. N 716.

388 Siehe dazu MüKo.HGB/*Karsten Schmidt*, § 154 Rn. 22.

erledigt sind,[389] weshalb die Verbindung dieser internen mit der externen Schlussbilanz angezeigt sei.[390] Die Konsequenz daraus ist, dass es sich hier im Innenverhältnis (hinsichtlich der internen Bilanzen) wiederum nur um Rechenschaftsberichte der Liquidatoren im Sinne des § 259 BGB handelt,[391] die allein Aufschluss darüber geben, in welchem Umfang das zu Beginn der Liquidation vorhandene Vermögen in Geld umgesetzt werden konnte.[392] Im Kern dienen die internen Bilanzen dieser Ansicht nach somit gleichen Zwecken wie die Auskunfts- und Rechenschaftspflicht des Beauftragten nach § 666 BGB; daher werden Liquidationszwischenbilanzen erforderlich, wenn ein besonderes Aufklärungsbedürfnis besteht.[393]

Zuzugeben ist, dass das Gesetz noch keine Erfolgsbilanzierung vorschrieb, sondern davon ausging, die Bilanz solle das Schuldendeckungspotential des Vermögens des Kaufmanns wiedergeben.[394] Außerdem, und darauf basiert die herrschende Meinung, wurde der Fortbestand der Handelsgesellschaft zum Zweck der Liquidation nur fingiert,[395] insbesondere sollte sie kein Kaufmann mehr sein, weshalb § 154 HGB die Bilanzierungspflichten positiv anordnen konnte. Die Liquidationsgesellschaft ist nach heutiger Lesart allerdings rechtsfähig und eine Handelsgesellschaft im Sinne des § 6 HGB, sodass es zu Diskrepanzen kam, die durch eine Aufteilung in interne und externe Rechnungslegung behoben wurden.

---

389 Vgl. dazu *BGH* v. 3.5.1999 – II ZR 32, 98, ZIP 1999, 1003; Ensthaler/*Ensthaler*, § 154 HGB Rn. 6; Röhricht/Graf v. Westphalen/Haas/*Haas*, § 154 HGB Rn. 10a; E/B/J/S/*Hillmann*, § 154 HGB Rn. 18; *Scherrer/Heni*, Liquidations-Rechnungslegung, S. 208; *Karsten Schmidt*, Liquidationsbilanzen, S. 62; *Wertenbruch* in Westermann/Wertenbruch, Rn. I 1746.

390 *Karsten Schmidt*, Liquidationsbilanzen, S. 66.

391 *Butzer/Knof* in MHdB GesR Band 1, § 84 Rn. 72; *Weiß*, MAH Personengesellschaftsrecht, § 25 Rn. 96; GroßKomm.HGB/*Habersack*, § 154 HGB Rn. 27; E/B/J/S/*Hillmann*, § 154 HGB Rn. 14; Baumbach/Hopt/*Roth*, § 154 HGB Rn. 3; *Scherrer/Heni*, Liquidations-Rechnungslegung, S. 6, außerdem S. 10 f.; *Karsten Schmidt*, Liquidationsbilanzen, S. 63; *Karsten Schmidt*, ZHR 153 (1989), 270 (286); *Schulze-Osterloh*, NZG 2016, 161 (164); zum Zweck der externen Buchführung *Wöhe/Mock*, Die Handels- und Steuerbilanz, S. 62.

392 *Förster/Grönwoldt*, BB 1987, 577 (578); *Scherrer/Heni*, DStR 1992, 798; *Scherrer/Heni*, Liquidations-Rechnungslegung, S. 148, 208 f.; MüKo.HGB/*Karsten Schmidt*, § 154 Rn. 29; auch *Schulze-Osterloh*, NZG 2016, 161 (164).

393 *Karsten Schmidt*, Liquidationsbilanz, S. 65, der auf *BGH* v. 5.11.1979 – II ZR 145/78, NJW 1980, 1522 (1523) verweist; vgl. auch *Hermes*, DStR 2018,1878 (1879).

394 Vgl. etwa Denkschrift zum HGB 1897, abgedruckt in *Schubert/Schmiedel/Krampe*, Quellen, Band II/1, S. 93; zur Entwicklung der Bilanztheorien *Dicken/Henssler*, BilanzR, Rn. 19 ff.

395 Denkschrift zum HGB 1897, abgedruckt in *Schubert/Schmiedel/Krampe*, Quellen, Band II/1, S. 96; siehe auch *Karsten Schmidt*, Liquidationsbilanzen, S. 24 f.

C. Externe Rechnungslegung aufgrund kaufmännischer Tätigkeit

Anknüpfend an ihre Kaufmannseigenschaft muss die Gesellschaft daher externe Bilanzen aufstellen; darunter sind Jahresabschlüsse im Sinne des § 242 ff. HGB und Bücher nach Maßgabe des § 238 HGB zu verstehen.[396] Zum einen dient die externe Rechnungslegung dem Gläubigerschutz, zum anderen der Erfüllung steuerrechtlicher Pflichten gemäß § 140, 141 AO, weshalb hier die Ansatz- und Bewertungsvorschriften der §§ 246 ff. HGB eingreifen.[397] Die externen Pflichten gleichen denen der werbenden Gesellschaft.[398] Somit lässt sich festhalten, dass die Pflicht zur Aufstellung von Jahresabschlüssen von Beginn bis Ende der kaufmännischen Tätigkeit ohne Unterlass auch in der Liquidation fortbesteht und erst mit Vollbeendigung der Gesellschaft endet.[399] Aus den gleichen Grundsätzen folgt auch die Pflicht, eine externe Schlussbilanz aufzustellen, die dann die Grundlage der Schlussverteilung bilden kann.[400] Dieses Ergebnis steht nicht im Widerspruch zum Wortlaut des § 155 I HGB. Zwar spricht dieser von einer Schlussbilanz, die Verbindung zu § 154 HGB folgt indes allein aus der Systematik, kann allerdings auch zu den §§ 242 ff. HGB gezogen werden.

Bis zu dieser Schlussverteilung wird grundsätzlich kein Geld an die Gesellschafter verteilt. Zwar schließt § 155 II 2 HGB direkt nur § 122 HGB aus, aber auch alle weiteren Zahlungen aus dem Gesellschaftsverhältnis an die Gesellschafter werden von der geltenden Durchsetzungssperre erfasst.[401] Gemäß § 155 II 1 HGB sind vorläufige Verteilungen nur soweit zulässig, wie das Geld für die Zwecke der

---

396 *Butzer/Knof* in MHdB GesR Band 1, § 84 Rn. 71; Röhricht/Graf v. Westphalen/Haas/*Haas*, § 154 HGB Rn. 9 ff.; GroßKomm.HGB/*Habersack*, § 154 Rn. 13; E/B/J/S/*Hillmann*, § 154 HGB Rn. 6; *Hintzen*, Liquidation, S. 78 f.; MüKo.BilanzR/*Kleindiek*, § 242 HGB Rn. 13; Baumbach/Hopt/*Roth*, § 154 HGB Rn. 1, 4; *Karsten Schmidt*, Liquidationsbilanzen, S. 57; MüKo.HGB/*Karsten Schmidt*, § 154 Rn. 15, 31.

397 E/B/J/S/*Hillmann*, § 154 HGB Rn. 11 f.; Henssler/Strohn/*Klöhn*, § 154 HGB Rn. 2, 9; *Künkele/Zwirner*, DStR 2009, 1277 (2178); *Scherrer/Heni*, Liquidations-Rechnungslegung, S. 120; *Schön*, ZHR 161 (1997), 133 (138); *Karsten Schmidt*, Liquidationsbilanzen, S. 69; MüKo.HGB/*Karsten Schmidt*, § 154 Rn. 20; *Wöhe/Mock*, Die Handels- und Steuerbilanz, S. 45 f.

398 *Butzer/Knof* in MHdB GesR Band 1, § 84 Rn. 71.

399 *Butzer/Knof* in MHdB GesR Band 1, § 84 Rn. 71; Koenig/*Coester*, § 140 AO Rn. 26; *Winnefeld*, Bilanz-HB, Rn. A 210.

400 Siehe dazu GroßKomm.HGB/*Habersack*, § 154 Rn. 25; E/B/J/S/*Hillmann*, § 154 HGB Rn. 9; Oetker/*Kamanabrou*, § 154 HGB Rn. 5; Henssler/Strohn/*Klöhn*, § 154 HGB Rn. 9 f.; *Scherrer/Heni*, Liquidations-Rechnungslegung, S. 146 ff.; *Karsten Schmidt*, Liquidationsbilanzen, S. 62; MüKo.HGB/*Karsten Schmidt*, § 154 Rn. 22; vgl. zur GmbH *Tavakoli/Eisenberg*, GmbHR 2018, 75 (79).

401 Zu Ausnahmen von der Durchsetzungssperre siehe *Wertenbruch*, Westermann/Wertenbruch, Rn. I 1754.

Liquidation entbehrlich ist. Damit ist die Interessenlage in Betreff auf die Jahresabschlüsse während der Liquidation eine andere als hinsichtlich der werbenden Gesellschaft. Die Abschlüsse müssen nicht mehr der Ermittlung und Bemessung des auf die Gesellschafter entfallenden (Jahres-)Gewinns dienen. Gleichwohl reichen sie für den Zweck der vorläufigen Verteilung im Sinne des § 155 II 1 HGB aus. Dem entspricht die Vorstellung, dass Bilanzen das Schuldendeckungspotential des Vermögens des Kaufmanns wiedergeben und unter anderem der Auschüttungsbemessung dienen.[402]

D. Bilanzielle Kontinuität der Gesellschaft

Damit liefert diese Ansicht ein in sich stimmiges Konzept zur Bilanzierung in der Liquidation, da die Gesellschaft bis zu ihrer Vollbeendigung Kaufmann ist und bleibt. Die Nichtgeltung der §§ 238 ff. HGB wäre daher schwer erklärbar. Gleichwohl lassen sich die steuerrechtlichen Pflichten, jedenfalls soweit auf § 140 AO abgestellt wird, nicht zur Begründung heranziehen, denn diese knüpfen an die Buchführungspflicht nach anderen Gesetzen als den Steuergesetzen an.[403] Damit folgt diese abgeleitete (derivative) steuerrechtliche Buchführungspflicht der des HGB,[404] sodass die Begründung für deren Fortbestand allein in der Kaufmannseigenschaft der Liquidationsgesellschaft zu sehen ist. Dennoch soll nicht die Legitimität des Kontinuitätsmodells infrage gestellt, sondern auf folgendes Problem hingewiesen werden: Da die Gesellschaft nur zur Aufstellung von Jahresabschlüssen zum Ende eines jeden Geschäftsjahres verpflichtet ist und die Liquidatoren im Rahmen der internen Rechnungslegung nur Vermögensverzeichnisse anzufertigen haben, ist keine (Erfolgs-)Bilanz auf den Beginn des Liquidationsverfahrens aufzustellen.

Dies erscheint zweifelhaft, da es die Bemessung des Erfolgs des Liquidationsverfahrens vereitelt, denn fallen nicht Beginn des Liquidationsverfahrens und Ende eines Geschäftsjahres zusammen, wird in die Berechnung des Erfolgs der Liquidation stets auch Gewinn oder Verlust der werbenden Gesellschaft hineinfallen.[405] Dies indes widerspricht den Grundsätzen ordnungsmäßiger Buchführung, welche erfordern, dass Aufwendungen und Erträge in der Rechnungsperiode zu berücksichtigen sind, in die sie fallen (§ 252 I Nr. 5 HGB).[406] Hier kann auch der Verweis

402 Vgl. *Coenenberg/Haller/Schultze*, Jahresabschluss, S. 18 ff.; *Deubert/Roland*, Sonderbilanzen, A Rn. 6; *Hermes*, DStR 2018,1878 (1879); *Moxter*, Festschrift Goerdeler, 361 (369).

403 Koenig/*Cöster*, § 140 AO Rn. 19; Kühn/v. Wedelstädt/*Kuhfus*, § 140 AO Rn. 2; Klein/*Rätke* AO, § 140 Rn. 4.

404 Koenig/*Cöster*, § 140 AO Rn. 26; Kühn/v. Wedelstädt/ *Kuhfus*, § 140 AO Rn. 4; Klein/*Rätke* AO, § 140 Rn. 4, 15; siehe auch *Winnefeld*, HB Bilanzrecht, Rn. A 210.

405 *Sudhoff*, NJW 1957, 731 (732).

406 Baumbach/Hopt/*Merkt*, § 252 HGB Rn. 23; BeckOK.HGB/*Poll*, § 252 Rn. 21; *Winnefeld*, HB Bilanzrecht, Rn. N 710.

darauf nicht helfen, dass es die Liquidation als abgeschlossene Rechnungsperiode nicht gibt,[407] denn § 154 HGB sagt gerade, dass eine besondere Bilanzierung erforderlich ist.[408] Abweichend davon wurden für AG und GmbH die weitergehenden und in der Liquidation fortbestehenden Bilanzierungspflichten in den §§ 270 AktG, 71 GmbHG positiv geregelt. Die Frage ist also, wie stark die Auswirkungen des § 154 HGB auf die Rechnungslegungspflichten sind. Im Ergebnis bleibt das Problem, dass es anders als nach den §§ 270 I AktG, 71 I GmbHG gemäß § 154 HGB grundsätzlich keine Bilanz im Rahmen periodischer (externer) Rechnungslegung gibt, die zwischen die werbende Gesellschaft und das Liquidationsstadium tritt und diese Rechnungsperioden stichtagsgenau voneinander abgrenzt. Daher kann weder ein letzter Erfolg der werbenden Gesellschaft noch ein Ergebnis des Liquidationsverfahrens bemessen werden, sofern nicht die Auflösung mit dem Schluss eines Geschäftsjahres zusammenfällt.[409]

I. Notwendigkeit der bilanziellen Abgrenzung verschiedener Rechnungsperioden

In der handelsrechtlichen Literatur ist die Ansicht verbreitet, dass es außer den internen Rechenschaftsberichten der Liquidatoren und den externen Jahresabschlüssen der Gesellschaft, keine weiteren Bilanzen gibt. Damit ist den einerseits geforderten externen Schlussbilanzen der werbenden Gesellschaft eine Absage erteilt worden.[410] Die andererseits bestehende Möglichkeit, dieses Problem mittels einer externen Liquidations-Eröffnungsbilanz zu beheben, ist aber ebenfalls auf Ablehnung gestoßen.[411] Argumentiert wird mit einer strengen Wortlautauslegung

---

407 So *Karsten Schmidt*, Liquidationsbilanzen, S. 63; Schlegelberger/*Karsten Schmidt*, § 154 HGB Rn. 26.

408 Auch der Gesetzgeber ging vom Bestehen einer besonderen Rechnungsperiode aus, siehe Denkschrift zum HGB 1897, abgedruckt in *Schubert/Schmiedel/Krampe*, Quellen, Band II/1, S. 94.

409 Dieses Szenario hatte der Gesetzgeber des GenG von 1889 zwar bedacht, sich aber damit abgefunden, dass die Liquidationsbilanzen in Bezug zur werbenden Tätigkeit stehen. Siehe den Gesetzentwurf zum GenG 1889 abgedruckt bei *Schubert*, 100 Jahre GenG, S. 263. Dies lässt sich wohl auch mit den gewandelten Zwecken der Rechnungslegung begründen, vgl. dazu *Coenenberg/Haller/Schultze*, Jahresabschluss, S. 10 f.

410 *Butzer/Knof* in MHdB GesR Band 1, § 84 Rn. 71; E/B/J/S/*Hillmann*, § 154 HGB Rn. 7; MüKo.HGB/*Karsten Schmidt*, § 154 Rn. 18; vgl. auch *Förschle/Kropp/Deubert*, DB 1994, 998 ff.; a.A. GroßKomm.HGB/*Habersack*, § 154 Rn. 18; *Winnefeld*, HB Bilanzrecht, Rn. N 710.

411 *Butzer/Knof* in MHdB GesR Band 1, § 84 Rn. 71; *Karsten Schmidt*, Liquidationsbilanzen, S. 61; a.A. und für eine externe Liquidationseröffnungsbilanz GroßKomm. HGB/*Habersack*, § 154 Rn. 19; *Scherrer/Heni*, Liquidations-Rechnungslegung, S. 171 ff.

des § 242 I HGB, der eben nur an den Geschäftsbeginn und das Ende eines Geschäftsjahres anknüpft.[412] Beides liegt aber mit Eintritt in das Liquidationsstadium nicht vor.[413] Entscheidend soll außerdem sein, dass aufgrund der externen Bilanzen der Gewinn der Gesellschaft zumindest jährlich sowie zum Ende des Liquidationsverfahrens berechnet werden kann.[414]

1. *Schlussbilanz der werbenden Gesellschaft zur Markierung der Auflösung*

Für die Aufstellung einer Erfolgsbilanz auf den Stichtag der Liquidationseröffnung (der in der Regel mit der Auflösung der Gesellschaft zusammenfällt) spricht die trennscharfe Abgrenzung zwischen der werbenden und der zu liquidierenden Gesellschaft. Zwar besteht die Gesellschaft unter Wahrung ihrer Identität in der Liquidation fort. Allerdings gibt es einen qualitativen Unterschied zwischen der werbenden Gesellschaft, die mittels Handelsbetriebs einen Gewinn zu erwirtschaften versucht und der Liquidationsgesellschaft, die auf Vollbeendigung durch Zerschlagung des Unternehmens gerichtet ist. Dieser ist bilanziell kenntlich zu machen. Es ändern sich nicht nur Art und Weise der Gewinnnerwirtschaftung, sondern auch der quantitative Gewinn der Gesellschaft selbst. Eine entsprechende Bilanzierung ist erforderlich, um Gewinn- und/oder Tantiemenansprüche Dritter zu berücksichtigen.[415] Allein die Aufstellung der fortgesetzten Jahresabschlüsse wird diesem Bedürfnis keine Rechnung tragen.

Relevante Ansprüche, deren zeitlich exakte Bestimmung auf das letzte Rumpfgeschäftsjahr erforderlich ist, sind die Gewinnansprüche der Gesellschafter (einschließlich stiller Gesellschafter und deren Auseinandersetzungsansprüche nach § 235 I HGB), aufgrund partiarischer Darlehen bestehende Gewinnansprüche sowie die Tantiemen der Geschäftsführer.[416] Diese Ansprüche bestehen über den Auflösungszeitpunkt der Gesellschaft hinaus fort. Zwar kann eine stille Gesellschaft wegen Zweckerreichung gekündigt werden, sofern der Betrieb eines Handelsgewerbes nachhaltig unmöglich wird,[417] alternativ ist eine Störung der Geschäftsgrundlage (§ 313 I BGB) in Betracht zu ziehen. Diese ermöglicht außerdem eine Vertragsanpassung, sodass den neuen Umständen Rechnung getragen werden kann. Das ändert aber nichts daran, dass jetzt der Geschäftsinhaber im Sinne des

---

412 *Butzer/Knof* in MHdB GesR Band 1, § 84 Rn. 71; *Karsten Schmidt*, Liquidationsbilanzen, S. 61.

413 *Butzer/Knof* in MHdB GesR Band 1, § 84 Rn. 71; vgl. auch 3. Kapitel A.

414 *Karsten Schmidt*, Liquidationsbilanzen, S. 69.

415 GroßKomm.HGB/*Habersack*, § 154 HGB Rn. 18; zustimmend *Scherrer/Heni*, Liquidations-Rechnungslegung, S. 138; *Winnefeld*, HB Bilanzrecht, Rn. N 710.

416 *Scherrer/Heni*, Liquidations-Rechnungslegung, S. 139; *Winnefeld*, HB Bilanzrecht, Rn. N 710.

417 *BGH* v. 12.7.1982 – II ZR 157/81, BGHZ 84, 379 (381); *Blaurock* in Blaurock, 15.14.

§ 230 I HGB aufgelöst und dessen Betrieb liquidiert wird. Die stille Gesellschaft ist davon abstrakt zu betrachten und besteht ihrerseits bis zu ihrer Auflösung fort.[418] Das Gleiche gilt für partiarische Darlehen. Auch wenn hier als Gegenleistung der Darlehensgewährung eine Gewinnbeteiligung vereinbart ist,[419] besteht dieser Anspruch fort, bis das Darlehen gekündigt und zurückgezahlt wurde. Simultan besteht der Anspruch des stillen Gesellschafters auf Gewinnbeteiligung fort. Diese Rechtsgebilde unterscheiden sich daher durch den Grad der Einflussnahme auf die Gesellschaft sowie die Verfolgung eines gemeinsamen Zwecks.[420] Entscheidend für die Aufstellung einer letzten Bilanz der werbenden Gesellschaft spricht, dass die Bilanzen, die in die Liquidationsperiode fallen, bereits dem auf Vollbeendigung gerichteten Liquidationszweck Rechnung tragen, weshalb Vermögensgegenstände trotz des Stetigkeitsgebots anders angesetzt und umbewertet werden können.[421]

2. Betonung des Verfahrens mittels externer Liquidationseröffnungsbilanz

Das Erfordernis, eine externe Liquidationseröffnungsbilanz der Gesellschaft aufzustellen, wird aus einer Analogie zu den §§ 270 I AktG, 71 I GmbHG hergeleitet.[422] Aufgrund der eintretenden Umbewertungen einerseits sowie des Grundsatzes der Bilanzidentität andererseits, erfordert es zu Beginn der Liquidation die Aufstellung einer Bilanz, in der sämtliche Vermögensgegenstände der Gesellschaft bereits mit Liquidationswerten angesetzt werden.[423] Somit können auch Vermögensgegenstände, die zwischen Liquidationseröffnung und Aufstellung des ersten Jahresabschlusses veräußert werden, eine ausreichende Berücksichtigung finden.[424]

Gegen die Analogie wird eingewandt, die Interessenlage sei eine andere, da die Gläubiger der Personengesellschaften aufgrund der persönlichen Gesellschafterhaftung nicht denen der GmbH vergleichbar schutzbedürftig sind.[425] Dem ist aber entgegenzuhalten, dass die Gesellschaft einerseits nicht ein bestimmtes Haftkapital

418 *BGH* v. 12.7.1982 – II ZR 157/81, BGHZ 84, 379 (381); *Blaurock* in Blaurock, 15.58; MüKo.HGB/*Karsten Schmidt*, § 234 Rn. 24; siehe zur Auflösung der stillen Gesellschaft *Blaurock/Pordzik*, NZG 2018, 81.

419 Vgl. MüKo.AktG/*Altmeppen*, § 292 Rn. 69; MüKo.BGB/*Schäfer*, Vor § 705 Rn. 107 ff.; Oetker/*Wedemann*, § 230 HGB Rn. 35.

420 Siehe dazu *BGH* v. 10.10.1994 – II ZR 32/94, NJW 1995, 192; MüKo.HGB/*Karsten Schmidt*, § 230 Rn. 54.

421 Vgl. GroßKomm.HGB/*Habersack*, § 154 Rn. 21; MüKo.HGB/*Karsten Schmidt*, § 154 Rn. 20; auch *Scherrer/Heni*, Liquidations-Rechnungslegung, S. 79 ff.

422 GroßKomm.HGB/*Habersack*, § 154 Rn. 19; zur GmbH *Eller*, Liquidation, Rn. 207 ff.; *Tavakoli/Eisenberg*, GmbHR 2018, 75 (76 f.).

423 GroßKomm.HGB/*Habersack*, § 154 Rn. 19.

424 GroßKomm.HGB/*Habersack*, § 154 Rn. 19.

425 *Butzer/Knof* in MHdB GesR Band 1, § 84 Rn. 71; *Deubert*, Sonderbilanzen, S Rn. 55 f.; auch *Scherrer/Heni*, Liquidations-Rechnungslegung, S. 142.

vorzuhalten hat und andererseits auch die Gesellschafter nicht als eine Art „Cash-Pool“ gesehen werden können, der unbegrenzt abschöpfbar ist, sodass auch der Bilanz der OHG/KG eine drittschützende Wirkung zukommen kann.

Geht man weiterhin davon aus, dass die Schlussbilanz der werbenden Gesellschaft entsprechend den kapitalgesellschaftlichen Regelungen auf den Tag vor der Auflösung aufzustellen ist,[426] so ist die Aufstellung einer Liquidationseröffnungsbilanz in Form einer Erfolgsbilanz der richtige Weg, die mit Verfahrenseröffnung eintretenden Änderungen im Gesellschaftsvermögen bilanziell sichtbar zu machen. Selbst wenn man nicht an den Schutz der Gläubiger anknüpft, besteht ein Informationsinteresse der Gesellschafter dahin gehend, welche Auswirkungen die Auflösung und Eröffnung der Liquidation auf das Gesellschaftsvermögen hat. Zuletzt kann, was sich für die GmbH als betriebswirtschaftlich sinnvoll erwiesen hat, für die OHG/KG nicht gänzlich irrelevant sein.[427] Allerdings entspricht auch hier die Liquidationseröffnungsbilanz vorbehaltlich der §§ 270 II 3 AktG, 71 II 3 GmbHG sowie der geplanten Vollbeendigung weitgehend der Schlussbilanz der werbenden Gesellschaft.[428]

II. Kontinuierliche bilanzielle Abbildung des „Lebens der Gesellschaft“

Die Gesellschaft besteht bis zu ihrer Vollbeendigung fort. Die Einstellung des Unternehmensbetriebs erfolgt im Laufe des Liquidationsverfahrens. Insoweit nehmen die Geschäftstätigkeit sowie die dadurch erzielten Erträge in der Regel während der Liquidation ab. Daher kann man die Aufstellung einer Schlussbilanz der werbenden Gesellschaft allein anhand teleologischer Aspekte wie etwa der Berechnung von an den Gesellschaftsgewinn anknüpfenden Ansprüchen begründen. Dies ist erforderlich, denn nach den §§ 146 ff. HGB kommt es einerseits zu Änderungen in der Geschäftsleitung und andererseits werden beispielsweise stille

---

426 *BayObLG* v. 14.1.1994 – 3Z BR 307/93, DStR 1994, 470; Rowedder/*Gesell*, § 71 GmbHG Rn. 19; Baumbach/Hueck/*Haas*, § 71 GmbHG Rn. 2; Hölters/*Hirschmann*, § 270 AktG Rn. 3; *Tavakoli/Eisenberg*, GmbHR 2018, 75 (76).

427 Siehe dazu Rowedder/*Gesell*, § 71 GmbHG Rn. 3.

428 Vgl. dazu *BayObLG* v. 14.1.1994 – 3Z BR 307/93, DStR 1994, 470; *KG* v. 17. 4. 2001 – 14 U 380/99, NZG 2001, 845 (846); für kontinuierliche Bilanzierung aber auch Berücksichtigung der Liquidation soweit angezeigt (mit verschiedenen Nuancen) Roth/Altmeppen/*Altmeppen*, § 71 GmbHG Rn. 20 ff.; Henssler/Strohn/*Büteröwe*, § 71 GmbHG Rn. 7; ebenso Henssler/Strohn/*Drescher*, § 270 AktG Rn. 4; Hölters/*Hirschmann*, § 270 AktG Rn. 4; Rowedder/*Gesell*, § 71 GmbHG Rn. 10; MüKo.AktG/*Koch*, § 270 Rn. 32; MüKo.GmbHG/*H.F. Müller*, § 71 Rn. 25 ff.; *Scherrer/Heni*, Liquidations-Rechnungslegung, S. 70 ff.; Scholz/*Karsten Schmidt*, § 71 GmbHG Rn. 15; *Wicke*, § 71 GmbHG Rn. 2; Grigoleit/*Servatius*, § 270 AktG Rn. 6; für Umbewertung aufgrund bevorstehender Zerschlagung Baumbach/Hueck/*Haas*, § 71 GmbHG Rn. 15 f.; M/H/L/S/*Nerlich*, § 71 GmbHG Rn. 20; *Peetz*, GmbHR 2007, 858 (863 ff.).

Gesellschaftsverhältnisse und partiarische Darlehen gerade in Bezug auf die Teilhabe am Gewinn der Gesellschaft aus Handelsgewerbe eingegangen. Der nachhaltige Betrieb eines Handelsgewerbes soll aber in der Liquidation nicht betont werden, weshalb die Liquidatoren gemäß § 149 S. 1 Hs. 2 HGB neue Geschäfte nur eingehen dürfen, soweit dies zur Beendigung *„schwebender Geschäfte"* erforderlich ist. Da die Auswirkungen der Liquidation auf die Gesellschaft nicht zu leugnen sind, die Gesellschaft aber kontinuitätswahrend fortbesteht, ist es kein Systembruch, wenn man den *„geschlossenen Kreislauf"*[429] der Rechnungslegung von der Eröffnungs- bis zur Schlussbilanz der Gesellschaft unterbricht und ihn um eine weitere Bilanz in Form der Schlussbilanz der werbenden Gesellschaft ergänzt. Denn die Fassung des Auflösungs- und Liquidationsbeschlusses stellt eine Zäsur im Leben der Gesellschaft dar; dies drückt § 154 HGB aus.

Darüber hinaus kann der Erfolg des Liquidationsverfahrens nur dann exakt bestimmt werden, wenn in dessen Berechnung nicht der Erfolg der werbenden Gesellschaft hineinfällt. Die Aufstellung einer Erfolgsbilanz zum Ende der werbenden Gesellschaft, in der die bevorstehende Liquidation noch keine Berücksichtigung findet, ist daher auch aus diesem Aspekt erforderlich. Setzt die Gesellschaft ihre unternehmerische Tätigkeit fort, kann dem, einschließlich des weitergehenden Informationsbedarfs der Gesellschafter, im Rahmen der fortgesetzten Aufstellung von Jahresabschlüssen Rechnung getragen werden.[430]

Die Aufstellung einer externen Liquidationseröffnungsbilanz analog der §§ 270 AktG, 71 GmbHG[431] ist gleichwohl nicht erforderlich. Zum einen ging der Gesetzgeber des HGB noch davon aus, dass der Erfolg des Verfahrens anhand dieser Bilanzen berechnet werde,[432] dies ist aber mithilfe der Jahresabschlüsse der Gesellschaft (sowie deren Schlussbilanz) exakter möglich, zum anderen sind die Bilanzzwecke in Betreff auf die Personenhandelsgesellschaften andere. Die §§ 238 ff. HGB treffen abschließende Regelungen im Hinblick auf die allgemeinen Rechnungslegungspflichten, allein rechtsformspezifische Besonderheiten haben spezialgesetzliche Regelungen erfahren.[433] Anders als im AktG und GmbHG (§§ 270 II 3 AktG, 71 II 3 GmbHG) ist die Bilanzierung in der Liquidation nicht detailliert geregelt und insbesondere eine Umbewertung nicht angeordnet. So ist daraus für OHG/KG zu folgern, dass zum Beispiel Veräußerungswerte nur soweit anzusetzen

---

429 So *Dicken/Henssler*, BilanzR, Rn. 548.

430 Vgl. BT-Drucks. 10/317, S. 107 zu § 270 AktG, siehe auch S. 113 zu § 71 GmbHG.

431 Kritisch gegenüber der Liquidations-Eröffnungsbilanz der GmbH auch *Peetz*, GmbHR 2007, 858 (864), der sie aufgrund des geltenden Grundsatzes der Bilanzidentität und der Pflicht zur Aufstellung einer Schlussbilanz, die inhaltlich der Eröffnungsbilanz weitgehend gleicht, für redundant hält.

432 Vgl. zu § 154 HGB die Denkschrift zum HGB 1897, abgedruckt in *Schubert/Schmiedel/Krampe*, Quellen, Band II/1, S. 93.

433 BT-Drucks. 10/317, S. I ff.; *Dicken/Henssler*, BilanzR, Rn. 70 ff.

sind, wie das Unternehmen nicht fortgeführt wird.[434] Die Bilanzen tragen erst dann der Liquidation Rechnung, wenn dies tatsächlich angezeigt ist, weshalb weder der praktische Vorteil der Aufstellung einer weiteren Bilanz zu Beginn der Liquidation noch deren Bedeutung für die Vermeidung eines Informationsdefizits ersichtlich sind.[435] Das Ziel der periodischen Rechnungslegung ist es, sämtliche Geschäftsvorfälle zu dokumentieren, über die Mittelherkunft und -verwendung zu informieren sowie die Verteilung zu bemessen.[436] All dies ist auch ohne die Aufstellung einer externen Eröffnungsbilanz möglich, insbesondere wenn man sich zur Bemessung des Gewinns nicht am letzten Jahresabschluss der werbenden Gesellschaft, sondern an der externen Schlussbilanz der werbenden Gesellschaft orientiert. Gleichwohl kann die Schlussbilanz synchron die externe Liquidationseröffnungsbilanz sein, mit dem Vorteil indes, dass hier im Verhältnis zur werbenden Tätigkeit der Gesellschaft bilanziert wird. So wird außerdem der Wille der Gesetzesverfasser berücksichtigt, wonach die Liquidation eine eigenständige Rechnungsperiode ist, gleichzeitig wird der Wortlaut des § 154 HGB nicht überdehnt. Darüber hinaus ist § 154 HGB gemäß § 145 I HGB dispositiv, denn das Liquidationsverfahren steht insgesamt zur Disposition der Gesellschafter, sofern nicht Interessen Dritter entgegenstehen. In bilanzieller Hinsicht dienen ebenfalls die §§ 238 ff. HGB dem Schutz des Rechtsverkehrs.

Außerdem wollen die Gesellschafter subjektiv kein Handelsgewerbe mehr betreiben, was sie durch Fassung des Auflösungsbeschlusses objektiv kundtun. Auch dies ist im Rahmen der Rechnungslegung zu berücksichtigen. Im Ergebnis ist eine dem Informationsbedürfnis der Beteiligten Rechnung tragende interne Bilanzierungspflicht der Liquidatoren sowie eine externe Bilanzierungspflicht der Gesellschaft anzuerkennen, gleichwohl kann auch die externe Rechnungslegung der Gesellschaft der Überwachung der Liquidatoren dienen.[437] Im Rahmen der Rechnungslegung wird überdies deutlich, dass die Liquidation ein besonderer Abschnitt im Leben der Handelsgesellschaft ist, was auch eine abweichende Rechnungslegung erfordert. An der grundsätzlich gegebenen Kontinuität ändert sich dennoch nichts.

---

434 Siehe *Deubert*, Sonderbilanzen, S Rn. 95 f.; GroßKomm.HGB/*Habersack*, § 154 Rn. 22; E/B/J/S/*Hillmann*, § 154 Rn. 12; MüKo.HGB/*Karsten Schmidt*, § 154 Rn. 20; vgl. auch zur GmbH *Petz*, GmbHR 2007, 858 (863).

435 Vgl. auch Baumbach/Hueck/*Haas*, § 71 GmbHG Rn. 8.

436 Siehe dazu MüKo.BilanzR/*Kleindiek*, § 242 HGB Rn. 5.

437 Vgl. Baumbach/Hueck/*Haas*, § 71 GmbHG Rn. 8; MüKo.BilanzR/*Kleindiek*, § 242 HGB Rn. 6.

E. Geltendmachung des Anspruchs auf Rechnungslegung gegen die Liquidatoren

Die internen Bilanzen sind von den Liquidatoren als den Verwaltern eines fremden Vermögens im Interesse der Liquidationsbeteiligten aufzustellen.[438] Dies ist selbst dann korrekt, wenn es sich nicht um Fremdliquidatoren, sondern um Gesellschafter-Liquidatoren handelt, da das Vermögen einerseits der Gesellschaft zugeordnet ist und andererseits die gesamte Tätigkeit der Liquidatoren auf die Herbeiführung des Schlussausgleichs gemäß § 155 I HGB hinausläuft. Daher haben sie in nicht unerheblichem Umfang direkten Einfluss auf das Vermögen der Beteiligten. Die Jahresabschlüsse nach HGB dienen auch den Interessen Dritter und sind daher nicht allein im Interesse der Gesellschafter aufzustellen. Außerdem dokumentieren sie den Ablauf und die Vornahme der Liquidationsgeschäfte.[439] Der sich daraus ergebende Liquidationserfolg ist viel eher geeignet, die Tätigkeit der Liquidatoren zu beurteilen, als ein Vergleich der Vermögenslagen zu Beginn und zum Ende der Liquidation. Daher stehen diese Pflichten auch im Interesse der Gesellschafter. Weiterhin ist die Schlussverteilung mit der externen Schlussbilanz verknüpft und auch die vorhergehenden Erfolgsbilanzen dienen bereits der Verteilungsbemessung.[440] Ein Eigeninteresse der Gesellschafter an den externen Bilanzen ist daher zu bejahen. Die Gesellschafter sind auf die Aufstellung der externen Bilanzen angewiesen, um ihre Ansprüche gegen die Gesellschaft auf Rückgewähr der Einlagen und auf die Durchführung des Schlussausgleichs durchzusetzen. Außerdem bestehen in der Liquidation, wenn von Nachschüssen in das Gesellschaftsvermögen die Rede ist, Ansprüche der Gesellschaft gegen die Gesellschafter. Auch die Pflicht zur externen Rechnungslegung, obgleich von den Liquidatoren als Organ der Gesellschaft zu erfüllen, trifft die Gesellschaft als solche. Daher sind auch Interessen der Gesellschafter berührt. Es stellt sich folglich die Frage, wie die Gesellschafter die Liquidatoren zur Rechnungslegung anhalten können.

I. Anspruch der Gesellschaft auf Rechnungslegung und actio pro socio

Zunächst könnte es sich um einen Anspruch der Gesellschaft gegen die Liquidatoren handeln, welchen die Gesellschafter im Wege der actio pro socio selbst geltend machen können, sofern die Liquidatoren ihren Pflichten nicht nachkommen.[441]

---

438 GroßKomm.HGB/*Habersack*, § 154 Rn. 8; *Karsten Schmidt*, Liquidationsbilanzen, S. 55; MüKo.HGB/*Karsten Schmidt*, § 154 Rn. 25.

439 Baumbach/Hueck/*Haas*, § 71 GmbHG Rn. 8.

440 Dazu auch *Uhlenbruck*, KTS 1990 372 (373).

441 *RGZ* 91, 34 (36); Ensthaler/*Ensthaler*, § 154 HGB Rn. 10; GroßKomm.HGB/*Habersack*, § 154 Rn. 12 f.; Henssler/Strohn/*Klöhn*, § 154 HGB Rn. 3.

Geht man davon aus, dass es sich um einen Fall der actio pro socio handelt, die nach vorzugswürdiger Ansicht eine Prozessstandschaft ist,[442] bedeutet dies, dass die Gesellschafter darlegen müssen, warum sie dazu berechtigt sind, den Anspruch auf Rechnungslegung geltend zu machen.[443] Das folgt daraus, dass die actio pro socio eine Durchbrechung der Kompetenzordnung darstellt.[444] Eigentlich müssen die Organe der Gesellschaft die dieser zustehenden Ansprüche geltend machen;[445] in der Liquidation sind dies die Liquidatoren. Diese können indes nicht gegen sich selbst prozessieren. Daran anknüpfend genügt es, wenn der klagende Gesellschafter darlegt, dass der Anspruch besteht und die Liquidatoren ihren Pflichten nicht nachkommen.[446] Im Einzelfall ergeben sich hinsichtlich der prozessualen Durchsetzung des Anspruchs auf Rechnungslegung keine großen Unterschiede im Vergleich zur Geltendmachung als eigener Anspruch.

Den Ausschlag gibt daher eine dogmatische Überlegung: Die Liquidatoren nehmen sowohl Vermögensinteressen der Gesellschaft als auch der Gesellschafter wahr. Gleichwohl sind sie im Namen der Gesellschaft tätig und verwerten deren Vermögen, sodass unter Berücksichtigung dieses Aspekts der Anspruch auch in das Vermögen der Gesellschaft fallen könnte.[447] Zudem sind die Liquidatoren Gesellschaftsorgane und werden dementsprechend organschaftlich tätig. Drittliquidatoren werden demgegenüber aufgrund einer vertraglichen Beziehung für die Gesellschaft tätig.[448] Allein die Pflicht zur internen Rechnungslegung kann unmittelbar aus dem Gesetz (§ 154 HGB) folgen; die Pflicht zur Aufstellung der Jahresabschlüsse hingegen knüpft an die Organstellung an, trifft aber gemäß § 242 I 1 HGB

---

442 Zur dogmatischen Einordnung der actio pro socio *RGZ* 86, 66 (71); *RGZ* 90, 300 (302); *RGZ* 91, 34 (36); *RGZ* 100, 165 (166 f.); *RGZ* 158, 302 (314); *BGH* v. 17.6.1953 – II ZR 205/52, BGHZ 10, 91 (101); *BGH* v. 24.2.1954 – II ZR 3/53, BGHZ 12, 308 (313); *BGH* v. 4.5.1955 – IV ZR 185/54, BGHZ 17, 181 (187); *KG* v. 4.5.1992 – 2 U 4536/92, GmbHR 1993, 818 (819); *BGH* v. 30.10.1987 – V ZR 174/86, BGHZ 102, 152 (155); *OLG Dresden* v. 5.7.1999 – 19 U 1480/98, NZG 2000, 248 (249 f.); *OLG Düsseldorf* v. 11.6.1999 – 17 U 194/99, NZG 1999, 989 *BGH* v. 8.11.1999 – II ZR 197/98, NZG 2000, 199; *OLG Düsseldorf* v. 3.12.1999 – 17 U 173/97, NZG 2000, 475, mit Anmerkung *Grunewald*, S. 476; *Bork/Oepen*, ZGR 2001, 515 (516 f.); *Grunewald*, Gesellschafterklage, S. 12 ff.; Oetker/*Lieder*, § 105 HGB Rn. 71; *Mock*, JuS 2015, 590 (591); MüKo.HGB/*Karsten Schmidt*, § 105 Rn. 198; *v. Ditfurth* in MHdB GesR Band 1, § 53 Rn. 70; *Wertenbruch* in Westermann/Wertenbruch, Rn. I 426.

443 Vgl. *v. Ditfurth* in MHdB GesR Band 1, § 53 Rn. 67 f.

444 Siehe Röhricht/Graf v. Westphalen/Haas/*Haas*, § 105 HGB Rn. 80; GroßKomm. HGB/*Schäfer*, § 105 Rn. 262; MüKo.HGB/*Karsten Schmidt*, § 105 Rn. 201; *v. Ditfurth* in MHdB GesR Band 1, § 53 Rn. 67; E/B/J/S/ *Wertenbruch*, § 105 HGB Rn. 255, 261.

445 *v. Ditfurth* in MHdB GesR Band 1, § 53 Rn. 67 f.

446 Zu den Einzelheiten siehe *Koch*, GesR, § 8 Rn. 52; MüKo.BGB/*Schäfer*, § 705 Rn. 210; *Wertenbruch* in Westermann/Wertenbruch Rn. I 427.

447 So auch *RGZ* 91, 34 (36); Ensthaler/*Ensthaler*, § 154 HGB Rn. 10.

448 Vgl. auch Henssler/Strohn/*Klöhn*, § 154 HGB Rn. 3.

die Gesellschaft. Dies bedeutet, dass im Rahmen der Pflicht, periodisch Rechnung zu legen, ein eigener Anspruch der Gesellschaft zu sehen ist und damit eine actio pro socio erforderlich wird.[449] Die interne Rechenschaftspflicht der Liquidatoren ist dem Pflichtenprogramm des § 666 BGB vergleichbar, welches zwischen Beauftragtem und Auftraggeber gilt.[450] Überträgt man diese Wertung auf die Liquidation, so steht der Auskunftsanspruch ebenfalls der Gesellschaft zu.[451]

Dies ist nicht interessengerecht, denn wirtschaftlich werden die Liquidatoren auch für die Gesellschafter beziehungsweise die Beteiligten tätig. Außerdem führt dies im Ergebnis dazu, dass die Gesellschafter, die auch im Rahmen der Liquidation weiterhin über ihre Auskunftsansprüche im Sinne der §§ 118, 166 HGB verfügen, diese zuerst gegen die Gesellschaft geltend machen müssten, um in einem weiteren Schritt namens der Gesellschaft auf Rechnungslegung gegen die Liquidatoren zu klagen.

II. Eigener Anspruch der Gesellschafter

Im Ergebnis erscheint es vorzugswürdig, den Gesellschaftern einen eigenen Anspruch auf Rechnungslegung gegen die Liquidatoren zuzugestehen.[452] Die (externe) Rechnungslegung dient der Geltendmachung des Auseinandersetzungsanspruchs gemäß § 155 I HGB sowie des Anspruchs auf vorläufige Verteilung nach § 155 II 1 HGB.[453] Daher werden die Gesellschafter allein durch Einsichtnahme in diese Rechnungswerke in die Lage versetzt, ihre Auseinandersetzungsansprüche der Höhe nach zu beziffern und überhaupt geltend zu machen.[454]

Daneben ist es der Zweck mindestens der internen Rechnungslegung der Liquidatoren, die Gesellschafter über das Liquidationsvermögen in Kenntnis zu setzen, sodass sie die Liquidatoren überwachen und dementsprechend ihr Weisungsrecht (§ 152 HGB) ausüben können.[455] Die gleichen Zwecke werden mit den externen

---

449 GroßKomm.HGB/*Habersack*, § 154 Rn. 13.

450 Siehe Henssler/Strohn/*Klöhn*, § 154 HGB Rn. 3; *Karsten Schmidt*, Liquidationsbilanz, S. 65; vgl. auch *Hermes*, DStR 2018,1878 (1879).

451 *Hintzen*, Liquidation, S. 81.

452 GroßKomm.HGB/*Schilling* (3. Aufl.), § 154 Rn. 14; MüKo.HGB/*Karsten Schmidt*, § 154 Rn. 21; wohl auch *Butzer/Knof* in MHdB GesR Band 1, § 84 Rn. 74; *Wertenbruch* in Westermann/Wertenbruch, Rn. I 1749.

453 Auch *Butzer/Knof* in MHdB GesR Band 1, § 84 Rn. 69; *Mezger*, Abwicklung, S. 61; vgl. auch *Hueck*, OHG, S. 379.

454 Vgl. *BGH* v. 5.7.1993 – II ZR 234/92, ZIP 1993, 1307; *BGH* v. 21.11.2005 – II ZR 17/04, ZIP 2006, 232; *BGH* v. 23.10.2006 – II ZR 192/05, ZIP 2006, 2271; *BGH* v. 25.1.2011 – II ZR 280/09, BeckRS 2011, 03186; *BGH* v. 13.10.2015 – II ZR 214/13, NJW-RR 2016, 292 Rn. 15; GroßKomm.HGB/*Schilling* (3. Aufl.), § 154 HGB Rn. 14; *Wertenbruch* in Westermann/Wertenbruch, Rn. I 1749; außerdem HKK/*Gröschler*, §§ 259–261 Rn. 1.

455 Vgl. dazu Denkschrift zum HGB 1897, abgedruckt in *Schubert/Schmiedel/Krampe*, Quellen, Band II/1, S. 93; GroßKomm.HGB/*Habersack*, § 154 HGB Rn. 2; *Karsten Schmidt*, Liquidationsbilanzen, S. 55.

Jahresabschlüssen erreicht, sodass eine Trennung zwischen diesen Rechnungswerken zweckwidrig wäre.[456] Die laufende Rechnungslegung gibt darüber hinaus aktualisiert Auskunft über den Stand der Liquidation, sollte diese einen längeren Zeitraum in Anspruch nehmen.

Im Grundsatz sind außerdem alle Gesellschafter kraft Gesetzes Liquidatoren, sodass ein Amtsverzicht einzelner zugunsten von mehr Handlungsfreiheit der amtierenden Liquidatoren wirkt.[457] Dies muss mit Kontrollrechten kompensiert werden. Die Einsicht in die Bilanzen ist nicht die einzige Möglichkeit, die Tätigkeit der Geschäftsleiter zu überprüfen.[458] Den persönlich haftenden Gesellschaftern stehen die weitergehenden Rechte aus § 118 I HGB zu, die sich gegen die Geschäftsführung richten, und speziell den nach wie vor das Geschäfts- und Verlustrisiko tragenden persönlich haftenden Gesellschaftern nicht verloren gehen dürfen; hier handelt es sich um eigenständige Ansprüche.[459] Gleiches muss auch in Liquidation gelten.

F. Fortgesetzte und ununterbrochene kaufmännische Bilanzierung in der Liquidationsphase

Interne und externe Pflichten greifen stark ineinander, weshalb vorgeschlagen wird,[460] beide Bilanzen in einem Rechenwerk miteinander zu verbinden.[461] Dann genügt die Aufstellung der externen Bilanzen, soweit die Liquidatoren damit ihren Informationspflichten gegenüber den Beteiligten nachkommen.[462] Insoweit besteht deren Anspruch auf Rechnungslegung. Wobei allein entscheidend ist, dass das Vermögen der Gesellschaft sowie der Wert des Unternehmens offenbart werden, um den Gesellschaftern eine fundierte Entscheidung darüber zu ermöglichen, wie das Verfahren auszugestalten ist.

Daher verbleibt auf der einen Seite die Frage, welchen Mehrwert die Trennung in interne und externe Pflichten bringt. Auf der anderen Seite hat der Gesetzgeber

---

456 Siehe nur *Uhlenbruck*, KTS 1990, 372 (375 f.), der stets die „*Konsolidierung*" der Rechnungslegungspraxis betont.

457 *Hintzen*, Liquidation, S. 77.

458 So aber *Hintzen*, Liquidation, S. 77.

459 Vgl. *OLG München* v. 23.3.2016 – 7 U 900/15 juris Rn. 68; MüKo.HGB/*Grunewald*, § 166 Rn. 29; Oetker/*Oetker*, § 166 HGB Rn. 29 ff.; *Wertenbruch*, NZG 2018, 1121 (1122).

460 *Deubert* in Sonderbilanzen, S. Rn. 117; Röhricht/Graf v. Westphalen/Haas/*Haas*, § 154 Rn. 8; GroßKomm.HGB/*Habersack*, § 154 Rn. 12; E/B/J/S/*Hillmann*, § 154 HGB Rn. 10; Oetker/*Kamanabrou*, § 154 HGB Rn. 6; K/K/R/D/*Kindler*, § 154 HGB Rn. 5; MüKo.HGB/*Karsten Schmidt*, § 154 Rn. 24.

461 Vergleichbar ging der Gesetzgeber des GenG 1889 davon aus, dass die erste Liquidationsbilanz zugleich die Schlussbilanz der werbenden Gesellschaft sein kann, RegE GenG 1889, abgedruckt bei *Schubert*, 100 Jahre GenG, S. 263.

462 Siehe auch Baumbach/Hueck/*Haas*, § 71 GmbHG Rn. 8.

erkannt und in § 154 HGB zum Ausdruck gebracht, dass der Erfolg des Liquidationsverfahrens nur dann hinreichend genau beziffert werden kann, wenn zu dessen Beginn und Ende Bilanzen aufgestellt werden. Dass sich aber aus § 154 HGB zwingend eine interne Rechnungslegungspflicht der Liquidatoren ergeben muss, ist nicht gesagt. Aus § 154 HGB geht allein hervor, dass *„bei dem Beginne der Liquidation"* eine Bilanz aufzustellen ist. Ob es sich hierbei um eine Liquidationseröffnungsbilanz oder eine Schlussbilanz der werbenden Gesellschaft handelt, wird ebenfalls nicht deutlich. Die Bilanz muss einzig bei Beginn der Liquidation aufgestellt werden, sodass der Erfolg des Liquidationsverfahrens anhand dieser Bilanz bestimmt werden kann. Auch eine Antwort auf die Frage, ob diese Bilanz intern oder extern ist, folgt nicht aus § 154 HGB. Zwar richten sich die § 154 HGB an die Liquidatoren und die §§ 238 ff. HGB an den Kaufmann. Nach § 6 HGB gelten diese Vorschriften aber auch für die Personengesellschaften. Dass die Organe der Gesellschaft deren Rechnungslegungspflicht erfüllen müssen, ist insoweit offensichtlich. Die §§ 238 ff. HGB gelten sowohl für den Einzelkaufmann im Sinne des § 1 HGB als auch für die Handelsgesellschaften. Daher ist eine Formulierung im Wortlaut, die sich ausdrücklich an das geschäftsleitende Organ richtet, umständlich und die interne Aufgabenzuweisung erfolgt vielmehr spezialgesetzlich. Damit ist aus § 154 HGB abzuleiten, dass zu den Aufgaben der Liquidatoren auch die Erfüllung der Rechnungslegungspflichten der Gesellschaft gehört. Die Aufgabenzuweisung innerhalb der §§ 149 ff., 154 HGB, wird nur dadurch unterbrochen, dass auch während der Liquidation fortlaufend Rechnung zu legen ist, dies steht überdies mit § 155 II HGB im Einklang.

Somit haben die Liquidatoren intern gegenüber den Gesellschaftern und den Beteiligten die Pflicht, Auskunft über das Abwicklungsverfahren zu geben, sodass diese als Herren des Verfahrens dessen Fortgang auf einer hinreichenden Tatsachen- und Informationsgrundlage bestimmen können. Zum anderem sind Bilanzen zu Beginn der Liquidation, in Form einer externen Abschlussbilanz der werbenden Gesellschaft, extern zum Schluss eines jeden Geschäftsjahres (nach den §§ 242 ff. HGB) und wiederum extern zum Schluss der Liquidation, als Schlussbilanz der Gesellschaft aufzustellen.

G. Zusammenfassung

Gemäß § 154 HGB müssen die Liquidatoren die Rechnungslegungspflichten der Gesellschaft erfüllen. Wenngleich nach § 154 HGB allein zu Beginn und am Ende der Liquidation jeweils eine Bilanz aufzustellen ist, darf diese Vorschrift als überholt angesehen werden. Vielmehr finden die §§ 238, 242 ff. HGB weiterhin auf die OHG/KG – in Liquidation – Anwendung, da sie weiterhin eine Handelsgesellschaft im Sinne des § 6 HGB ist. Insgesamt sind daher während der Liquidation folgende – externen – Bilanzen aufzustellen: Eine Schlussbilanz der werbenden Gesellschaft, die zugleich den Beginn der Liquidation markieren kann, Jahresabschlüsse am Ende eines jeden Geschäftsjahres sowie eine Abschlussbilanz der

Liquidation, sobald das Gesellschaftsvermögen zur Verteilung nach § 155 I HGB reif ist.

Für ein solches Verständnis spricht, dass der Gesetzgeber des HGB von 1897 noch keine moderne Erfolgsbilanzierung kannte. § 154 HGB beruht noch auf dem Gedanken, dass eine Bilanz lediglich das Vermögen/Schuldendeckungspotential des Kaufmanns wiedergeben soll. Diesem Zweck werden auch die externen Bilanzen gerecht, die aufzustellen sind, da die Gesellschaft Kaufmann ist und bleibt; dies unterstreicht zudem den unternehmerischen Charakter des Liquidationsverfahrens.[463]

Die Aufstellung einer Schlussbilanz der werbenden Gesellschaft hat den Vorteil, dass somit einerseits die werbende Tätigkeit vom Liquidationsverfahren abgegrenzt werden kann. Andererseits findet die Liquidation in dieser Bilanz noch keine Berücksichtigung. Daher kann ein letztes Mal der Gewinn der werbenden OHG/KG ermittelt werden. Dies ist zu bevorzugen, da somit an den Geschäftsgewinn anknüpfende Ansprüche Dritter ermittelt und bemessen werden können.

Indem eine Schlussbilanz der werbenden Gesellschaft aufgestellt wird, lässt sich die Liquidation als eine eigenständige Rechnungslegungsperiode bilanziell abbilden (vgl. § 154 HGB). Anhand des Vergleichs der Schlussbilanz der werbenden Gesellschaft mit der Liquidationsschlussbilanz, lassen sich sowohl die Tätigkeit der Liquidatoren als auch das Ergebnis des Liquidationsverfahrens im Vergleich zur ehemals werbenden Tätigkeit verlässlich bewerten. Anders als rein interne Vermögensbilanzen, in denen unter Umständen bereits Zerschlagungswerte angesetzt werden, dienen die externen Erfolgsbilanzen nämlich auch dem Schutz Dritter, sodass auf sie die strengen Vorschriften des HGB Anwendung finden.

---

463 Siehe auch *Eller*, Liquidation, Rn. 200: In der Regel wird die unternehmerische Tätigkeit weiter fortgeführt, bereits abgeschlossene Verträge erst noch ordnungsgemäß durchgeführt sowie bestehende Vertragsverbindungen möglichst verlustfrei und korrekt beendigt.

5. Kapitel Geschäftsleitungskompetenzen der Liquidatoren nach § 149 S. 1 HGB

A. Aufgabenstellung der Liquidatoren

Die Liquidatoren nehmen mit der Eröffnung des Liquidationsverfahrens den Platz der Geschäftsführer als Leitungsorgan der Gesellschaft ein (§ 146 I 1 HGB).[464] Insoweit sind sie das einzige mit ausschließlichen Handlungskompetenzen ausgestattete Organ der Gesellschaft.[465] Aufgrund ihrer Organstellung haben sie die Interessen der Gesellschaft bestmöglich zu fördern.[466] Allerdings geht man davon aus, dass die Gesellschafter, die zugleich die Liquidatoren sein können, ab Auflösung vermehrt Eigeninteressen zulasten des Verbands sowie der Mitgesellschafter verfolgen.[467] Zum Ausgleich hat jeder Gesellschafter gemäß § 146 I HGB das Recht, an der Liquidation mitzuwirken.[468] Insoweit skizziert das Gesetz ein Verfahren, in welchem die Gesellschafter das Vermögen gewissermaßen unter sich aufteilen. Sind die Gesellschafter nicht selbst Liquidatoren, so können sie Dritte zu Liquidatoren bestellen (§ 146 I HGB); diese werden als Verwalter eines fremden Vermögens tätig.[469]

Die Geschäftsleitungskompetenzen der Liquidatoren sind in § 149 S. 1 HGB geregelt. Gegenstand der Untersuchung im nachfolgenden 6. Kapitel wird § 149 S. 2 HGB sein, wonach die Liquidatoren die Gesellschaft gerichtlich und außergerichtlich *„innerhalb ihres Geschäftskreises"* vertreten. Aus diesem Grund zeigen sowohl die Systematik (Stellung in § 149 S. 2 HGB) als auch der Wortlaut an, dass Vertretungsmacht und Geschäftsleitungsbefugnisse im Zusammenhang zu sehen sein könnten. Weiterhin ist zu berücksichtigen, dass das Liquidationsverfahren auf die Beendigung des Verbands ausgerichtet ist. Die vermögensmäßige Abwicklung der Gesellschaft einschließlich der Verteilung des vorhandenen Vermögens bildet den Schwerpunkt des Verfahrens und damit der Tätigkeit der Liquidatoren. Demgemäß wird die Organpflicht, den Gesellschaftszweck zu fördern, als das *„Gebot der optimalen Auseinandersetzung"*[470] umschrieben. Auch dies könnte hinsichtlich

---

464 *RGZ* 94, 318 (320); *BGH* v. 8.2.1952 – I ZR 92/51, NJW 1952, 537 (538); *BGH* v. 30.6.1966 – VIII ZR 23/65, BGHZ 45, 311 (312); *BGH* v. 24.2.2003 – II ZR 385/99, BGHZ 154, 88 (94), unter Aufgabe von BGHZ 45, 311 (beide Urteile zur GbR); GroßKomm.HGB/*Habersack*, § 149 Rn. 43.

465 *RGZ* 5, 9 (10); *RGZ* 162, 370 (374); GroßKomm.HGB/*Habersack*, § 149 Rn. 43; MüKo. HGB/*Karsten Schmidt*, § 149 Rn. 50.

466 *Schürnbrand*, Organschaft, 148.

467 Vgl. *Grziwotz*, DStR 1993, 362 (363).

468 *RGZ* 162, 370 (374).

469 *Schürnbrand*, Organschaft, 149.

470 *Hillers*, Liquidation, S. 64.

der Auslegung des § 149 S. 2 HGB sowie der Vertretungsmacht von Bedeutung sein. Um § 149 S. 2 HGB daher verstehen zu können, ist zunächst § 149 S. 1 HGB zu untersuchen.

B. Entscheidung zur Liquidation im Sinne der § 145 I, 146 ff. HGB

Gemäß § 145 I HGB findet *„nach der Auflösung der Gesellschaft [...] die Liquidation statt, sofern nicht eine andere Art der Auseinandersetzung von den Gesellschaftern vereinbart oder über das Vermögen der Gesellschaft das Insolvenzverfahren eröffnet ist"*. Demnach ist es grundsätzlich die freie Entscheidung der Gesellschafter,[471] die Gesellschaft zu liquidieren (§§ 146 ff. HGB) oder auf eine andere Art auseinanderzusetzen. Dem steht die Rechtslage in der AG (§ 264 I AktG) und der GmbH (vgl. § 66 I GmbHG) gegenüber. Dort schließt angesichts der auf das Gesellschaftsvermögen beschränkten Haftung die Liquidation zwingend an die Auflösung an, sofern nicht über das Vermögen der Gesellschaft das Insolvenzverfahren eröffnet wurde. Beschließen die Gesellschafter der OHG/KG also nichts Abweichendes, so ist dem gesetzlichen Leitbild entsprechend das Vermögen in Geld umzusetzen, die Gläubiger sind zu befriedigen und ein verbleibender Vermögensrest ist an die Gesellschafter auszuschütten.[472] Ergibt sich daher weder aus dem Gesellschaftsvertrag noch aus der Beschlussfassung über Auflösung und Einleitung der Liquidation ein anderer Wille, so darf unterstellt werden, dass die Gesellschafter die Zerschlagung des Vermögens und die Einstellung der Geschäftstätigkeit der OHG/KG begehren.

I. Die Liquidation als auf Zerschlagung gerichtetes Verfahren

Dem Grundsatz der Zerschlagung entsprechend heißt es in § 149 S. 1 Hs. 1 HGB: *„Die Liquidatoren haben die laufenden Geschäfte zu beendigen, die Forderungen einzuziehen, das übrige Vermögen in Geld umzusetzen und die Gläubiger zu befriedigen."*[473] An diesem Aufgabenvorschlag richten sie grundsätzlich ihre Tätigkeit aus,[474] weshalb insbesondere jene Verfahren, die nicht auf eine sofortige oder alsbaldige Einstellung der Geschäftstätigkeit hinauslaufen, eine *„andere Art der*

---

471 Denkschrift zum HGB 1897, abgedruckt in *Schubert/Schmiedel/Krampe*, Quellen, Band II/1, S. 90.

472 Denkschrift zum HGB 1897, abgedruckt in *Schubert/Schmiedel/Krampe*, Quellen, Band II/1, S. 90, 92.

473 Vgl. dazu auch Ensthaler/*Ensthaler*, § 149 HGB Rn. 2; Oetker/*Kamanabrou*, § 149 HGB Rn. 1; Henssler/Strohn/*Klöhn*, § 149 HGB Rn. 1; Nk-HGB/*Lehmann-Richter*, § 149 Vor Rn. 1.

474 GroßKomm.HGB/*Habersack*, § 149 Rn. 10.

Auseinandersetzung" darstellen.[475] Beispielhaft aufzuzählen sind etwa die Veräußerung des Geschäfts beziehungsweise des Unternehmens, die Naturalteilung oder die Umwandlung der Gesellschaft.[476] Wie in § 149 S. 1 Hs. 2 HGB zum Ausdruck kommt, *„zur Beendigung schwebender Geschäfte können sie [die Liquidatoren] auch neue Geschäfte eingehen"*, soll mit Auflösung der Gesellschaft jegliche Geschäftstätigkeit eingestellt werden, selbst wenn dies zunächst unzweckmäßig erscheint.[477]

Von dieser sehr engen Umschreibung hat der Gesetzgeber des AktG[478] in § 268 I 2 AktG Abstand genommen und erlaubt den Abwicklern[479] der AG den Abschluss neuer Geschäfte, *„soweit es die Abwicklung erfordert"*. Damit wurde im AktG die von der Rechtsprechung und der Literatur bereits lange Zeit akzeptierte Praxis, nicht nur der Veräußerung des Unternehmens aus einem Liquidationsverfahren heraus, legalisiert,[480] sondern auch der Schritt zur Liquidation als einer unternehmerischen Aufgabe gegangen.[481] Bei diesem Verfahren (dem Unternehmensverkauf) handelt es sich in wirtschaftlicher Hinsicht regelmäßig um die bestmögliche Liquidationsmaßnahme, denn nur dadurch kann der „good will" (Firmenwert) realisiert und der Liquidationserlös im Idealfall maximiert werden.[482] Überdies ist nicht auszuschließen, dass auf diesem Weg alle „assets" (dem Unternehmen zugeordnete Vermögenswerte) verwertbar sind oder verwertet werden können. Weiterhin ist eine volkswirtschaftliche Perspektive anzuführen: Es können nicht nur Unternehmen, sondern auch Arbeitsplätze erhalten werden.[483]

---

475 Denkschrift zum HGB 1897, abgedruckt in *Schubert/Schmiedel/Krampe*, Quellen, Band II/1, S. 90.

476 Denkschrift zum HGB 1897, abgedruckt in *Schubert/Schmiedel/Krampe*, Quellen, Band II/1, S. 90.

477 Beratungen zum HGB 1897, abgedruckt in *Schubert/Schmiedel/Krampe*, Quellen, Band II/1, S. 337 f.

478 Begründung des RegE zu § 268 AktG 1965, abgedruckt bei *Kropff*, AktG, S. 358.

479 Das AktG spricht nicht von der Liquidation, sondern der Abwicklung.

480 Begründung des RegE zu § 268 AktG 1965, abgedruckt bei *Kropff*, AktG, S. 358; allg. M., zumeist aber ohne Begründung *RGZ* 85, 397 (399, 401); *RGZ* 158, 226 (228); *OLG Hamm* v. 27.7.1954 – 15 W 287/54, BB 1954, 913; Hk-HGB/*Anissimov*, § 149 Rn. 11; Röhricht/Graf v. Westphalen/Haas/*Haas*, § 149 HGB Rn. 14; GroßKomm. HGB/*Habersack*, § 149 Rn. 35; E/B/J/S/*Hillmann*, § 149 HGB Rn. 18; *Hillers*, Liquidation, S. 66 ff.; Oetker/*Kamanabrou*, § 149 HGB Rn. 12; K/K/R/D/*Kindler*, § 149 HGB Rn. 2; Henssler/Strohn/*Klöhn*, § 149 HGB Rn. 15; BeckOK.HGB/*Lehmann-Richter*, § 149 Rn. 10; Baumbach/Hopt/*Roth*, § 149 HGB Rn. 4; MüKo.HGB/*Karsten Schmidt*, § 149 Rn. 36; *Wertenbruch* in Westermann/Wertenbruch, Rn. I 1739.

481 Siehe Begründung des RegE zu § 268 AktG 1965, abgedruckt bei *Kropff*, AktG, S. 358.

482 Ausdrücklich *Hillers*, Liquidation, S. 66; *Wertenbruch* in Westermann/Wertenbruch, Rn. I 1739; vgl. dazu auch *RGZ* 107, 171 (172); *BGH* v. 26.2.1960 – I ZR 159/58, BGHZ 32, 103 (108); *BGH* v. 28.1.1980 – II ZR 124/78, NJW 1980, 1278; *Wimpfheimer*, Liquidation, S. 63.

483 Siehe auch *Packi*, Veräußerung, S. 31.

Überdies wird der große Vorteil der Gesamtveräußerung darin gesehen, dass eine möglicherweise langwierige Abwicklung vermieden werden kann.[484] Der dies hinsichtlich der Liquidation der Personenhandelsgesellschaften legitimierende Erst-recht-Schluss, *„wer zerschlägt, darf auch veräußern"*,[485] kann indes nicht überzeugen. Zunächst spricht für diese Argumentation allerdings, dass das Verfahren darauf gerichtet ist, die Vollbeendigung der Gesellschaft herbeizuführen, sodass der Gesellschaftszweck eigentlich nicht entgegensteht. Auch die Unternehmenstätigkeit und die Gesellschaft werden beendigt und das Vermögen in Geld umgesetzt.[486] Trotz stetiger Fortentwicklung des Verständnisses von der Liquidation dahin, dass die Handelsgesellschaft identitätswahrend bis zur Vollbeendigung besteht, ist das Verfahren der §§ 146 ff. HGB aufgrund der angeordneten gleichberechtigten Mitwirkung aller Gesellschafter aber nicht auf eine unternehmerische Tätigkeit oder aktive Teilhabe am Handelsverkehr ausgelegt. Die Fortsetzung der Unternehmenstätigkeit in der Liquidation erscheint daher impraktikabel und ist mangels einer abweichenden Willensäußerung der Gesellschafter unzulässig. Anders als bei AG und GmbH, wo gemäß der §§ 265 I AktG, 66 I GmbHG grundsätzlich der Vorstand oder die Geschäftsführer auch im Rahmen der Abwicklung/Liquidation das Leitungsorgan sind, sodass unternehmerisches Fachwissen in der Geschäftsleitung erhalten bleibt, werden gemäß § 146 I HGB alle Gesellschafter zu gleichberechtigten Liquidatoren.[487] Diese können überdies nach § 150 I HGB grundsätzlich nur gemeinschaftlich tätig werden. Darüber hinaus wird die Drittorganschaft im Sinne des § 146 I 1 HGB zulässig, sodass sich die Gesellschafter der Fremdbestimmung unterwerfen können. Im Hinblick auf die werbende Geschäfts- und Gesellschaftstätigkeit widerspricht dies der Selbstorganschaft und damit elementaren Prinzipien des Personengesellschaftsrechts.[488] Daher findet die Zulässigkeit der Fremdorganschaft ihre wesentliche Rechtfertigung nicht im Verbleib der Verfahrensherrschaft in den Händen der Gesellschafter und der gemäß § 147 HGB bestehenden Möglichkeit, diese jederzeit wieder abberufen zu können, sondern darin, dass keine fortgesetzte unternehmerische Tätigkeit mehr verfolgt werden soll. Geht man überdies von einer Zweckkontinuität aus, sodass der Liquidationszweck neben den werbenden Zweck tritt, so ist eine Veräußerung des Unternehmens hiernach eigentlich zweckwidrig. Allein die nachhaltige Unternehmenstätigkeit wäre dann nicht Aufgabe der Liquidatoren. Der Liquidationszweck könnte aber die entsprechende Beschlussfassung beeinflussen.[489]

---

484 Vgl. zu § 179a Spindler/Stilz/*Holzborn*, § 179a AktG Rn. 48; AktG; MüKo.AktG/*Stein*, § 179a Rn. 70.

485 *Hillers*, Liquidation, S. 66; vgl. auch *Karsten Schmidt*, GmbHR 1980, 261 (266); *Wertenbruch*, DStR 2007, 1680 (1683).

486 So auch GroßKomm.HGB/*Habersack*, § 149 Rn. 35.

487 3. Kapitel C. II. 3. a. f.

488 3. Kapitel C. II. 2. ff.

489 8. Kapitel C. III.

II. Zulässigkeit der werbenden Tätigkeit in der Liquidation

1. Verständnis der laufenden und der schwebenden Geschäfte

Gemäß § 149 S. 1 Hs. 1 HGB müssen die Liquidatoren die *„laufenden Geschäfte [...] beendigen"*, wozu sie nach § 149 S. 1 Hs. 2 HGB im Hinblick auf die sogenannten *„schwebende[n] Geschäfte"* auch *„neue Geschäfte eingehen"* können.[490] Dies sind nach ganz herrschender Meinung allerdings nicht nur solche Geschäfte, deren Hauptleistungspflichten im Zeitpunkt der Eröffnung des Liquidationsverfahrens noch nicht erfüllt sind.[491] Vielmehr wird der Terminus *„schwebendes Geschäft"* am Gesellschaftszweck orientiert ausgelegt und den Liquidatoren die Befugnis zugestanden, jedwedes Geschäft abzuschließen, welches der Liquidation als auf die Vollbeendigung ausgerichtetes Verfahren dient.[492] Eine Ausnahme findet sich allerdings darin, dass das in Rede stehende Geschäft keinen alleinigen Neuerwerb darstellen darf, denn in diesem Fall dient es nicht mehr der Vollbeendigung.[493] Insoweit betont das Gesetz den Willen der Gesellschafter, die

---

490 *RGZ* 4, 61 (64); *RGZ* 72, 236 (240); vgl. *BGH* v. 4.4.1951 – II ZR 10/50, BGHZ 1, 324 (330); *BGH* v. 26.1.1959 – II ZR 174/54, WM 1959, 323 (324); *BGH* v. 19.6.1995 – II ZR 255/93, NJW 1995, 2843; *Butzer*, Jura 1994, 628 (632); K/K/R/D/*Kindler*, § 149 HGB Rn. 2 f.; Henssler/Strohn/*Klöhn*, § 149 HGB Rn. 7; Baumbach/Hopt/*Roth*, § 149 HGB Rn. 6; MüKo.HGB/*Karsten Schmidt*, § 149 Rn. 8.

491 Vgl. *Weiß*, MAH Personengesellschaftsrecht, § 25 Rn. 77; Röhricht/Graf v. Westphalen/Haas/*Haas*, § 149 HGB Rn. 4; E/B/J/S/*Hillmann*, § 149 HGB Rn. 7; Oetker/*Kamanabrou*, § 149 HGB Rn. 3; K/K/R/D/*Kindler*, § 149 HGB Rn. 3; Henssler/Strohn/*Klöhn*, § 149 HGB Rn. 8; BeckOK.HGB/*Lehmann-Richter*, § 149 Rn. 14; Baumbach/Hopt/*Roth*, § 149 HGB Rn. 6; MüKo.HGB/*Karsten Schmidt*, § 149 Rn. 13; siehe auch zur GmbH *OLG Karlsruhe* v. 3.10.1956 – 1 U 44/56, GmbHR 1960, 24 (25); *LG Köln* v. 21.12.1979 – 29 T 21/79, DNotZ 1980, 422 (423); Henssler/Strohn/*Büteröwe*, § 70 GmbHG Rn. 1; *Hofmann*, GmbHR 1976, 258 (263); Hk-GmbHG/*Kolmann/Dormehl*, § 70 Rn. 16; MüKo.GmbHG/*H.F. Müller*, § 70 Rn. 21; Scholz/*Karsten Schmidt*, § 70 GmbHG Rn. 16; *Tavakoli/Eisenberg*, GmbHR 2018, 75 (78); *Wicke*, § 70 GmbHG Rn. 5.

492 Vgl. dazu *RGZ* 171, 129 (133). *BFH GrS* v. 23.6.1997 – GrS 2/93, BB 1997, 1939; *Dicken/Henssler*, BilanzR, Rn. 348; *Weiß*, MAH Personengesellschaftsrecht, § 25 Rn. 77; Röhricht/Graf v. Westphalen/Haas/*Haas*, § 149 HGB Rn. 4; E/B/J/S/*Hillmann*, § 149 HGB Rn. 7; Oetker/*Kamanabrou*, § 149 HGB Rn. 3; K/K/R/D/*Kindler*, § 149 HGB Rn. 3; Henssler/Strohn/*Klöhn*, § 149 HGB Rn. 8; BeckOK.HGB/*Lehmann-Richter*, § 149 Rn. 14; Heymann/*Peetz*, § 149 HGB Rn. 4; Baumbach/Hopt/*Roth*, § 149 HGB Rn. 6; MüKo.HGB/*Karsten Schmidt*, § 149 Rn. 13.

493 *RGZ* 44, 80 (84); *RGZ* 72, 236 (240); *RGZ* 146, 376 (378); *BGH* v. 26.1.1959 – II ZR 174/54, WM 1959, 323 (324); *OLG Hamm* v. 29.9.1960 – 15 W 305/60, BB 1960, 1355; *OLG Frankfurt* v. 19.11.1979 – 20 W 708/79, OLGZ 1980, 95 (98); Hk-HGB/*Anissimov*, § 149 Rn. 4; Ensthaler/*Ensthaler*, § 149 HGB Rn. 3; GroßKomm.HGB/*Habersack*, § 149 Rn. 16; *Hillers*, Liquidation, S. 76; E/B/J/S/*Hillmann*, § 149 HGB Rn. 7; *Hueck*,

Liquidation zu betreiben und die Gesellschaft zu ihrer Vollbeendigung zu bringen. Das Schrifttum und die Rechtsprechung gehen darüber hinweg, legen § 149 HGB nach aktienrechtlichem Vorbild aus und lassen in der Liquidationsphase eine unternehmerische Tätigkeit der Gesellschaft zu, solange zumindest subjektiv auf die Vollbeendigung hingearbeitet wird. Vergleichbar ist die Rechtslage bei der Vorgesellschaft; dort bekommen die Gesellschafter die Vorzüge einer Kapitalgesellschaft gewährt, soweit sie auf eine Eintragung hinarbeiten.[494] Die Erweiterung der Geschäftsführungsbefugnisse lässt sich allein damit begründen, dass die dem Schutz der Gläubiger dienende unbeschränkte Haftung der Gesellschafter fortbesteht, sodass es anders als in der Vorgesellschaft zunächst keinen Grund gibt, die Geschäftsleitungsbefugnisse zu beschränken. Darüber hinaus bietet sich im Vergleich zu den Kapitalgesellschaften, bei denen nur das Gesellschaftsvermögen zugunsten der Gläubiger haftet, ein Erst-recht-Schluss an.

Eine Eingrenzung der Geschäftsführungsbefugnis hinsichtlich des Abschlusses neuer Geschäfte ist indessen aufgrund der Fremdorganschaft geboten. Weiterhin steht den Gesellschaftern grundsätzlich ein Anspruch darauf zu, dass die Liquidation betrieben, nicht aber das Unternehmen fortgesetzt wird.[495] Insoweit ist gemäß § 145 I HGB die Liquidation die Regel und eine andere Art der Auseinandersetzung die Ausnahme. Die Vornahme der Liquidation führt im Laufe des Verfahrens zu einer Verminderung des Haftungsrisikos, da auch die Geschäftstätigkeit abnimmt und Gläubiger nach und nach befriedigt werden. Zwar kann die Veräußerung des Unternehmens die Vollbeendigung herbeiführen, sodass es diesbezüglich konsequent wäre, würden die Liquidatoren die Tätigkeit des Unternehmens insoweit fortsetzen,[496] wie dies wiederum der Veräußerung des Unternehmens dient. So sichert die unbeschränkte Geschäftsführungsbefugnis auch die Verkehrsfähigkeit der Gesellschaft ab.[497] Dies gilt zumindest dann, wenn man die Vertretungsmacht daran bindet. Dieses Verfahren steht aber im Widerspruch zu Wortlaut und Zweck des § 149 S. 1 HGB, denn die Begrenzung der Befugnisse dient dem Schutz der

---

OHG, S. 496; Oetker/*Kamanabrou*, § 149 HGB Rn. 3; Henssler/Strohn/*Klöhn*, § 149 HGB Rn. 7 f.; Heymann/*Peetz*, § 149 HGB Rn. 4; MüKo.HGB/*Karsten Schmidt*, § 149 Rn. 13; *Wimpfheimer*, Liquidation, S. 136, 161 ff.

494 Vgl. das 2. Kapitel B. III. 2.

495 Vgl. die Beratungen zum HGB 1897, abgedruckt in *Schubert/Schmiedel/Krampe*, Quellen, Band II/1, S. 337.

496 *RGZ* 72, 236 (240); *BGH* v. 26.1.1959 – II ZR 174/54, WM 1959, 323 (324); *BGH* v. 19.6.1995 – II ZR 255/93, NJW 1995, 2843; *Butzer*, Jura 1994, 628 (632); GroßKomm. HGB/*Habersack*, § 149 Rn. 16; E/B/J/S/*Hillmann*, § 149 HGB Rn. 7 f.; *Hueck*, OHG, S. 496; Oetker/*Kamanabrou*, § 149 HGB Rn. 3; Henssler/Strohn/*Klöhn*, § 149 HGB Rn. 8; Baumbach/Hopt/*Roth*, § 149 HGB Rn. 6; MüKo.HGB/*Karsten Schmidt*, § 149 Rn. 9.

497 *RGZ* 146, 376 (378); *BGH* v. 26.1.1959 – II ZR 174/57, WM 1959, 323 (324); *BGH* v. 1.12.1983 – III ZR 149/82, NJW 1984, 982; *Wimpfheimer*, Liquidation, S. 136; vgl. auch die Beratungen zum HGB 1897, abgedruckt in *Schubert/Schmiedel/Krampe*, Quellen, Band II/1, S. 337 f.

Gesellschafter. Aufgrund der Durchsetzungssperre können sie nicht aus der Gesellschaft ausscheiden und sind daher auf den Fortgang des Verfahrens angewiesen.[498]

Eine natürliche Begrenzung der Aufgaben und Pflichten der Liquidatoren ergibt sich außerdem daraus, dass sie keine Grundlagengeschäfte abschließen dürfen. Gleichwohl sollen die Liquidatoren innerhalb des von den §§ 146 ff. HGB abgesteckten Rahmens über die Notwendigkeit einer Liquidationsmaßregel einschließlich der Fortsetzung der Unternehmenstätigkeit nach pflichtgemäßen Ermessen entscheiden dürfen.[499] Ein solch weites Verständnis des § 149 S. 1 HGB widerspricht indes sowohl dem Wortlaut des Gesetzes als auch dem Willen des HGB-Gesetzgebers; überdies ist § 152 HGB dazu ins Verhältnis zu setzen. Die Problematik wird auch daran deutlich, wie das pflichtgemäße Ermessen einzuordnen ist.

2. Eigener Entscheidungsspielraum der Liquidatoren

Eine Bestimmung dessen, was unter dem pflichtgemäßen Ermessen zu verstehen ist, enthalten die §§ 146 ff. HGB nicht. Eine solche Entscheidungsfreiheit hatte der Gesetzgeber mit der engen Aufgabenformulierung des § 149 HGB auch weder vorgesehen, noch war sie notwendig. Die §§ 149, 152 HGB zeigen vielmehr, dass die Tätigkeit der Liquidatoren und deren Überwachung durch die Gesellschafter miteinander verschränkt waren. Die Liquidatoren sollten allein den auf die Beendigung der Gesellschaft gerichteten Willen der Gesellschafter ausführen.[500] Lässt man allerdings eine unternehmerische Tätigkeit zu, so ist den Liquidatoren sinnhafterweise ein eigener Entscheidungsspielraum zuzugestehen, unternehmerische Entscheidungen anhand der kapitalgesellschaftsrechtlichen *„Business Judgement Rule"* zu bewerten und diese Regel als Maßstab für die Zulässigkeit einer Maßnahme anzulegen.[501] Daher ist zu fragen, ob die Liquidatoren bei Vornahme einer Handlung vernünftigerweise annehmen durften, auf der Grundlage angemessener Information zum Wohle der Gesellschaft zu handeln.[502] Demgegenüber will *Hillers*

---

498 Siehe dazu oben 1. Kapitel C. I. 3. c). und 2. Kapitel A. III. 2.

499 Vgl. *RGZ* 100, 156 (166); *Hillers*, Liquidation, S. 59; *Hueck*, OHG, S. 375; BeckOK. HGB/*Lehmann*-Richter, § 149 Rn. 10; Baumbach/Hopt/*Roth*, § 149 HGB Rn. 4; MüKo. HGB/*Karsten Schmidt*, § 149 Rn. 9, 35.

500 Vgl. die Beratungen zum HGB 1897, abgedruckt in *Schubert/Schmiedel/Krampe*, Quellen, Band II/1, S. 337, nach der Sachverständigenkommission haben die Liquidatoren lediglich die Geschäfte zu beendigen.

501 Siehe auch BT-Drucks. 15/5092, S. 12, nach Ansicht des Gesetzgebers beschreibt die im Haftungstatbestand des § 93 AktG formulierte *„business judgement rule"* einen *„Grundgedanken des Geschäftsleitermessens"*, welcher auch ohne positivrechtliche Regelung auf andere Verbände übertragen werden solle. Kritisch aber *Cobe/Kling*, NZG 2015, 48 (49) bzgl. der Personengesellschaft. Insoweit ist jedenfalls zu beachten, dass hier nach § 708 BGB ein anderer Sorgfaltsmaßstab gilt.

502 Vgl. (§ 93 I 2 AktG) und zur *„business judgement rule"* im AktG *Bredol*, Rechtsstellung, S. 216 ff., insbesondere S. 224; Henssler/Strohn/*Dauner-Lieb*, § 93 AktG Rn. 17 ff.; *Fleischer/Danninger*, NZG 2016, 481 ff.; *Wiedemann*, WM 2009, 1 (2); siehe auch *Hillers*,

noch das verwaltungsrechtliche System der Ermessensfehler anwenden.[503] Dafür spricht zunächst, dass ein Bedürfnis besteht, unternehmerische Entscheidungen zu bewerten. Von behördlichem Ermessen ist allerdings die Rede, wenn ein gesetzlicher Tatbestand erfüllt ist und die Behörde die Wahl zwischen verschiedenen Verhaltensmöglichkeiten hat.[504] Daher erscheint es vorzugswürdig, sich an der spezielleren aktienrechtlichen Vorschrift zu orientieren, die auf Organhandeln und unternehmerische Entscheidungen angepasst ist. Aufgrund ihrer Organstellung[505] sind die Liquidatoren einerseits dazu verpflichtet, den Gesellschaftszweck zu fördern,[506] also eine *„optimale Abwicklung"*[507] herbeizuführen. Andererseits trifft die Gesellschafter die persönliche Haftung. Diese dient dem Wohl der Gesellschaft,[508] denn die Leistungsfähigkeit des Verbands speist sich mittelbar aus dem persönlichen (finanziellen) Vermögen der Gesellschafter; diese Regressmöglichkeit müssen die Liquidatoren also auch berücksichtigen. Insbesondere ist auszugleichen, dass aufgrund der Fremdorganschaft Prinzipal-Agent-Probleme auftreten können und Dritt- oder Kommanditisten-Liquidatoren mangels persönlicher Haftung gegebenenfalls anders und risikobereiter als die haftenden Gesellschafter tätig werden. Zwar nehmen die Liquidatoren, wenn sie Gesellschafter sind, auch eigene wirtschaftliche Interessen wahr.[509] Gleichwohl müssen sie aber die Vermögensinteressen der anderen Gesellschafter berücksichtigen; dieses Dilemma konnte mittels einer beschränkten Geschäftsführungsbefugnis teilweise aufgelöst werden. Würde man den Liquidatoren demgegenüber keinen eigenen Entscheidungsspielraum zugestehen, wäre eine flexible Geschäftstätigkeit und eine spontane Reaktion auf geänderte Marktsituationen nicht beziehungsweise nur in Abstimmung mit der

---

Liquidation, S. 27; vgl. *Peltzer*, JuS 2003, 348 (349); zur Haftung von Organen *RGZ* 143, 212 (215); *BGH* v. 26.3.1974 – VI ZR 103/72, BGHZ 62, 243 (245); *BGH* v. 4.7.1977 – II ZR 150/75, BGHZ 69, 207 (209); *BGH* v. 12.11.1979 – II ZR 174/77, BGHZ 75, 321 (328); *BGH* v. 11.2.1980 – II ZR 41/79, BGHZ 76, 160 (166); *BGH* v. 28.10.1987 – VIII ZR 383/86, NJW-RR 1988, 417 (419); *BGH* v. 21.4.1997 – II ZR 175/95, BGHZ 135, 233 (253 f.); weiterhin *Ballerstedt*, JuS 1963, 253 (258); *Reichert/Winter*, BB 1988, 981 (983); *Beuthien*, JZ 2003, 715; Staudinger/*Habermeier*, § 708 BGB Rn. 18.

503 Liquidation, S. 27 ff.

504 Siehe dazu *Detterbeck*, Verwaltungsrecht, Rn. 311.

505 Vgl. *RGZ* 17, 365 (368); *OLG Düsseldorf* v. 7.3.2012 – I-3 Wx 200/11, NZG 2012, 957 (958); *Karsten Schmidt*, BB 1989, 229 (232).

506 Vgl. *Ballerstedt*, JuS 1963, 253 (256); *Wertenbruch* in Westermann/Wertenbruch, Rn. I 252.

507 *Hillers*, Liquidation, S. 60 ff.

508 Vgl. dazu *KG* v. 12.1.1999 – 1 W 7923/98, NZG 1999, 437 f.; *Ulmer*, AcP 198 (1998), 113 (127); *Weber*, Privatautonomie, S. 157; *Wiedemann*, Festschrift Heinsius, 949 (950 f.).

509 Siehe dazu *Cobe/Kling*, NZG 2015, 48 (49).

Gesellschafterversammlung möglich.[510] Im Ergebnis müssten die Liquidatoren die Geschäftstätigkeit beenden; auch wenn dies wirtschaftlich nachteilig ist. Das bedeutet, dass den Liquidatoren im Hinblick auf ihre Tätigkeit namens und für die Gesellschaft ein großzügiger Entscheidungsspielraum zuzubilligen ist, der ihnen zugleich eine weite Herrschaft über die (anderen) Gesellschafter verleiht. Die Gesellschafter sind als die Herren des Verbands weisungsbefugt und können im Umkehrschluss zu § 151 HGB die Befugnisse der Liquidatoren im Innenverhältnis beschränken (§ 152 HGB). Allerdings entspricht es der allgemeinen Ansicht, dass im Rahmen der Liquidation nahezu unbegrenzt die Fortsetzung der unternehmerischen Tätigkeit zulässig ist, sofern wenigstens subjektiv auf eine Vollbeendigung hingearbeitet wird.[511] Zwar bleibt die Gesellschafterversammlung die Herrin der Gesellschaft, es besteht indessen die Möglichkeit eines weitgehenden Dritteinflusses im Rahmen des Geschäftsbetriebs. Aber auch, wenn man die Leitungstätigkeit der Liquidatoren beschränkt, und ihnen die fortgesetzte Tätigkeit verwehrt, ist ihnen ob des unternehmerischen Verfahrens eine Entscheidungshoheit hinsichtlich der Liquidationsgemäßheit der in Rede stehenden Maßnahme einzuräumen. Dadurch wird ein Handlungsspielraum der Liquidatoren zulasten der nicht an der Geschäftsleitung beteiligten Gesellschafter offenbar. Überdies liegt es somit im Ermessen der Liquidatoren, wie weit deren Vertretungsmacht reicht, wenn man die Verbindung zwischen § 149 S. 1 und S. 2 HGB herstellt.[512]

3. *Verständnis von § 149 S. 1 Hs. 1 „Umsetzung des übrigen Vermögens in Geld“*

Die Liquidation ist im heutigen Verständnis ein unternehmerisches Verfahren, in welchem die Liquidatoren einen weitgehenden Entscheidungsspielraum zugestanden bekommen. Die Bedeutung sowie das Verständnis des § 149 S. 1 Hs. 1 HGB, in dem es heißt, *„die Liquidatoren haben [...] das übrige Vermögen in Geld umzusetzen und die Gläubiger zu befriedigen“*, könnte diesem Verständnis entsprechend anzeigen, dass eine fortgesetzte Geschäftstätigkeit grundsätzlich zu den Aufgaben der Liquidatoren zählt. Dann könnte auch die Unternehmensveräußerung eine zulässige Maßnahme sein.

Von § 149 S. 1 Hs. 1 HGB erfasst ist der (Einzel-)Verkauf der nach Beendigung der laufenden Geschäfte sowie des Einzugs der Forderungen verbliebenen Wirtschaftsgüter („assets“) der Gesellschaft an Dritte.[513] Ebenso wird der Verkauf dieser

---

510 Vgl. zu den Vorständen einer eG, für die ebenfalls die Selbstorganschaft gilt *BGH* v. 21.3.2005 – II ZR 54/03, NZG 2005, 562; *LG Düsseldorf* v. 25.4.2014 – 39 O 36/11 U., BeckRS 2014, 8434.

511 Siehe oben 5. Kapitel B. II. 1.

512 Dazu nachfolgend 6. Kapitel C. I.

513 *Hueck*, OHG, S. 375 f.; Oetker/*Kamanabrou*, § 149 HGB Rn. 12; K/K/R/D/*Kindler*, § 149 HGB Rn. 2; Henssler/Strohn/*Klöhn*, § 149 HGB Rn. 15; *J. Schmid* in MHdB GesR Band 2, § 46 Rn. 56; MüKo.HGB/*Karsten Schmidt*, § 149 Rn. 35.

Wirtschaftsgüter in ihrer Gesamtheit als Umsetzung des *„übrigen Vermögens"* in Geld verstanden.[514] In Betracht kommen entweder der Verkauf des Unternehmens oder einer Sachgesamtheit aufgrund eines natürlichen Zusammenhangs; zum Beispiel der Verkauf des Fuhrparks oder mehrerer Immobilien:[515] Das noch in „assets" gebundene Vermögen wird in Geld umgesetzt. In Folge dessen kann das nun in Geld bestehende Vermögen unter den Gesellschaftern verteilt werden.[516] In rechtlicher Hinsicht vollzieht sich der Verkauf des Unternehmens gemäß § 453 I in Verbindung mit 433 ff. BGB,[517] die zwar nach Art und Umfang des Kaufvertrags und in Abhängigkeit zur Größe des Unternehmens modifiziert werden, letztlich aber in Gestalt eines gewöhnlichen Kaufvertrags. Auch in dieser Hinsicht besteht kein Unterschied zwischen einer Einzel- oder Gesamtveräußerung.

Letztlich werden die laufenden Geschäfte beendigt sowie das vorhandene Vermögen in Geld umgesetzt. Auch dieser Verkaufsvorgang könnte demzufolge unter die Umsetzung des *„übrigen Vermögens in Geld"* subsumiert werden. Unberücksichtigt bleibt dann, dass nicht *„das übrige Vermögen"* in Geld umgesetzt wird, welches *„nach Beendigung der Geschäfte"* und/oder der *„Einziehung der Forderungen"* verbleibt.[518] Vielmehr wird das Vermögen in seiner Gesamtheit erhalten und umgesetzt, wie es im Zeitpunkt der Auflösung bestand. Es werden keinerlei vorhergehende Zerschlagungsmaßnahmen ergriffen. Dem entspricht, dass das Verkaufsverfahren verschiedenartig und von § 149 HGB abweichend ausgestaltet ist. Gerade wenn das Unternehmen als organische/lebende Einheit des Rechts- und Wirtschaftsverkehrs veräußert werden soll, kann ein erweiterter Abschluss neuer Geschäfte erforderlich werden. Dieser fortgesetzte Geschäftsabschluss geht über das hinaus, was zur Erhaltung des Werts des vorhandenen Vermögens erforderlich ist, insbesondere weil sich bietende Geschäftschancen genutzt werden sollten. Zwar ist eine formalistische und strenge Einhaltung der Aufgabenreihung im Sinne des § 149 S. 1 Hs. 1 HGB ebenso unzweckmäßig, aber auch die fortgesetzte Tätigkeit nicht teleologisch hiervon erfasst.

Intern ist im Hinblick auf die Geschäftsleitungsbefugnisse daher zu unterscheiden, um die feinen Unterschiede zu berücksichtigen, die zwischen der bloßen Vermögensverwaltung und der umfänglichen Aufrechterhaltung der Geschäftstätigkeit

---

514 *Hillers*, Liquidation, S. 66 ff.; E/B/J/S/*Hillmann*, § 149 HGB Rn. 18; *Hueck*, OHG, S. 375 f.; Oetker/*Kamanabrou*, § 149 HGB Rn. 12; K/K/R/D/Kindler, § 149 HGB Rn. 2; Henssler/Strohn/*Klöhn*, § 149 HGB Rn. 15; Heymann/*Peetz*, § 149 HGB Rn. 15; Baumbach/Hopt/*Roth*, § 149 HGB Rn. 4; *J. Schmidt* in MHdB GesR Band 2, § 46 Rn. 57; MüKo.HGB/*Karsten Schmidt*, § 149 Rn. 36; *Wertenbruch* in Westermann/Wertenbruch, Rn. I 1739.

515 Vgl. *Wertenbruch* in Westermann/Wertenbruch, Rn. I 1787.

516 Siehe auch *Wertenbruch*, NZG 2018, 1121 (1122).

517 *Eggenberger*, due-diligence Prüfung, S. 224 ff.; *Korch*, JuS 2018, 521 (522); *Maier-Reimer/Schilling*, IWRZ 2016, 106 (107); *Möller*, NZG 2012, 841 (842); *Saenger*, GesR, Rn. 1075, 1078.

518 Vgl. zur GbR auch *Wertenbruch* in Westermann/Wertenbruch, Rn. I 1787.

bestehen. Zwar kann der Abschluss neuer Geschäfte dazu dienen, dass Vermögen in einem verkaufsfähigen Zustand zu erhalten. Hierunter könnte etwa der Abschluss neuer Mietverträge oder die Instandhaltung der Geschäftsimmobilie fallen;[519] entscheidend ist insoweit der Einzelfall. Dem steht die vollumfängliche Aufrechterhaltung der Unternehmenstätigkeit gegenüber. Gleichwohl stellen all diese Tätigkeiten eine unternehmerische Aufgabe dar, sodass die Differenzierung schwierig und auf das Gesamtgepräge abzustellen ist. Allerdings werden bei einem geplanten Unternehmensverkauf neue Geschäfte im Sinne des § 149 S. 1 Hs. 2 HGB nur dann *„zur Beendigung schwebender"* abgeschlossen, wenn man das große Ganze betrachtet und fragt, ob diese Geschäfte einer Vollbeendigung der Gesellschaft dienen. Infolgedessen müsste das Gesellschaftsverhältnis in seiner Gesamtheit als schwebendes Geschäft begriffen werden, um § 149 HGB wortlautgetreu auslegen zu können. Daher sind im Ergebnis und entgegen der oben aufgezeigten herrschenden Meinung jene Verwertungsmaßnahmen, die eine Erhaltung der Wirtschaftsgüter der Gesellschaft erfordern, als nicht von § 149 HGB erfasst anzusehen. Die Vornahme einer solchen Maßnahme bedarf dann eines zustimmenden Beschlusses der Gesellschafter.[520] Nur so können die Gesellschafter vor einer ausufernden Geschäftstätigkeit geschützt werden.

III. Historische und systematische Auslegung des § 149 HGB – Beschränkung auf Zerschlagung

Vergleicht man die Rechtslage, wie sie dem Gesetzgeber von 1897 vorschwebte und wie sie derzeit gelebt wird, ist nicht nur der Wortlaut des § 149 S. 1 HGB aufs äußerste gedehnt, auch im Hinblick auf die Auslegung des Inhalts der Geschäftsführungsbefugnisse kommt es zu Unstimmigkeiten. Weitergehend bereitet das Verständnis des § 149 S. 2 HGB (*„die Liquidatoren vertreten innerhalb ihres Geschäftskreises die Gesellschaft gerichtlich und außergerichtlich"*) bezogen auf die Reichweite der Vertretungsmacht der Liquidatoren und dessen Verhältnis zu dem vorstehenden ersten Satz größere Probleme.[521] Sowohl der Wortlaut als auch der Normzweck sowie eine systematische und historische Auslegung sprechen nämlich dafür, dass die Vertretungsmacht der Liquidatoren auf die originären Abwicklungsaufgaben des § 149 S. 1 HGB zu begrenzen ist. Damit wird der Zwiespalt hinsichtlich dessen Verständnis deutlich: Nur wenn die Aufgaben eine Ausdehnung ins Grenzenlose erfahren, wird die Vertretungsmacht unbegrenzt; damit werden sowohl die Handlungsfähigkeit der Gesellschaft als auch der Schutz des Rechtsverkehrs sichergestellt. Bei einem strengen und formalistischem Wortlautverständnis hingegen wäre

519 Siehe zu Fallbeispielen *BGH* v. 26.1.1959 – II ZR 174/57, WM 1959, 323 (324); *BGH* v. 1.12.1983 – III ZR 149/82, NJW 1984, 982; E/B/J/S/*Hillmann*, § 149 HGB Rn. 8; MüKo.HGB/*Karsten Schmidt*, § 149 Rn. 14.

520 Vgl. zur GmbH *BGH* v. 8.1.2019 – II ZR 364/18, NZG 2019, 505 Rn. 36 ff.

521 Ausführlich im 6. Kapitel.

die Vertretungsmacht äußerst eng und damit „verkehrsfeindlich“; die Liquidatoren könnten nicht anders, als das Gesellschaftsvermögen zu zerschlagen.

Gegen ein weites Verständnis ist auch § 158 HGB anzuführen. Denn *„vereinbaren die Gesellschafter statt der Liquidation eine andere Art der Auseinandersetzung, so finden, solange noch ungeteiltes Gesellschaftsvermögen vorhanden ist, im Verhältnis zu Dritten die für die Liquidation geltenden Vorschriften entsprechende Anwendung.“*

Diesbezüglich könnte § 149 S. 2 HGB darauf hinweisen, dass den Liquidatoren nur im Rahmen des Liquidationsverfahrens beziehungsweise der jeweiligen Art der Auseinandersetzung im Sinne des § 145 I HGB Vertretungsmacht zukommt. Das deckt sich überdies mit der Auffassung des Gesetzgebers, wonach die OHG/KG *„trotz der Auflösung in gewissen Beziehungen als fortbestehend gilt, solange [...] ungeteiltes Vermögen vorhanden ist.“*[522] Daher kam der Gesellschaft, die eine reine Zweckschöpfung ist, nur eine umfassende Rechtskraft zu, solange sie darauf gerichtet war, den ihr ursprünglich beigemessenen Zweck zu verfolgen. Entfällt der Zweck, bedarf es keiner umfassenden Rechtsfähigkeit mehr. Ab Auflösung war dieser auf die Auseinandersetzung begrenzt. Dem entspricht die ehemals im Hinblick auf die AG geltende Rechtslage in § 303 HGB 1897[523], wonach die Veräußerung des ganzen Vermögens zwingend die Auflösung der Gesellschaft zur Folge hatte.[524] Verlor die Gesellschaft auch nur vorübergehend die Eigenschaft, den ihr ursprünglich gegebenen Zweck zu verfolgen, so verlor sie auch ihre Daseinsberechtigung. Eine verfestige Organisation hatte sie daher bloß noch, soweit dies zum (neuen) Zweck der Vollbeendigung und Verteilung des Vermögens erforderlich war.

Ausgangspunkt des weitergehenden, modernen Verständnisses ist, dass die Gesellschaft nicht bloß *„in gewissen Beziehungen als fortbestehend gilt“*, sondern tatsächlich wie rechtlich in allen Belangen fortbesteht.[525] Die Rechtsfähigkeit des Verbands ist nicht allein die Folge des auf Unternehmenstragung gerichteten Zwecks, sondern einer verfestigten und nach außen auftretenden Verbandsstruktur.[526] Ein begrenztes Verständnis der den Liquidatoren zukommenden Befugnisse würde sich mit dem Befund decken, dass die Abwickler der AG respektive die Liquidatoren der GmbH jeweils *„die Gesellschaft gerichtlich und außergerichtlich vertreten“* (§§ 269 I AktG, 70 S. 1 Hs. 2 GmbHG) und die Abwicklung/Liquidation die zwingende Folge der Auflösung ist. Eine begriffliche Differenzierung der Geschäftskreise ist im Hinblick auf das Abwicklungs-/Liquidationsverfahren dann nicht erforderlich. Allein für die AG wurden die Kompetenzen der Abwickler mit § 268 I 2 AktG (*„Soweit es die Abwicklung erfordert, dürfen sie auch neue Geschäfte*

---

522 Denkschrift zum HGB 1897, abgedruckt in *Schubert/Schmiedel/Krampe*, Quellen, Band II/1, S. 96.

523 Siehe den Normtext im Anhang.

524 Siehe dazu 7. Kapitel C. III. 2.

525 3. Kapitel A.

526 Vgl. dazu auch die Gedanken zur Vorgesellschaft im 2. Kapitel B.

eingehen.") ausgedehnt, um weiterhin eine unternehmerische Tätigkeit zu ermöglichen.[527] Es sollte gewährleistet werden, dass die Abwickler das Unternehmen mit dem Ziel der Veräußerung erhalten können.[528] Ein solches Verfahren sah der Gesetzgeber des AktG 1965 von § 209 I AktG 1937 als nicht erfasst an[529] – dieser glich § 149 HGB. Daraus könnte der Schluss zu ziehen sein, dass § 149 HGB eng auszulegen ist. In diesem Fall wären die Liquidatoren der OHG/KG nur dazu ermächtigt, die Unternehmenstätigkeit zu beenden. Demnach steht der Wortlaut des § 149 S. 1 HGB einer erweiternden Auslegung entgegen.

Versteht man die Beendigung der *„laufenden Geschäfte"* als Beendigung der Geschäftstätigkeit insgesamt, bekommen die weiteren genannten Aufgaben (§ 149 S. 1 Hs. 1 HGB), *„die Forderungen einzuziehen"* und *„die Gläubiger zu befriedigen"*, eine rein deklaratorische Bedeutung. Die Beendigung der laufenden Geschäfte geht notwendigerweise mit dem Einzug der Forderungen oder der Befriedigung der Gläubiger einher. Weitergehend zeigt die im zweiten Halbsatz gebrauchte Wendung *„zur Beendigung schwebender Geschäfte"* an, dass nur höchst ausnahmsweise neue Geschäfte eingegangen werden dürfen. Anderenfalls hätte es auch hier geheißen, „zur Beendigung der laufenden Geschäfte" oder allgemein zur Beendigung der Geschäfte. Zwar sprechen gewichtige wirtschaftliche Aspekte für eine erweiternde Auslegung, nach der die Liquidatoren auch den Geschäftsbetrieb fortführen und das Unternehmen veräußern dürfen. Dieses Verständnis hat aber im Wortlaut keinen Niederschlag gefunden. Zumal der Gesetzgeber die Fortsetzung der Geschäftstätigkeit aus wirtschaftlichen Gründen in Erwägung gezogen und sich bewusst dagegen entschieden hat.[530]

So findet sich in den Protokollen der Sachverständigenkommission zum Entwurf des Handelsgesetzbuchs folgender Auszug:[531]

„Bei § 119 HGB wurde von einem Theile der Mitglieder eine Erweiterung der Befugniß des Liquidators zur Eingehung neuer Geschäfte gewünscht. Es gebe Fälle, wo die Weiterführung der Geschäfte zur Erhaltung des Vermögens unumgänglich nothwendig sei, so namentlich wenn die Gesellschaft eine Fabrik oder ein Bergwerk betrieben habe, die völlig entwerthet würden, wenn sie nicht bis zur Veräußerung im Betriebe gehalten werden könnten. Die Vollmacht des Liquidators sei deshalb dahin zu erweitern, daß derselbe für befugt erklärt werde, neue Geschäfte einzugehen, soweit dies zur sachgemäßen Durchführung der Liquidation erforderlich sei. Eventuell könne man auch die besondere Genehmigung des Gerichts zur Voraussetzung machen.

527 Begründung des RegE zu § 268 AktG 1965, abgedruckt bei *Kropff*, AktG, S. 358.

528 Begründung des RegE zu § 268 AktG 1965, abgedruckt bei *Kropff*, AktG, S. 358.

529 Begründung des RegE zu § 268 AktG 1965, abgedruckt bei *Kropff*, AktG, S. 358.

530 Vgl. Denkschrift zum HGB 1897, abgedruckt in *Schubert/Schmiedel/Krampe*, Quellen, Band II/1, S. 90; sowie die Beratungen zum HGB 1897, abgedruckt in *Schubert/Schmiedel/Krampe*, Quellen, Band II/1, S. 337 f.

531 Beratungen zum HGB 1897, abgedruckt in *Schubert/Schmiedel/Krampe*, Quellen, Band II/1, S. 337 f.

Die Mehrheit der Kommission erklärte sich gegen diese Erweiterung. Liquidatoren hätten lediglich die Aufgabe, Geschäfte abzuwickeln, sie seien weder Vormünder noch Konkursverwalter und man könne Niemand zwingen, ein Geschäft fortzuführen, das er gerade beenden wolle. Sofern es im einzelnen Falle im Interesse der Gesellschafter liege, seien diese in der Lage, dem Liquidator die Fortführung der Geschäfte aufzutragen und hierdurch dessen Vertretungsbefugniß auszudehnen; gegen den Willen einzelner Gesellschafter dürfe aber die Weiterführung nicht geschehen."

Die Regel lautet demnach auf die Beendigung der Geschäftstätigkeit. Die Fortsetzung ist nur die Ausnahme. Legt man § 149 S. 1 Hs. 2 HGB weit aus und lässt den Abschluss neuer Geschäfte zu, soweit diese der Erhaltung des Werts des vorhandenen Gesellschaftsvermögens dienen,[532] kann es nicht verdecken, dass die uneingeschränkte Fortsetzung des Geschäftsbetriebs, auch mit dem Ziel der Unternehmensveräußerung, um die Gesellschaft auseinanderzusetzen, ein anderes Verfahren und damit ein aliud gegenüber der Zerschlagung ist. Im Gegensatz zum AktG oder GmbHG stellen die §§ 146 ff. HGB die Möglichkeit bereit, gemäß § 155 II HGB das während der Liquidation entbehrliche Geld auf die Gesellschafter zu verteilen. Unter den Voraussetzungen des § 155 II HGB können für die Auseinandersetzung nicht benötigte Gewinne aus einer unternehmerischen Tätigkeit ausgeschüttet werden. Dies liefe allerdings auf eine tatsächliche, wirtschaftliche und rechtliche Fortsetzung der Unternehmenstätigkeit hinaus, die nicht Bestandteil des Liquidationsverfahrens sein kann und auch nicht ist.

Gemäß § 159 I HGB verjähren „*Ansprüche gegen Gesellschafter aus Verbindlichkeiten der Gesellschaft in fünf Jahren nach der Auflösung der Gesellschaft.*" Nach Absatz 2 ist der Zeitpunkt der Eintragung der Auflösung maßgeblich. Für später fällig werdende Ansprüche gilt nach Absatz 3 der jeweils spätere Zeitpunkt. Auch aus dieser Norm ist abzuleiten, dass ab Auflösung – trotz der prinzipiellen Möglichkeit einer weiteren Tätigkeit – auf ein Ende der Gesellschaft hinzuarbeiten ist. Selbst wenn dies nicht mit Nachteilen für die Gläubiger einhergeht, drückt § 159 HGB aus, dass weitere Geschäftsvorfälle nicht die Regel sein sollen: Der maßgebliche Zeitpunkt der Enthaftung ist nicht die Vollbeendigung, sondern die Auflösung der Gesellschaft. Einerseits zeigt die Regelung des dritten Absatzes, dass weitere Geschäftsvorfälle nicht unzulässig sind. Anderseits folgt daraus, dass das Haftungs- und Verlustrisiko bei einer weiteren Tätigkeit aber auch nicht abnehmen kann.

Das Verfahren muss daher als auf die Zerschlagung des Gesellschaftsunternehmens gerichtetes verstanden werden. Letztlich bilden die Gesellschafter mit Fassung des Auflösungsbeschlusses den Willen, die Gesellschaft zu beenden und den

---

532 Vgl. dazu *RGZ* 146, 376 (378); *BGH* v. 26.1.1959 – II ZR 174/57, WM 1959, 323 (324); *BGH* v. 1.12.1983 – III ZR 149/82, NJW 1984, 982; Ensthaler/*Ensthaler*, § 149 HGB Rn. 10; E/B/J/S/*Hillmann*, § 149 HGB Rn. 23; *Hueck*, OHG, S. 496; Henssler/Strohn/*Klöhn*, § 149 HGB Rn. 7; *Wimpfheimer*, Liquidation, S. 136; zum gegenläufigen Interesse der Gesellschaft *Karsten Schmidt*, AcP 174 (1974), 55 (72).

Geschäftsbetrieb einzustellen. Folglich stellt die Fortsetzung des Geschäftsbetriebs, um das Unternehmen zu erhalten, zu veräußern und in einem Akt die Liquidation zu beenden, ein anderes Verfahren dar, welches vom Grundfall des § 149 HGB so stark abweicht, dass sich die Frage stellt, ob den Liquidatoren eine dahin gehende Vertretungsmacht zukommt und wie § 149 S. 2 HGB zu verstehen ist.[533] Intern könnte daher die Zustimmung der Gesellschafter zur Fortsetzung des Geschäftsbetriebs und der Veräußerung des Unternehmens erforderlich werden. Nur so kann dem Einfluss der Liquidatoren auf die Geschicke der Gesellschaft und der Gesellschafter eine Grenze gesetzt werden. Allerdings liegt es dann auch in den Händen der Gesellschafter, die Kompetenzen der Liquidatoren zu erweitern.

C. Der Unternehmensverkauf als von § 149 S. 1 HGB abweichende Maßnahme

In der Liquidation ist das bestehende Vermögen der Gesellschaft in eine verteilungsfähige (liquide) Vermögensmasse umzusetzen; nach § 149 S. 1 Hs. 1 HGB durch Einzelveräußerung der „assets“. Wie die nachstehenden Überlegungen zeigen, lässt sich der Unternehmensverkauf selbst dann nicht mit dem Wortlaut des § 149 S. 1 HGB vereinbaren, wenn man ihn als Umsetzung des Vermögens in Geld auslegt, denn hinsichtlich des jeweils erforderlichen und durchzuführenden Verfahrens bestehen Unterschiede zwischen einer typischen, sukzessiven Abwicklung eines Unternehmens und dessen Verkauf als organischer Einheit.

I. Temporäre Fortsetzung der Unternehmenstätigkeit wegen des Verkaufsverfahrens

Unterschiede zum typischen Liquidationsverfahren werden offenbar, wenn man sich an den im Rahmen eines Unternehmensverkaufs relevanten Verfahrensschritten orientiert. Es wird dann deutlich, dass der Verkauf des Unternehmens aus der Liquidation heraus trotz einer Verwertung des Vermögens im Sinne des § 149 HGB durch (rechtliche) Einzelveräußerung der „assets“ ein aliud ist. In tatsächlicher Hinsicht ist zu beachten, dass das Gesellschaftsunternehmen eventuell über einen verhältnismäßig langen Zeitraum unberührt als werbendes fortgesetzt werden muss.[534] Die Liquidatoren haben aber trotz der Zulässigkeit des Abschlusses neuer Geschäfte nach § 149 S. 1 Hs. 2 HGB auf die zügige Vollbeendigung hinzuarbeiten: *„Zur Beendigung schwebender Geschäfte können sie auch neue Geschäfte eingehen.“* Das Gesetz toleriert eine fortgesetzte Unternehmenstätigkeit jedoch nicht einmal dann, wenn nicht eine werbende in Rede steht. Demnach wäre in Bezug auf

533 Dazu nachfolgend im 6. Kapitel.

534 Vgl. zum Unternehmenskauf und dem Verfahren *Böttcher*, Beteiligungserwerb, S. 50 (graphische Darstellung der „Phasen eines Akquisitionsprozesses“); *Gran*, NJW 2008, 1409; *Jaques* in Ettinger/Jaques, A Rn. 17; *Schönhaar*, GWR 2014, 273.

das Verfahren zu unterscheiden, zwischen der zulässigen Erhaltung der geschaffenen Werte mit dem Ziel, die Gesellschaft zu liquidieren, und der rein werbenden Unternehmenstätigkeit, ebenfalls mit dem Ziel, die Gesellschaft zu liquidieren.

II. Ablauf und Struktur des Verkaufs

Betrachtet man den insoweit schematischen Ablauf[535] eines Unternehmenskaufverfahrens,[536] welches mit einer die Verhandlungen einleitenden in der Regel unverbindlichen Absichtserklärung („letter of intent")[537] beginnt,[538] ist einerseits das Augenmerk auf die Zeitspanne zu richten, welche dieser Vorgang einnehmen kann. Andererseits sind die betroffenen Interessen der Gesellschafter zu berücksichtigen; insbesondere an einer zügigen Liquidation durch Zerschlagung. Denn ehe die ausführlichen Vertragsverhandlungen beginnen, erfolgt zunächst die Prüfung des Zielunternehmens auf seine Eignung zum beabsichtigten Zweck, versteckte Mängel sowie weiterer rechtlicher und tatsächlicher Risiken (die sogenannte „due diligence"[539]-Prüfung).[540] Auf der Grundlage der gewonnen Erkenntnisse wird der Kaufvertrag ausführlich ausgehandelt. Erst daran schließt der Vollzug des Vertrags („closing")[541] an, mit welchem das Unternehmen auf den Erwerber übergeht.

---

535 In aller Ausführlichkeit dazu *Jaques* in Ettinger/Jaques, C Rn. 45 ff.

536 Außer Betracht gelassen werden an dieser Stelle die den Verhandlungen vorausgehenden Vertraulichkeitsvereinbarungen (*„non disclosure agreement"*) und das im Bieterverfahren relevante *„Information Memorandum"*, da nur ein Überblick über Unternehmenstransaktionen und die damit einhergehenden rechtlichen Risiken gegeben wird und die Unterschiede im vorvertraglichen Stadium diesbezüglich nicht stark ins Gewicht fallen.

537 Siehe zur rechtlichen Verbindlichkeit der „letter of intent" *Jaques* in Ettinger/Jaques, C Rn. 57, 61.

538 Vgl. *Jaques* in Ettinger/Jaques, C Rn. 57 ff.; *U. Huber*, AcP 202 (2002), 179 (196); *Korch*, JuS 2018, 521 (525).

539 Sinngemäß übersetzt bedeutet „due diligence" etwa „im Verkehr erforderliche Sorgfalt" oder „gebotene Sorgfalt", vgl. *Creifelds*, due diligence, S. 317; *Grützner/Jakob*, Compliance von A–Z, Due Diligence.

540 Vgl. *OLG Hamburg* v. 3.6.1994 – 11 U 90/92, ZIP 1994, 944 (946); *OLG Oldenburg* v. 22.6.2006 – 1 U 34/03, NZG 2006, 434 (436); *Böttcher*, NZG 2005, 49 (49, 53); *Eggenberger*, due-diligence Prüfung, S. 71; *U. Huber*, AcP 202 (2002), 179 (196); *Körber*, NZG 2002, 263; *Mielke/Molz*, DB 2008, 1955; *Werner*, GmbHR 2007, 678; ausführlich auch zu den verschiedenen Arten der „due diligence"-Prüfung *Böttcher*, Beteiligungserwerb, S. 32 ff.

541 Siehe dazu *Kästle/Oberbracht*, Unternehmenskauf, A.I.5.d); *Merkt*, Festschrift Sandrock, 657 (680 ff.). Allein mit „closing" ist die Gesellschaft noch nicht die vollbeendigt. Verbliebenes Vermögen – beispielsweise der erhaltene Kaufpreis – muss noch unter den Gesellschaftern verteilt werden. Verfügt die Gesellschaft nach Durchführung eines „asset-deals" noch über Schulden, so sind auch diese zu begleichen oder verbliebene „assets" noch in Geld umzusetzen.

Bereits daraus wird ersichtlich, dass die Lebensspanne des Unternehmens im Verhältnis zu einer Liquidation durch Zerschlagung verlängert wird. Zu berücksichtigen ist außerdem, dass zunächst ein potenzieller Käufer gefunden werden muss – auch dies kann einige Zeit in Anspruch nehmen.

Das Gesetz geht davon aus, dass alle Gesellschafter an der Liquidation mitwirken und diese über ihre ursprünglichen Beiträge und Einlagen hinaus fördern. Gleichwohl dienen die Auflösung und die daran anschließende Liquidation nicht nur der Einstellung der Geschäftstätigkeit, sondern auch dem schrittweisen Rückzug der Gesellschaft aus dem Rechtsverkehr. Vergleichbar nimmt herkömmlicherweise jene die Gesellschafter verbindende Treuepflicht ab und eigene Interessen der Gesellschafter treten mit Fortschreiten des Verfahrens in den Vordergrund. Wird das Unternehmen indessen als organische und lebende Einheit des Wirtschaftsverkehrs veräußert, erhält die Gesellschaft diese Betriebssubstanz bis zu einem Vollzugsstichtag und es kommt nicht zu einer schrittweisen Abnahme der Gesellschafterpflichten.

III. Strukturbedingt (kein) gesteigertes Haftungsrisiko

Im Rahmen des Unternehmensverkaufs werden nicht nur die im Innenverhältnis wechselseitig bestehenden Gesellschafterpflichten aufrechterhalten, sondern auch die Kontakte mit potentiellen und aktuellen Vertragspartnern sind rechtlich sowie tatsächlich gegenüber einer Zerschlagung verschieden ausgestaltet und bestehen in einem gesteigerten Maße fort. Naturgemäß ist der Kreis der Verhandlungs- und Vertragspartner fokussierter, es kommt aufgrund des Gesamtverkaufs nicht zu einer Vielzahl vergleichsweise flüchtiger Geschäftsvorfälle.[542] Die Vertragsverhandlungen stellen sich hier als intensiver, tiefgreifender und ausführlicher dar.[543]

1. Vorvertragliche Pflichtenbindung

Art und Maß der wechselseitig zwischen den Verhandlungspartnern bestehenden vorvertraglichen Rücksichtnahme- und Aufklärungspflichten im Sinne des § 311 II BGB (culpa in contrahendo)[544] sind verschiedenartig im Verhältnis zum oben beschriebenen Liquidationsverfahren ausgestaltet. Entsprechend den gesteigerten Gewinnchancen wachsen auch die Gefahren und Risiken mit dem geänderten Verfahrensablauf. Gleichwohl sind im Rahmen des vorvertraglichen Stadiums

542 Beispielsweise im Rahmen eines Ausverkaufs. Siehe zu diesem Begriff und der Abgrenzung zum sogenannten Räumungsverkauf *Creifelds*, S. 1010; ausführlich auch MüKo.UWG/*Busche*, § 5 Rn. 434.

543 Vgl. *Merkt*, Festschrift Sandrock, 657 (673 f.).

544 Vgl. auch *OLG Hamburg* v. 3.6.1994 – 11 U 90/92, ZIP 1994, 944 (945); *Fleischer/Körber*, BB 2001, 841 (843); MüKo.BGB/*Emmerich*, § 311 Rn. 85 mit Rn. 82; *Körber*, NZG 2002, 263 (264); *Merkt*, Festschrift Sandrock, 657 (673 f.); *Saenger*, GesR, Rn. 1082; *Seibt/Schwarz*, JuS 2012, 43 (49); MüKo.BGB/*H.P. Westermann*, § 453 Rn. 37.

die gegenseitigen Rücksichtnahmepflichten allein auf die Interessen im Sinne des § 241 II BGB begrenzt.[545] Mangels Vertragsschluss ist nicht ein potenzielles Erfüllungsinteresse geschützt; die Rechtslage kann sich abweichend darstellen, wenn ein verbindlicher Vorvertrag abgeschlossen wurde.[546] Außerdem werden Ansprüche aus culpa in contrahendo nach Vertragsschluss von den insoweit spezielleren §§ 434 ff. BGB verdrängt,[547] sodass aus diesem Gesichtspunkt nicht zwingend ein gegenüber der Einzelveräußerung gesteigertes Haftungsrisiko bestehen muss. Da den Verkäufer erst mit Vertragsschluss die Pflicht trifft, das Unternehmen im vertragsgemäßen Zustand zu übereignen,[548] können Vertragsverhandlungen zwar gegenseitige Rücksichtnahmepflichten begründen, gleichwohl nicht verhindern, dass die Liquidation vorangetrieben wird und insoweit nicht das Verfahren hemmen. Daher führen Verschlechterungen des Unternehmens aufgrund von Liquidationsmaßnahmen während der Vertragsverhandlungen grundsätzlich nicht zu Schadensersatzansprüchen des potenziellen Erwerbers. Im Ergebnis besteht kein wesentlicher Unterschied zu anderen Umsetzungsmaßnahmen, denn § 311 BGB findet auf sämtliche vorvertraglichen Kontakte Anwendung und kann im Hinblick darauf eine Pflichtenbindung oder Schadensersatzhaftung begründen.

2. Aufklärungspflichten, Mangelkenntnis und/oder „due diligence"-Prüfung

Zwar obliegt es jeder Partei selbst, die Chancen und Risiken des Geschäfts in Erfahrung zu bringen und abzuwägen. Gleichwohl treffen den Verkäufer Aufklärungspflichten hinsichtlich jener Umstände, die nach der Verkehrsauffassung geeignet sind, den Vertragszweck zu vereiteln.[549] Insbesondere von der Aufklärungspflicht

545 MüKo.BGB/*Emmerich*, § 311 Rn. 35; BeckOK.BGB/*Sutschet*, § 311 Rn. 39.

546 Vgl. Staudinger/*Feldmann*, § 311 BGB Rn. 143 ff.

547 *BGH* v. 27.3.2009 – V ZR 30/08, BGHZ 180, 205 Rn. 19; *BGH* v. 12.1.2011 – VIII ZR 346/09, ZIP 2011, 719 Rn. 16; *BGH* v. 29.6.2016 – VIII ZR 191/15, ZIP 2016, 1775 Rn. 63; Staudinger/*Feldmann*, § 311 BGB Rn. 120; Palandt/*Grüneberg*, § 311 BGB Rn. 14; *Hübner*, BB 2010, 1483 (1484); *Möller*, NZG 2012, 841 (845); kritisch MüKo. BGB/*Emmerich*, § 311 Rn. 82; Erman/*H.P. Westermann*, § 311 BGB Rn. 86.

548 Zu den diese Problematik aufgreifenden sogenannten „*material adverse change*"-Klauseln *Henssler*, Festschrift U. Huber, 739 (742); *Hopt*, Festschrift Karsten Schmidt, 681 (695); *Lange*, NZG 2005, 454 (455); *Louven/Mehrbrey*, NZG 2014, 1321 (1327 f.); MüKo.HGB/*Thiessen*, Unternehmenskauf Rn. 37.

549 Dazu *BGH* v. 4.4.2001 – VIII ZR 32/00, NJW 2001, 2163 (2164); *BGH* v. 28.11.2001 – VIII ZR 37/01, ZIP 2002, 441 (442); *BGH* v. 15.7.2011 – V ZR 171/10, NJW 2011, 3630 (3641); *Hasselbach/Ebbinghaus*, DB 2012, 216 (218); *U. Huber*, AcP 202 (2002), 179 (218); *Hübner*, BB 2010, 1843 (1845); vgl. auch *OLG München* v. 13.6.2012 – 20 U 5102/11, BeckRS 2013, 07076; *Kilian*, Festschrift Wassermann, S. 717 (725); *Sänger*, GesR, Rn. 1083; die Aufklärungspflichten zulasten des Käufers einschränkend *LG Hamburg* v. 13.3.2015 – 315 O 89/13, GWR 2015, 279, mit Anmerkung *Broichmann/Makos*, GWR 2015, 279

erfasst ist daher die potenzielle Ertragskraft des Unternehmens.[550] Derartige Aufklärungspflichten können zwar bei allen Arten von Kaufverträgen bestehen und sind dementsprechend keine Besonderheit der Vermögensverwertung durch Unternehmensverkauf, dennoch treffen sie aufgrund der erschwerten käuferseitigen Möglichkeit, das Zielunternehmen zu bewerten, den Verkäufer in gesteigertem Maße.[551]

Im Hinblick auf die Auflösung und die Liquidation wird daher der Vorzug einer fortgesetzten Bilanzierung deutlich,[552] weil somit über die Entwicklung des Gesellschaftsunternehmens ob der Liquidation aufgeklärt werden kann.[553] Somit lassen sich die Liquidationsgesellschaft und deren Unternehmen ins Verhältnis zur werbenden Gesellschaft setzen. Darüber hinaus ist der Aussagegehalt der Bilanzen aber gering, da sie rein vergangenheitsbezogen sind.[554] Zudem haben die Auflösung sowie die Liquidation zur Folge, dass mit der Gesellschaft bestehende Dauerschuldverhältnisse außerordentlich gekündigt werden können. Hierüber ist aufzuklären. Soweit allerdings nichts Abweichendes vereinbart ist, haftet der redliche Verkäufer gemäß §§ 434, 437 BGB allein für die Mängel des Unternehmens, welche dieses *„bei Gefahrübergang"* aufweist. Die Haftung des Verkäufers kann bei positiver Kenntnis (oder grob fahrlässiger Unkenntnis) des Mangels aufseiten des Käufers nach § 442 I BGB ausgeschlossen sein.[555] Eine bestehende Informationsasymmetrie soll in erster Linie mittels „due diligence"-Prüfung behoben werden, welche den potenziellen Erwerber in die Lage versetzt, das zu erwerbende Unternehmen vollumfänglich zu untersuchen und so weitgehend zu bewerten, dass er eine fundierte Kaufentscheidung treffen kann.[556] Gleichzeitig besteht ein dahin gehendes Interesse des Verkäufers, jene Informationen und Geschäftsgeheimnisse zurückzuhalten, die sich nachteilig auf die Entwicklung der Gesellschaft, deren

---

550 *BGH* v. 4.4.2001 – VIII ZR 32/00, NJW 2001, 2163 (2164); Staudinger/*Feldmann*, § 311 BGB Rn. 127.

551 *BGH* v. 4.4.2001 – VIII ZR 32/00, NJW 2001, 2163 (2164); Staudinger/*Feldmann*, § 311 BGB Rn. 127; *Hübner*, BB 2010, 1843 (1846); *Koppmann*, BB 2014, 1673 (1674).

552 Siehe dazu das 4.Kapitel.

553 Vgl. auch *Böttcher*, NZG 2008, 481 (483); *Körber*, NZG 2002, 263 (264).

554 *Böttcher*, NZG 2008, 481 (483).

555 Vgl. zum insoweit zweifelhaften Normzweck des § 442 BGB *Böttcher*, Beteiligungserwerb, S. 175 f.; BeckOK.BGB/*Faust*, § 442 Rn. 2; *Fleischer/Körber*, BB 2001, 841 (843); Staudinger/*Matusche-Beckmann*, § 442 BGB Rn. 5; BeckOGK.BGB/*Stöber*, § 442 Rn. 3 f.; zur Anwendung auf den Unternehmenskauf MüKo.BGB/*H.P. Westermann*, § 453 Rn. 54.

556 Vgl. *BGH* v. 4.4.2001 – VIII ZR 32/00, NJW 2001, 2163 (2162 f.); *BGH* v. 4.6.2003 – VIII ZR 91/02, NJW-RR 2003, 1192 (1195); *BGH* v. 27.3.2009 – V ZR 30/08, NJW 2009, 2120 (2121 f.); *BGH* v. 15.7.2011 – V ZR 171/10, NJW 2011, 3630 (3641); vgl. außerdem *BGH* v. 28.6.2016 – VI ZR 436/15, NJW 2017, 250 (252); *Hasselbach/Ebbinghaus*, DB 2012, 216; *Hübner*, BB 2010, 1483 (1485); *Möller*, NZG 2012, 841 (844).

Wettbewerbsfähigkeit oder den zu erzielenden Kaufpreis auswirken können.[557] Zwar besteht grundsätzlich keine Pflicht, eine „due diligence"-Prüfung durchzuführen.[558] Es ist aber zu beachten, dass der Verkäufer alle für den Käufer relevanten Informationen offenzulegen hat und die bereitgestellten Informationen vollständig und korrekt sein müssen.[559] Der Ausnahmecharakter einer „due diligence"-Prüfung darf daher insoweit nicht überbetont werden, wie es um das Verfahren als solches geht.[560] Entsprechend dem Wert des Vertragsgegenstands wird in der Regel mit der „gebotenen Sorgfalt" geprüft, ob sich die Sache zum von der jeweiligen Partei beabsichtigten Zweck eignet.[561] Nur die Ausführlichkeit dieser Prüfung bemisst sich anhand des Werts der Sache, weshalb ein Unternehmen umfassender geprüft werden wird als eine Immobilie oder ein Kaufgegenstand des täglichen Lebens. Eine „due diligence"-Prüfung im Rahmen der Unternehmenstransaktion stellt sich allerdings aufgrund der verfahrensimmanenten Unwägbarkeiten sowie des Transaktionswerts im Einzelfall detaillierter, intensiver und umfangreicher dar. Das ist auch der Grund, weshalb mit dieser Prüfung die Weitergabe sensibler Informationen einhergehen kann.[562] Aufgrund des wegen der Liquidation gewandelten Gesellschaftszwecks ist indes zu beachten, dass es in diesem Rahmen gerade nicht darauf ankommt, ob die fortgesetzte unternehmerische Tätigkeit aufgrund der Informationsweitergabe potenziell behindert wird, sondern ob die Abwicklung gefördert werden kann. Gemäß § 149 HGB und im Umkehrschluss zu § 116 II HGB obliegt die Entscheidungsbefugnis, ob Informationen weitergegeben werden, den

557 *Körber*, NZG 2002, 263 (271); *Mielke/Molz*, DB 2008, 1955 (1956); *Treeck*, Festschrift Fikentscher, 434 (435 f.).

558 *Böttcher*, Beteiligungserwerb, S. 177; *Böttcher*, NZG 2005, 49 (52); *Böttcher*, NZG 2007, 481 (483); *v. Falkenhausen*, NZG 2015, 1209; *Fleischer/Körber*, BB 2001, 841 (844 f.); MüKo.BGB/*H.P. Westermann*, § 453 Rn. 54; a.A. *Hasselbach/Ebbinghaus*, DB 2012, 216 (221); *Jaques* in Ettinger/Jaques, C Rn. 74; offenlassend *OLG Oldenburg* v. 22.6.2006 – 1 U 34/03, NZG 2007, 434 (436); *Böttcher*, NZG 2007, 481 (484) jedoch mit der – zutreffenden – Einschränkung, dass eine den Gefahren und Risiken angemessene Prüfung zu erfolgen habe. Im Beitrag von 2005 (NZG 2005, 49 [52]) führt *Böttcher* aus, dass eine Kaufentscheidung auf angemessener Informationsgrundlage grundsätzlich die Durchführung einer „due diligence"-Prüfung voraussetzt.

559 Dazu *Hasselbach/Ebbinghaus*, DB 2012, 216 (219); *Jaques* in Ettinger/Jaques, C Rn. 17; *Koppmann*, BB 2014, 1673 (1678).

560 Nach *Böttcher*, Beteiligungserwerb, S. 154 ff., besteht jedenfalls bei großen Wirtschaftsunternehmen (DAX-30-Unternehmen) eine dahin gehende Verkehrssitte. So sind „due-diligence"-Prüfungen auch nach *Merkt*, Festschrift Sandrock, S. 657 (666) *„in der Praxis rein deutscher Unternehmenskäufe inzwischen Standard."* Kritisch aber MüKo.BGB/*H.P. Westermann*, § 453 Rn. 54, nach ihm soll noch keine entsprechende Verkehrssitte bestehen.

561 Vgl. zum Unternehmenskauf *OLG Oldenburg* v. 22.6.2006 – 1 U 34/03, NZG 2007, 434 (436 f.); *Böttcher*, NZG 2007, 481 (483).

562 Vgl. *Merkt*, Festschrift Sandrock, S. 657 (673).

Liquidatoren, sofern allgemein ein Beschluss über die Zulässigkeit der Veräußerung gefasst wurde.[563] Aufgrund der bevorstehenden Vollbeendigung ist allerdings weder das Bestandsinteresse der Gesellschaft noch das des Gesellschaftsunternehmens zu berücksichtigen.[564] Die Interessen der Gesellschafter sind ebenfalls in die Abwägung einzustellen. Dies bedeutet aber nur, dass trotz der gesteigerten Beitragspflicht (§§ 707, 735 BGB) auch eine möglicherweise nachgesellschaftliche Geschäftstätigkeit der Gesellschafter zu beachten ist.[565]

3. *Anwendbares Gewährleistungsrecht*

Die im Rahmen der „due diligence"-Prüfung gewonnen Informationen werden genutzt, um den objektiv beziehungsweise zumindest den subjektiv angemessenen Kaufpreis zu finden, die Beschaffenheit des Unternehmens im Sinne des § 434 I 1 BGB zu definieren oder das vertragliche Gewährleistungsrecht abweichend des dispositiven Rechts zu gestalten.[566] Dies hat seinen Hintergrund darin, dass das an den Beschaffenheitsbegriff anknüpfende Gewährleistungsrecht der §§ 434 ff. BGB im Hinblick auf den Verkauf eines Unternehmens oft als unpassend empfunden wird.[567] Die Beschaffenheit eines Unternehmens ist nur schwer interessengerecht positiv festlegbar, sodass an deren Stelle ein vertragliches und aus selbstständigen Garantien nach § 311 I BGB bestehendes System tritt.[568] Zugleich wird die Soll-Beschaffenheit des Unternehmens festgelegt. Außerdem werden Rückabwicklungen des Vertrags, die aufgrund der Integration des Zielunternehmens in die Unternehmensstruktur des Erwerbers in der Regel nicht möglich sind, außerhalb der Arglistanfechtung im Sinne des § 123 I Alt. 1 BGB tunlichst vermieden.[569] Abseits

563 Siehe zu diesem Problemkreis *Eggenberger*, due-diligence-Prüfung, S. 200 f., 214 ff.; vgl. auch zur AG *Liekefett*, Due Diligence, S. 62 der zwischen Durchführungs- und Entscheidungskompetenz unterscheidet.

564 A. A. wohl *Paura*, Liquidationspflichten, S. 167.

565 Vgl. *Hueck*, OHG, S. 376; ähnlich verhält es sich beispielsweise mit der Überlagerung des Wettbewerbsverbots durch den Liquidationszweck, siehe dazu MüKo. HGB/*Karsten Schmidt*, § 156 HGB Rn. 26.

566 Vgl. dazu *Liekefett*, Due Diligence, S. 38 ff.; siehe auch *Merkt*, Festschrift Sandrock, S. 657 (667).

567 *Glagowski*, Mängelgewährleistung, S. 77 ff.; *Liekefett*, Due Diligence, S. 54; *Merkt*, Festschrift Sandrock, S. 657 (670 f.).

568 Siehe dazu *Hasselbach/Ebbinghaus*, DB 2012, 216; *U. Huber*, AcP 202 (2002), 179 (224); *Hübner*, BB 2010, 1483; *Jaques* in Ettinger/Jaques, D Rn. 6; *Korch*, JuS 2018, 521 (524); Staudinger/*Matusche-Beckmann*, § 453 BGB Rn. 106; *Möller*, NZG 2012, 841; *Picot*, DB 2009, 2587 (2588); *Saenger*, GesR, Rn. 1077 f.; *Seibt/Schwarz*, JuS 2012, 43 (44); vgl. zu Problemen bei der Definition der Beschaffenheit auch *Korch*, JuS 2018, 521 (523).

569 Im Hinblick darauf werden zumeist die mit einer Wissenszurechnung im Zusammenhang stehenden Gefahren genannt. Hier bestehen abgesehen von der Komplexität des Verfahrens keinerlei Unterschiede zu einer Verwertung der einzelnen Wirtschaftsgüter. Vgl. zu einer Wissenszurechnung (analog) § 166 BGB für

davon schützt dieses System – wie auch die §§ 434 ff. BGB – das Erfüllungs- und Äquivalenzinteresse. Aber auch der im Rahmen der gesetzlichen Gewährleistung geltende Vorrang der Nacherfüllung[570] schützt zuvörderst den Erhalt des Vertrags beziehungsweise das darauf gerichtete Bestandsinteresse.

Abzielend auf die Vermeidung einer möglichen Rückabwicklung ist ein solches System im Rahmen der Liquidation vorzugswürdig, da die einmal geschaffenen Tatsachen zumeist bestehen bleiben werden. Eine Schlussverteilung nach Maßgabe des § 155 HGB ist dann soweit zulässig, wie nicht Rücklagen aufgrund einer drohenden Inanspruchnahme wegen etwaiger Gewährleistungsansprüche oder möglicher Freistellungen gebildet werden müssen. So wird es auch das Ziel sein, das Unternehmen soweit möglich mit allen „assets“ der Gesellschaft zu veräußern und nach Vollzug des Vertrags allein über – verteilungsfähiges – Geldvermögen zu verfügen. Im Ergebnis sollte die Gesellschaft grundsätzlich mit Vertragsvollzug beendigt werden können. Überdies werden die Gesellschafter in der Regel nicht an einer Erhaltung der Gesellschaft zum Zweck der Gewährleistung interessiert sein.[571]

Repräsentanten der Gesellschaft *BGH* v. 24.1.1992 – V ZR 262/90, NJW 1992, 1099 (1100); *BGH* v. 2.2.1996 – V ZR 239/94, NJW 1996, 1339 (1341); *BGH* v. 15.4.1997 – XI ZR 105/96, NJW 1997, 1917; *OLG Hamm* v. 9.12.2010 – 22 U 83/10, NJW-RR, 2011, 1146 (1147); BGH v. 15.7.2011 – V ZR 171/10, NJW 2011, 3640 (3641); *Faust*, JuS 2012, 354 (355); Hübner, BB 2010, 1483 (1485); *Gasteyer/Goldschmidt*, AG 2016, 116 (118); *Maier-Reimer/Schilling*, IWRZ 2016, 106 (111); *Schwab*, JuS 2017, 481 (482). Möglich ist auch eine Analogie zu § 31 BGB, jedenfalls für Organe.

570 Dieser wird mittels des Fristsetzungserfordernisses der anderen Rechtsbehelfe abgesichert, §§ 323 I, 441 I, 281 I BGB. Siehe dazu *Oechsler*, Vertragliche Schuldverhältnisse, Rn. 78 f.

571 Sollte der Erwerber nach Löschung der Gesellschaft im Handelsregister Gewährleistungsrechte geltend machen, so ist es jedenfalls bei der typischen OHG/KG Sache der Gesellschafter oder ehemaligen Liquidatoren, sich derer anzunehmen. Hierfür sprechen die Regelung des § 146 I HGB sowie die Sachnähe der ehemaligen Liquidatoren und die persönliche Haftung der Gesellschafter. Vgl. dazu auch *BGH* v. 21.6.1979 – IX ZR 69/75, NJW 1979, 1987; *BayObLG* v. 5.11.1992 – 3Z BR 46/92, NJW-RR 1993, 359 (360); *BayObLG* v. 6.4.2000 – 3Z BR 23/00, NZG 2000, 833; *BGH* v. 2.6.2003 – II ZR 102/02, BGHZ 155, 121; *OLG Saarbrücken* v. 18.7.2018 – 5 W 43/18, NZG 2018, 1185 Rn. 16 ff.; E/B/J/S/*Hillmann*, § 146 HGB Rn. 3; Oetker/*Kamanabrou*, § 146 HGB Rn. 6; Henssler/Strohn/*Klöhn*, § 155 HGB Rn. 18; MüKo.HGB/*Karsten Schmidt*, § 155 Rn. 56, § 157 Rn. 33 ff.; *Wertenbruch*, NZG 2006, 408 (420); a.A. für Analogie zu § 273 IV AktG aber *Neumann*, NZG 2015, 1018 (1019 f.); *Riehm*, NZG 2003, 1054 (1056); offenlassend Baumbach/Hopt/*Roth*, § 146 HGB Rn. 10.

4. *Mit-Veräußerung der Firma*

a) *Realisierung des Firmenwerts („good will")*

Gemäß § 23 HGB besteht die einzige Möglichkeit, die Firma als Teil des Gesellschaftsvermögens[572] in Geld umzusetzen, darin, das Unternehmen respektive *„Handelsgeschäft, für welches sie geführt wird"*, zu veräußern. Neben dem Vorteil, durch die Veräußerung der Firma den zugehörigen „good will" in Geld umzusetzen und somit die Liquidationsmasse zu vergrößern, führt die Firmenveräußerung im Sinne des § 25 HGB auch (soweit nicht ausgeschlossen und bekannt gemacht gemäß § 25 II HGB) zu einer Haftung des Unternehmenserwerbers; dies kann außerdem zur Folge haben, dass die veräußernde Gesellschaft nur noch sekundär in Anspruch genommen wird.

b) *Einwilligungserfordernis und Einwilligungsberechtigung*

Die Übertragung der Firma erfordert gemäß § 22 I HGB die Einwilligung (*„Willigung"*) des *„bisherigen Geschäftsinhabers"* in die *„Fortführung der Firma"*. Der Inhaber des Geschäfts und der Firma ist die Gesellschaft selbst, was einerseits die Wortlautauslegung des § 22 I HGB in Verbindung mit § 6 HGB ergibt, andererseits der Vergleich zu § 124 I HGB sowie das teleologische Verständnis zeigen.[573] Rechtlich sind sowohl das Unternehmen als auch die Firma der Gesellschaft und nicht den Gesellschaftern zugeordnet (vgl. § 718 I BGB). Nach § 157 I HGB erlischt die Firma am Ende der Liquidation. Daher stellt diese grundsätzlich den einzigen Weg dar, Gesellschaft, Geschäft und Firma gleichzeitig aus dem Rechtsverkehr zu entfernen. Hatte die Gesellschaft eine Personenfirma, so können die namensstiftenden Gesellschafter auf diesem Weg einen Anspruch darauf erlangen, ihren Namen wieder „zu privatisieren". Auch dies könnte im Rahmen der Liquidation hinsichtlich der Einwilligung und der Zustimmung zur Übertragung zu berücksichtigen sein.

In der Gesellschaft als gegenüber den einzelnen Gesellschaftern verselbstständigtem Verband vollziehen sich die Willensbildung sowie die interne Repräsentation innerhalb der Gesellschafterversammlung.[574] Diese und nicht die Gesellschafter, die ihren Namen bei Führung einer Personenfirma bereitgestellt

572 Vgl. *RGZ* 85, 397 (399); *J.W. Flume*, DB 2008, 2011 ff. (auch zur Rechtsnatur der Firma); *Wertenbruch*, ZIP 2002, 1931 ff.; vgl. zur Bedeutung der Firma im Rechtsverkehr auch RefE HRefG, ZIP 1996, 1485 (1486 f.); *Canaris*, HandelsR, § 10 Rn. 7; *Fezer*, ZHR 161 (1997), 52 (59); *J.W. Flume*, DB 2008, 2011; *J.W. Flume*, Vermögenstransfer, S. 60 ff.; *Lamprecht*, ZIP 1997, 919; Hk-HGB/*Lamsa*, § 17 HGB Rn. 12; *Lettl*, WM 2006, 1841 (1842); *Steinbeck*, NZG 1999, 133; Ensthaler/*Steitz*, Vor §§ 17–24 HGB Rn. 8; *Karsten Schmidt*, HandelsR, § 12 II Rn. 56; zur Assoziation von Firma und Unternehmen *Petersen*, Jura 2013, 244; *Petersen*, Jura 2017, 294 (295).

573 Vgl. *Strohm*, Festschrift Eugen Ulmer, 333 (334 f.).

574 7. Kap D. II.

haben, muss daher der Übertragung der Firma zustimmen.[575] Für letztere Ansicht, nur der Zustimmung der namensstiftenden Gesellschafter,[576] liefern weder der Wortlaut des § 22 I HGB noch das liberalisierte Firmenrecht, wie es seit dem HRefG 1998 besteht, einen Anhaltspunkt.[577] Es wird zwar argumentiert, dass Namensrecht des namensgebenden Gesellschafters stünde entgegen.[578] Indes stellt der einzelne Gesellschafter seinen Namen der Gesellschaft und damit dem im Rechtsverkehr auftretenden Verband freiwillig zur Verfügung.[579] Fortan tritt die Gesellschaft unter dieser Firma auf und nimmt unter dieser am Rechtsverkehr teil. Die Firma und das Gesellschaftsunternehmen, für welches sie geführt und mit dem sie verbunden wird, entwickeln eine Eigendynamik, die zu einer kontextuellen Loslösung des Namens von der Person und der Verlagerung auf die Gesellschaft führen.[580] So werden im allgemeinen Sprachgebrauch Firma und Unternehmen synonym verwendet.[581] Daher ist nicht nur auf die namensstiftenden, sondern auch auf die nicht namentlich genannten (Mit-)Gesellschafter Rücksicht zu nehmen, die ebenfalls hinter der Gesellschaft und dem Unternehmen stehen.[582] Diese verschiedenen Interessen können im Hinblick auf die Zustimmung der Gesellschafterversammlung berücksichtigt werden. An dieser sind überdies sämtliche Gesellschafter zu beteiligen.[583] Darüber hinaus ergibt sich die Zuständigkeit der Gesellschafterversammlung im

---

575 Vgl. *RGZ* 158, 226 (230); *BGH* v. 17.12.1959 – II ZR 81/59, NJW 1960, 434 f.; Hk-HGB/*Anissimov*, § 149 Rn. 11; *Ballerstedt*, JuS 1963, 253 (259); Röhricht/Graf v. Westphalen/Haas/*Haas* § 149 HGB Rn. 14; E/B/J/S/*Hillmann*, § 149 HGB Rn. 18; Oetker/*Kamanabrou*, § 149 HGB Rn. 12; *Rosse*, Vertretungsmacht, S. 68; Baumbach/Hopt/*Roth*, § 149 HGB Rn. 4; K/K/R/D/*Roth*, § 22 HGB Rn. 9; MüKo.HGB/*Karsten Schmidt*, § 149 Rn. 36; *Wertenbruch* in Westermann/Wertenbruch, Rn. I 177c, I 1740; vgl. außerdem *Wertenbruch*, ZIP 2002, 1931 ff.

576 *Schlüter*, Vertretungsmacht, S. 92; vgl. bezüglich der werbenden Gesellschaft und hinsichtlich der Befugnis, die Firma zu führen GroßKomm.HGB/*Burgard*, § 22 Rn. 50; MüKo.HGB/*Heidinger*, § 22 Rn. 39; E/B/J/S/*Reuschle*, § 22 HGB Rn. 38; Röhricht/Graf v. Westphalen/Haas/*Ries* § 22 HGB Rn. 26; Henssler/Strohn/*Wamser*, § 22 HGB Rn. 11; *Wertenbruch* in Westermann/Wertenbruch, Rn. I 177a; vgl. auch *Canaris*, HandelsR, § 10 Rn. 44, der § 24 II HGB als Auslegungsregelung begreift.

577 Vgl. Röhricht/Graf v. Westphalen/Haas/*Ries*, § 24 HGB Rn. 18, allerdings zu § 24 HGB.

578 GroßKomm.HGB/*Burgard*, § 22 Rn. 50; MüKo.HGB/*Heidinger*, § 22 Rn. 39; E/B/J/S/*Reuschle*, § 22 HGB Rn. 38; Röhricht/Graf v. Westphalen/Haas/*Ries* § 22 HGB Rn. 26; *Schlüter*, Vertretungsmacht, S. 92; Henssler/Strohn/*Wamser*, § 22 HGB Rn. 11; *Wertenbruch* in Westermann/Wertenbruch, Rn. I 177a.

579 Vgl. auch *Karsten Schmidt*, HandelsR, § 12 Rn. 34 ff.

580 Mit ähnlichen Überlegungen auch *Karsten Schmidt*, HandelsR, § 12 Rn. 34 ff.

581 *Wertenbruch* in Westermann/Wertenbruch, Rn. I 172.

582 Vgl. *RGZ* 158, 226 (230).

583 Vgl. dazu 7. Kapitel D. II.

Innenverhältnis auch daraus, dass aufgrund der Veräußerung der Firma eine neue Firma angenommen werden muss.[584]

Den intern gebildeten Willen führen die Liquidatoren gegenüber Dritten aus; sie erteilen die Einwilligung namens der Gesellschaft.[585] Die Ausführungsbefugnis der Liquidatoren folgt daraus, dass die Einwilligung des Inhabers des Handelsgewerbes gegenüber dem Erwerber desselben zu erteilen ist und es sich hierbei um eine Tätigkeit im Außenverhältnis handelt. Folglich müssten sowohl die Veräußerung als auch die Übertragung der Firma von der Vertretungsmacht der Liquidatoren erfasst sein, woran auch die mittelbare Grundlagenrelevanz nichts ändert.[586] Interna wirken nicht gegenüber Dritten und die Veräußerung der Firma führt nicht zu einer Änderung des Statuts, sondern begründet die Pflicht hierzu.[587]

Der herrschenden Ansicht nach soll zumindest im Rahmen der Firmenveräußerung der werbenden Gesellschaft analog § 179a AktG[588] die Wirksamkeit des schuldrechtlichen Übertragungsvertrags von der Zustimmung der Gesellschafter abhängen.[589] Die Organe der Gesellschaft sind daher nur grundsätzlich dazu ermächtigt, die Firma zu veräußern. Sie können diesen Vertrag aber erfüllen. Verweigert die Gesellschafterversammlung ihre Zustimmung, so wäre das Recht, die Firma zu führen, kondizierbar.[590] Dagegen ist einzuwenden, dass wegen der Regelung des § 22 HGB weder eine planwidrige, die Anwendung des § 179a AktG rechtfertigende, Regelungslücke noch eine vergleichbare Interessenlage[591] vorliegen.

---

584 In diese Richtung auch GroßKomm.HGB/*Hüffer*, 4. Aufl., § 22 Rn. 31 ff.; vgl. auch GroßKomm.HGB/*Burgard*, § 22 Rn. 38 ff.

585 Vgl. auch *Wertenbruch* in Westermann/Wertenbruch, Rn. I 177a.

586 GroßKomm.HGB/*Hüffer*, 4. Aufl., § 22 Rn. 31; *Schlüter*, Vertretungsmacht, S. 92; a.A. GroßKomm.HGB/*Burgard*, § 22 Rn. 38 ff., der die Zustimmung der Gesellschafter für erforderlich hält, weil ein zweifaches Grundlagengeschäft vorliegen soll: Preisgabe der alten und Bildung einer neuen Firma.

587 Siehe dazu auch *RGZ* 158, 226 (230); E/B/H/S/*Hillmann*, § 149 HGB Rn. 18; Oetker/*Kamanabrou*, § 149 HGB Rn. 12; Henssler/Strohn/*Klöhn*, § 149 HGB Rn. 15; Baumbach/Hopt/*Roth*, § 149 HGB Rn. 3; MüKo.HGB/*Karsten Schmidt*, § 149 Rn. 36; *Wertenbruch* in Westermann/Wertenbruch, Rn. I 1740.

588 Beachtet man den Normzweck des § 179a AktG, so kommt die Anwendung auch auf die Liquidationsgesellschaft in Betracht, vgl. dazu 7. Kapitel C. ff.

589 Zuerst GroßKomm.HGB/*Hüffer*, 4. Aufl., § 22 Rn. 31 ff.; dem folgend BeckOK.HGB/*Bömeke*, § 22 Rn. 30; MüKo.HGB/*Heidinger*, § 22 Rn. 38; Baumbach/Hopt/*Hopt*, § 22 HGB Rn. 9; E/B/J/S/*Reuschle*, § 22 HGB Rn. 36; Röhricht/Graf v. Westphalen/Haas/*Ries*, § 22 HGB Rn. 25; Oetker/*Schlingloff*, § 22 HGB Rn. 18; a.A. Ensthaler/*Steitz*, § 22 HGB Rn. 28 der allein die Zustimmung des vertretungsberechtigten Gesellschafters voraussetzt; zum Teil wird auch die Übertragung durch alle Gesellschafter für erforderlich gehalten, siehe dazu K/K/R/D/*Roth*, § 22 HGB Rn. 9; Henssler/Strohn/*Wamser*, § 22 HGB Rn. 7; wohl gegen die Analogie Hk-HGB/*Lamsa*, § 22 Rn. 19.

590 BeckOK.HGB/*Bömeke*, § 22 Rn. 29; MüKo.HGB/*Heidinger*, § 22 Rn. 37.

591 7. Kapitel D.

Außerdem knüpft § 179a AktG nicht an die Übertragung der Firma, sondern die Verpflichtung zur Übertragung des *„ganzen Gesellschaftsvermögens“* an.[592] Allein wegen der Anordnung des § 23 HGB, der Firmen- und Unternehmensveräußerung verbindet, könnte dieser Punkt daher Bedeutung erfahren. Gleichwohl hängt das Einwilligungserfordernis des § 22 HGB nicht davon ab, ob zugleich das ganze Vermögen übertragen wird,[593] selbst wenn das Tatbestandsmerkmal *„ganzes Gesellschaftsvermögen“* qualitativ anhand des Gesellschaftszwecks (beziehungsweise Unternehmensgegenstands) ausgelegt wird.[594] Es geht um die Übertragung der Firma – diese ist nach § 23 HGB mit der Veräußerung des Unternehmens verbunden.[595] Dennoch ist die Unternehmensveräußerung nicht zwingend mit der des ganzen Vermögens im Sinne des § 179a AktG gleichzusetzen.[596] Daher ergibt sich das Verhältnis von externer Ausführungskompetenz zu interner Zustimmungsbedürftigkeit des Verpflichtungs- und auch des Verfügungsgeschäfts für die werbende Gesellschaft aus den §§ 126 I, 116 II HGB;[597] für die Liquidationsgesellschaft sind hier die §§ 149, 152, 145 I HGB maßgeblich.

Im Ergebnis ist die analoge Anwendung des § 179a AktG auch deshalb abzulehnen, weil sie den Wortlaut des § 22 HGB in sein Gegenteil verkehrt. In § 22 HGB ist nicht von einem Kausalgeschäft die Rede (zum Beispiel einem Kaufvertrag über Firma und Unternehmen), sondern es geht um die Fähigkeit, die Firma zu führen, folglich um die Frage der Erfüllung des Verpflichtungsgeschäfts.[598] Für ein solches Verständnis spricht der Wortlaut, welcher die Einwilligung in die Firmenführung mit der Erfüllung des Tatbestands des Erwerbs des Unternehmens verbindet und die Einwilligung zur Voraussetzung der Firmenfortführung macht.[599] Dementsprechend ist der Zweck des § 22 HGB weniger im Schutz des ehemaligen

---

592 Hierzu ausführlich 7. Kapitel C. III.; siehe beispielsweise auch Röhricht/Graf v. Westphalen/Haas/*Ries*, § 22 HGB Rn. 27.

593 Notwendig ist aber bei § 22 HGB, dass der Erwerber in die Lage versetzt wird, das Unternehmen *„im Großen und Ganzen weiterzuführen“*, siehe *BGH* v. 26.5.1972 – I ZR 44/71, NJW 1972, 2123; *BGH* v. 22.11.1990 – I ZR 14/89, NJW 1991, 1353 (1354); MüKo.HGB/*Heidinger*, § 22 Rn. 15; Oetker/*Schlingloff*, § 22 HGB Rn. 9.

594 Zu den verschiedenen Auslegungstendenzen des § 179a AktG 7. Kapitel C. III. 1.

595 Vgl. zum Tatbestand und der Frage, wie viele Teile des Unternehmens übergehen müssen *BGH* v. 17.4.1957 – IV ZR 2/57, WM 1957, 1152 (1153 f.); *BGH* v. 5.5.1977 – II ZR 237/75, WM 1977, 891 (893); *Wertenbruch*, in Westermann/Wertenbruch, Rn. I 177.

596 So auch GroßKomm.HGB/*Burgard*, § 22 Rn. 40; siehe dazu aber 7. Kapitel C. III.

597 7. Kapitel D.

598 *Canaris*, HandelsR, § 10 Rn. 30, 32; *Forkel*, Festschrift Paulick, S. 101 ff.; MüKo.HGB/*Heidinger*, § 22 Rn. 32; Baumbach/Hopt/*Hopt*, § 22 HGB Rn. 9; *Köhler*, DStR 1996, 510 (511); *Lettl*, WM 2006, 1841 (1842); E/B/J/S/*Reuschle*, § 22 HGB Rn. 27; K/K/R/D/*Roth*, § 22 HGB Rn. 6; *Strohm*, Festschrift Eugen Ulmer, 333 (338); siehe dazu auch *Adler*, ZHR 85 (1921), 93 (118 ff).

599 Ausführlich dazu *Canaris*, HandelsR, § 10 Rn. 30 ff.

Firmeninhabers, sondern in der Durchbrechung des Prinzips der Firmenwahrheit einerseits und der Zulassung der Firmenübertragung entgegen § 23 HGB andererseits zu sehen.[600] Im Rahmen des HRefG wurde die Firmenwahlfreiheit gestärkt (Personengesellschaften dürfen nunmehr Sach- und Fantasiefirmen führen), sodass § 22 HGB, indem er die ausdrückliche Zustimmung des Geschäftsinhabers anordnet, auch Ausdruck des Schutzes des Firmen- und Geschäftsinhabers ist.[601] Damit sind die Schutzaspekte des Firmenrechts einerseits und des § 179a AktG andererseits verschieden.[602]

Innerhalb der Liquidation kommt wegen des Grundlagencharakters nicht § 179a AktG zum Tragen, sondern nach herrschender Meinung besteht allgemein die Zustimmungspflicht der Gesellschafterversammlung.[603] Weitergehend wurde dennoch die Anwendung des § 361 AktG aF[604] erwogen,[605] denn dieser macht das Verpflichtungsgeschäft zustimmungsbedürftig und schützt daher die Gesellschafter.[606] Aus den oben genannten Gründen kommt dessen Anwendung aber auch dann nicht in Betracht, weil die Gesellschafter bereits aufgrund des Zustimmungserfordernisses geschützt sind.

Im Umkehrschluss dazu ist die Veräußerung der Firma, ungeachtet der konkreten Abwicklungsvereinbarung im Sinne des § 145 I HGB, zwar von der Vertretungsmacht der Liquidatoren gedeckt,[607] aufgrund des Einwilligungserfordernisses nach § 22 HGB ist die dahin gehende Geschäftsführungsbefugnis aber grundsätzlich zu verneinen. Allein auf diesem Wege können sowohl der Rechtsverkehr als auch die Gesellschafter in dogmatisch einwandfreier Weise geschützt werden. Dieses Ergebnis findet seine Legitimation im Verständnis des § 149 HGB, denn aufgrund

---

600 Siehe dazu *BGH* v. 12.7.1965 – II ZB 12/64, BGHZ 44, 116 (120); *BGH* v. 10.11.1969 – II ZR 273/67, BGHZ 53, 65 (66); *BGH* v. 9.12.1976 – II ZB 6/76, BGHZ 68, 12 (14 f.); GroßKomm.HGB/*Burgard*, § 22 Rn. 4; *Canaris*, HandelsR, § 10 Rn. 29; MüKo. HGB/*Heidinger*, § 22 Rn. 4 ff.; Baumbach/Hopt/*Hopt*, § 22 Rn. 1; *Lettl*, WM 2006, 1841; *Oetker*, HandelsR, § 4 Rn. 76; E/B/J/S/*Reuschle*, § 22 Rn. 1; vgl. auch zu einem abweichenden, auf der Rechtsfähigkeit des Unternehmens aufbauendem Konzept *Karsten Schmidt*, HandelsR, § 12 Rn. 103 ff. Wenig aussagekräftig ist allerdings die Denkschrift zum HGB 1897, abgedruckt in *Schubert/Schmiedel/Krampe*, Quellen, Band II/1, S. 30.

601 Siehe dazu GroßKomm.HGB/*Burgard*, § 22 Rn. 4; *Canaris*, HandelsR, § 10 Rn. 32 sieht daher in dieser Norm eine Auslegungsregel, wonach die Firma im Zweifel nicht übertragen wird.

602 Zum Schutzzweck des § 179a AktG siehe 7. Kapitel C. III. 4.

603 GroßKomm.HGB/*Hüffer*, 4. Aufl., § 22 Rn. 32; Baumbach/Hopt/*Hopt*, § 22 HGB Rn. 10; E/B/J/S/*Reuschle*, § 22 HGB Rn. 37; K/K/R/D/*Roth*, § 22 HGB Rn. 9; Röhricht/ Graf v. Westphalen/Haas/*Ries*, § 22 HGB Rn. 26.

604 § 179a AktG gleicht diesem weitgehend. Siehe dazu 7. Kapitel C.III. 2.

605 GroßKomm.HGB/*Hüffer*, 4. Aufl., § 22 Rn. 32.

606 GroßKomm.HGB/*Hüffer*, 4. Aufl., § 22 Rn. 32.

607 Siehe zur Vertretungsmacht der Liquidatoren auch nachfolgend 5. Kapitel D. I. 2.

der Verbindung der Firmen- mit der Unternehmensveräußerung kann diese nicht die Folge einer Zerschlagungsliquidation im Sinne der §§ 145, 146 ff. HGB sein, an deren Ende gemäß § 157 I HGB das Erlöschen der Firma steht. Anders kann das Ergebnis ausnahmsweise dann lauten, wenn gemäß § 146 I HGB alle Gesellschafter zugleich Liquidatoren sind.

IV. Gesteigerte Komplexität des Verfahrens gegenüber Einzelverwertung

All dies findet schließlich im Kaufvertrag über das Unternehmen Berücksichtigung. In diesem sind – im Hinblick auf den hier interessierenden „asset-deal" – aufgrund des sachenrechtlichen Bestimmtheitsgrundsatzes alle zu übertragenden Vermögensgegenstände, die das Unternehmen bilden oder der das Unternehmen tragenden Gesellschaft rechtlich zugeordnet sind, zu verzeichnen.[608] Dies ist zwar nicht für den eigentlichen Vertragsschluss zwingend, wohl aber für die daran anschließende dingliche Übertragung erforderlich.[609] Unabhängig von den an den Vertragsschluss gestellten Anforderungen ist auch das vorhergehende Verfahren im direkten Vergleich zu einer Zerschlagungsliquidation von erhöhter Komplexität. Das liegt allein daran, dass der Verkauf des Unternehmens als Sach- und Rechtsgesamtheit im unmittelbaren Vergleich zum Verkauf von Handelswaren oder Immobilien ausführlicher und umfangreicher vorbereitet sein will; unter Umständen auch unter der (kostenaufwendigen) Beteiligung von Rechtsberatern. Im Ergebnis geht daher eine Unternehmenstransaktion, unabhängig davon, ob sie im Rahmen eines strukturierten Verfahrens oder allein nach Maßgabe des vertragsoffenen Gesetzesrechts abgewickelt wird, in ihrer Komplexität weit über das Maß hinaus, welches dem gewöhnlichen Abschluss eines Kaufvertrags (etwa über eine Immobilie) innewohnt.[610] Entscheidend ist letztlich die Vielschichtigkeit des Verfahrens, denn der sachenrechtliche Übertragungsvorgang ist gleich, unabhängig von der Gesamtveräußerung.

Überdies ordnet § 149 HGB ausdrücklich an, dass die Geschäfte der Gesellschaft möglichst rasch beendigt werden sollen: *„Die Liquidatoren haben die laufenden Geschäfte zu beendigen [...]."* Wohingegen der Unternehmenskaufvertrag davon lebt, dass das Unternehmen inklusive seiner Marktintegration, also etwa der mit Lieferanten, Vermietern/Mietern und Kunden geschlossenen Verträge, veräußert und übertragen wird. Ein solches Vorgehen steht im Widerspruch zu den klaren Vorgaben des § 149 HGB. Folglich ist die Unternehmensveräußerung nicht von der Geschäftsführungsbefugnis der Liquidatoren nach § 149 HGB gedeckt und bedarf eines zustimmenden Beschlusses der Gesellschafterversammlung. Im Ergebnis

---

608 Ausführlich dazu *Jaques* in Ettinger/Jaques, D 176.

609 Vgl. dazu *Koch*, GesR, § 35 Rn. 14.

610 Vgl. auch *Hoenig/Klingen*, NZG 2013, 1046 (1049); *Korch*, JuS 2018, 521 (522); *Picot*, DB 2009, 2587 (2589).

zeichnet sich bereits hier ein Zwiespalt zwischen den Befugnissen im Innen- und Außenverhältnis ab.

D. Zusammenfassung

§ 149 S. 1 Hs. 1 HGB nennt die Aufgaben der Liquidatoren. Sowohl die Anordnung der einzelnen Pflichten als auch die genannten Aufgaben laufen auf die Zerschlagung des Vermögens der Gesellschaft sowie des Unternehmens hinaus. Nach Satz 1 Hs. 2 dürfen die Liquidatoren nur zur Erfüllung dieser Anordnungen neue Geschäfte namens der Gesellschaft abschließen. Daher ist § 149 S. 1 HGB dahin gehend auszulegen, dass die Einstellung des Geschäftsbetriebs und die Zerschlagung des Vermögens der Gesellschaft die Regel und die fortgesetzte unternehmerische Tätigkeit, mit dem Ziel, dass Unternehmen zu veräußern, die Ausnahme ist.

Für dieses Verständnis spricht zunächst der Wortlaut des § 149 S. 1 HGB, der – anders als der des § 268 I 2 AktG – neue Geschäfte nur zur Beendigung schwebender zulässt. Auch die Systematik spricht für ein restriktives Verständnis des § 149 HGB. Denn die Liquidation ist nur eines von vielen auf die Auseinandersetzung und Vollbeendigung der Gesellschaft gerichteten Verfahren. Daher entscheiden sich die Gesellschafter einerseits bewusst für eine Liquidation im Sinne des § 149 HGB. Andererseits können sie die Kompetenzen der Liquidatoren ohnehin jederzeit kraft eines Beschlusses erweitern.[611] Da außerdem Kommanditisten und Dritte zu Liquidatoren bestellt werden können, dient ein enges Verständnis des § 149 HGB dem Schutz der Gesellschafter. Nur in diesem Fall besteht eine gewisse Gewähr dafür, dass die Unternehmenstätigkeit nicht umfassend fortgesetzt wird. Zuletzt lässt sich für dieses Verständnis auch der Wille des Gesetzgebers von 1897 anführen, der § 149 HGB bewusst eng formulierte. Den Liquidatoren sollte die Eingehung neuer Geschäfte ausdrücklich untersagt sein, soweit sie nicht zur Beendigung schwebender diente.

Nach § 149 S. 1 HGB dürfen die Liquidatoren nicht das Unternehmen der Gesellschaft veräußern. Sie sind dazu angehalten, die Geschäftstätigkeit der Gesellschaft sukzessive einzustellen und die von der Gesellschaft ausgehenden Rechtsbeziehungen abzubauen. Demgegenüber verlangt der Unternehmensverkauf, dass das Unternehmen inklusive seiner Marktintegration erhalten wird. Daher müssen neue Geschäfte abgeschlossen und die Marktbeziehungen aufrechterhalten werden. Die Geschäftsrisiken und internen Pflichten, die die Gesellschafter treffen, nehmen infolgedessen gerade nicht ab.

Deutlich wird die fehlende Vereinbarkeit von der Liquidation der Gesellschaft und dem Verkauf des Unternehmens anhand der Möglichkeit, mittels der Veräußerung der Firma den „good will“ der Gesellschaft und insbesondere des Unternehmens zu realisieren; hier wäre eine dem Rechtsverkehr bekannt werdende Liquidation (§ 153 HGB) wohl sogar hinderlich.

611 Siehe zu Beschlüssen das 8. Kapitel.

Daraus folgt: Die Liquidatoren dürfen einen Unternehmensverkauf nicht durchführen. Ob sie dies andererseits können, ist in den nachfolgenden zwei Kapiteln anzusprechen. Bejaht man die diesbezügliche Vertretungsmacht, so wird ein Widerspruch zwischen interner Geschäftsführungsbefugnis und externer Ausführungskompetenz deutlich.

6. Kapitel Vertretungsmacht der Liquidatoren nach § 149 S. 2 HGB

A. Organschaftliche Vertretung durch die Liquidatoren

Die Liquidatoren müssen als die Organe der Gesellschaft die Liquidation nach bestem Wissen und Gewissen fördern.[612] Insoweit trifft sie die Pflicht der optimalen Auseinandersetzung, wobei sie im Innenverhältnis den Beschränkungen des § 149 S. 1 HGB sowie dem Willen der Gesellschafter unterworfen sind.[613] Gemäß § 149 S. 2 HGB gehört zu ihren Aufgaben die Vertretung der zu liquidierenden Gesellschaft. Dies ist überdies notwendig, um die Teilhabe der Gesellschaft am Rechtsverkehr überhaupt erst zu ermöglichen. Da für die OHG/KG stets Vertreter handeln und diese mit dem Rechtsverkehr in Kontakt treten, können hier die Schutzinteressen des Rechtsverkehrs und diejenigen der Gesellschafter miteinander kollidieren. Die Geschäftspartner haben ein Interesse daran, auf den Bestand der getätigten Geschäfte vertrauen zu dürfen. Die Gesellschafter sind daran interessiert, dass möglichst nur solche Geschäfte wirksam werden, die einer effektiven Liquidation dienen. Diese Belange sind angemessen miteinander auszugleichen.

Wie auch im vorstehenden 5. Kapitel ist das Verständnis des § 149 HGB zu untersuchen; nun im Hinblick auf seinen zweiten Satz: *„Die Liquidatoren vertreten innerhalb ihres Geschäftskreises die Gesellschaft gerichtlich und außergerichtlich.“* Insbesondere eine Beschränkung der Vertretungsmacht nach Maßgabe des Geschäftskreises könnte zwar dem Schutz der Gesellschafter dienen, würde aber die Interessen des Rechtsverkehrs an klaren Verhältnissen im Recht der Stellvertretung und damit an Rechtssicherheit außer Acht lassen. Der Schutz der Gesellschafter wäre jedoch dahin gehend gewahrt, dass Innen- und Außenverhältnis stets parallel laufen. Dies ist sonst nur ausnahmsweise der Fall.[614]

B. Fehlende Befugnis zum Eingriff in die Grundlagen der Gesellschaft

Wenngleich die Liquidatoren gemäß § 149 S. 2 HGB die Gesellschaft vertreten, so berechtigt dies (selbst wenn es zur Liquidation erforderlich ist) nicht zum Eingriff in die Grundlagen des Verbands.[615] Nach herrschender Meinung sollen

---

612 Siehe bereits die Einleitung zu vorstehendem 5. Kapitel A.

613 Zu letzterem im 8. Kapitel.

614 Dazu auch im nachfolgenden 7. Kapitel.

615 Röhricht/Graf v. Westphalen/Haas/*Haas*, § 149 HGB Rn. 1; GroßKomm.HGB/*Habersack*, § 149 Rn. 4; MüKo.HGB/*Karsten Schmidt*, § 149 Rn. 5; wie hier, aber die Befugnis bejahend, den Sitz zu ändern *BGH* v. 9.1.1969 – IX ZB 567/66, WM 1969, 293 (294); Hk-HGB/*Anissimov*, § 149 Rn. 2; Oetker/*Kamanabrou*, § 149 HGB Rn. 2; K/K/R/D/*Kindler*, § 149 HGB Rn. 2; Henssler/Strohn/*Klöhn*, § 149 HGB Rn. 3; im Fall des

solche Grundlagengeschäfte all jene Rechtsgeschäfte sein, die unmittelbar oder mittelbar zu einer Änderung des Gesellschaftsvertrags führen.[616] Im Folgenden ist jedoch zu zeigen, dass zum Schutz des Rechtsverkehrs nur unmittelbare Eingriffe in das Statut von der Vertretungsmacht der Liquidatoren ausgenommen sind.[617] Überdies sind sie kraft ihrer Organstellung allein zur Vertretung der Gesellschaft ermächtigt,[618] denn Organhandeln ist (ausschließliches) Eigenhandeln des Verbands.[619] So heißt es in § 149 S. 2 HGB: *„Die Liquidatoren vertreten [...] die Gesellschaft [...].“*[620] Die Gesellschafter bleiben aufgrund der persönlichen Haftung die Herren der Gesellschaft,[621] weshalb ihnen die Änderung des Statuts und damit

---

BGH v. 9.1.1969 – IX ZB 567/66, WM 1969, 293 wurde die Kompetenz der Liquidatoren bejaht, den Sitz der Gesellschaft zu ändern (für die Firma soll dies nicht gelten). Bei bloßer Verlegung des Verwaltungssitzes steht eine tatsächliche Maßnahme und bei Änderung des Satzungssitzes steht ein Eingriff in das Statut in Rede. Letzteres dürfen und können allein die Gesellschafter ändern.

616 Vgl. *RGZ* 162, 370 (374); *BAG* v. 20.10.1960 – 2 AZR 554/59, BAGE 10, 122 (128); *BGH* v. 16.11.1981 – II ZR 174/80, BGHZ 83, 122 (131 f.); *BGH* v. 8.7.1991 – II ZR 246/90, NJW 1991, 2564 (2565); *BGH* v. 9.1.1995 – II ZR 24/94, NJW 1995, 596; *BGH* v. 26.4.2004 – II ZR 155/02, BGHZ 159, 30 (45); *BGH* v. 16.12.2004 – III ZR 119/04, NJW 2005, 753 (754); *OLG Hamm* v. 24.6.2007 – 15 W 145/07, NZG 2008, 21 (23); *Götze*, NZG 2004, 585 (586); GroßKomm.HGB/*Habersack*, § 126 Rn. 13; MüKo.HGB/*Karsten Schmidt*, § 126 Rn. 10; Henssler/Strohn/*Steitz*, § 126 HGB Rn. 7; *Wertenbruch* in Westermann/Wertenbruch, Rn. I 328a; *Wiedemann*, GesR Band 2, S. 724; siehe auch *O. v. Gierke*, Genossenschaftstheorie, S. 583 f.; a.A. *Hadding*, Festschrift Lutter, 851 (861); *Rosse*, Vertretungsmacht, S. 142.

617 Dazu insbesondere das 7. Kapitel.

618 Vgl. *Schlüter*, Vertretungsmacht, S. 86. Es ist festzuhalten, dass die Liquidatoren nicht die Gesellschafter vertreten. Die Vornahme eines „share-deals“ oder Anteilskaufvertrags ist daher nicht von deren Kompetenzen erfasst. Dieser würde auch nicht die Liquidation fördern, da nicht das Vermögen der Gesellschaft, sondern die Gesellschaft selbst beziehungsweise die Anteile an dieser Gegenstand des Kaufvertrags sind. Ob allerdings nach grundsätzlicher Einigung auf einen Unternehmensverkauf der Weg des Anteilsverkaufs beschritten wird, ist eine Frage des Einzelfalles. Diese Entscheidung obliegt den Gesellschaftern.

619 Vgl. *RGZ* 52, 161 (162); *RGZ* 91, 412 (413); *RGZ* 128, 172 (176); *RGZ* 162, 370 (374); *BGH* v. 30.3.1953 – IV ZR 176/52, JZ 1953, 474 (475); *BAG* v. 20.10.1960 – 2 AZR 554/59, BAGE 10, 122 (128); Hk-HGB/*Anissimov*, § 149 Rn. 2; Röhricht/Graf v. Westphalen/Haas/*Haas*, § 149 Rn. 1; GroßKomm.HGB/*Habersack*, § 149 Rn. 4; *Hübner*, Jura 2017, 257 (261); *Hueck*, OHG, S. 495; Oetker/*Kamanabrou*, § 149 HGB Rn. 2; K/K/R/D/*Kindler*, § 149 HGB Rn. 2; *Lange*, Jura 2015, 665 (669); Nk-HGB/*Lehmann-Richter*, § 149 Rn. 3; *Karsten Schmidt*, ZHR 153 (1989), 270 (292); MüKo.HGB/*Karsten Schmidt*, § 149 Rn. 5; *Wertenbruch*, NZG 2005, 462; *Wertenbruch* in Westermann/Wertenbruch, Rn. I 328a.

620 So zu § 125 I HGB auch *Schlüter*, Vertretungsmacht, S. 29.

621 Vgl. *Schürnbrand*, Organschaft, S. 76.

die Entscheidung über die Auseinandersetzungsvereinbarung obliegt.[622] Daran knüpft auch das Weisungsrecht nach § 152 HGB an. Bezüglich der Bestimmung der von den Liquidatoren vorzunehmenden Geschäfte ist im Innenverhältnis allein der Wille der Gesellschafter maßgeblich – unter Umständen können auch Dritte im Sinne des § 146 II, II HGB beteiligt sein. Es ist die Frage zu stellen, ob die Auseinandersetzungsvereinbarung oder die Weisungen der Gesellschafter die Geschäftsführungsbefugnis der Liquidatoren mit Wirkungen gegen Dritte begrenzen können.

C. Reichweite und Umfang der Vertretungsmacht nach § 149 S. 2 HGB

§ 149 HGB trifft Regelungen über die Geschäftsführungsbefugnis (Satz 1) und die Vertretungsmacht (Satz 2) der Liquidatoren. Daher spricht die Systematik für eine Bindung der Vertretungsmacht an das Innenverhältnis; dem entsprechen die Bezugnahme im Wortlaut („... *innerhalb ihres Geschäftskreises ...*") sowie die Begründung zum HGB von 1897.[623]

I. Vertretungsmacht der Liquidatoren nur *„innerhalb ihres Geschäftskreises"*

1. *Schutz der Gesellschafter*

Daher wird § 149 S. 2 HGB von der Rechtsprechung und einem ihr folgenden Teil der Literatur dahin gehend ausgelegt, dass die Vertretungsmacht auf den Liquidationszweck beschränkt ist.[624] So wirkt der Wille der Gesellschafter über die Art der Auseinandersetzung unmittelbar nach außen als Begrenzung des „Könnens"

---

622 Hk-HGB/*Anissimov*, § 149 Rn. 2; Röhricht/Graf v. Westphalen/Haas/*Haas* § 149 Rn. 1; GroßKomm.HGB/*Habersack*, § 149 Rn. 4; E/B/J/S/*Hillmann*, § 149 HGB Rn. 2; Oekter/*Kamanabrou*, § 149 HGB Rn. 2; Henssler/Strohn/*Klöhn*, § 149 HGB Rn. 6; Nk-HGB/*Lehmann-Richter*, § 149 Rn. 3; Baumbach/Hopt/*Roth*, § 149 HGB Rn. 6; *Schlüter*, Vertretungsmacht, S. 94.

623 Denkschrift zum HGB 1897, abgedruckt in *Schubert/Schmiedel/Krampe*, Quellen, Band II/1, S. 92.

624 *RGZ* 145, 311 (314); *RGZ* 146, 376 (378); *BGH* v. 30.3.1953 – IV ZR 176/52, JZ 1953, 474 (475); *BGH* v. 26.1.1959 – II ZR 174/57, WM 1959, 323 (324); *OLG Frankfurt* v. 19.11.1979 – 20 W 708/79, OLGZ 1980, 95 (99); *BGH* v. 1.12.1983 – III ZR 149/82, NJW 1984, 982; Haag/Löffler/*Empting*, § 149 HGB Rn. 25; Ensthaler/*Ensthaler*, § 149 HGB Rn. 10; Röhricht/Graf v. Westphalen/Haas/*Haas*, § 149 HGB Rn. 20; E/B/J/S/*Hillmann*, § 149 HGB Rn. 23; Henssler/Strohn/*Klöhn*, § 149 HGB Rn. 19; BeckOK.HGB/*Lehmann-Richter*, § 149 Rn. 15; Nk-HGB/*Lehmann-Richter*, § 149 Rn. 15; *Mezger*, Abwicklung, S. 36; Heymann/*Peetz*, § 149 HGB Rn. 18; Baumbach/Hopt/*Roth*, § 149 HGB Rn. 7.

der Liquidatoren. *„Innerhalb ihres Geschäftskreises“* heißt: Im Rahmen des Liquidationszwecks. Die Vertretungsmacht der Liquidatoren ist demnach gegenständlich beschränkt. Zum Schutz des *„redlichen Rechtsverkehrs“*[625] sind außerhalb des Liquidationszwecks liegende Geschäfte bei dahin gehender Gutgläubigkeit des Geschäftsgegners allerdings wirksam.[626]

Nach diesem Verständnis ist die Vertretungsmacht auf die in § 149 S. 1 Hs. 1 HGB genannten Aufgaben beschränkt. Die Liquidatoren können gegenüber Dritten einerseits nur solche Maßnahmen vornehmen, die auf eine Zerschlagung gerichtet sind. Aufgrund der Formulierung *„ihres“* andererseits auch die im Einzelfall zur in Rede stehenden Liquidation zählenden Handlungen. Mit einer solchen Auslegung wird dem Schutz der Gesellschafter der Vorrang gegenüber dem Schutz des Rechtsverkehrs eingeräumt.

2. Beweislastumkehr zugunsten des Rechtsverkehrs

Der Schutz des gutgläubigen Vertragspartners wird insoweit relativiert, wie diesem die Pflicht zukommt, mit der *„im Verkehr erforderlichen Sorgfalt“*[627] zu prüfen, ob das Rechtsgeschäft subjektiv den Liquidationszweck fördert.[628] Diesbezüglich kommt es auf die Typizität der in Rede stehenden Maßnahme an,[629] da sich im Ergebnis die Frage stellt, ob das Rechtsgeschäft typischerweise eine Liquidationsmaßnahme sein kann.[630] Darauf kann indes keine verlässliche Antwort gefunden werden, da grundsätzlich jedes Geschäft ein Liquidationsgeschäft sein kann.[631] Im Prozess ist daher die Gesellschaft hinsichtlich des Nichtvorliegens einer wirksamen Stellvertretung wegen Bösgläubigkeit des Geschäftspartners beweisbelastet.[632] In

---

625 *RGZ* 146, 376 (378); *BGH* v. 1.12.1983 – III ZR 149/82, NJW 1984, 982.

626 *RGZ* 44, 80; *RGZ* 145, 311 (314); *RGZ* 146, 377 (378); *BGH* v. 30.3.1953 – IV ZR 176/52, JZ 1953, 474 (475); *BGH* v. 26.1.1959 – II ZR 174/57, WM 1959, 323 (324); *OLG Frankfurt* v. 19.11.1979 – 20 W 708/79, OLGZ 1980, 95 (99); *BGH* v. 1.12.1983 – III ZR 149/82, NJW 1984, 982; *Ballerstedt*, JuS 1963, 253 (257); *Grziwotz*, DStR 1992, 1365 (1368); E/B/J/S/*Hillmann*, § 149 HGB Rn. 23; *Hueck*, OHG, S. 497; K/K/R/D/*Kindler*, § 149 HGB Rn. 6; Henssler/Strohn/*Klöhn*, § 149 HGB Rn. 19 f.; Heymann/*Peetz*, § 149 HGB Rn. 18; Baumbach/Hopt/*Roth*, § 149 HGB Rn. 7; zur Entstehungsgeschichte siehe *Karsten Schmidt*, AcP 174 (1974), 55 (64).

627 *BGH* v. 1.12.1983 – III ZR 149/82, NJW 1984, 982.

628 *BGH* v. 1.12.1983 – III ZR 149/82, NJW 1984, 982; Ensthaler/*Ensthaler*, § 149 HGB Rn. 10; E/B/J/S/*Hillmann*, § 149 HGB Rn. 23; Baumbach/Hopt/*Roth*, § 149 HGB Rn. 7; GroßKomm.HGB/*Habersack*, § 149 HGB Rn. 45.

629 Dazu ausführlich unten 7. Kapitel C. V.

630 Vgl. Baumbach/Hopt/*Roth*, § 149 HGB Rn. 7; *Karsten Schmidt*, AcP 184 (1984), 528 (535).

631 Siehe *Wimpfheimer*, Liquidation, S. 212.

632 *RGZ* 146, 376 (378); *BGH* v. 26.1.1959 – II ZR 174/57, WM 1959, 323 (324); *BGH* v. 1.12.1983 – III ZR 149/82, NJW 1984, 982.

der Regel wird folglich abseits der Fälle einer evidenten Zwecküberschreitung von einer wirksamen Stellvertretung auszugehen sein.

Diese Ansicht läuft auf eine Beschränkung der Befugnisse der Liquidatoren nach Maßgabe des Liquidationszwecks hinaus. Daher kann sich der *BGH* auf den Willen des HGB-Gesetzgebers von 1897 berufen.[633] Aufgrund der Rechtsscheinerwägungen sowie der Beweislastverteilung handelt es sich aber faktisch um eine unbeschränkte Vertretungsmacht.[634]

3. *Zusammenfassung*

Den entscheidenden Ausschlag gegen diese Ansicht gibt jedoch (trotz starker Wortlaut- sowie systematischer Argumente), dass die Vertretungsmacht der Liquidatoren damit, in Abhängigkeit gewisser verkehrsschützender Momente, allein durch die zwischen den Gesellschaftern getroffene Auseinandersetzungsvereinbarung bestimmt wird, ob und wie sie Gesellschaft liquidieren oder auf andere Art auseinandersetzen wollen. Dem Verkehrsschutz wird man nur mittels zahlreicher Vermutungen und einer ebenfalls im Gesetz nicht angelegten Beweislastumkehr gerecht. Zugleich ist ein solches Wortlautverständnis, wie noch zu zeigen ist, nicht zwingend.

II. Generell-abstraktes Verständnis des § 149 S. 2 HGB

1. *Beliebigkeit des Geschäftskreises*

Der von der Gegenauffassung[635] vertretene Ansatz baut auf der Fehlerhaftigkeit der zuvor dargestellten Prämisse auf,[636] wonach die Vertretungsmacht auf die zur Förderung des Liquidationszwecks erforderlichen Maßnahmen beschränkt ist und knüpft an die Nichtexistenz einer ultra-vires-Doktrin[637] im deutschen Rechtskreis an. Damit weiß diese Auffassung den in der AktG-Reform 1965 zum Ausdruck gekommenen Willen des Gesetzgebers hinter sich:

---

633 Es stellt sich allerdings die Frage, weshalb der „verkehrsfeindliche" § 149 S. 2 HGB nicht angepasst wurde, denn dem Gesetzgeber des AktG 1965 war diese Problematik bekannt.

634 *Karsten Schmidt*, AcP 184 (1984), 528 (534 ff.).

635 Hk-HGB/*Anissimov*, § 149 Rn. 13; GroßKomm.HGB/*Habersack*, § 149 HGB Rn. 46; Oetker/*Kamanabrou*, § 149 HGB Rn. 17; K/K/R/D/*Kindler*, § 149 HGB Rn. 6; *Paura*, Liquidationspflichten, S. 43; *Karsten Schmidt*, AcP 174 (1974), 55 (72, 76); *Karsten Schmidt*, AcP 184 (1984), 529 (537 ff.); *Karsten Schmidt*, BB 1989, 229 (231); MüKo. HGB/*Karsten Schmidt*, § 149 Rn. 52; Glanegger/*Stuhlfelner*, § 149 HGB Rn. 6; *Wertenbruch* in Westermann/Wertenbruch, Rn. I 1726c; vgl. auch zu § 269 I AktG *BGH* 20.9.1962 – II ZR 209/61, BGHZ 38, 26 (33).

636 *Karsten Schmidt*, AcP 184 (1984), 528 (535).

637 Vgl. dazu noch 6. Kapitel D. V.

„Nach geltendem Recht (§ 210 Abs. 1 AktG [1937]) können die Abwickler die Gesellschaft nur innerhalb ihres Geschäftskreises vertreten. Gehen sie namens der Gesellschaft Geschäfte ein, die nicht der Abwicklung dienen, so wird die Gesellschaft nicht verpflichtet. Diese Vorschrift hat zu erheblichen Abgrenzungsschwierigkeiten und damit zu einer Unsicherheit des Rechtsverkehrs geführt. Jeder, der mit einer abzuwickelnden Gesellschaft in Verbindung tritt, muß, wenn er sich vor Schaden bewahren will, zuerst prüfen, ob die Abwickler die Gesellschaft verpflichten können. Um die Sicherheit des Rechtsverkehrs zu vergrößern, gewährt der Entwurf den Abwicklern dieselbe unbeschränkte Vertretungsmacht, die auch dem Vorstand zusteht.“[638]

Dieser glich die Kompetenzen der Abwickler der AG zum Schutz des Rechtsverkehrs denen des Vorstands an und ermächtigte sie zur Vornahme aller Rechtsgeschäfte. Darin ist eine abstrakte Umschreibung der Vertretungsmacht zu sehen. Auf diese gewandelte Auffassung stützt sich die Argumentation im GmbH-Recht zu § 70 GmbHG.[639] In Übereinstimmung mit der gewandelten legislatorischen Zielsetzung wird im Verhältnis zu § 149 HGB die Wertung von Gesellschafts- und Verkehrsschutz kraft Auslegung dahin gehend gespiegelt, dass primär der Rechtsverkehr aufgrund einer abstrakten Vertretungsmacht geschützt und der Schutz der Gesellschafter sekundär nach Maßgabe der Grundsätze des Missbrauchs der Vertretungsmacht verwirklicht wird.

Sowohl die herrschende Meinung als auch die Vertreter dieser Meinungsgruppe verstehen § 149 S. 1 HGB als programmatische Auflistung möglicher Liquidationsmaßregeln und halten die Norm für zu eng oder unvollkommen. Demgegenüber ist bei einem vom Innenverhältnis losgelösten Verständnis der Vertretungsmacht eine enge und wortlautorientierte Auslegung des § 149 S. 1 HGB möglich, denn dieser muss nicht zum Schutz des Rechtsverkehrs ausgeweitet werden. Überdies lässt sich eine unbeschränkte Vertretungsmacht mit dem Wortlaut des § 149 S. 2 HGB vereinbaren, wenn man *„innerhalb des Geschäftskreises“* als in der Liquidationsphase versteht.[640] Der systematische Zusammenhang zu § 149 S. 1 HGB sollte nicht überbewertet werden, insbesondere da die §§ 146 ff. HGB nach § 158 HGB auch im Falle einer anderen Art der Auseinandersetzung Anwendung finden. Dann aber können die Aufgaben nicht auf Zerschlagung lauten, wenn nach Auffassung des HGB-Gesetzgebers 1897 die Veräußerung des Unternehmens eine andere Art der Auseinandersetzung sein soll, aber gegen Dritte die Vertretungsmacht nach § 149 S. 2 HGB gilt. Gleichwohl würde ein solch weites Verständnis bedeuten, dass § 149 S. 2 HGB lediglich eine Bestätigung des § 146 I HGB ist, wonach mit Verfahrenseröffnung die Liquidatoren an die Stelle der vertretungsberechtigten Gesellschafter treten. Dann hätte der Umfang der Vertretungsmacht im Ergebnis

638 BT-Drucks. 4/171 S. 210 zu § 258 RegE, ebenfalls abgedruckt bei *Kropff*, AktG, S. 358 f.

639 7. Kapitel E. I. 2.

640 So auch *Wertenbruch* in Westermann/Wertenbruch, Rn. I 1726b, nach dem der Wortlaut nicht zwischen „sollen“ und „können“ unterscheidet.

keine von § 126 HGB abweichende Regelung in § 149 S. 2 HGB erfahren müssen. Dem wiederum könnte der Wortlaut des § 126 HGB widersprechen, der die Vertretungsmacht der Gesellschafter ausdrücklich auf *„alle“* Rechtsgeschäfte für die Gesellschaft erstreckt. Dies ist aber nur die Bestätigung gegenüber § 116 I, II HGB, der zwischen gewöhnlichen und außergewöhnlichen Geschäften differenziert. In der Liquidation wird § 116 HGB quasi durch § 152 HGB ersetzt, wonach zwar Weisungen in Geschäftsführungsfragen zulässig sind, diese aber nicht den abstrakten Geschäftskreis begrenzen können.[641]

Weiterhin könnte man gegen eine abstrakte Auslegung des *„Geschäftskreises“* anführen, dass es in § 149 S. 2 HGB heißt, die Liquidatoren vertreten die Gesellschaft *„innerhalb ihres Geschäftskreises“*. Aus diesem *„ihres“* wäre zu folgern, dass es gerade auf die konkret durchzuführende Liquidation sowie die Verhältnisse der gegenständlichen Gesellschaft ankommt. Dies würde bedeuten, dass die Gesellschafter trotz des § 151 HGB die Vertretungsmacht der Liquidatoren gegenständlich durch vorhergehende Festlegung des Geschäftskreises beschränken können und die Vertretungsmacht mit Fortschreiten der Liquidation abnimmt, sodass keinerlei Verkehrsschutz besteht.

2. Verständnis vergleichbarer Normen

Außerdem bleibt der Vergleich zu den weiter gefassten §§ 269 I AktG, 88 S. 1 Hs. 2 GenG, 70 S. 1 Hs. 2 GmbHG. Die Neueinführung unbegrenzter Vertretungsmacht der Liquidatoren in § 269 I AktG veranlasste die Literatur zu § 88 GenG und § 70 GmbHG dazu, von einer unbeschränkten Vertretungsmacht auszugehen.[642] Zwar ist der Wortlaut des § 149 HGB enger, steht aber einem ähnlichen Verständnis nicht entgegen. Auch in systematischer Hinsicht müsste man die §§ 88 GenG und 70 GmbHG dem § 149 HGB vergleichbar auslegen. Allein das AktG trennt mit den §§ 268, 269 AktG zwischen Geschäftsführung und Stellvertretung.

3. Die (Un-)Vereinbarkeit des Schutzes Dritter mit § 149 HGB

Anders als die herrschende Meinung sind die Vertreter der letztgenannten Meinungsgruppe nicht dazu gezwungen, über den Wortlaut hinaus Vorkehrungen für den Schutz des redlichen Rechtsverkehrs zu rechtfertigen. Denn die Anerkennung der in Liquidation befindlichen OHG/KG als rechtsfähige Handelsgesellschaft, deren Geschäftsbetrieb nicht zum Auflösungsstichtag endet, sondern sukzessive in einem geplanten und strukturierten Verfahren liquidiert wird, hat zur Folge, dass eine weitere Geschäftstätigkeit erforderlich sein kann. Um den Rechtsverkehr im

---

641 Vgl. dazu 8. Kapitel D. II. 2. a).

642 Vgl. dazu Pöhlmann/Fandrich/Bloehs/*Fandrich*, § 88 GenG Rn. 2; Henssler/Strohn/*Geibel*, § 88 GenG Rn. 1; MüKo.GmbHG/*H.F. Müller*, § 70 Rn. 3; *Paura*, Liquidationspflichten, S. 39 ff.; siehe zu § 70 GmbHG auch nachfolgend 7. Kapitel E. II.

Rahmen dieses Verfahrens zu schützen, der anderenfalls allein durch das Führen einer Liquidationsfirma gewarnt wäre (§ 153 HGB), stellt die *Rechtsprechung* die Vermutung für die Liquidationsgemäßheit des Geschäfts auf und schützt darüber hinaus den Vertragspartner bei Gutgläubigkeit. Sowohl diese Vermutung als auch die Gutgläubigkeit muss die Gesellschaft im Prozess widerlegen.

Nicht nur, dass diese zusätzlichen Voraussetzungen nicht im Wortlaut angelegt sind, lassen sie sich auch nicht stimmig in das Schutzkonzept des HGB im Hinblick auf Rechtsschein und Vertrauensschutz bei Stellvertretung einfügen.[643] Art und Maß der erforderlichen Liquidationsgeschäfte können nicht generell-abstrakt, sondern nur konkret-individuell anhand des jeweiligen Einzelfalls bestimmt werden.[644] Damit sind sie der Rechtslage bei Organvertretungsmacht und in gewissen Grenzen der Prokura vergleichbar. Auch hier besteht der Bedarf nach einer Vertretungsmacht, die zu allen hypothetisch anfallenden Geschäften ermächtigt. Dieser Kreis ist ebenfalls nicht mit letzter Gewissheit bestimmbar und zugleich ist das Interesse des Rechtsverkehrs auf Verlässlichkeit hinsichtlich des Bestands des abgeschlossenen Rechtsgeschäfts hoch. Folglich wird die Vertretungsmacht abstrakt umschrieben. Anders verhält es sich bei den §§ 54 ff. HGB. Hier ist der Kreis der infrage kommenden Rechtsgeschäfte deutlich kleiner, entsprechend das Schutzinteresse des Rechtsverkehrs begrenzter, weshalb sich anhand der Typizität der Maßnahme und/oder aufgrund eines erweckten Rechtsscheins die Zulässigkeit der Stellvertretung bestimmen lässt. Im Rahmen der Liquidation besteht indes der Bedarf, alle in Betracht kommenden Geschäfte namens der Gesellschaft abzuschließen. Ein typischer Kreis zulässiger Liquidationsmaßnahmen lässt sich nicht bestimmen.[645] Kriterien wie die Typizität der Maßnahme sind daher keine verlässlichen Anhaltspunkte im Hinblick auf die Festlegung der Vertretungsmacht. Überzeugender ist es daher, § 149 S. 2 HGB auch aus diesem Grund abstrakt zu verstehen und von einer unbeschränkten und gemäß § 151 HGB unbeschränkbaren Vertretungsmacht auszugehen.

643 7. Kapitel C. V.

644 GroßKomm.HGB/*Habersack*, § 149 Rn. 46; *Karsten Schmidt*, AcP 184 (1984), 529 (536); *Wimpfheimer*, Liquidation, S. 141.

645 *Frotz*, Verkehrsschutz, S. 573.

D. Unbeschränkbarkeit der Befugnisse der Liquidatoren gegenüber Dritten

I. Verständnis von § 151 HGB im Hinblick auf die beschränkbare Vertretungsmacht

Zum Schutz des Rechtsverkehrs ordnet § 151 HGB an, dass Beschränkungen der Befugnisse der Liquidatoren gegenüber Dritten unwirksam sind.[646] Der Vertragspartner der OHG/KG muss sich auch im Stadium der Liquidation auf den Bestand der Organvertretungsmacht verlassen dürfen und soll nicht die Wirksamkeit eines mit der Gesellschaft geschlossenen Rechtsgeschäfts aufgrund einer intern bestehenden Beschränkungen infrage stellen müssen.[647] Gerade hiermit gerät eine Beschränkung der Vertretungsmacht nach Maßgabe des Liquidationszwecks in Konflikt. Denn der Liquidationszweck und die im Rahmen der Auseinandersetzung statthaften Maßnahmen richten sich allein nach dem Willen der Gesellschafter und stehen überdies im Ermessen der Liquidatoren.[648]

Insoweit, um die in den §§ 146 ff. HGB stehenden Vorschriften nicht als bloß unverbindliche Option zu verstehen, wie eine Liquidation aussehen könnte, muss man §§ 149, 151 HGB so auslegen, dass § 149 S. 1 HGB den Liquidatoren ein gegenüber Dritten unbeschränkbares und unentziehbares Mindestmaß an Befugnissen zugesteht.[649] Dadurch wird dem Verkehrsschutz keinerlei Vorschub geleistet, denn die Frage, ob ein Geschäft zur Förderung des Liquidationszwecks geeignet ist, wird ein außenstehender Dritter nicht beantworten können. Damit ist die verkehrsschützende Wirkung des § 151 HGB bestenfalls begrenzt und kann allein im Hinblick darauf Geltung erfahren, dass die Vertretungsmacht im Sinne des § 149 S. 2 HGB unbeschränkt ist.

II. Das allgemeine Rechtsprinzip der unbeschränkten Organvertretungsmacht

Gesellschaften können nach außen hin ausschließlich durch ihre Organe handeln, weshalb der Rechtsverkehr auf klare und transparente Regelungen angewiesen ist.[650] Anderenfalls wäre der geschäftliche Kontakt stets mit dem Makel belastet, nicht um die Wirksamkeit des getätigten Geschäfts zu wissen.[651] Daher

---

646 Denkschrift zum HGB 1897, abgedruckt in *Schubert/Schmiedel/Krampe,* Quellen, Band II/1, S. 93; GroßKomm.HGB/*Habersack*, § 151 Rn. 1; Baumbach/Hopt/*Roth*, § 151 HGB Rn. 1.

647 GroßKomm.HGB/*Habersack*, § 151 Rn. 1; E/B/J/S/*Hillmann*, § 151 HGB Rn. 1; MüKo. HGB/*Karsten Schmidt*, § 151 Rn. 1.

648 Siehe dazu oben 5. Kapitel B. II. 2.

649 *Frotz*, Verkehrsschutz, S. 574.

650 Jüngst wieder *BGH* v. 8.1.2019 – II ZR 364/18, NZG 2019, 505 Rn. 31.

651 Vgl. *Schwarz*, NZG 2001, 529; *Wiedemann*, GesR Band 2, S. 723.

entspricht es einem *„allgemeinen Prinzip"*, dass die Vertretungsmacht der Organe *„unternehmenstragender Verbände"*[652] einerseits unbeschränkt und andererseits unbeschränkbar ausgestaltet ist:[653] § 151 HGB gleicht §§ 82 I AktG, 27 II GenG, 37 II GmbHG, 126 II HGB, § 7 III PartGG und Art. 20 II EWIV-VO in Wortlaut und Normzweck.[654]

Auch europarechtlich ist dieser Grundsatz zumindest für Kapitalgesellschaften in Art. 9 Abs. 2 GesRRL[655] (entspricht Art. 10 Abs. 2 PubRL) abgesichert.[656] Eine Rechtsangleichung für Personengesellschaften unterblieb, nicht weil hier der Verkehrsschutz weniger stark zu verwirklichen war, sondern aufgrund der engen Verzahnung mit dem nationalen Privatrecht.[657] Daher können diese Erwägungen zumindest im Bereich des Handelsrechts und bezüglich Gesellschaften mit einer unternehmerischen Zwecksetzung zur Auslegung herangezogen werden.

Das Bild, welches all diese Vorschriften zeichnen, steht im extremen Gegensatz zur Rechtslage nach § 149 S. 2 HGB, sodass sich die Frage nach der Rechtfertigung der Beschränkung der Vertretungsmacht stellt. Mangels Antwort darauf, ist auch die herrschende Meinung gezwungen, massive Zugeständnisse an den Gläubiger- und Verkehrsschutz zu machen. Zwar sichert eine gegenständliche Beschränkung der Vertretungsmacht die Stellung der Gesellschafterversammlung als Herrin des Verbands und Verfahrens ab, was insbesondere vor dem Hintergrund des Fortbestands der persönlichen Haftung sowie dem gleichzeitigen Entfall der Selbstorganschaft Bedeutung erlangt. Allerdings liegt die Überwachung der Liquidatoren in der Sphäre der Gesellschafter und eine Abkehr vom Grundsatz der Selbstorganschaft erfolgt freiwillig und im eigenen Interesse. Darüber hinaus erscheint es unangemessen, das Risiko des wirksamen Vertragsschlusses auf den Rechtsverkehr zu verlagern.

III. Beschränkung der Vertretungsmacht aufgrund Gesetzes

Vom Grundsatz der unbeschränkten und unbeschränkbaren Vertretungsmacht bestehen Ausnahmen, wenn der abgeschlossene Vertrag unmittelbar zu einer Änderung des Statuts führt oder die innere Organisation der Gesellschaft infolge

---

652 So *Schäfer*, ZIP 2003, 1225 (1233); BeckOK.BGB/*Schöne*, § 714 BGB Rn. 7.

653 *BGH* v. 8.1.2019 – II ZR 364/19, NZG 2019, 505 Rn. 31; *Natterer*, ZIP 2019, 1796 (1798); *Ulrich*, GmbHR 2019, 535 (536); *Wertenbruch*, NZG 2019, 407 (411 f.).

654 Vgl. auch die Begründung des RegE zu § 82 AktG 1965, abgedruckt bei *Kropff*, AktG 1965, S. 103; *BGH* v. 20.9.1962 – II ZR 209/61, BGHZ 38, 26 (33); *BGH* v. 16.11.1981 – II ZR 174/80, BGHZ 83, 122 (132); *Bredthauer*, NZG 2008, 816 (817); *Hadding*, Festschrift Lutter, 851 (858); *Karsten Schmidt*, ZGR 1995, 675 (680); *Schwarz*, NZG 2001, 529; *Wertenbruch*, NZG 2019, 407 (411 f.).

655 RL (EU) 2017/1132 des Europäischen Parlamentes und des Rates v. 14.6.2017 über bestimmte Aspekte des Gesellschaftsrechts.

656 Vgl. auch *Wiedemann*, GesR Band 2, S. 724.

657 *Einmahl*, AG 1969, 131 (132); *Lutter/Bayer/J. Schmidt*, Rn. 18.10.

des Vertragsschlusses so starken Verwerfungen ausgesetzt ist, dass es einer Änderung des Statuts gleicht. Solche, die Vertretungsmacht der Geschäftsleiter beschränkenden, Normen finden sich unter anderem im Umwandlungsrecht oder in § 179a AktG. In diesen Fällen ist der Verkehr nicht schutzwürdiger als die Gesellschafter, da hier in der Regel derart klare Sachverhalte in Rede stehen, dass der Ausnahmecharakter und der Fortfall der Vertretungsmacht evident sind. Insbesondere besteht der Verlust der Vertretungsmacht in diesen Fällen kraft Gesetzes und die Tatbestandsvoraussetzungen sind frei von in der Sphäre der Gesellschaft liegenden Momenten. Dann ist das Risiko für den Rechtsverkehr beherrschbar. Hier nimmt § 149 S. 2 HGB eine Sonderstellung ein: Die Bindung der Vertretungsmacht an den Geschäftskreis führt dazu, dass das Können der Liquidatoren von der internen Bestimmung über die Art der Auseinandersetzung abhängt.

IV. Vertretung der GbR „soweit“ Geschäftsführungsbefugnis besteht (§§ 709, 714 BGB)

1. *Übereinstimmung von Geschäftsführungsbefugnis und Vertretungsmacht*

Im Gesellschaftsrecht des BGB (§§ 705 ff. BGB) wird im Hinblick auf die zu jedem Zweck zulässige GbR, die nicht auf eine Teilhabe am Handelsverkehr ausgerichtet ist, das im Recht der Stellvertretung bestehende Spannungsverhältnis zwischen Verkehrs- und Gesellschafterschutz besonders deutlich. In § 714 BGB heißt es nämlich:

„Soweit einem Gesellschafter nach dem Gesellschaftsvertrag die Befugnis zur Geschäftsführung zusteht, ist er im Zweifel auch dazu ermächtigt, die anderen Gesellschafter Dritten gegenüber zu vertreten.“

Die Geschäftsführungsbefugnis ergibt sich für die werbend tätige GbR aus § 709 BGB und für die in Auseinandersetzung befindliche aus § 730 BGB. Daraus ist, wegen der Verwendung des Wortes *„soweit“*, eine Akzessorietät zwischen Geschäftsführungsbefugnis und Vertretungsmacht abzuleiten, sodass die Vertretungsmacht mit Wirkung gegenüber Dritten statutarisch beschränkt werden kann.[658] Grundlagengeschäfte, die als Änderung des Vertrags oder Eingriff in das

---

658 H.M. *BGH* v. 20.9.1962 – II ZR 209/61, BGHZ 38, 26 (34); *BGH* v. 14.2.2005 – II ZR 11/03, NZG 2005, 325 obiter dictum, mit kritischer Anmerkung *Wertenbruch*, NZG 2005, 462; Prütting/Wegen/Weinreich/*v. Ditfurth*, § 714 BGB Rn. 3 f.; *v. Ditfurth* in MHdB GesR Band 1, § 7 Rn. 80, 83; Staudinger/*Habermeier*, § 714 BGB Rn. 8; Soergel/*Hadding/Kießling*, § 714 BGB Rn. 12; *Schäfer*, ZIP 2003, 1225 (1233); MüKo.BGB/*Schäfer*, § 714 Rn. 24; BeckOK.BGB/*Schöne*, § 714 Rn. 7; Henssler/Strohn/*Servatius*, § 714 BGB Rn. 1, 5; Palandt/*Sprau*, § 714 BGB Rn. 3; a.A. *Wertenbruch* in Westermann/Wertenbruch, Rn. I 367 ff., *Wertenbruch* geht aufgrund des unbeschränkten Zwecks von einer unbeschränkten Vertretungsmacht aus, die nur nach den Grundsätzen über den Missbrauch der Vertretungsmacht eingeschränkt

Statut keine Geschäftsführungsmaßnahmen darstellen, sind ebenfalls nicht von der Vertretungsmacht gedeckt.[659]

Dem ist in Bezug auf Grundlagengeschäfte hinzuzufügen, dass nicht die Vertretung der Gesellschaft, sondern der Gesellschafter in Rede steht. Wenn es in § 714 BGB heißt, *„ist er im Zweifel auch ermächtigt, die anderen Gesellschafter gegenüber Dritten zu vertreten"*, so wird dies infolge der Anerkennung der Rechtsfähigkeit der GbR allgemein als die Berechtigung verstanden, die Gesellschaft und nicht die Gesellschafter zu vertreten.[660] Zugleich ist zu beachten, dass die GbR originär nicht auf eine Teilhabe am Handelsverkehr ausgerichtet ist, weshalb der Verkehrsschutz nicht in vergleichbarem Maße wie bei der OHG/KG zu berücksichtigen ist. Andererseits muss die GbR eine Grundlage für sämtliche Personengesellschaften ohne Betrieb eines Handelsgewerbes unter Einschluss der Gelegenheitsgesellschaften bieten, sodass auch aus diesem Grund die Möglichkeit zulässiger Gestaltungsformen größer sein muss.[661]

Wenn die herrschende Meinung die Veräußerung des Gesellschaftsunternehmens als nicht von der Vertretungsmacht gedeckt ansieht, mit der Begründung, es läge wegen der faktischen Beendigung des Zwecks ein Grundlagengeschäft vor, so kann dem auch hier nicht gefolgt werden.[662] Zwar ist der Verkehrsschutz nicht in ähnlichem Maße wie bei OHG oder KG zu berücksichtigen, aber es geht dennoch um eine unmittelbare Vertretung der Gesellschaft, die in jedem Fall den Organen obliegt. Entscheidend ist, dass aufgrund der Kopplung von Geschäftsführung und Vertretung keine Maßnahmen erfasst sind, die einer Zweckförderung entgegenstehen. So ist zwar das Argument *„es stünde eine faktische Beendigung des Zwecks im Raum"* richtig, es kommt aber aus anderen Gründen zu einer Verneinung der Vertretungsmacht. Nicht angeführt werden kann außerdem eine ultra-vires-Doktrin,[663] denn alle Gesellschafter in ihrer Gesamtheit sind stets, auch ohne Erweiterung des Gesellschaftszwecks im Einzelfall, dazu in der Lage, alle Geschäfte für

---

werden kann. Dem steht aber sowohl der Wortlaut des § 714 BGB als auch das Verständnis der Geschäftsführung als Tätigkeit zur Förderung des Gesellschaftszwecks entgegen. Abweichendes kann aber statutarisch vereinbart werden.

659 Prütting/Wegen/Weinreich/*v. Ditfurth*, § 714 BGB Rn. 4; Staudinger/*Habermeier*, § 714 BGB Rn. 8; MüKo.BGB/*Schäfer*, § 714 Rn. 25; BeckOK.BGB/*Schöne*, § 714 Rn. 9; Palandt/*Sprau*, § 714 BGB Rn. 3; *Wertenbruch* in Westermann/Wertenbruch, Rn. I 366; Erman/*H.P. Westermann*, § 714 BGB Rn. 9.

660 Vgl. zu Vertretungsregelungen nach alter Rechtslage *BGH* v. 27.9.1999 – II ZR 371/98, BGHZ 142, 315 (318 ff.); *BGH* v. 21.1.2002 – II ZR 2/00, BGHZ 150, 1; *Schäfer*, ZIP 2003, 1225 (1233); MüKo.BGB/*Schäfer*, § 714 Rn. 68; *H.P. Westermann*, Festschrift Konzen, 957 (963 ff.); *H.P. Westermann*, Festschrift Krämer, 373 (378 ff.).

661 Vgl. *Wiedemann*, GesR Band 2, S. 605 ff.

662 Dazu im nachfolgenden 7. Kapitel.

663 So aber Erman/*H.P. Westermann*, § 714 BGB Rn. 9.

und gegen die GbR abzuschließen oder einzelne Gesellschafter zu deren Vornahme zu ermächtigen.[664]

Gleichwohl wird auch im Kontakt mit der GbR der Rechtsverkehr partiell privilegiert, wenn das Nichtbestehen der Vertretungsmacht für einen Dritten, der hypothetisch Einsicht in das Statut hätte, überraschend ist. So zeigt sich etwa an § 711 BGB, dass der allein punktuell wirkende Widerspruch eines Gesellschafters gegen Geschäftsführungsmaßnahmen eines anderen Gesellschafters in der Regel nicht zu einem Entfall der Vertretungsmacht in Betreff des beanstandeten Geschäfts führt und damit nicht gegenüber Dritten wirkt, sondern nur die Vornahme des Geschäfts im Einzelfall intern verbietet.[665] Alternativ wird zwar in Betracht gezogen, unter Anwendung des § 173 BGB dem Widerspruch Außenwirkung zu verleihen, wenn *„der Dritte das Erlöschen der Vertretungsmacht bei Vornahme des Rechtsgeschäfts kennt oder kennen muss."*[666] Dies gleicht im Ergebnis vorstehender Ansicht. Zum Schutz des Rechtsverkehrs muss die Gesellschaft das trotz Widerspruch getätigte Geschäft gegen sich gelten lassen, jedenfalls soweit der Dritte ein schutzwürdiges Vertrauen in den Bestand der Vertretungsmacht überhaupt begründen durfte.[667] Hierfür ist anzuführen, dass anders als im Recht der OHG/KG, wo Innen- und Außenverhältnis gemäß der §§ 114 ff., (insbesondere § 115) 126 HGB voneinander getrennt sind, für die GbR grundsätzlich ein Verhältnis der Abhängigkeit zwischen Geschäftsführung und Vertretungsmacht besteht. Zudem sind weder Bestand noch Umfang der Vertretungsmacht der GbR-Gesellschafter in ein Register einzutragen, sodass ein Dritter nur dann schutzwürdiges Vertrauen in den Bestand der Vertretungsmacht begründen kann, wenn diese ihm gegenüber kundgemacht wurde (vgl. dazu die §§ 170 ff. BGB).[668] Folglich erscheint die Anwendung des § 173 BGB als logische Konsequenz dessen. Ein Widerspruch kann daher regelmäßig nur dann Außenwirkung entfalten, wenn er dem Dritten mitgeteilt wurde.[669] Damit führen

---

664 Vgl. dazu *Wertenbruch* in Westermann/Wertenbruch, Rn. I 367; E/B/J/S/*Wertenbruch*, § 105 HGB Rn. 120.

665 *BGH* v. 11.3.1955, BGHZ 16, 394 (396 ff.); *BGH* v. 19.6.2008 – III ZR 46/06, WM 2008, 1552 Rn. 47; Prütting/Wegen/Weinreich/*v. Ditfurth*, § 711 BGB Rn. 3; *Grunewald*, GesR, § 1 Rn. 55; MüKo.BGB/*Schäfer*, § 711 Rn. 15; Henssler/Strohn/*Servatius*, § 714 BGB Rn. 7; Erman/*H.P. Westermann*, § 714 BGB Rn. 10; *Wertenbruch* in Westermann/Wertenbruch, Rn. I 357d, I 365; a.A. *Baur*, JZ 1955, 607 (609); *Schmidt-Rimpler*, Festschrift Knaur, 235 ff.

666 *Flume*, AT I/1 S. 272; vgl. zu § 173 BGB auch das 7. Kapitel V.

667 Zur Anwendung der Grundsätze über den Missbrauch der Vertretungsmacht vgl. Prütting/Wegen/Weinreich/*v. Ditfurth*, § 711 BGB Rn. 3; MüKo.BGB/*Schäfer*, § 711 Rn. 15; *Wertenbruch* in Westermann/Wertenbruch, Rn. I 357e, I 365; Erman/*H.P. Westermann*, § 711 BGB Rn. 5.

668 Kritisch *Baur*, JZ 1955, 607 (609), weil Gesamtvertretung die Regel sei; im Ergebnis auch *Wertenbruch* in Westermann/Wertenbruch, Rn. I 357f.

669 So auch *BGH* v. 11.3.1955, BGHZ 16, 394 (399 f.) der darauf abstellt, ob der Widerspruch dem Dritten bekannt ist.

anders als bei OHG und KG nicht nur die Grundsätze über den Missbrauch der Vertretungsmacht zu einem Wegfall derselben, sondern es genügt gemäß § 173 BGB bereits einfache Fahrlässigkeit. Dies harmoniert mit den bereits weniger strengen gesetzlichen Regelungen.

Daneben bleibt die im Vertrag angelegte und festgeschriebene Geschäftsführungsbefugnis unangetastet. Der wirksame sowie zulässige Widerspruch wirkt nur hinsichtlich des im Einzelfall beanstandeten Geschäfts, sodass die statutarische Geschäftsführungsbefugnis aufgrund des Gleichlaufs mit der Vertretungsmacht immerhin ein Minimum an regelmäßig nicht mit Wirkung gegen Dritte beschränkbaren Maßnahmen beschreibt. Wegen der andersartigen und nicht ausschließlich auf eine Verkehrsteilhabe gerichteten Zwecksetzung der GbR, die auch reinen Gelegenheitsgesellschaften des Alltags als Regelungsrahmen dient, sind allerdings sowohl die Verkehrsfähigkeit als auch der Verkehrsschutz im Verhältnis zu OHG/KG weniger stark ausgeprägt. Es zeigt sich, dass der Widerspruch mangels Außenwirkung wenig wirkungsvoll ist, sodass einzelne Gesellschafter auch gegen den Willen der Gesellschaft oder anderer Gesellschafter nach außen auftreten und die Gesellschaft berechtigen und verpflichten können.[670] Dies soll, so der *BGH*, die Verkehrsfähigkeit der Gesellschaft sicherstellen und das Vertrauen Dritter in die Organisation stärken.[671] Maßgeblich wird angeführt, dass ein die Vertretungsmacht final beschränkender Widerspruch, der quasi gesellschaftsinterne Streitigkeiten nach außen trägt, die Gesellschaft lähmen könnte, zugleich aber Dritte im Rahmen der Anwendung von Rechtsscheingrundsätzen geschützt werden können.[672]

Diese Gedanken sind auf die Handelsgesellschaften übertragbar, bei denen der Widerspruch einerseits gemäß § 115 I Hs. 2, 126 I HGB keine Außenwirkung entfaltet und nach § 114 I, 115 I Hs. 1 HGB die Einzelgeschäftsführung die Regel ist. Andererseits ist der Rechtsverkehr aufgrund der Eintragung der Vertretungsmacht ins Handelsregister stets schutzwürdig und das Interesse der Gesellschafter tritt als Folge der Marktorientierung dahinter zurück.[673] Dies offenbart der Aufgabe des Verbands geschuldete Unterschiede zwischen der GbR und der handelsrechtlichen OHG/KG, die das Erfordernis der Trennung von Innen- und Außenverhältnis für unternehmenstragende Verbände zeigen.

2. Unternehmenstragende Gesellschaft bürgerlichen Rechts

Für den Bereich der sogenannten unternehmenstragenden GbR wird weitergehend überlegt, die Vertretungsmacht nicht nur analog § 126 HGB ihrem Umfang nach

670 Vgl. zu dem dieses Problem möglicherweise beseitigenden § 179a AktG im 7. Kapitel C.; sowie der Rolle der gesellschafterlichen Treuepflicht bei internen Entscheidungsprozessen das 8. Kapitel C. III.

671 *BGH* v. 11.3.1955, BGHZ 16, 394 (399).

672 *BGH* v. 11.3.1955, BGHZ 16, 394 (399).

673 7. Kapitel C. V.

als unbeschränkt auszugestalten, sondern auch etwaigen Beschränkungen gegenüber Dritten gänzlich die Wirksamkeit zu versagen, da sie vergleichbar der OHG/KG im Rechtsverkehr in Erscheinung tritt.[674] Allerdings ist bereits fraglich, was eine unternehmenstragende GbR sein soll, denn weder ist das Unternehmen mit letzter Gewissheit rechtlich fixiert, noch ist es die Rechtsform der unternehmenstragenden Personengesellschaft abseits des HGB, sodass die Anerkennung einer solchen Kategorie gar zu einem weniger an Rechtssicherheit führt.[675]

Unabhängig davon bestimmt beispielsweise die DSGVO in Art. 4 Nr. 18, dass ein Unternehmen im Sinne der Verordnung

„... eine natürliche oder juristische Person [ist], die eine wirtschaftliche Tätigkeit ausübt, unabhängig von ihrer Rechtsform, einschließlich Personengesellschaften oder Vereinigungen, die regelmäßig einer wirtschaftlichen Tätigkeit nachgehen;"

und ist damit dem *„Unternehmer"* nach § 14 I BGB/Art. 2 Nr. 2 RL 2011/83/EU (Verbraucher-RL) vergleichbar:

„Unternehmer ist eine natürliche oder juristische Person oder eine rechtsfähige Personengesellschaft, die bei Abschluss eines Rechtsgeschäfts in Ausübung ihrer gewerblichen oder selbständigen beruflichen Tätigkeit handelt."

Zwar wird hier der Unternehmer-/Unternehmensbegriff teleologisch benannt, bestimmt und verwendet, aber die wirtschaftliche oder gewerbliche Tätigkeit ist eine strikte Voraussetzung. Sieht man davon ab, dass – anders als nach deutschrechtlichem Verständnis – die Personengesellschaften auch unter den Begriff der juristischen Personen gefasst werden, führt ein solches Unternehmensverständnis hinsichtlich der unternehmenstragenden GbR allein dazu, dass die Unterscheidungen, die anhand § 1 II HGB zwischen originären Kaufleuten, Freien Berufen und kleinen Gewerbebetrieben möglich sind, aufgehoben würden und allgemein jegliche wirtschaftliche Tätigkeit den gleichen strengen rechtlichen Regeln unterworfen würde.[676]

Hinsichtlich der Analogie zu § 126 HGB für alle unternehmenstragenden privatrechtlichen Verbände könnte zwar auf § 7 III PartGG verwiesen werden, der auch die PartG den strikten Vertretungsregelungen der OHG/KG unterwirft

---

674 *Schäfer*, ZIP 2003, 1225 (1233); MüKo.BGB/*Schäfer*, § 714 Rn. 24; BeckOK.BGB/*Schöne*, § 714 Rn. 7; Henssler/Strohn/*Servatius*, § 714 BGB Rn. 7; im Ergebnis wohl auch *Wertenbruch* in Westermann/Wertenbruch, Rn. I 367a; mit Kritik daran: *H.P. Westermann*, Festschrift Konzen, 957 (963 ff.); vgl. auch *Karsten Schmidt*, GesR, S. 1777 f.; a.A. *Wiedemann*, GesR Band 2, S. 655.

675 So auch Nk-BGB/*Heidel*, § 714 Rn. 7; *Morawietz*, die rechts- und parteifähige GbR, S. 48; vgl. fernerhin *Wertenbruch*, DB 2003, 1099.

676 Siehe auch BeckOGK.BGB/*Alexander*, § 14 Rn. 57 ff.; BeckOK.BGB/*Bamberger*, § 14 Rn. 14; MüKo.BGB/*Micklitz*, § 14 Rn. 19: Der Unternehmerbegriff des § 14 BGB und der Kaufmannsbegriff des HGB sind nicht deckungsgleich. Der Unternehmensbegriff ist weiter, da er auch die selbstständige berufliche Tätigkeit erfasst und daher auch beispielsweise Freiberufler oder sonstige Gewerbe im Sinne der GewO erfasst.

und diesen damit das spezielle handelsrechtliche Moment nimmt (vgl. § 1 I 2 PartGG).[677] Dann lässt man aber außer Betracht, dass einerseits die Vertretungsmacht der Partner gemäß § 5 I PartGG zur Eintragung ins Partnerschaftsregister anzumelden ist. Andererseits besteht der tatsächliche und ausdrücklich geäußerte Wille, eine Partnerschaft zu gründen und alle Vor- und Nachteile in Kauf zu nehmen. Selbiges gilt für jene Gesellschaften, deren Geschäftsbetrieb nicht ein originäres Handelsgewerbe im Sinne des § 1 II HGB ist, sondern die gemäß § 105 II HGB zur Handelsgesellschaft durch konstitutiv wirkende Eintragung werden können. Hier manifestiert sich der Wille der Gesellschafter, sich dem Handelsrecht zu unterwerfen, für den Rechtsverkehr deutlich erkennbar nach außen in der Eintragung.

Die GbR ist im Gegensatz dazu nicht registerfähig.[678] Damit sind auch die zur Stellvertretung ermächtigten Gesellschafter nicht in einem Register eingetragen, sodass bereits das Vertrauen in den abstrakten Bestand der Vertretungsmacht nicht schutzwürdig ist.[679] Weiterhin ist aufgrund des großen Spektrums möglicher unternehmenstragender Verbände auch die Gutgläubigkeit in die Typizität des Handelns in der Regel nicht schutzwürdig. Unter Umständen ist gar der Bestand einer unternehmenstragenden Gesellschaft bereits nicht mit letzter Gewissheit feststellbar, sodass im Einzelfall nur die Anwendung allgemeiner Rechtsscheingrundsätze, nicht aber eine Analogie in Betracht kommt.[680]

3. *(Mangelnde) Vergleichbarkeit der §§ 709, 730 II, 714 BGB mit § 149 HGB*

Die §§ 709, 730, 714 BGB verbinden Geschäftsführungsbefugnis und Vertretungsmacht und könnten daher dem § 149 HGB vergleichbar sein. Auch hier entspricht die Vertretungsmacht der bestehenden Geschäftsführungsbefugnis. Zugleich ist die Vertretungsmacht der Organe allein dort unbeschränkt und unbeschränkbar ausgestaltet, wo es das Gesetz ausdrücklich anordnet. Beschränkungen der Vertretungsmacht im Sinne des § 714 BGB können dem Rechtsverkehr entgegengehalten werden, soweit nicht zwingendes Recht entgegensteht.[681] Die §§ 705 ff. BGB

---

677 *Schäfer*, ZIP 2003, 1225 (1233); zu § 7 III PartGG Henssler/Strohn/*Hirtz*, § 7 PartGG Rn. 12 ff.; *Kilian*, § 7 PartGG Rn. 5; Meilicke/*Meilicke*, § 7 PartGG Rn. 23, 28; MüKo. BGB/*Schäfer*, § 7 PartGG Rn. 15; BeckOK.BGB/*Schöne*, § 7 PartGG Rn. 9 ff.

678 *Wiedemann*, GesR Band 2, S. 655.

679 Siehe auch *Morawietz*, die rechts- und parteifähige GbR, S. 49 ff.; *Schäfer*, Gutachten E zum 71. DJT, E 83 f.; vgl. auch *Frotz*, Verkehrsschutz, S. 575.

680 Im Einzelfall Anwendung der allgemeinen Rechtsscheingrundsätze, so Soergel/*Hadding/Kießling*, § 714 BGB Rn. 20.

681 Vgl. auch zur Anwendung des § 174 BGB gegenüber der GbR *BGH* v. 9.11.2002 – LwZR 4/01, NJW 2002, 1194 (1195) mit kritischer Anmerkung *Häublein*, NJW 2002, 1398.

dienen anders als die §§ 105–177a HGB auch Gelegenheits- und reinen Innengesellschaften als Regelungsrahmen. Demgegenüber ist die OHG/KG in jedem Fall eine Handelsgesellschaft – auch während der Liquidation. Die Liquidatoren sind im Handelsregister eingetragen (§ 148 I 1 HGB), weder ihre Vertretungsmacht noch ihre Geschäftsführungsbefugnis können gemäß 151 HGB gegenüber Dritten beschränkt werden.

Weitergehend ist die überkommene Existenzfiktion der GbR in § 730 II 1 BGB enger formuliert, als dies gemäß §§ 156 in Verbindung mit § 124 HGB für OHG/KG der Fall ist. Gleichwohl ist die Rechtsfähigkeit der in Abwicklung befindlichen GbR anerkannt.[682] Im Ergebnis laufen die bestehenden Unterschiede daher weniger auf die Rechtsfähigkeit der Gesellschaft denn auf die vertretungsrechtlichen Schutzmechanismen hinaus.

V. Begrenzung der Vertretungsmacht auf den Liquidationszweck („ultra-vires-Doktrin“)

1. *Ausgangslage der Rechtsprechung und der herrschenden Lehre*

Die Beschränkung der Vertretungsmacht nach Maßgabe des Innenverhältnisses führt zu einer Beschränkung der Vertretungsmacht anhand des Liquidationszwecks. Das hat zur Folge, so die beständige Kritik, dass die Handlungsfähigkeit der Gesellschaft trotz der unbeschränkten Rechtsfähigkeit durch den Liquidationszweck eingeschränkt wird.[683] Zunächst ist festzuhalten, dass die beschränkte Vertretungsmacht anfangs damit übereinstimmte, dass die Gesellschaft allein zum Zweck der Liquidation fortbestand. Nunmehr ist die Gesellschaft als vollumfänglich rechtsfähig anerkannt. Gleichwohl ist das Können der Gesellschaft beziehungsweise der Liquidatoren infrage gestellt, wenn diese die Liquidationsgesellschaft nur im Rahmen ihres Geschäftskreises vertreten. Allerdings führt die Rechtsprechung und die ihr folgende Lehre als Beweis gegen eine ultra-vires-Doktrin an: Da die Rechtsfähigkeit insgesamt nicht beschränkt ist, können die Gesellschafter auch liquidationsfremde Geschäfte gemäß § 177 I BGB genehmigen.[684] Fernerhin wirken alle Rechtsgeschäfte der Liquidatoren für und gegen die Gesellschaft, soweit der

682 Staudinger/*Habermeier* § 730 BGB Rn. 17; Soergel/*Hadding/Kießling* § 730 BGB Rn. 15; MüKo.BGB/*Schäfer* BGB § 730 Rn. 24; BeckOK.BGB/*Schöne* § 730 Rn. 1; Erman/*H.P. Westermann* § 723 BGB Rn. 1.

683 So *Karsten Schmidt*, AcP 174 (1974), 55 (67); *Karsten Schmidt*, ACP 184 (1984), 529 (530 ff.); vgl. auch *Rosse*, Vertretungsmacht, S. 36; *Wimpfheimer*, Liquidation, S. 136 ff.; siehe auch die Begründung des RegE zu § 82 AktG 1965 abgedruckt bei *Kropff*, AktG 1965, S. 103; vgl. zur Vorgesellschaft auch mit demselben Argument MüKo.AktG/*Pentz*, § 41 Rn. 34

684 *BGH* v. 1.12.1984 – III ZR 149/82, NJW 1984, 982; Baumbach/Hopt/*Roth*, § 149 HGB Rn. 7; *Wimpfheimer*, Liquidation, S. 198.

Vertragspartner die Liquidationsfremdheit nicht kannte oder hätte kennen müssen, daher ist das Können in Wahrheit unbegrenzt.[685]

2. Liquidation durch alle Gesellschafter gemäß § 146 HGB

Kritik muss bereits an § 146 I HGB ansetzen. Hiernach sind stets alle Gesellschafter gemeinsam geborene Liquidatoren der Gesellschaft, die im Ausgangsfall gemäß § 150 I HGB nur gemeinsam für und wider die Gesellschaft im Rechtsverkehr tätig werden. Deren Vertretungsmacht ist nach § 149 S. 2 HGB auf den Geschäftskreis beschränkt. Dieser entspricht nach herrschender Meinung dem Liquidationszweck. Damit sind die Gesellschafter selbst in ihrer „gesamthänderischen Verbundenheit“[686] auch bei einvernehmlichen Zusammenwirken[687] nur zur Vornahme liquidationsgemäßer Geschäfte ermächtigt, wenn sie nicht den Liquidationszweck erweitern: Die Handlungsfähigkeit des Verbands wäre somit auf den Liquidationszweck begrenzt.[688] Damit ist zugleich die Kritik an der auf den Gesellschaftszweck beschränkten Vertretungsmacht aufrechtzuerhalten.[689] Begrenzungen der Organvertretungsmacht, sowohl im Stadium der Liquidation als auch für die Gesellschaft im Allgemeinen, sind daher abzulehnen, soweit das Gesetz nichts Abweichendes vorschreibt.

E. Zusammenfassung

Das Liquidationsrecht ist aus der Zeit geraten. Während einerseits die Bewahrung und die Kontinuität von Unternehmen unterstützt wird,[690] lauten die §§ 145 ff. HGB andererseits auf Zerschlagung. Gleichwohl entsprechen Identitäts- und Haftungsverfassung der Liquidationsgesellschaft weitgehend jener der werbenden Gesellschaft.

Auch für die Vertretungsmacht der Liquidatoren gilt nichts anderes. Entgegen dem Wortlaut des § 149 S. 2 HGB ist die Vertretungsmacht der Liquidatoren vergleichbar § 126 I HGB unbeschränkt. Denn es stellt ein allgemeines handelsrechtliches Prinzip dar, dass die Vertretungsmacht der Organe handelsrechtlicher

---

685 *BGH* v. 1.12.1984 – III ZR 149/82, NJW 1984, 982.

686 Zur Gesamthand *Berghoff*, organschaftliche Vertretung, S. 33; *Wertenbruch*, BB 2001, 737 (739).

687 Siehe *Berghoff*, organschaftliche Vertretung, S. 33; *Wertenbruch*, BB 2001, 737 (739); vgl. *Wimpfheimer*, Liquidation, S. 147 ff.; mit einem ähnlichen Gedankengang *Schürnbrand*, Organschaft, S. 13.

688 Auch *Berghoff*, organschaftliche Vertretung, S. 20; *Köhl*, NZG 2005, 197; *Schürnbrand*, Organschaft, S. 21; *Peltzer*, JuS 2003, 348 f.

689 Siehe *Karsten Schmidt*, AcP 184 (1984) 529 (535).

690 Vgl. dazu RefE HRefG, ZIP 1997, 1485 (1486 f.); *BGH* v. 23.2.1981 – II ZR 227/79, BGHZ 80, 346 (349); *BGH* v. 28.1.2002 – II ZR 239/99, NZG 2002, 417; *BGH* v. 21.11.2005 – II ZR 367/03, NZG 2006, 135 f.; *Baier*, NZG 2004, 356; E/B/J/S/*Lorz*, § 133 HGB Rn. 8.

Gesellschaften unbeschränkt und unbeschränkbar ist. Hiermit wird der Rechtsverkehr geschützt. Wäre die Vertretungsmacht der Liquidatoren nämlich gemäß § 149 S. 2 HGB auf deren Geschäftskreis beschränkt, so wäre das abgeschlossene Rechtsgeschäft stets mit dem Makel belastet, dass der Vertragspartner nicht um dessen Wirksamkeit weiß. Es gibt nämlich gerade keinen Kreis typischer Liquidationsgeschäfte, die von Liquidatoren in der Regel vorgenommen werden. Dies ist vielmehr jeweils im Einzelfall zu beurteilen.

Weiterhin spricht für ein weites Verständnis des § 149 S. 2 HGB, dass anderenfalls sogar sämtliche Liquidatoren beziehungsweise Gesellschafter in ihrer gesamthänderischen Verbundenheit nicht ohne Weiteres solche Geschäfte abschließen könnten, die außerhalb des Liquidationszwecks liegen. Folglich wäre eine ultra-vires-Doktrin doch zu bejahen. Im Extremfall wären die Gesellschafter wegen § 145 II Hs. 1 HGB gar an die Zustimmung eines Dritten gebunden.

Dies führt im Ergebnis dazu, dass die Geschäftsführungsbefugnisse die Liquidatoren nur intern gegenüber der Gesellschaft binden. Bei Missachtung machen sie sich, sofern die interne Beschränkung des Dürfens nicht nach außen wirkt, nur schadensersatzpflichtig. Insbesondere im Unternehmensverkaufsfall könnten die Liquidatoren daher die Gesellschafter vor vollendete Tatsachen stellen.

7. Kapitel Beschränkung der Vertretungsmacht zum Schutz der Gesellschafterstellung

A. Unbeschränkte Vertretungsmacht als Eigenheit organschaftlichen Handelns

Die abstrakten Grenzen des § 149 HGB lauten: Die Liquidatoren sind im Innenverhältnis an die Liquidationsabsicht der Gesellschafter sowie an die Aufgaben im Sinne des § 149 S. 1 HGB gebunden. Im Außenverhältnis können sie gemäß § 149 S. 2 HGB allerdings wie die Organvertreter der werbenden Gesellschaft auftreten und die Gesellschaft grundsätzlich in allen Belangen verpflichten und Rechte für sie begründen. Es stellt sich daher die Frage, ob die Vertretungsmacht im Einzelfall hinsichtlich solcher Maßnahmen einzuschränken ist, welche die Struktur der Gesellschaft besonders und nachhaltig treffen. Insbesondere das Szenario des Unternehmensverkaufs oder, wie es das Gesetz nennt, der *„Veräußerung des ganzen Vermögens“* ist im Einzelfall dazu geeignet, das Können zu beschränken. Dies soll, begreift man die Tätigkeit der Liquidatoren als eine unternehmerische Aufgabe, zunächst aus dem Blickwinkel der werbenden Gesellschaft betrachtet werden, denn § 149 HGB enthält unmittelbar auf diese Frage keine Antwort, sodass sie nur in der Gesamtschau mit anderen Normen beantwortet werden kann.

B. Vergleich mit der Vertretungsmacht der Gesellschafter gemäß §§ 125, 126 I HGB

§ 126 I HGB ist dem Wortlaut nach weiter als § 149 S. 2 HGB. Die Gesellschafter-Geschäftsführer sind zur Vornahme *„aller“* Rechtshandlungen und Geschäfte namens der Gesellschaft ermächtigt, unabhängig davon, ob die Geschäfte dem Gesellschaftszweck entsprechen oder sie Handelsgeschäfte tätigen.[691] Die Vertretungsmacht wird aufgrund des verwendeten *„aller“* ausdrücklich nicht in Bezug zur Geschäftsführungsbefugnis gesetzt.[692] Entscheidend ist allein, dass die Vertretung der Gesellschaft in Rede steht.

---

691 *RGZ* 125, 380 (381); *Götze*, NZG 2004, 585 (586), zur AG (§§ 76 I, 78 I 1, 82 I AktG); *Fleischer*, NZG 2005, 528; *Hadding*, Festschrift Lutter, 851 (858); *Rosse*, Vertretungsmacht, S. 115; mit Kritik dazu *Emmerich*, Festschrift Lukes, 639 (647); *Karsten Schmidt*, AcP 184 (1984), 529(531).

692 Vgl. *Schlüter*, Vertretungsmacht, S. 63 f.

I. Zweck des § 126 HGB: Schutz des Rechtsverkehrs

Die Vertretungsmacht der persönlich haftenden Gesellschafter ist gemäß § 126 II HGB nicht mit Wirkung gegen Dritte beschränkbar. Dadurch wird eine Beschränkung der Vertretungsmacht für außerhalb des Gesellschaftszwecks liegende Geschäfte (ultra-vires-Doktrin) verneint und spiegelbildlich der Rechtsverkehr geschützt.[693] Dritte, die in Kontakt mit der Gesellschaft treten, dürfen darauf vertrauen, dass der im Handelsregister eingetragene Organvertreter zur Vornahme des jeweiligen Rechtsgeschäfts ermächtigt ist und müssen nicht vorher überprüfen, ob sich aus dem Innenverhältnis eine Beschränkung der Vertretungsmacht ergibt.[694] Eine solche Prüfung gestaltet sich im Einzelfall zumeist schwierig, weil die interne Beschränkung nicht im Handelsregister eingetragen ist.[695] Daher steht sie der effektiven, flexiblen sowie „schlagkräftigen" Teilhabe am Handelsverkehr entgegen.[696] Der Schutz des Rechtsverkehrs geht somit grundsätzlich dem des Vertretenen vor,[697] weshalb diese Regelung trotz (oder gerade wegen) des internen Zustimmungserfordernisses für außergewöhnliche Geschäfte im Sinne des § 116 II HGB besteht. Darauf weist überdies das *„alle"* im Wortlaut des § 126 I HGB hin.[698] Ob die Vertretungsmacht dort Einschränkungen erfährt, wo entweder mittelbar in die Grundlagen der Gesellschaft eingegriffen wird oder eine Pflicht zur Änderung des Vertrags begründet werden soll, ist fraglich. Letztlich beeinträchtigt ein solches Geschäft die Dispositionshoheit der Gesellschafterversammlung und dient regelmäßig auch nicht der Teilhabe am Handelsverkehr.

§ 126 I HGB ermächtigt (wie auch § 149 S. 2 HGB) jedenfalls nicht zur unmittelbaren Vertretung der Gesellschafter und damit nicht zur unmittelbaren Änderung des Statuts.[699] Für einen Ausschluss der Vertretungsmacht hinsichtlich nur mittelbar grundlagenrelevanter Geschäfte, die im Einzelfall eine Änderung des

---

693 Vgl. zu AG und GmbH: *v. Prittwitz*, DStR 2019, 1265.

694 Vgl. die Begründung des RegE zu § 82 AktG 1965, abgedruckt bei *Kropff*, AktG 1965, S. 103; *BAG* v. 20.10.1960 – 2 AZR 554/59, BAGE 10, 122 (127); *Berghoff*, organschaftliche Vertretung, S. 60; *Hadding*, Festschrift Lutter, 851 (858); *Hülsmann*, GmbHR 2019, 1093 (1097); *Schlüter*, Vertretungsmacht, S. 69; *Schwarz*, NZG 2001, 529; *Wagner/Michel*, NotBZ 2019, 337 (341); die gleiche Schutzwirkung entfaltet Art. 9 Abs. 1 UAbs. 1 GesRRL, siehe dazu *Lutter/Bayer/J. Schmidt*, Rn. 18.75 ff.

695 Vgl. *Schlüter*, Vertretungsmacht, S. 68; *Hülsmann*, GmbHR 2019, 1093 (1097 f.).

696 *BAG* v. 20.10.1960 – 2 AZR 554/59, BAGE 10, 122 (127); *BGH* v. 20.9.1962 – II ZR 209/61, BGHZ 38, 26 (33); *Hadding*, Festschrift Lutter, 851 (858, 866); *Schlüter*, Vertretungsmacht, S. 68; *Fleischer*, NZG 2005, 529 hebt noch hervor, dass die Information über die gesetzliche Kompetenzverteilung zumutbar ist.

697 Begründung des RegE zu § 82 AktG 1965, abgedruckt bei *Kropff*, AktG 1965, S. 103.

698 Vgl. *Schlüter*, Vertretungsmacht, S. 63 f.

699 *Rosse*, Vertretungsmacht, S. 134; *Meyer*, GmbHR 2019, 973 (978); MüKo.HGB/*Karsten Schmidt*, § 126 Rn. 10; *Wertenbruch* in Westermann/Wertenbruch, Rn. I 328 f.

Gesellschaftsvertrags nach sich ziehen können und diesen rein faktisch abändern, ist dem Gesetz nichts zu entnehmen.[700] Für solche Fälle könnte eine teleologische Reduktion[701] des § 126 I HGB in Erwägung zu ziehen sein, wenn der Rechtsverkehr im Einzelfall nicht schutzwürdig ist,[702] weil die in Betracht kommende Maßnahme evident über den Rahmen eines gewöhnlichen Handelsgeschäfts im Sinne des § 116 I HGB hinausgeht. Dies dürfte zumindest für die oben angesprochenen Maßnahmen mit mittelbarer Grundlagenrelevanz gelten.[703]

II. Mittelbare Eingriffe in die Grundlagen der Gesellschaft

1. Relevante Fallgruppen

Mittelbare Grundlagenrelevanz haben insbesondere solche Verträge, in denen sich die Gesellschaft zur Übertragung ihres ganzen Vermögens auf einen Dritten verpflichtet, weil sie sich damit aktuell und nachhaltig der Möglichkeit begibt, den Gesellschaftszweck in der bisherigen Weise weiterzuverfolgen.[704] Soll sogar die Firma (mit-)veräußert und insbesondere übertragen werden, erscheint die Antwort klar: Eine Änderung der Firma erfordert eine Änderung des Gesellschaftsvertrags. Eine Vertretung durch die Geschäftsführer soll daher nicht möglich sein.[705] Hier ist gleichwohl nur die Geschäftsführungsbefugnis zu verneinen, da lediglich die Gesellschaft und nicht die Gesellschafter vertreten wird. Es wird dennoch in den Rechtskreis der Gesellschafter eingegriffen und ist offenkundig, dass weder der Verkauf der Firma noch des Unternehmens ein Geschäft ist, welches *„der gewöhnliche Betrieb des Handelsgewerbes der Gesellschaft mit sich bringt"* (§ 116 I HGB). Weiterhin sind auch in Bezug auf die *„Veräußerung des ganzen Vermögens"* Abstufungen vorzunehmen. Zu unterscheiden ist beispielsweise zwischen der Veräußerung der einzigen, das ganze Vermögen darstellenden Immobilie der Gesellschaft und der Veräußerung des ganzen Wirtschaftsunternehmens. In ihren Auswirkungen auf die Gesellschaft sind die Maßnahmen dennoch vergleichbar, da in beiden

700 Vgl. auch *Meyer*, GmbHR 2019, 973 (978).

701 *Hadding*, Festschrift Lutter, 851 (862); *Schlüter*, Vertretungsmacht, S. 63 ff., 77 ff.; *Rosse*, Vertretungsmacht, S. 143.

702 Vgl. *Rosse*, Vertretungsmacht, S. 141.

703 Vgl. nur *Karsten Schmidt*, ZGR 1995, 675 (676 ff.).

704 Vgl. *BGH* v. 9.1.1995 – II ZR 24/94, NJW 1995, 596; *BGH* v. 16.12.2004 – III ZR 119/04, NJW 2005, 753 (754); *OLG Düsseldorf* v. 23.11.2017 – I-6 U 225/16, ZIP 2018, 72 (75); GroßKomm.HGB/*Hüffer* 4. Aufl., § 22 Rn. 31; MüKo.HGB/*Karsten Schmidt*, § 126 Rn. 13; *Wertenbruch* in Westermann/Wertenbruch, Rn. I 328e; berechtigte Kritik daran bei *Grunewald*, JZ 1995, 577 (578); *Grunewald*, GesR, § 2 Rn. 23; *Hadding*, Festschrift Lutter, 851 (868); K/K/R/D/*Kindler*, § 126 HGB Rn. 2; *Rosse*, Vertretungsmacht, S. 168, 171.

705 Vgl. *OLG Brandenburg* v. 29.7.2004 – 5 W (Lw) 55/03, juris Rn. 48; MüKo.HGB/*Karsten Schmidt*, § 126 Rn. 10; *Wertenbruch* in Westermann/Wertenbruch, Rn. I 238e.

Fällen das ganze Vermögen übertragen werden kann.[706] Allerdings ist die Erkennbarkeit der Tatbestandserfüllung für den Dritten sowie die Komplexität des einzuhaltenden Verkaufsverfahrens verschieden.[707]

2. *(Keine) Wechselwirkung zwischen Innen- und Außenverhältnis*

Für den Ausschluss grundlagenrelevanter Geschäfte von der Vertretungsmacht spricht, dass innergesellschaftliche Zuständigkeiten umgangen werden könnten. Änderungen des Gesellschaftsvertrags obliegen allein den Gesellschaftern (§§ 119 I, 131 ff., 145 I HGB). Außerdem bedarf die Vornahme außergewöhnlicher Geschäfte intern der Zustimmung sämtlicher Gesellschafter (§§ 116 II, 164 S. 1 Hs. 2), weshalb dies erst recht für darüber hinausgehende mittelbar grundlagenrelevante Geschäfte gelten könnte.

Interne Beschränkungen und Zustimmungserfordernisse haben zum Schutz des Rechtsverkehrs keine Außenwirkung, selbst wenn es sich evident um unternehmensfremde Geschäfte handelt.[708] Weiterhin gibt es eine Reihe von Ausnahmefällen, in denen die Wirksamkeit eines vom Organvertreter abgeschlossenen Vertrags der Zustimmung der Anteilseigner bedarf, wenn dieser Auswirkungen auf die Struktur der Gesellschaft hat (exemplarisch: §§ 293 I 1 AktG, 13 I 1, 65, 73 UmwG)[709]. Diese Wirksamkeitserfordernisse sind ausdrücklich und für den Rechtsverkehr erkennbar gesetzlich angeordnet, sodass bereits strukturell ein Unterschied besteht. Mit Ausnahme der umwandlungsrechtlichen Fallgestaltungen käme für vergleichbare Sachverhalte daher eine Gesamtanalogie oder eine teleologische Reduktion in Betracht.[710] Vergleichbare Vorschriften finden sich aber weder in den §§ 105 ff. HGB noch in den §§ 145 ff. HGB, sodass im Umkehrschluss davon auszugehen ist, dass die organschaftliche Vertretungsmacht der Gesellschafter und der Liquidatoren tatsächlich zur Vertretung in allen denkbaren Fällen ermächtigt. Ausnahmen gelten wiederum, wenn unmittelbar in den Rechtskreis der Gesellschafter eingegriffen wird, etwa durch eine Änderung des Statuts. Darüber hinaus liefe eine Beschränkung im obigen Sinne auf eine Beschränkung der Vertretungsmacht nach Maßgabe des Gesellschaftszwecks hinaus, die allgemein abzulehnen ist.

---

706 Vgl. auch *Meyer*, GmbHR 2019, 973 (978).
707 5. Kapitel C.
708 Vgl. die Begründung des RegE zu § 82 AktG 1965, abgedruckt bei *Kropff*, AktG 1965, S. 103.
709 Exemplarisch zu aufseiten der Aktionäre zustimmungspflichtigen Verträgen siehe Hölters/*Weber*, § 83 AktG Rn. 4.
710 Siehe bereits oben, 7. Kapitel B. I.

C. Einschränkung der Vertretungsmacht kraft Gesetzes gemäß § 179a AktG im Ausnahmefall

I. *„Allgemeiner verbandsrechtlicher Grundsatz“*

Eine Ausnahmeregelung, in deren Rahmen die Zulässigkeit der Stellvertretung nach Maßgabe der im Innenverhältnis bestehenden Kompetenzverteilung beschränkt ist, könnte in § 179a AktG zu finden sein, der dem *„allgemeinen verbandsrechtlichen Grundsatz“*[711] Ausdruck verleihen soll, wonach die Übertragung des *„ganzen Vermögens“* einer Gesellschaft nicht in den Kompetenzbereich des Leitungsorgans fällt.[712] Zum Schutz der Gesellschafter bedarf der schuldrechtliche, auf die Übertragung des ganzen Vermögens gerichtete Vertrag daher zu seiner Wirksamkeit eines zustimmenden Beschlusses der Gesellschafterversammlung.[713] Insoweit läge ein Rechtsakt ultra-vires vor.

---

711 *Hüren*, RNotZ 2014, 77 (85); *Heckschen*, AG 2019, 420 (421); *Karsten Schmidt*, GesR, S. 1403; vgl. auch *Fink/Chilevych*, NZG 2017, 1254; a.A. nunmehr *BGH* v. 8.1.2019 – II ZR 364/18, NZG 2019, 505 Rn. 30 ff.; *Eschwey*, MittBayNot 2018, 299 (314); einschränkend auch *Jans*, WuB 2019, 438, (440); offenlassend *Pfeiffer*, BB 2019, 1107; *Jans*, ebd, sieht in § 179a AktG zumindest einen *„bedeutsamen Rechtsgedanken“*, dem auch bei der GmbH Geltung verschafft werden muss; gleichwohl hält er die analoge Anwendung des § 179a AktG nicht für zwingend – im Hinblick auf die KG zieht er eine analoge Anwendung zumindest in Betracht (S. 442).

712 Der *BGH* (v. 8.1.2019 – II ZR 364/18, NZG 2019, 505 Rn. 14, 32) hält § 179a AktG nunmehr für eine *„systemwidrige Beschränkung“* der Vertretungsmacht, weil die Organe von Handelsgesellschaften rechtsformübergreifend unbeschränkt und unbeschränkbar zur Stellvertretung ermächtigt sind (dazu Kapitel 6 D. II.). Deshalb soll eine analoge Anwendung auf die GmbH nicht in Betracht kommen. Zustimmend: *Bungert/Evertz*, EWiR 2019, 263 (264); *Götze*, NZG 2019, 695 (696); *Mack*, MittBayNot 2019, 491 (492); *Meyer*, GmbHR 2019, 973 (974); *Müller*, NZG 2019, 807 (810); *Natterer*, ZIP 2019, 1796 (1798); *v. Prittwitz*, DStR 2019, 1265 (1266); *Reichelt/Lye*, ZfIR 2019, 369 (371 f.); *Ulrich*, GmbHR 2019, 535 (536); *Vossius*, notar 2019, 161 f.; *Wachter*, DB 2019, 1078; *Wagner/Michel*, NotBZ 2019, 337 (339); wohl auch *Breschendorf*, GWR 2019, 145; kritisch *Heckschen/Strnad*, notar 2019, 406 (416); einschränkend *Heinze*, NJW 2019, 1995 (1996), der zumindest davon ausgeht, § 179a AktG sei nach wie vor auf die OHG/KG anwendbar, da sich der BGH nicht ausdrücklich hierzu geäußert habe. Der Schutz der GmbH-Gesellschafter vor *„Alleingängen“* der Geschäftsführer bzw. Liquidatoren soll nunmehr durch die Anwendung der Regelungen über den Missbrauch der Vertretungsmacht verwirklicht werden, *BGH*, a.a.O., Rn. 39 ff.; *Heckschen/Strnad*, notar 2019, 406 (416) gehen davon aus, dass der BGH mit seinem Urteil vom 8.1.2019 zugleich – ohne es freilich ausdrücklich zu sagen – seine Rechtsprechung in Bezug auf Personengesellschaften ändert; im Hinblick auf die überzeugenden dogmatischen Ausführungen, die auch für die OHG und die KG gelten müssen (vgl. dazu die nachfolgenden Abschnitte dieses Kapitels), dürfte dies wahrscheinlich sein.

713 Zur analogen Anwendung auf die OHG/KG siehe *BGH* v. 8.7.1991 – II ZR 246/90, NJW 1991, 2564 (2565); *BGH* v. 9.1.1995 – II ZR 29/94, NJW 1995, 596; *BGH*

Im Aktienrecht begrenzt § 179a AktG die gemäß § 82 AktG unbeschränkte Vertretungsmacht des Vorstands für Geschäfte über das *„ganze Gesellschaftsvermögen"* mit Wirkung gegen Dritte.[714] Nach § 179a II AktG ist den Aktionären als Grundlage der Entscheidung der abzuschließende, zustimmungsbedürftige Vertrag zugänglich zu machen, sodass ihnen ein Recht auf Inhaltskontrolle zusteht;[715] die Aktionäre sind vor unangemessenen und inadäquaten Vertragsgestaltungen durch ein *„Vetorecht"*[716] geschützt.[717] Partiell verschwimmen hier die im Aktienrecht geltenden

v. 16.12.2004 – III ZR 119/04, NJW 2005, 753 (754); *OLG Düsseldorf* v. 23.11.2017 – I-6 U 225/16, ZIP 2018, 72 (75); *Fink/Chilevych*, NZG 2017, 1254; Röhricht/Graf von Westphalen/Haas/*Haas*, § 126 HGB Rn. 4; GroßKomm.HGB/*Habersack*, § 126 Rn. 16; *Hadding*, Festschrift Lutter, 851 (862 ff.); MüKo.HGB/*Heidinger*, § 22 Rn. 38; E/B/J/S/*Hillmann*, § 126 HGB Rn. 9; GroßKomm.HGB/*Hüffer*, 4. Aufl., § 22 Rn. 31; *Hüren*, RNotZ 2014, 77 (78, 88); *Packi*, Veräußerung, S. 267 ff.; *Rosse*, Vertretungsmacht, S. 77 ff., 143 ff., aber im Ergebnis die Analogie ablehnend; *Karsten Schmidt*, ZGR 1995, 675 (681); *Karsten Schmidt*, GesR, S. 1403; MüKo.HGB/*Karsten Schmidt*, § 126 Rn. 13; MüKo.AktG/*Stein*, § 179a Rn. 14; Henssler/Strohn/*Strohn*, § 179a AktG Rn. 2; *Wachter*, GmbHR 2019, 183 (186); Hk-AktG/*Wagner*, § 179a AktG Rn. 20; *Wertenbruch* in Westermann/Wertenbruch, Rn. I 328e; wohl auch Baumbach/Hopt/*Roth*, § 126 HGB Rn. 3; a.A. (keine analoge Anwendung auf die OHG/KG) *Eschwey*, MittBayNot 2018, 299 (311); *Leitzen*, NZG 2012, 491 (494); *Bredol/Natterer*, ZIP 2015, 1419. ff.; *Grunewald*, JZ 1995, 577 (578); *Grunewald*, GesR, § 2 Rn. 23; *Hadding*, Festschrift Lutter, 851 (868); *Meyer*, GmbHR 2019, 973 (978); *Rosse*, Vertretungsmacht, S. 168, 171; *Schlüter*, Vertretungsmacht, S. 50 f., 78 ff., 90; *Wachter*, DB 2019, 1078 (1079); *Wagner/Michel*, NotBZ 2019, 337 (340); *Reichelt/Lye*, ZfIR 2019, 369 (373); *Weitnauer*, GWR 2018, 1 (3). Heymann/*Hoffman/Barlitz*, § 126 HGB Rn. 17, sprechen sich jedenfalls dann für den Fortfall der Vertretungsmacht aus, wenn das Gesamtvermögensgeschäft zu einer Änderung des Gesellschaftszwecks führt. Damit berücksichtigen sie bereits nicht den Wortlaut des § 179a I AktG, verkennen, dass gerade kein Eingriff in die Grundlagen der Gesellschaft vorliegt und lassen den Schutz des Rechtsverkehrs gänzlich unberücksichtigt.

714 *BGH* v. 16.11.1981 – II ZR 174/80, BGHZ 83, 122 (130); *BGH* v. 8.7.1991 – II ZR 246/90, NJW 1991, 2564 (2565); *BGH* v. 9.1.1995 – II ZR 24/94, NJW 1995, 596; vgl. *Bredthauer*, NZG 2008, 816 (819); GroßKomm.HGB/*Habersack*, § 126 Rn. 16; *Hüren*, RNotZ 77 (84); GroßKomm.HGB/*Burgard*, § 22 Rn. 39; *Natterer*, ZIP 2019, 1796 (1798); *Karsten Schmidt*, ZGR 1995, 675 (681); *Ulrich*, GmbHR 2019, 535 (536); a.A. *Mülbert*, Aktiengesellschaft, S. 175 ff., 180; *Scheel*, Festschrift Wegen, 297 (308).

715 *Hüren*, RNotZ 2014, 77 (78); kritisch aber *Weber*, DNotZ 2018, 96 (111).

716 *Bayer/Lieder/Hoffmann*, AG 2017, 717 (718).

717 Vgl. *BVerfG* v. 23.8.2000 – 1 BvR 68/95 und 1 BvR 147/97, NJW 2001, 279 (280); *BGH* v. 8.1.2019 – II ZR 364/18, NZG 2019, 505 Rn. 38; *Eschwey*, MittBayNot 2018, 299 (302); *Fink/Chilevych*, NZG 2017, 1254 (1255); Spindler/Stilz/*Holzborn*, § 179a AktG Rn. 1; *Hüren*, RNotZ 2014, 77 (78); Bürgers/Körber/*Körber*, § 179a AktG Rn. 3; *Leitzen*, NZG 2012, 491 (492); *Mülbert*, Aktiengesellschaft, S. 179; *Reichelt/Lye*, ZfIR 2019, 369 (370); MüKo.AktG/*Stein*, § 179a Rn. 5.

strengen Organgrenzen zugunsten der gegenseitigen Kontrolle und jeweiligen Interessenwahrung.[718]

Zugleich soll nach der Rechtsprechung des *BVerfG* die Mitgliedschaft somit vor einer vollständigen Entwertung geschützt sowie sichergestellt werden, dass im Falle einer Auflösung der Gesellschaft der Verlust der Mitgliedschaft *„voll kompensiert"* wird.[719] Gleichwohl muss ein Aktionär stets damit rechnen, dass auch gegen seinen Willen die operative Tätigkeit der Gesellschaft in neue Bahnen gelenkt (§§ 76 I, 119 179 I AktG), die Auflösung der Gesellschaft mit anschließender Liquidation betrieben (262 ff. AktG) oder er im Wege des sogenannten „squeeze-out" aus der Gesellschafterposition gedrängt wird.[720] Daher dient die Zustimmungspflicht jedenfalls nicht dazu, die Mitgliedschaft in ihrem Bestand zu schützen. Dieses Risiko, wie aber auch der mögliche Verlust der Mitgliedschaft dem Wert nach, wohnt der Beteiligung an einer Aktiengesellschaft inne und ist dementsprechend nicht schutzwürdig,[721] zumindest nicht mit Wirkung gegenüber Dritten.

Insoweit lässt sich aus § 179a AktG allenfalls der verallgemeinerungsfähige Grundsatz ableiten, dass die Dispositionshoheit über die Grundlagen der Gesellschaft den Gesellschaftern als den wirtschaftlichen Eignern des Verbands obliegt. Dies könnte sowohl hinsichtlich unmittelbarer als auch hinsichtlich mittelbarer Änderungen des Statuts gelten. Allerdings ist die Absicherung dieser Verbandsherrschaft gegenüber Dritten weiter klärungsbedürftig; dies zeigt auch § 82 II AktG.

II. Hauptversammlungskompetenzen für tiefgreifende Strukturmaßnahmen

§ 179a AktG begründet eine Kompetenz der Hauptversammlung für tiefgreifende und nachhaltige Eingriffe in die Struktur der Gesellschaft, die einerseits in ihrer Intensität den umwandlungsrechtlichen Maßnahmen gleichstehen, auch wenn die Übertragung des Vermögens nicht durch Gesamtrechtsnachfolge erfolgt[722] und sie andererseits einer Satzungsänderung vergleichbar sind.[723] Die Dispositionshoheit

718 Vgl. *BGH* v. 8.1.2019 – II ZR 364/18, NZG 2019, 505 Rn. 14; *Eschwey*, MittBayNot 2018, 299 (302); hinsichtlich der Organverfassung der AG ist von einem System der *„checks and balances"* die Rede, siehe *Fleischer*, NJW 2004, 2335 (2339); Hüffer/Koch/*Koch*, § 111 AktG Rn. 34.

719 *BVerfG* v. 23.8.2000 – 1 BvR 68/95 und 1 BvR 147/97, NJW 2001, 279 (280); Spindler/Stilz/*Holzborn*, § 179a AktG Rn. 1; MüKo.AktG/*Stein*, § 179a Rn. 7; vgl. auch *U. H. Schneider*, ZGR 1972, 357 (367); *Wachter*, DB 2019, 183 (186).

720 So auch *Henze*, Festschrift Boujong, 233 (247); *Henze*, Festschrift Wiedemann, 935 (939).

721 MüKo.AktG/*Stein*, § 179a Rn. 8; auch *Henze*, Festschrift Boujong, 233 (244 ff.); *Henze*, Festschrift Wiedemann, 935 (949 ff.).

722 BT-Drucks. 12/6699, S. 177; *Servatius*, Festschrift Stilz, 601 (602); *Timm*, AG 1980, 172 (175).

723 BT-Drucks. 12/6699, S. 177; *Servatius*, Festschrift Stilz, 601 (605); *Timm*, AG 1980, 172 (175).

der Aktionäre über ihre Gesellschaft und das Gesellschaftsunternehmen wird gewahrt und das Unternehmen wird nicht der Gesellschaft entzogen.[724] Damit wird im Ergebnis ein Gleichlauf mit den Maßnahmen des UmwG sowie der Übertragung der Gesellschaft im Wege der Anteilsübertragung erreicht. Denn die Wirksamkeit solcher Verträge hängt von der *„Zustimmung“* der Gesellschafter ab (vgl. für das UmwG: §§ 13, 36, 125, 193 f. UmwG).[725] Folglich werden vergleichbare Interessen- und Sachlagen gleichbehandelt. Auch im Rahmen einer Verschmelzung verlieren die Aktionäre Einfluss auf das Unternehmen und in gleichem Maße besteht daher ein Interesse an einer angemessenen Vertragsgestaltung.[726] Auch wenn kein Schutz der Mitgliedschaft als solcher existiert, werden die aus der Mitgliedschaft folgenden Vermögens- und Verwaltungsrechte geschützt.

Nach § 179a I in Verbindung mit § 179 II AktG ist die Zustimmung einer Mehrheit von drei Vierteln des bei Beschlussfassung vertretenen Grundkapitals erforderlich. Der Grundsatz lautet nach § 133 I AktG auf die Beschlussfassung mit einfacher Stimmenmehrheit. Daher könnte davon auszugehen sein, dass es hier um den Minderheitenschutz geht. Dem Wortlaut nach grenzt § 179a I AktG aber vielmehr Kompetenzen des Vorstands einerseits und der Hauptversammlung andererseits voneinander ab. Vor dem Hintergrund der unbeschränkten Leitungsmacht des Vorstands im Sinne der §§ 76 I, 119 II erscheint die Normierung des § 179a AktG erforderlich.[727] Anderenfalls läge die Kompetenz zur Veräußerung des Unternehmens allein in dessen Händen und abweichende Satzungsgestaltungen wären nach § 23 V AktG nicht möglich. § 179a I AktG macht daher Verträge, in denen sich die AG zur Übertragung des ganzen Vermögens verpflichtet, von der Zustimmung der Hauptversammlung abhängig, selbst *„wenn damit nicht eine Änderung des Unternehmensgegenstandes verbunden ist.“* Die Kompetenz zur Änderung der Satzung steht der Hauptversammlung ohnehin gemäß § 179 I AktG zu, sodass § 179a AktG ein weiterer Kompetenztitel ist.[728]

Auf der anderen Seite stehen GmbH und OHG/KG, in denen die Tätigkeit der Geschäftsleiter von den Weisungen (§ 37 I GmbHG) oder der Zustimmung (§ 116 II HGB) der Gesellschafter abhängen kann.[729] Die alleinige Normierung des Vertrags über das ganze Vermögen ist daher zwar ein Erfordernis des AktG, aber kein aktienrechtliches Spezifikum.[730] Was gleichfalls für die Schutzzwecke

---

724 *BGH* v. 16.11.1982 – II ZR 150/80, BGHZ 82, 188 (195); *Timm*, AG 1980, 172 (175); auch *Ulrich*, GmbHR 2019, 535 (536).

725 Vgl. dazu *Packi*, Vermögensübertragung, S. 97 ff.; *Timm*, AG 1980, 172 (175).

726 Vgl. *Mertens*, Festschrift Zöllner, 385 (388).

727 Siehe auch *BGH* v. 8.1.2019 – II ZR 364/18, NZG 2019, 505 Rn. 34; *Bungert/Evertz*, EWiR 2019, 263 (264).

728 Vgl. *Mertens*, Festschrift Zöllner, 385 (390).

729 Siehe auch *Bungert/Evertz*, EWiR 2019, 263 (264).

730 Siehe nur *BGH* v. 8.1.2019 – 364/18, NZG 2019, 505 Rn. 36, 39. Im Einzelfall kommen die Grundsätze über den Missbrauch der Vertretungsmacht zur Anwendung, um die Gesellschafter zu schützen.

gilt: Es kann auch bei OHG/KG und GmbH nicht angehen, dass das Leitungsorgan eigenverantwortlich die Mitgliedschaft der Gesellschafter entwertet und diese aus eigener Machtvollkommenheit vor vollendete Tatsachen stellt, die anderenfalls nur durch die Änderung des Statuts herbeigeführt werden könnten.[731] Aber sowohl der exakte Anwendungsbereich als auch die Außenwirkung des § 179a AktG bedürfen einer besonderen Begründung, denn der Wortlaut ist insoweit lückenhaft.

III. Anwendungsbereich des § 179a AktG

1. Wortlaut: Bedeutung des „ganzen Gesellschaftsvermögens“

Zustimmungsbedürftig gemäß § 179a I 1 AktG sind Verträge, in denen sich die AG verpflichtet, über ihr *„ganze[s] Gesellschaftsvermögen“* zu verfügen. Der Anwendungsbereich dieser Norm wird zum Schutz der Aktionäre dahin erweitert, dass der Tatbestand sogar dann erfüllt ist, wenn nur *„unwesentliches Restvermögen“* in den Händen der Gesellschaft verbleibt.[732]

Wegen des insoweit vagen Wortlauts *„ganzes Vermögen“* sowie *„wenn damit nicht eine Änderung des Unternehmensgegenstandes verbunden ist“* wird der Anwendungsbereich teilweise rein quantitativ bestimmt.[733] Die Dispositionshoheit der Gesellschafter über den Unternehmensgegenstand ist aufgrund der Satzungshoheit (§ 179 AktG) ohnehin gewahrt.[734] Für ein quantitatives Verständnis der Wendung *„Übertragung des ganzen Gesellschaftsvermögens“* spricht der Vergleich zu § 174 UmwG, der von der Übertragung des *„Vermögen[s] als Ganzes“* spricht. Nach der Legaldefinition handelt es sich hier um eine Vollübertragung, die eine Gesamtrechtsnachfolge darstellt.[735] Daher könnte § 179a I 1 AktG dahin gehend zu verstehen sein, dass er bereits Anwendung findet, wenn der AG nur unwesentliches Vermögen verbleibt.[736]

---

731 Vgl. zur GmbH *BGH* v. 8.1.2019 – 364/18, NZG 2019, 505 Rn. 36; siehe auch *Natterer*, ZIP 2019, 1796 (1798).

732 *RGZ* 124, 279 (294 ff.); *BGH* v. 16.11.1981 – II ZR 150/80, BGHZ 82, 188 (195); *BGH* v. 16.11.1981 – II ZR 174/80, BGHZ 83, 122 (128); *BGH* v. 26.4.2004 – II ZR 155/02, NZG 2004, 575 (577); *OLG Düsseldorf* v. 23.11.2017 – I-6 U 225/16, ZIP 2018, 72 (76); *Hüren*, RNotZ 2014, 77 (80); *Leitzen*, NZG 2012, 491 (492); MüKo.AktG/*Stein*, § 179a Rn. 18; Henssler/Strohn/*Strohn*, § 179a AktG Rn. 4; Kritik bei *Bredthauer*, NZG 2008, 816 (817).

733 Grigoleit/*Ehmann*, § 179a AktG Rn. 5; *Mertens*, Festschrift Zöllner, 385 ff.; MüKo. AktG/*Stein*, § 179a Rn. 17 f.; vgl. auch *Packi*, Veräußerung, S. 223.

734 Dazu MüKo.AktG/*Stein*, § 179a Rn. 18.

735 Hölters/*Haberstock/Greitemann*, § 179a AktG Rn. 4; Spindler/Stilz/*Holzborn*, § 179a AktG Rn. 19.

736 Hölters/*Haberstock/Greitemann*, § 179a AktG Rn. 4; Spindler/Stilz/*Holzborn*, § 179a AktG Rn. 19.

Überdies heißt es auch in § 1365 BGB „*Vermögen im Ganzen*". Dieser wird ebenso verstanden.[737]

Dem steht aufgrund der Bezugnahme auf den Unternehmensgegenstand eine *qualitative* Auslegung des Vermögensbegriffs gegenüber.[738] Das Restvermögen ist danach unwesentlich, wenn

„*die Gesellschaft mit dem zurückbehaltenen Betriebsvermögen nicht mehr ausreichend in der Lage bleibt, ihre in der Satzung festgelegten Unternehmensziele weiterhin, wenn auch in eingeschränktem Umfang, selbst zu verfolgen.*"[739]

Diese Ansicht kann sich darauf berufen, dass das Gesetz den Schutz der Aktionäre zulasten des Rechtsverkehrs ausdehnt. Ein Außenstehender kann ohne Einsicht in das Gesellschaftsvermögen und die Interna nicht verlässlich beurteilen, ob das konkrete Geschäft zustimmungsbedürftig nach § 179a AktG ist.[740]

Daran anknüpfend bestehen weitere Ansichten zur Frage, wann die qualitativen Voraussetzungen des § 179a AktG erfüllt sind. Teilweise wird auf die Übertragung des Unternehmensschwerpunkts sowie des historisch gewachsenen Unternehmenskerns abgestellt.[741] Dieser historische Kern kann allerdings bestenfalls bei bekannten Traditionsunternehmen mit einer gewissen Sicherheit erkannt werden. Eine solche Auslegung lässt sich weder mit dem Wortlaut noch mit dem Schutzzweck vereinbaren, denn § 179a AktG will nicht nur das historisch gewachsene Unternehmen erhalten. Überdies schafft sie auch keinen Mehrwert im Hinblick auf Rechtssicherheit.

Alternativ wird versucht, das Unternehmensziel als Kriterium für die Erfüllung des Tatbestands heranzuziehen.[742] Dem stehen ebenfalls der Wortlaut sowie

---

737 Spindler/Stilz/*Holzborn*, § 179a AktG Rn. 19; siehe zum Tatbestand des § 1365 BGB *BGH* v. 13.3.1991 – XII ZR 79/90, NJW 1991, 1739 (1740); *BGH* v. 7.10.2011 – V ZR 78/11, NJW 2011, 3783 (3784); Palandt/*Brudermüller*, § 1365 BGB Rn. 6; Erman/*Budzikiewicz*, § 1365 BGB Rn. 8a; MüKo.BGB/*E. Koch*, § 1365 Rn. 14; BeckOK.BGB/*Siede*, § 1365 Rn. 10; BeckOGK.BGB/*Szalai*, § 1365 Rn. 10.2.

738 A.A. *Bredthauer*, NZG 2008, 816 (817); Grigoleit/*Ehmann*, § 179a AktG Rn. 5; MüKo. AktG/*Stein*, § 179a Rn. 18; vgl. auch *Hüren*, RNotZ 2014, 77 (81).

739 *BGH* v. 25.2.1982 – II ZR 174/80, BGHZ 83, 123 (128); *OLG München* v. 10.11.1994 – 24 U 1036/93, AG 1995, 232; *OLG Düsseldorf* v. 23.11.2017 – 1-6 U 225/16, RNotZ 2018, 191 Rn. 36 f.; *Bredol/Natterer*, ZIP 2015, 1419 (1421); *Eickelberg/Mühlen*, NJW 2011, 2476 (2481); Hölters/*Haberstock/Greitemann*, § 179a AktG Rn. 4; *Henze*, Festschrift Boujong, 733 (744); Spindler/Stilz/*Holzborn*, § 179a AktG Rn. 19; *Hüren*, RNotZ 2014, 77 (81); Hüffer/Koch/*Koch*, § 179a AktG Rn. 4; *Leitzen*, NZG 2012, 491 (492); Karsten Schmidt/Lutter/*Seibt*, § 179a AktG Rn. 8; *Stellmann/Stoeckle*, WM 2011, 1983 (1984); Henssler/Strohn/*Strohn*, § 179a AktG Rn. 4; *Weber*, DNotZ 2018, 96 (110); kritisch *Scheel*, Festschrift Wegen, 297 (306).

740 Hüffer/Koch/*Koch*, § 179a AktG Rn. 4.

741 *Timm*, Konzernspitze, S. 115; *Timm*, AG 1980, 172 (177).

742 *Packi*, Veräußerung, S. 222 f.

die mangelnde rechtliche Fixierung des Unternehmensziels entgegen. Versteht man dieses nämlich allgemein als die unternehmerische Aufgabe der Gewinnerzielung,[743] welche gewerblichen Unternehmen wesensimmanent ist, ist dieses Kriterium nicht nur zu vage, sondern bietet auch keinen Mehrwert gegenüber dem *„ganzen Vermögen"*. Dieses ist dann wiederum ein verlässlicherer Anhaltspunkt. Zwischen der Veräußerung des ganzen Vermögens und der Preisgabe derjenigen Strukturen, die Voraussetzung sind, mittels des Unternehmens weiterhin Gewinn zu erwirtschaften, besteht kein wesentlicher Unterschied. Zudem kann die AG auch nach Veräußerung des ganzen Vermögens weiterhin Gewinn erzielen, so man dieses pauschale Verständnis anlegt.[744] Entscheidend ist auch nach *Packi*, dass mit dem verbliebenen Vermögen weiterhin Gewinn erwirtschaftet werden kann.[745] Zugleich soll es aber – in Anlehnung an den „squeeze-out" – auch Voraussetzung des § 179a AktG sein, dass 95 Prozent des Gesellschaftsvermögens übertragen werden.[746] Somit besteht kein Mehrwert gegenüber einer rein qualitativen Bestimmung anhand des Unternehmensgegenstands. Außerdem ist der statutarisch fixierte Gegenstand des Unternehmens das für potenzielle Aktionäre relevante Merkmal. Davon zu trennen ist der individuelle Endzweck der Aktionäre, Gewinn zu erwirtschaften.

Der Wortlaut des § 179a AktG spricht weder für eine qualitative noch für eine quantitative Auslegung,[747] sofern nicht das *„ganze Vermögen"* als einhundert Prozent des Vermögens der AG verstanden wird. Erfasst wäre allein die Übertragung des Gesellschaftsvermögens einschließlich aller Vermögensgegenstände. In diesem Fall wären die Aktionäre im Ergebnis schutzlos und eine Umgehung des Beschlusserfordernisses ohne Weiteres möglich. Auch die Zustimmungsbedürftigkeit des Vertrags, *„wenn damit nicht eine Änderung des Unternehmensgegenstandes verbunden ist"*, spricht zumindest nicht für die quantitative Auslegung. Daraus folgt lediglich, dass über die Fälle der unmittelbaren Satzungsänderung hinaus jeder Vertrag, in dem sich die Gesellschaft zur Übertragung des ganzen Vermögens verpflichtet, der Zustimmung der Hauptversammlung bedarf und intern der Kompetenz des Vorstands entzogen ist.

2. Historische Auslegung – von § 303 HGB 1897 zu § 179a AktG

Der Wortlaut des § 179a AktG entspricht dem der Vorgängervorschriften (§§ 303 HGB 1897, 255 AktG 1937, 361 AktG 1965).[748] Diese knüpften ebenfalls an das *„ganze*

---

743 *Packi*, Veräußerung, S. 133 ff., 223.

744 Vgl. *Eschwey*, MittBayNot 2018, 299 (300).

745 Veräußerung, S. 196 ff.

746 *Packi*, Veräußerung, S. 223.

747 Vgl. auch *Eschwey*, MittBayNot 2018, 299 (305).

748 Siehe zum Normtext jeweils im Anhang; abgedruckt beispielsweise auch bei *Scheel*, Festschrift Wegen, 297 (298 ff.).

Vermögen" an. Allein § 303 HGB 1897 sprach vom *„Vermögen im Ganzen"*. Sieht man in qualitativer Hinsicht den Anwendungsbereich in der Veräußerung des Unternehmens,[749] besteht die besondere Gefährdungslage daher erst, wenn zugleich das ganze Vermögen und nicht lediglich Unternehmensteile übertragen werden.[750] Für eine qualitative Betrachtung spricht in diesem Kontext, dass gemäß § 303 II HGB 1897 die *„Veräußerung des Vermögens im Ganzen"* zwingend die Auflösung der Gesellschaft zur Folge hatte. Der Gesetzgeber stellte also die Verbindung zwischen der Unternehmenstätigkeit und dem Bestand der Gesellschaft als solcher her, weshalb eine Gesellschaft nicht allein zum Zweck der Vermögensverteilung bestehen konnte.[751] In gewisser Hinsicht ist hier eine Vergleichbarkeit mit der OHG/KG gegeben. Mit der Auflösung und dem Fortfall des unternehmerischen Zwecks sollte sie ihre Rechtsfähigkeit verlieren, sodass § 156 HGB diese fingierte.[752] Dem ist zuzugeben, dass die Vermögensübertragung eine Änderung der Vermögenszusammensetzung zur Folge hat und sich die AG vorübergehend der Möglichkeit begeben kann, mittels eines Marktauftritts im Sinne eines Geschäftsbetriebs Gewinn zu erwirtschaften. Die Folge dessen ist entweder die Liquidation oder eine wirtschaftliche Neugründung, weshalb die Übertragung des Vermögens berechtigterweise mit der des Unternehmens gleichgesetzt wird.[753] Der Gesetzgeber begriff daher die Vermögensübertragung zunächst als einen Spezialfall der Liquidation.[754]

Die zwingende Auflösungsfolge wurde, da sie sich als impraktikabel darstellte, mit § 255 AktG 1937 beseitigt.[755] Überdies sollte dem Markt eine einmal erfolgte Zusammenfassung von Kapital und Betriebsmitteln erhalten bleiben,[756] weshalb das Zustimmungserfordernis von da an der Eingrenzung der unbeschränkten Leitungsmacht des Vorstands diente.[757] Die herrschende Meinung verlieh § 255 AktG

---

749 Vgl. Denkschrift zum HGB 1897, abgedruckt in *Schubert/Schmiedel/Krampe*, Quellen, Band II/1, S. 149; *Karsten Schmidt*, Festschrift Heinsius, 715 (723).

750 Siehe auch *BGH* v. 25.2.1982 – II ZR 174/80, BGHZ 83, 123 (128); *BVerfG* v. 7.9.2011 – 1 BvR 1460/10, ZIP 2011, 2094 (2096).

751 Vgl. Denkschrift zum HGB 1897, abgedruckt in *Schubert/Schmiedel/Krampe*, Quellen, Band II/1, S. 149; *Karsten Schmidt*, Festschrift Heinsius, 715 (723); vgl. auch *Mertens*, Festschrift Zöllner, 385 (386 f.).

752 Siehe Denkschrift zum HGB 1897, abgedruckt in *Schubert/Schmiedel/Krampe*, Quellen, Band II/1, S. 96.

753 So auch *Karsten Schmidt*, Festschrift Heinsius, 715 (723); vgl. auch *Timm*, AG 1980, 172 (176).

754 Denkschrift zum HGB 1897, abgedruckt in *Schubert/Schmiedel/Krampe*, Quellen, Band II/1, S. 149, Band II/2, S. 1087, eine Fortsetzung der Unternehmenstätigkeit durch die Liquidatoren oder den Erwerber sollte aber bis zum Ablauf des Sperrjahres möglich sein.

755 Amtliche Begründung zu §§ 253–256 AktG 1937, abgedruckt bei *Klausing*, AktG S. 219.

756 Amtliche Begründung zu §§ 253–256 AktG 1937, abgedruckt bei *Klausing*, AktG S. 219.

757 Im Ergebnis auch *BGH* v. 8.1.2019 – 364/18, NZG 2019, 505 Rn. 19.

1937 über den Wortlaut hinaus Außenwirkung, denn anders bestünde kein effektiver Schutz.[758] Im Rahmen der AktG-Reform 1937 wurde zudem die Leitungsmacht des Vorstands auf das ihm heute gemäß § 76 I AktG zustehende Maß erweitert,[759] sodass die Einschränkung der Leitungsmacht des Vorstands im Innenverhältnis zum Schutz der Aktionäre notwendig wurde, jedenfalls für eine so weitreichende Maßnahme wie die Übertragung des ganzen Vermögens.[760] Der Tatbestand blieb gleich, allerdings wurde aus der Veräußerung des *„Vermögens im Ganzen"* die Übertragung des *„ganzen Gesellschaftsvermögens"*.

Die Nachfolgevorschrift § 361 AktG 1965 normierte die auf das Verpflichtungsgeschäft beschränkte Außenwirkung, ohne die Norm inhaltlich zu ändern.[761] § 179a AktG entspricht weitgehend § 361 AktG 1965; allein die ausdrückliche Anordnung der Außenwirkung entfiel.[762] Änderungen wurden notwendig, um den Anwendungsbereich von den Tatbeständen der Satzungsänderungen abzugrenzen.[763] Nach Ansicht des Gesetzgebers sollte § 179a AktG die Fälle erfassen, in denen eine Veräußerung des ganzen Gesellschaftsvermögens von der Satzung erfasst ist und diese nur *„faktisch"* abändert.[764] Für diese Fälle wurde die Zuständigkeit der Hauptversammlung angeordnet.[765]

Ausgehend vom historischen Sinngehalt der Norm war und ist sie auf Unternehmensübertragungen ausgelegt. Sie sollte ursprünglich insbesondere eine Auseinandersetzung, die durch Veräußerung des Unternehmens bewirkt wurde, ermöglichen und in Bahnen lenken.[766] Die zwingende Auflösung zeigte sich wenig praktikabel, das Ziel, die Aktionäre zu schützen, aber sinnvoll, sodass die Norm im Gesetz verblieb. Um den Schutz der Aktionäre effektiver zu gestalten, wurde 1965 positivrechtlich die Vertretungsmacht des Vorstands eingeschränkt. Diese Beschränkung entfiel allerdings im Wortlaut des § 179a AktG wieder. Außerdem ist § 179a AktG im Vergleich zu den Vorgängernormen nur ein Auffangtatbestand und statuiert die Hauptversammlungskompetenz auch dann, wenn nicht aus anderen Gründen über eine Satzungsänderung Beschluss zu fassen ist. Folgt daher aus dem Vertrag über das ganze Vermögen eine Satzungsänderung, gelten weitergehend die §§ 179–181 AktG unmittelbar, anderenfalls, also wenn die Vermögensübertragung

758 Vgl. *Scheel*, Festschrift Wegen, 297 (298 f.); *Karsten Schmidt*, Festschrift Heinsius, 715 (724), mit abgedruckter Gesetzesbegründung.

759 Siehe dazu die amtliche Begründung zu §§ 70–124 AktG 1937, abgedruckt bei *Klausing*, AktG, S. 56 ff.

760 *BGH* v. 8.1.2019 – II ZR 364/18, NZG 2019, 505 Rn. 19; *Eschwey*, MittBayNot 2018, 299 (300); *Scheel*, Festschrift Wegen, 297 (299).

761 BT-Drucks. 4/171, S. 253 zu § 349; *Scheel*, Festschrift Wegen, 297 (300).

762 Vgl. auch *BGH* v. 8.1.2019 – II ZR 364/18, NZG 2019, 505 Rn. 10.

763 BT-Drucks. 12/6699, S. 177.

764 BT-Drucks. 12/6699, S. 177.

765 BT-Drucks. 12/6699, S. 177.

766 Denkschrift zum HGB 1897, abgedruckt in *Schubert/Schmiedel/Krampe*, Quellen, Band II/1, S. 149 f.

noch im Rahmen des Unternehmensgegenstands liegt, findet nur § 179a AktG Anwendung.[767]

Ursprünglich sollte ausdrücklich die Auflösung durch Unternehmensübertragung eine Regelung erfahren.[768] § 179a AktG wurde allerdings zu einer Auffangvorschrift für jene Fälle, in denen sich nicht aufgrund einer drohenden Satzungsänderung oder des Umwandlungsrechts eine Zustimmungspflicht der Aktionäre zu Maßnahmen des Vorstands ergibt.[769] Dennoch gingen sowohl der HGB-Gesetzgeber von 1897 als auch der UmwG-Gesetzgeber von 1994 davon aus, dass eine Veräußerung des ganzen Vermögens eine Änderung der Satzung zur Folge haben müsse. § 179a AktG soll in den Fällen die Mitsprache der Aktionäre sicherstellen, in denen der von der Satzung gedeckte Veräußerungsvorgang eine faktische Satzungsänderung zur Folge hat.[770] Sinnhaft verstanden werden muss § 179a AktG folglich dahin gehend, dass er in qualitativer Hinsicht Anwendung findet, wenn der Betrieb des Unternehmens nicht mehr möglich ist. Anderenfalls kann die Vermögensübertragung keine faktische Satzungsänderung zur Folge haben. Außerdem steht § 179a AktG bewusst in Tradition zu § 361 AktG 1965 und setzt damit auch die §§ 255 AktG 1937, 303 HGB 1897 fort.[771]

3. Verhältnis zur unmittelbaren Satzungsänderung

In systematischer Hinsicht bestehen weder Argumente für noch gegen eine qualitative Auslegung. § 179a AktG steht im Abschnitt über die „*Satzungsänderung*". Damit wird der unmittelbaren Satzungsänderung im Sinne des § 179 AktG die „*faktische Satzungsänderung*" durch Übertragung des ganzen Vermögens gleichgestellt.[772] Die Stellung im Gesetz folgt dem Normzweck, eine zwingende Kompetenz der Hauptversammlung zu schaffen. Den Aktionären soll für grundlagenrelevante Maßnahmen, die über eine Satzungsänderung hinausgehen, ein „*Vetorecht*"[773] zustehen. Dieses wirkt anders als die Beschlussfassung im Sinne des § 179 AktG präventiv, da den Aktionären die Möglichkeit gegeben sein muss, Einsicht in den zustimmungsbedürftigen Vertrag zu nehmen (§ 179a II AktG). Das Beschlusserfordernis ist insgesamt nicht bloß ein Reflex, weil aufgrund des Vertragsschlusses eine Änderung der Satzung erforderlich geworden ist, sondern knüpft einzig und allein an die vertragliche Verpflichtung zur Vermögensübertragung an. Die Rechtsfolgen sind weiter klärungsbedürftig.

---

767 BT-Drucks. 12/6699, S. 177.

768 Vgl. dazu auch die Begründung des RegE zu § 361 AktG 1965, abgedruckt bei *Kropff*, AktG, S. 472.

769 Vgl. *Mertens*, Festschrift Zöllner, 385 (388, 390).

770 BT-Drucks. 12/6699, S. 177.

771 So auch MüKo.AktG/*Stein*, § 179a Rn. 45; *Bredol/Natterer*, ZIP 2015, 1419 (1421).

772 BT-Drucks. 12/6699, S. 177.

773 *Bayer/Lieder/Hoffmann*, AG 2017, 717 (718).

4. Teleologisches Verständnis – Das Spannungsverhältnis zwischen dem Schutz der Aktionäre und dem des Rechtsverkehrs

Anzuwenden ist § 179a AktG, wenn das *„ganze Vermögen"* Vertragsgegenstand ist. Das wird in der Regel ein Unternehmensverkauf sein, da es nicht das Unternehmen als Zuordnungssubjekt gibt.[774] Das Unternehmen ist immer nur eine Zusammenfassung insbesondere von Sachen, Rechten und Forderungen, die durch eine sie verklammernde Betriebsorganisation sowie das Bestreben des Unternehmers entsteht, mittels dieser so geschaffenen Organisationseinheit fortgesetzt und auf Dauer wirtschaftliche (oder ideelle) Zwecke zu verfolgen, am Markt tätig zu sein und Gewinn zu erwirtschaften.[775] Daher sind im Falle des Unternehmensverkaufs sämtliche, das Unternehmen bildenden Wirtschaftsgüter auf den Erwerber zu übertragen; das Unternehmen geht als Inbegriff von Sachen, Rechten und sonstigen Vermögensgegenständen im Wege der Einzelrechtsnachfolge auf den Käufer über (sogenannter „asset-deal"[776]).[777] Die Vermögensübertragung wird aber nur dann zu einem Unternehmenskauf, wenn dies dem Willen der Parteien entspricht.[778] Daraus folgt, dass es zur Erfüllung des Kaufvertrags über die Verschaffung der Eigentümerstellung hinaus erforderlich ist, dass der Verkäufer die eigenen Geschäftstätigkeiten zugunsten des Erwerbers aufgibt, sich aus dem Unternehmen zurückzieht, den Käufer in die Unternehmensorganisation einweist und ihn in die

---

774 Vgl. auch *Kübler/Assmann*, § 5 IV, ebenfalls dazu, in welchem Kontext die Rechtsordnung an das Unternehmen anknüpft.

775 Vgl. *BAG* v. 5.12.1975 – 1 ABR 8/74, NJW 1976, 870; *BAG* v. 7.8.1986 – 6 ABR 57/85, BAGE 52, 325 (329); *Junker*, ArbR, Rn. 126; ErfK/*Preis*, § 611a BGB Rn. 196; *Richardi/Maschmann*, BetrVG, § 1 Rn. 52; vgl. auch zum handelsrechtlichen Gewerbebegriff im Sinne des § 1 II HGB *Ballerstedt*, ZHR 134 (1970), 251 (260); *Canaris*, HandelsR, § 2 Rn. 2 ff., 16; *Raisch*, Geschichtliche Voraussetzungen, S. 193; S/A/L/S/*Saenger*, § 1 Rn. 5; *J. v. Gierke/Sandrock*, HandelsR, § 13 III 1; GroßKomm.HGB/*Schäfer*, § 105 Rn. 23; *Karsten Schmidt*, JuS 1985, 249 (255); *Karsten Schmidt*, BB 2005, 837 (839); *Karsten Schmidt*, HandelsR, § 3 Rn. 4.

776 Dem „asset-deal" steht der „share-deal" gegenüber. Hier werden die Anteile an der unternehmenstragenden Gesellschaft veräußert. Wirtschaftlich sind beide Gestaltungen auf das gleiche Ziel gerichtet, weshalb sie funktionell austauschbar sind.

777 BT-Drucks 14/6040, S. 242; *RGZ* 70, 226 (228); *BGH* v. 28.11.2001 – VIII ZR 37/01, NJW 2002, 1042 (1043); *BGH* v. 30.1.2013 – XII ZR 38/12, NJW 2013, 1083 Rn. 16; Staudinger/*Beckmann*, § 453 BGB Rn. 83; Jauernig/*Berger*, § 453 BGB Rn. 12; Ettinger/Jaques/*Jaques*, Rn. D 9; Erman/*Grunewald*, § 453 BGB Rn. 20; jurisPK-BGB/*Leible/Müller* § 453 Rn. 22; *Palzer*, Jura, 2011, 917; Prütting/Wegen/Weinreich/*D. Schmidt*, § 453 BGB Rn. 26 f.; *Schönhaar*, GWR 2014, 273; MüKo.HGB/*Thiessen*, Anhang § 25 Rn. 4 (kritisch); *Weller*, Festschrift Maier-Reimer. S. 439 (841); MüKo.BGB/*H.P. Westermann*, § 453 Rn. 19 f.; vgl. auch *Lange*, ZGS 2003, 300 (302).

778 Vgl. jurisPK-BGB/*Leible/Müller*, § 453 Rn. 22.

Lage versetzt, die Unternehmensführung in die eigene Hand zu nehmen.[779] Um nachhaltig den Unternehmensbetrieb zu gewährleisten, wird der Kaufvertrag im Interesse des Erwerbers von nachvertraglichen Wettbewerbsverboten des Verkäufers (culpa post contractum finitum) begleitet, die die Tätigkeit im Geschäftskreis des Unternehmens verbieten.[780] Da der Unternehmensgegenstand nicht pauschal auf Gewinnerwirtschaftung gerichtet ist, folgt aus einem Unternehmensverkauf in der Regel eine Änderung des Unternehmensgegenstands, was indes eines Beschlusses gemäß § 179 I 1 AktG bedarf und die Anwendbarkeit des § 179a AktG eigentlich ausschließt. Denn genau genommen ist mit dem Vertrag eine Änderung des Unternehmensgegenstands und somit der Satzung verbunden.[781]

Weiterhin ist die Gegenleistung nicht in die Abwägung einzubeziehen, ob das ganze Vermögen veräußert wird.[782] Daher ist es unerheblich, ob unter Einsatz der Gegenleistung eine weitere Tätigkeit innerhalb des Unternehmensgegenstands möglich ist; nur so kann § 179a AktG einerseits die Tätigkeit der AG und andererseits die Gesellschafter auch vor lediglich unangemessenen Vertragsgestaltungen sowie einer totalen Entwertung der Mitgliedschaft schützen.[783] Außerdem erfordert § 179a AktG bloß die *„Verpflichtung“* zur Übertragung des ganzen Vermögens.

Nach der herrschenden Meinung[784] kann der Schutz der Aktionäre, nur dann effektiv verwirklicht werden, wenn § 179a AktG nicht nur das Dürfen, sondern auch das Können des Vorstands einschränkt. Daher kann ein Vertrag über das ganze

---

779 Vgl. *BGH* v. 2.3.1988 – VIII ZR 63/87, NJW 1988, 1668 (1669); *BGH* v. 14.6.1989 – VIII ZR 176/88, NJW 1990, 44 (45); *BGH* v. 25.3.1998 – VIII ZR 185/96, BGHZ 138, 195 (205); *BGH* v. 28.11.2001 – VIII ZR 37/01, NJW 2002, 1042 (1043); *Canaris*, HandelsR, § 8 Rn. 7; Staudinger/*Beckmann*, § 453 BGB Rn. 87 Erman/*Grunewald*, § 453 BGB Rn. 21; jurisPK-BGB/*Leible/Müller* § 453 Rn. 27; Prütting/Wegen/Weinreich/*D. Schmidt*, § 453 BGB Rn. 26; Oetker/*Vossler*, §§ 25–28 Anhang Rn. 23.

780 Allgemeine Meinung, siehe nur *BGH* v. 18.12.1954 – II ZR 76/54, BGHZ 16, 71 (80); *BGH* v. 3.11.1981 – KZR 33/80, NJW 1982, 2000 (2001); *Canaris*, HandelsR, § 8 Rn. 9; Staudinger/*Beckmann*, § 453 BGB Rn. 183; *Glagowski*, Mängelgewährleistung, S. 15; Erman/*Grunewald*, § 453 BGB Rn. 24; *Hillers*, Liquidation, S. 68; Prütting/Wegen/Weinreich /*D. Schmidt*, § 453 BGB Rn. 38; speziell zum Wettbewerbsverbot bei Unternehmensveräußerung in der Liquidation auch *Hueck*, OHG, S. 376; *J. Schmid* in MHdB GesR Band 2, § 46 Rn. 56.

781 Siehe auch *Timm*, AG 1980, 172 (177).

782 *Berkefeld*, DNotZ 2020, 85 (87): Stellmann/*Stoeckle*, WM 2011, 1983 (1984)

783 *OLG Düsseldorf* v. 9.12.1993 – 6 U 2/93, BeckRS 1994, 00212; *BGH* v. 8.1.2019 – II ZR 364/18, NZG 2019, 505 Rn. 26; *Bredol/Natterer*, ZIP 2015, 1419 (1421); *Eschwey*, MittBayNot 2018, 299 (306); *Hüren*, RNotZ 2014, 77 (81); *Timm*, AG 1980, 172 (175); a.A. *Weber*, DNotZ 2018, 96 (113), der mit folgendem Beispiel argumentiert: *„Veranschaulichen lässt sich das am Beispiel einer Immobilienhandels-Gesellschaft, die laufend mit Immobilien handelt und ein Grundstück mit einem Einkaufscenter in Stadt 1, das 96% des Gesellschaftsvermögens ausmacht, verkauft, um den Erlös in ein Einkaufscenter in Stadt 2 zu investieren.“*

784 Siehe dazu 7. Kapitel C. I.

Vermögen nur mit Zustimmung der Hauptversammlung wirksam abgeschlossen werden. Um den Rechtsverkehr zu schützen, wird zum Teil eine quantitative Auslegung des Tatbestandsmerkmals *„ganzes Vermögen"* in Betracht gezogen.[785]

Dem ist nicht zu folgen: Die Erkennbarkeit erfordert sowohl in qualitativer als auch in quantitativer Hinsicht Einblicke in das Vermögen und die Interna der Gesellschaft.[786] Richtet sich der Vertrag etwa allein auf eine Immobilie, wird ein Dritter in der Regel nicht wissen, dass es sich um das ganze Vermögen handelt – weder wertmäßig noch zweckgerichtet.[787] Lautet der Vertrag aber ausdrücklich über das ganze Vermögen oder jedenfalls das Unternehmen, so dürfte die Erkennbarkeit gegeben sein.[788] Zwischen den Theorien bestehen dann keine nennenswerten Unterschiede. Überdies lautet die Wertung des § 179a AktG auf die Privilegierung der Aktionäre zulasten des Rechtsverkehrs; dies muss Berücksichtigung finden.[789] Die Privilegierung der Aktionäre folgt aus der (nach §23 V AktG zwingenden) Organverfassung der AG. Denn der Vorstand leitet die AG eigenverantwortlich und weisungsfrei (§ 76 I AktG);[790] zu diesem Zweck ist er unbeschränkt zur Vertretung ermächtigt (§ 82 I AktG).[791] Daher unterfallen Verträge über das ganze Vermögen eigentlich der Leitungsmacht des Vorstands. Könnte der Vorstand aber faktisch über die Grundlagen der Gesellschaft und damit über diesen den Aktionären zugeordneten Bereich herrschen, würde das den Aktionärs- und Minderheitenschutz vereiteln.[792] Die Mitwirkungspflicht im Sinne des § 179a AktG schützt die Kompetenzen der Hauptversammlung[793] und sichert den Einfluss der Aktionäre auf die maßgeblichen Strukturentscheidungen.[794] Die Ausübung der Verwaltungsrechte stellt ein

785 Grigoleit/*Ehmann*, § 179a AktG Rn. 5; MüKo.AktG/*Stein*, § 179a Rn. 18.

786 Vgl. zur Erkennbarkeit *Natterer*, ZIP 2019, 1797 (1801), im Zusammenhang mit der Frage, ob beziehungsweise wann ein *„besonders bedeutsames Geschäft"* im Sinne von *BGH* v. 8.1.2019 – II ZR 364/18, NZG 2019, 505 Rn. 36 vorliegt.

787 Vgl. *BGH* v. 8.1.2019 – II ZR 364/18, NZG 2019, 505 Rn. 26; *Eschwey*, MittBayNot 2018, 299 (304); *Leitzen*, NZG 2012, 491, (494); *Natterer*, ZIP 2019, 1796 (1800).

788 *BGH* v. 8.1.2019 – II ZR 364/18, NZG 2019, 505 Rn. 41 f.; *Meyer*, GmbHR 2019, 973; *Wagner/Michel*, NotBZ 2019, 337 (340).

789 Vgl. Hüffer/Koch/*Koch*, § 179a AktG Rn. 4; diese Tendenz kritisierend *Servatius*, Festschrift Stilz, 601 (606).

790 *Reichelt/Lye*, ZfIR 2019, 369 (372).

791 Vgl. *Natterer*, ZIP 2019, 1796 (1798).

792 Vgl. *BGH* v. 26.4.2004 – II ZR 155/02, NZG 2004, 571 (574); *BGH* v. 26.4.2004 – II ZR 155/02, NZG 2004, 575 (579); *Karsten Schmidt*, Festschrift Heinsius, 715 (720).

793 *Bredol/Natterer*, ZIP 2015, 1419 (1421); *Hüren*, RNotZ 2014, 77 (78); *Spindler*/Stilz/*Holzborn*, § 179a AktG Rn. 1; *Leitzen*, NZG 2012, 491 (492); *Peltzer*, JuS 2003, 348 (351); MüKo.HGB/*Karsten Schmidt*, § 145 Rn. 43; MüKo.AktG/*Stein*, § 179a Rn. 6; *Timm*, Konzernspitze, S. 117.

794 *Hüren*, RNotZ 2014, 77 (78); *Karsten Schmidt*, ZGR 1995, 675 (681); *Weitnauer*, GWR 2018, 1; vgl. auch Henssler/Strohn/*Dauner-Lieb*, § 82 AktG Rn. 7.

wesentliches Element der Mitgliedschaft dar.[795] In wirtschaftlicher Hinsicht ist die Gesellschaft dem Unternehmen gleichzusetzen, woraus sich die Dispositionshoheit über Vermögens- und damit auch Unternehmenskaufverträge ergibt.

5. Ergebnis

§ 179a AktG schützt die Kompetenz der Aktionäre, über die Grundlagen der Gesellschaft zu disponieren, und erfasst Verträge über das ganze Vermögen, soweit nur unwesentliches Vermögen in den Händen der Gesellschaft verbleibt. Die Wesentlichkeit bemisst sich anhand qualitativer Kriterien. Abzustellen ist darauf, ob die Gesellschaft mit dem ihr verbliebenen Vermögen die Unternehmenstätigkeit wenigstens eingeschränkt fortsetzen kann.

IV. Rechtsfolge des § 179a AktG

Fällt ein Rechtsgeschäft unter § 179a AktG, so hängt dessen Wirksamkeit nach herrschender Meinung[796] von der Genehmigung durch die Hauptversammlung ab. Wird die Hauptversammlung nicht beteiligt oder versagt sie ihre Zustimmung, so handelt der Vorstand als Vertreter ohne Vertretungsmacht (§§ 177 ff. BGB).[797] Dem könnte entgegenstehen, dass Handlungsorgane zum Schutz des Rechtsverkehrs zur Vornahme aller Rechtsgeschäfte ermächtigt sind und deren Vertretungsmacht weder durch den Gegenstand des Unternehmens noch durch den Gesellschaftszweck beschränkt wird.[798] Daher sind gemäßigtere Stimmen bereit, die Anwendung des § 179a AktG von der Kenntnis der Tatbestandserfüllung aufseiten des Vertragspartners abhängig zu machen.[799] Der Grad der Kenntnis wird wiederum verschiedenartig gedeutet.[800] Eine dritte Auffassung hält an der Privilegierung des Rechtsverkehrs fest und schützt die Gesellschafter allein mittels der Lehre über

---

795 *BGH* v. 16.11.1981 – II ZR 150/80, BGHZ 82, 189 (192); *BVerfG* v. 23.8.2000 – 1 BvR 68/95 und 1 BvR 147/97, NJW 2001, 279 (281).

796 Vgl. *BGH* v. 8.1.2019 – II ZR 364/18, NZG 2019, 505 Rn. 10; Hölters/*Haberstock/Greitemann*, § 179a AktG Rn. 3a; Spindler/Stilz/*Holzborn*, § 179a AktG Rn. 19; *Natterer*, ZIP 2019, 1797 (1798); MüKo.AktG/*Stein*, § 179a Rn. 17; *Stellmann/Stoeckle*, WM 2011, 1983 (1986); vgl. auch die Nachweise oben, 7. Kapitel C. I.

797 *BGH* v. 8.1.2019 – II ZR 364/18, NZG 2019, 505 Rn. 10; *Eschwey*, MittBayNot 2018, 299 (302); *Hüren*, RNotZ 2014, 77 (84); *Stellmann/Stoeckle*, WM 2011, 1983 (1987).

798 So auch *BGH* v. 8.1.2019 – II ZR 364/18, NZG 2019, 505 Rn. 31.

799 Vgl. *Bredthauer*, NZG 2008, 816 (818); Grigoleit/*Ehmann*, § 179a AktG Rn. 5; *Einmahl*, AG 1969, 167 (170); *Hüren*, RNotZ 2014, 77 (82); Karsten Schmidt/Lutter/*Seibt*, § 179a AktG Rn. 8; *Weber*, DNotZ 2018, 96 (119).

800 Vgl. *Bredthauer*, NZG 2008, 816 (818); Grigoleit/*Ehmann*, § 179a AktG Rn. 5; *Einmahl*, AG 1969, 167 (170); *Hüren*, RNotZ 2014, 77 (82); Karsten Schmidt/Lutter/*Seibt*, § 179a AktG Rn. 8; *Weber*, DNotZ 2018, 96 (119).

den Missbrauch der Vertretungsmacht.[801] Auf der einen Seite steht die dem Verkehrsschutz dienende unbeschränkte Vertretungsmacht des Vorstands gemäß §§ 78 I 1, 82 AktG und auf der anderen Seite § 179a AktG. Im Kern geht es darum, die sich gegenüberstehenden Interessen abzuwägen und zu einem angemessenen Ausgleich zu bringen.[802]

1. *Verkehrsschutz aufgrund von Art. 9 Abs. 1 UAbs. 1 GesRRL*

Die Betonung des Verkehrsschutzes kommt auf europäischer Ebene in Art. 9 Abs. 1 UAbs. 1 der GesRRL[803] (ehemals Art. 10 Abs. 1 UAbs. 1 PubRL) zum Ausdruck:

„Die Gesellschaft wird Dritten gegenüber durch Handlungen ihrer Organe verpflichtet, selbst wenn die Handlungen nicht zum Gegenstand des Unternehmens gehören, es sei denn, dass diese Handlungen die Befugnisse überschreiten, die nach dem Gesetz diesen Organen zugewiesen sind oder zugewiesen werden können.“

Demnach vertritt der Vorstand die Gesellschaft. Dessen Vertretungsmacht ist auch unbeschränkbar (Abweichendes gilt bei Bösgläubigkeit), weshalb eine Beschränkung der Vertretungsmacht nach Maßgabe des § 179a AktG europarechtswidrig und folglich unzulässig sein könnte.[804] Indessen lässt die Richtlinie Ausnahmen im Rahmen des nationalen Rechts zu (Art. 9 Abs. 1 UAbs. 1 GesRRL). Art. 9 GesRRL kann daher nicht dazu herangezogen werden, eine Außenwirkung des § 179a AktG zu verneinen. Vielmehr ist umgekehrt zu fragen, ob § 179a AktG ein Ausnahmetatbestand im Sinne der Richtlinie ist. Gleichwohl lautet die europarechtliche Wertung auf die Privilegierung des Verkehrsschutzes.[805] Daher ist die Begrenzung der Vertretungsmacht in § 179a AktG zu suchen, neben dem Schutz der Aktionäre ist der des Rechtsverkehrs zu verwirklichen.

2. *Wortlautauslegung des § 179a I 1 AktG*

Eine am Wortlaut orientierte Auslegung ist unergiebig, da § 179a I 1 AktG einzig eine Kompetenz der Hauptversammlung begründet. § 179a AktG findet Anwendung, wenn der abzuschließende Vertrag im Rahmen des Unternehmensgegenstands liegt.[806] Die Überschreitung des Unternehmensgegenstands führt nicht zu einer Begrenzung der Vertretungsmacht. Daher leuchtet nicht unmittelbar ein, wieso dies für Verträge gelten soll, die noch innerhalb dessen liegen. § 179a AktG

---

801 *Eschwey*, MittBayNot 2018, 299 (310); *Grunewald*, JZ 1995, 577; *Grunewald*, GesR, § 2 Rn. 23; *Hadding*, Festschrift Lutter, S. 851 (860); *Rosse*, Vertretungsmacht, S. 168.

802 *BGH* v. 18.1.2019 – II ZR 364/18, NZG 2019, 505 Rn. 29.

803 Richtlinie (EU) 2017/1132 des Europäischen Parlaments und des Rates vom 14.6.2017 über bestimmte Aspekte des Gesellschaftsrechts, Abl. EU Nr. L 46 vom 30.6.2017.

804 So *Bredthauer*, NZG 2008, 816 (817); *Servatius*, Festschrift Stilz, S. 601 (606 f.).

805 Vgl. auch *Lutter/Bayer/J. Schmidt*, Rn. 18.77.

806 Vgl. BT-Drucks. 12/6699, S. 177.

verweist weiterhin auf § 179 AktG, sodass er auch dem Wortlaut nach den Vorschriften über die Satzungsänderung nahesteht. Diese führen gemäß § 82 AktG nicht zu einer Begrenzung der Vertretungsmacht.

Außerdem wird § 179a AktG teilweise dahin gehend verstanden, dass er nur dann Außenwirkung entfaltet und Anwendung findet, wenn die Parteien übereinstimmend die Übertragung des *„ganzen"* Vermögens wollen, da in § 179a I 1 AktG von einem *„Vertrag"* die Rede ist und Verträge einen Konsens voraussetzen.[807] Diese Auffassung kommt zu dem Ergebnis, dass der Schutz des Rechtsverkehrs höher als der Schutz der Aktionäre zu gewichten ist. So ist im Fall der Übertragung von Einzelgegenständen, die wertmäßig das ganze Gesellschaftsvermögen ausmachen, die positive Kenntnis der Anwendbarkeit des § 179a AktG aufseiten des Vertragspartners der AG erforderlich.[808] Eine solch formalistische Auslegung müsste den Anwendungsbereich gleichwohl auf den Fall begrenzen, dass der Vertrag tatsächlich *„zur Übertragung des ganzen Gesellschaftsvermögens"* verpflichtet. Alle weiteren Abstufungen wären nicht erfasst und der Schutz der Aktionäre also stark eingeengt. Überdies führt eine Begrenzung auf positive Kenntnis dazu, dass die Vertragsparteien über die Anwendbarkeit des § 179a AktG entscheiden können.[809]

3. Anwendungsbereich des § 179a AktG gegenüber § 361 AktG aF

Die Vorgängernorm § 361 AktG aF war nahezu wortgleich formuliert, ordnete aber ausdrücklich die Außenwirkung des Zustimmungsbeschlusses an und war im Umwandlungsrecht des AktG verortet.[810] In systematischer Hinsicht wurde § 179a AktG nur deshalb im AktG belassen, weil der Gesetzgeber die Norm für einen *„Fremdkörper im Umwandlungsrecht"* hielt.[811] Darüber hinaus wurde der Wortlaut dahin gehend modifiziert, dass auf die Wendung *„wird nur mit Zustimmung der Hauptversammlung wirksam"* verzichtet wurde. Im Hinblick darauf ist dem Gesetzgeber keine Unachtsamkeit zu unterstellen. Abschließend ist festzuhalten, dass dem Wortlaut nach die Zustimmung der Hauptversammlung keine Wirksamkeitsvoraussetzung des Vertrags über das ganze Vermögen darstellt. Zugleich sind Umwandlungsverträge im Sinne des UmwG ausdrücklich nur mit Zustimmung der Versammlung der Anteilsinhaber wirksam (vgl. §§ 13 I 2 [in Verbindung mit § 125 I] UmwG).[812]

---

807 *Bredthauer*, NZG 2016, 816 (818); vgl. dazu auch *Packi*, Veräußerung, S. 41.

808 *Bredthauer*, NZG 2016, 816 (818).

809 Vgl. *Packi*, Veräußerung, S. 41.

810 Siehe dazu auch *Eschwey*, MittBayNot 2018, 299 (301); *Scheel*, Festschrift Wegen, 297 (308); *Weber*, DNotZ 2018, 96 (106 f.).

811 BT-Drucks. 12/6699, S. 177.

812 Zum Umwandlungsrecht siehe *Ghassemi-Tabar* in MHdB GesR Band 8, § 11 Rn. 1; *Saenger*, GesR, Rn. 896.

4. *Verwirklichung des Normzwecks in Übereinstimmung mit dem Verkehrsschutz*

Eine tragfähige Begründung der Außenwirkung ist einzig im Normzweck zu suchen. Nach Ansicht des Gesetzgebers war es der *„wesentliche Zweck“* des § 361 AktG 1965,

„die Zuständigkeit der Hauptversammlung für den Fall zu begründen, daß sich die wirtschaftliche Struktur des Unternehmens der Aktiengesellschaft ändert, ohne daß die Zuständigkeit der Hauptversammlung schon aus anderen Gründen, etwa durch das Erfordernis einer Satzungsänderung infolge Veränderung des Unternehmensgegenstandes, gegeben ist“.[813]

Dieser Erwägung sollte § 179a AktG Rechnung tragen.[814] Darauf aufbauend wird die Außenwirkung mit dem wirksamen Schutz der Aktionäre vor pflichtwidrigem Vorstandshandeln begründet.[815] Die Vertretungsmacht wird eingeschränkt und § 179a AktG stellt eine Art *„Vetorecht“* gegenüber einer Unternehmensveräußerung dar, die den eigenen Interessen zuwider läuft.[816] In dogmatischer Hinsicht handelt es sich um eine Ausnahme zu § 82 AktG, die damit begründet werden kann, dass die Übertragung des ganzen Vermögens zur Folge hat, dass die AG zumindest vorübergehend ihre Fähigkeit verliert, Gewinn zu erwirtschaften und einen wirtschaftlichen Geschäftsbetrieb aufrechtzuerhalten, was unmittelbar die Interessen der Aktionäre betrifft.[817]

Zwar verlässt sich der mit dem Vorstand verhandelnde Vertragspartner der AG in der Regel auf dessen unbeschränkte Vertretungsmacht, sodass Beschränkungen überraschend sind.[818] Der Ausnahmecharakter des Geschäfts ist aber in den Fällen evident, in denen das gesamte Aktivvermögen oder das Unternehmen übertragen werden sollen.[819] Der Vertragspartner könnte dann selbst nach den Regeln über

813 BT-Drucks. 12/6699, S. 177.

814 BT-Drucks. 12/6699, S. 177.

815 *BGH* v. 8.1.2019 – II ZR 364/18, NZG 2019, 505 Rn. 24 f.; *Bayer/Lieder/Hoffmann*, AG 2017, 717 (718); *Natterer*, ZIP 2019, 1796 (1798).

816 So *Bayer/Lieder/Hoffmann*, AG 2017, 717 (718).

817 Vgl. *Bayer/Lieder/Hoffmann*, AG 2017, 717 (718); vgl. zur Dogmatik auch *BGH* v. 8.1.2019 – II ZR 364/18, NZG 2019, 505 Rn. 14, 22, 32.

818 Vgl. *Scheel*, Festschrift Wegen, 297 (309); auch *Grunewald*, JZ 1995, 577 (578); *Grunewald*, GesR, § 2 Rn. 23; *Hadding*, Festschrift Lutter, 851 (868); *Rosse*, Vertretungsmacht, S. 168.

819 *OLG Hamm* v. 26.3.2010 – 19 U 145/09, NZG 2010, 1189; im Fall des *OLG Hamm* veräußerte eine GmbH ihr Unternehmen im Wege des „asset-deal“. Der Kaufgegenstand war im Vertrag als *„Hiermit verkauft die H ihre gesamten Aktiva und/inkl. den kompletten Laden in Q (Inventar und Inventurgegenstände) an H/T2“* umschrieben; für den Fall des Unternehmensverkaufs auch *BGH* v. 8.1.2019 – II ZR 364/18, NZG 2019, 505 Rn. 41.

den Missbrauch der Vertretungsmacht nicht schutzwürdig sein.[820] Unwägbarkeiten zulasten der Vertragspartner bestehen, wenn zu übertragende Einzelgegenstände das ganze Vermögen ausmachen.[821] In diesen Fällen wird zumeist nicht ausdrücklich eine Übertragung des ganzen Vermögens, sondern nur der Erwerb dieser Einzelgegenstände gewollt sein. Allerdings ist § 179a AktG anzuwenden, da die Gesellschafter nicht weniger schutzwürdig sind und der Wortlaut keine Ausnahmen zulässt.[822] Ein Außenstehender wird mangels objektiver Verdachtsmomente die bestehende Organvertretungsmacht gleichwohl nicht in Zweifel ziehen und sollte dies in der Regel nicht müssen, sodass der effektive Schutz der Gesellschafter auf Kosten des Rechtsverkehrs geht, der das Risiko der pflichtwidrigen Tätigkeit des Vorstands trägt.[823] Diese Risikoverlagerung wird einzig mit Ansprüchen nach § 179 BGB ausgeglichen,[824] die aber nicht bestehen, wenn der *„andere Teil"* den Mangel der Vertretungsmacht kannte oder kennen musste (§ 173 BGB).[825]

Da § 179a AktG die Vertretungsmacht des Vorstands entfallen lässt, soll hier, wie bei § 177 BGB, keine Kenntnis des anderen Teils erforderlich sein.[826] Gleichwohl regelt § 177 BGB die Rechtsfolgen des Handelns ohne Vertretungsmacht, nicht den Tatbestand, sodass eine solche Argumentation einem Zirkelschluss gleicht.[827] Außerdem, so wird argumentiert, komme es für die parallel notwendig werdende Satzungsänderung ebenfalls nicht auf die Kenntnis des Vertragspartners an.[828] Dies ist zwar richtig, anders als der Spezialfall des § 179a AktG entfaltet eine Satzungsänderung aber keine Außenwirkung und knüpft nicht zwingend an die Vermögensübertragung an.

Aufgegriffen werden soll der Vergleich mit dem Vertretungsrecht des BGB aber in Bezug auf § 179 III 1 BGB, der eine Haftung des Vertreters ohne Vertretungsmacht

---

820 Vgl. auch zum Fall des Unternehmensverkaufs einer GmbH *BGH* v. 8.1.2019 – II ZR 364/18, NZG 2019, 505 Rn. 41 f. Der *BGH* wendet hier § 179a AktG zwar nicht an, geht aber davon aus, dass ein verständiger Vertragspartner nicht davon ausgehen darf, dass ein Geschäftsführer die GmbH unternehmenslos stellen kann. Insoweit träfe diesen eine Erkundigungsobliegenheit, ob der Unternehmensverkauf intern von der Gesellschafterversammlung gebilligt wurde. Zur Kritik der Literatur hieran vgl. statt vieler *Natterer*, ZIP 2019, 1797 (1801); *Ulrich*, GmbHR 2019, 535 (536).

821 *OLG Düsseldorf* v. 23.11.2017 – I-6 U 225/16, ZIP 2018, 72 (76); Hüffer/Koch/*Koch*, § 179a AktG Rn. 4; Karsten Schmidt/Lutter/*Seibt*, § 179a AktG Rn. 8; *Stellmann/Stoeckle*, WM 2011, 1983 (1987); *Weber*, DNotZ 2018, 96 (101).

822 BT-Drucks. 12/6699, S. 177; Nk-AktG/*Wagner*, § 179a Rn. 13; *Weber*, DNotZ 2018, 96 (101).

823 Vgl. aber *Packi*, Veräußerung, S. 45.

824 So auch *Stellmann/Stoeckle*, WM 2011, 1983 (1986); kritisch *Schlüter*, Vertretungsmacht, S. 68 f.

825 *Stellmann/Stoeckle*, WM 2011, 1983 (1986).

826 *Stellmann/Stoeckle*, WM 2011, 1983 (1986).

827 So auch *Eschwey*, MittBayNot 2018, 299 (305).

828 *Stellmann/Stoeckle*, WM 2011, 1983 (1986).

verneint, wenn der andere Teil nicht schutzwürdig ist, weil er *„den Mangel der Vertretungsmacht kannte oder kennen musste"*.[829] Die Wertung des § 179 III 1 BGB lautet auf Verkehrsschutz, denn das Vertrauen in die behauptete Vertretungsmacht ist geschützt[830] und wird erst zerstört, wenn tatsächliche Anhaltspunkte und erkennbare Umstände vorliegen, die Anlass zu Zweifeln am Bestand der Vertretungsmacht bieten.[831] Übertragen auf den Fall der unbeschränkten Organvertretungsmacht (§ 82 I AktG, § 37 GmbHG und § 126 HGB) bedeutet dies, dass das Vertrauen in die Richtigkeit des Vorstandshandelns geschützt ist und der andere Teil davon ausgehen darf, dass der Vorstand im Rahmen seiner Befugnisse tätig ist. Damit tragen grundsätzlich die Aktionäre das Risiko eines pflichtwidrigen Vorstandshandelns, wodurch der Rechtsverkehr geschützt wird. Dieses Verhältnis von Regel zu Ausnahme wird erst dann durchbrochen, wenn der Vorstand erkennbar außerhalb seiner Kompetenzen tätig wird.

Überträgt man diese Wertungen auf die Organverfassung der AG und betont, dass der Vorstand frei von Weisungen der Aktionäre die AG in eigener Verantwortung leitet (§ 76 I AktG), erscheint dieses Ergebnis gerechtfertigt. Im Einzelfall (insbesondere dem Fall der Veräußerung des ganzen Vermögens) wird es dem Vertragspartner, dem Art und Umfang der Vertragspflichten bekannt sind, zumutbar sein, den Bestand der Vertretungsmacht zu überprüfen.[832] Dies erscheint insbesondere aufgrund des Ausnahmecharakters des Rechtsgeschäfts als angemessene Risikoverteilung. Insoweit verbleibt den Aktionären nämlich nur die Kontrolle des Vorstands gemittelt durch den Aufsichtsrat (vgl. § 111 AktG).[833] Die Überprüfung, ob die aktuelle Vorstandstätigkeit noch innerhalb des Mandats liegt, ist damit auf eine rückwirkende Kontrolle im Rahmen periodischer Versammlungen begrenzt. Im Ergebnis trägt zum Schutz der Gesellschaft daher der Vertragspartner ausnahmsweise und in Abkehr zu § 82 I AktG das Risiko, dass die Vertretungsmacht nicht besteht.

---

829 Kennenmüssen ist in § 122 II BGB legaldefiniert als *„infolge von Fahrlässigkeit nicht kannte"*.

830 *BGH* v. 20.10.1988 – VII ZR 219/87, NJW 1989, 894; *BGH* v. 10. 5. 2001 – III ZR 111/99, NJW 2001, 2626 (2627); *BGH* v. 9.11.2004 – X ZR 101/03, NJW-RR 2005, 268; MüKo. BGB/*Schubert*, § 179 Rn. 54.

831 *BGH* v. 20.10.1988 – VII ZR 219/87, NJW 1989, 894; BGH v. 9.10.1989 – II ZR 16/89, NJW 1990, 387 (388); *BGH* v. 10.5.2001 – III ZR 111/99, NJW 2001, 2626 (2627); BGH v. 9.11.2004 – X ZR 101/03, NJW-RR 2005, 268; Staudinger/*Schilken*, § 179 BGB Rn. 19; MüKo.BGB/*Schubert*, § 179 Rn. 54.

832 Vgl. auch *Hoffmann/Bartlitz*, DB 2019, 1833 (1834).

833 Vgl. hierzu auch *BGH* v. 8.1.2019 – II ZR 364/18, NZG 2019, 505 Rn. 33.

V. Modifikation der Risikoverteilung zum Schutz des Rechtsverkehrs

Abseits der Fälle der gesetzlich festgeschriebenen Organvertretungsmacht gibt es Sachverhalte, in denen das Vertrauen in den Bestand oder den Umfang der Vertretungsmacht ausnahmsweise schützenswert ist. Zumeist wurde dann ein diesbezüglicher Rechtsschein erweckt. Wenn das Verhalten des Vertretenen zurechenbar auf den Bestand der Vertretungsmacht schließen lässt, kann das darauf basierende Vertrauen des Vertragspartners schutzwürdig sein.[834] Dann wird ihm unter Umständen die Überprüfung von Bestand oder Umfang der Vertretungsmacht nicht zugemutet.[835] Mit einer ähnlichen Argumentation stellte der *BGH* im Hinblick auf § 149 S. 2 HGB die Vermutung für eine zulässige Liquidationsmaßnahme auf.[836] Insoweit würde bereits das Auftreten und Handeln als Liquidator im Rechtsverkehr dafür sprechen, dass sich das vorgenommene Geschäft innerhalb des Liquidationszwecks befindet und dementsprechend von der Vertretungsmacht erfasst wäre.[837] Auf einer ähnlichen Grundlage begründen die §§ 54 ff. HGB den Schutz des Rechtsverkehrs dahin gehend, dass das gewöhnliche oder typische Auftreten für das jeweilige Handelsgeschäft eine zulässige und von der Vertretungsmacht des Handelnden erfasste Maßnahme ist.[838] Ähnlich könnte es sich im Verhältnis zwischen der unbeschränkten Organvertretungsmacht und deren Einschränkung nach § 179a I 1 AktG verhalten. Hier richtet sich die Verkehrserwartung grundsätzlich auf den Bestand der Vertretungsmacht, welche im Ausnahmefall enttäuscht werden könnte, wenn die Veräußerung des ganzen Vermögens in Rede steht. Insoweit stellt sich die Frage, welche Anforderungen an den Schutz typisierter Verkehrserwartungen zu stellen sind und ob diese Rechtsgedanken auf den Fall der Veräußerung des ganzen Vermögens übertragbar sind.

1. *Schutz der typisierten Verkehrserwartung aufgrund eines Vertrauenstatbestands*

Die §§ 54 ff. HGB setzen das Entstehen eines Vertrauenstatbestands voraus und schützen davon ausgehend die diesbezüglich typisierten Verkehrserwartungen. So erstreckt § 54 I HGB die Handlungsvollmacht *„auf alle Geschäfte und Rechtshandlungen, die der Betrieb eines derartigen Handelsgewerbes oder die Vornahme derartiger*

---

834 Vgl. dazu auch *Schlüter*, Vertretungsmacht, S. 74 ff.

835 *BGH* v. 28.3.1962 – VIII ZR 187/60, NJW 1962, 1003; *BGH* v. 24.1.1991 – IX ZR 121/90, NJW 1991, 1225; *BGH* v. 5.7.2012 – III ZR 116/11, juris Rn. 14; Palandt/*Ellenberger*, § 172 BGB Rn. 6; BeckOK.BGB/*Schäfer*, § 167 Rn. 13; vgl. auch Hk-BGB/*Dörner*, §§ 170–173 Rn. 7; Erman/*Maier-Reimer*, § 167 BGB Rn. 10 ff.; Staudinger/*Schilken*, § 167 Rn. 30 f.; MüKo.BGB/*Schubert*, § 167 Rn. 96.

836 *BGH* v. 1.12.1983 – III ZR 149/82, NJW 1984, 982; dazu im 6. Kapitel C. I.

837 Vgl. dazu *BGH* v. 1.12.1983 – III ZR 149/82, NJW 1984, 982.

838 Nachfolgend 7. Kapitel C. V. 1. ff.

Geschäfte gewöhnlich mit sich bringt".[839] Im Innenverhältnis verlangt § 54 HGB, dass eine Vollmacht erteilt wurde (Rechtsscheintatbestand) und knüpft an diese Handlung den Rechtsschein des gesetzlich verbrieften Umfangs der Vollmacht an (§§ 54 I, II HGB). Ein schutzwürdiger Rechtsschein besteht aber nach § 54 III HGB dann nicht, wenn der Geschäftsgegner die sonstigen Beschränkungen *„kannte oder kennen mußte".*[840] Kennenmüssen in diesem Sinne erfordert, dass der Geschäftsgegner das Nichtbestehen der Vollmacht bei Anwendung der im Verkehr erforderlichen Sorgfalt (§ 276 II BGB) hätte erkennen können.[841] Daraus folgt gleichwohl keine Nachforschungspflicht dahin gehend, ob und in welchem Rahmen eine Vollmacht erteilt wurde; entscheidend sind allein die dem Vertragspartner bekannten Umstände.[842] Alles andere würde zum einen dem Ziel, den Rechtsverkehr zu schützen und die Geschäftsabwicklung zu erleichtern, zuwider laufen. Zum anderen würde das bedeuten, dass der gute Glaube in den Bestand des Rechtsscheins gerade nicht schutzwürdig wäre; das aber wäre widersprüchlich. Das Fehlen einer Nachforschungspflicht folgt aus dem Wortlaut, denn der Vertragspartner muss *„die Beschränkungen der Vertretungsmacht"* kennen oder kennen müssen.[843]

Weitergehend schützt § 56 HGB[844] das Vertrauen sowohl in den Umfang als auch in den Bestand der Vertretungsmacht.[845] Der Verkehrsschutz knüpft bereits an eine bestimmte Tätigkeit innerhalb eines bestimmten räumlichen Bereichs an, sodass zum Schutz des Rechtsverkehrs der kleinste Rechtsschein genügt und schutzwürdig ist,[846] wenn dies typisierten Verkehrserwartungen entspricht. Entscheidend

---

839 Vgl. zur Reichweite der Vermutung des § 54 I HGB *OLG Celle* v. 17.12.1982 – U 120/82, DB 1983, 1495; *OLG Düsseldorf* v. 24.11.1987 – U (Kart) 10/87 – DB 1988, 1063; *BGH* v. 20.10.2008 – II ZR 107/07, NJW 2009, 293 (294); *OLG Hamm* v. 22.10.2010 – 19 U 85/10, NJW-RR 2011, 532 (533); *Karsten Schmidt*, HandelsR, § 16 Rn. 101; vgl. auch Röhricht/Graf v. Westphalen/Haas/*Wagner*, § 54 HGB Rn. 27; *Kindl*, Rechtsscheintatbestände, S. 220.

840 Vgl. *Honsell*, JA 1984, 17 (22); GroßKomm.HGB/*Joost*, § 54 Rn. 3; Baumbach/Hopt/*Hopt*, § 54 HGB Rn. 19; MüKo.HGB/*Krebs*, § 54 Rn. 4 f., 41; *Lettl*, HandelsR, § 6 Rn. 69.

841 Gegebenenfalls modifiziert durch die §§ 346, 347 HGB, siehe Röhricht/Graf v. Westphalen/Haas/*Wagner*, § 54 HGB Rn. 40.

842 *RGZ* 100, 48 (49); *BGH* v. 2.12.2003 – XI ZR 53/02, WM 2004, 417 (421); *Canaris*, HandelsR, § 13 Rn. 27; GroßKomm.HGB/*Joost*, § 54 Rn. 75 f.; MüKo.HGB/*Krebs*, § 54 Rn. 43; *Lettl*, HandelsR, § 6 Rn. 88 f.; vgl. auch *Karsten Schmidt*, HandelsR, § 16 Rn. 102, nach ihm nähert sich der Prüfungsmaßstab der groben Fahrlässigkeit an.

843 Vgl. *BGH* v. 2.12.2003 – XI ZR 53/02, WM 2004, 417 (421); *OLG Hamm* v. 22.10.2010 – 19 U 85/10, NJW-RR 2011, 532 (533).

844 Die dogmatische Einordnung von § 56 HGB ist umstritten, vgl. Oetker/*Schubert*, § 56 HGB Rn. 2.

845 Baumbach/Hopt/*Hopt*, § 56 HGB Rn. 4; MüKo.HGB/*Krebs*, § 56 Rn. 2.

846 *Karsten Schmidt*, HandelsR, § 16 Rn. 120; MüKo.BGB/*Schubert*, § 167 Rn. 94; vgl. zum strittigen dogmatischen Hintergrund *Canaris*, HandelsR, § 14 Rn. 5; Baumbach/

ist aber auch hier, dass die Person mit Wissen und Wollen des Kaufmanns tätig wird.[847] § 56 HGB ermächtigt die in einem *„Laden oder in einem offenen Warenlager"* Angestellten aber nur zu solchen Maßnahmen (*„Verkäufen und Empfangnahmen"*), die in einem *„derartigen"* Laden oder Warenlager *„gewöhnlich"* geschehen.[848] Aufgrund der weniger strengen Voraussetzungen ist die Vertretungsmacht zugleich weniger umfassend. Der Geschäftspartner ist nicht schutzwürdig, wenn er analog § 54 III HGB oder § 173 BGB das Fehlen der Vertretungsmacht kannte oder kennen musste.[849] Es besteht darüber hinaus keine Nachforschungspflicht, sofern nicht weitere Umstände Anlass zu Zweifeln bieten.[850]

2. *Typisierte Verkehrserwartungen und abstrakter Umfang der Vertretungsmacht*

Die Prokura (§§ 48 ff. HGB) unterwirft zum Schutz des Rechtsverkehrs sowie typisierter Verkehrserwartungen den Umfang der Vertretungsmacht (wie auch die §§ 82 AktG, 126 HGB) einer gesetzlichen Regelung. Er ist der Disposition des die Prokura erteilenden Kaufmanns entzogen und kann allein im Missbrauchsfall eingeschränkt werden. Dem Umfang nach erstreckt sich die Prokura gemäß § 49 I HGB zum Schutz des Rechtsverkehrs auf *„alle Arten von Geschäften [...], die der Betrieb eines Handelsgewerbes mit sich bringt."* Zum Schutz des Kaufmanns ermächtigt sie nicht zur Veräußerung und Belastung von Grundstücken (§ 49 II HGB).[851] Ausgenommen von der Vertretungsmacht des Prokuristen sind damit allein besonders schwerwiegende Rechtsgeschäfte, die für den Rechtsverkehr aber ohne Weiteres als solche erkennbar sind. Dieser kann den Bestand der Vertretungsmacht im Einzelfall zweifelsfrei bewerten. Darüber hinaus bilden weder außergewöhnliche

---

Hopt/*Hopt*, § 56 HGB Rn. 4; GroßKomm.HGB/*Joost*, § 56 Rn. 4 ff.; *Lettl*, HandelsR, § 6 Rn. 97; *Karsten Schmidt*, HandelsR, § 16 Rn. 123.

847 *BGH* v. 24.9.1975 – VIII ZR 74/74, NJW 1975, 2191; Baumbach/Hopt/*Hopt*, § 56 HGB Rn. 2; BeckOK.HGB/*Meyer*, § 56 Rn. 6; MüKo.BGB/*Schubert*, § 167 Rn. 98.

848 Vgl. *Kindl*, Rechtsscheintatbestände, S. 219; MüKo.HGB/*Krebs*, § 56 Rn. 1; K/K/R/D/*Roth*, § 56 HGB Rn. 1; Oetker/*Schubert*, § 56 HGB Rn. 10 ff.; E/B/J/S/*Weber*, § 56 HGB Rn. 9.

849 H.M. *OLG Düsseldorf* v. 28.4.2008 – 1 U 239/07, NJW-RR, 2009, 1043 (1044); GroßKomm.HGB/*Joost*, § 56 Rn. 44; *Kindl*, Rechtsscheintatbestände, S. 221 f.; *Karsten Schmidt*, HandelsR, § 16 Rn. 134; Röhricht/Graf v. Westphalen/Haas/*Wagner*, § 56 HGB Rn. 21 f.; a.A. *Honsell*, JA 1984, 17 (23), § 56 HGB sei ein Rechtsinstitut sui generis, weshalb die Vertretungsmacht kraft Gesetzes bestehe. Weiterhin sprächen systematische Erwägungen gegen die Anwendung des § 54 III HGB.

850 Vgl. hierzu jüngst *BGH* v. 8.1.2019 – II ZR 2019, NZG 2019, 505 Rn. 41 f.

851 GroßKomm.HGB/*Joost*, Vor § 48 Rn. 4, § 49 Rn. 9; MüKo.HGB/*Krebs*, § 49 Rn. 10; *Lettl*, HandelsR, § 6 Rn. 43.

Geschäfte noch der Unternehmensgegenstand eine Schranke der Vertretungsmacht.[852] Daher ist die Prokura weiter als die Handlungsvollmacht des § 54 I HGB. Letztere ermächtigt nicht zur Vornahme außergewöhnlicher Geschäfte. Die fehlende Ermächtigung des Prokuristen zur Vornahme von Grundlagengeschäften wie der Änderung der Firma, des Sitzes oder des Unternehmensgegenstands folgt daraus, dass die Prokura nur zur Vertretung des Kaufmanns ermächtigt.[853] Im Hinblick auf Handelsgesellschaften ist die Rechtslage vergleichsweise deutlich. Eine Vornahme dieser Maßnahmen stellt einen von der Vollmacht nicht gedeckten Eingriff in das Statut dar, nicht die Vertretung des Kaufmanns, sondern der Gesellschafter steht in Rede.[854] Außerdem ergibt sich die Einschränkung aus dem Wortlaut des § 48 I HGB, der nur zu solchen Handlungen ermächtigt, „die *der Betrieb* eines Handelsgewerbes *mit sich bringt*". Handlungen, die in die Grundlagen des Handelsgewerbes eingreifen, sind daher in der Regel nicht betrieblich veranlasst und nicht von § 48 HGB erfasst.[855] Selbiges gilt für die Veräußerung des Handelsgewerbes.[856] Darüber hinausgehende Beschränkungen der Prokura haben zum Schutz des Rechtsverkehrs keine Wirkung (§ 50 I, II HGB), da sie nicht zur Eintragung ins Handelsregister angemeldet werden können (§ 53 I 1 HGB). Zwar wirkt die Eintragung der Prokura nur deklaratorisch, aber im Allgemeinen ist dies der strenge Vertrauenstatbestand, auf dem der Verkehrsschutz beruht.[857] Ergänzend wird der Rechts- und Handelsverkehr durch den gesetzlich festgelegten Umfang geschützt.

3. *Abgestuftes Schutzkonzept handelsrechtlicher Vertretungsmacht*

Trotz aller Unterschiede zwischen den kaufmännischen Vertretungsregelungen wird eine Parallele im Sinne eines abgestuften Schutzkonzepts sichtbar,[858] welches

852 Baumbach/Hopt/*Hopt*, § 49 HGB Rn. 1 f.; GroßKomm.HGB/*Joost*, § 49 Rn. 17; *Lettl*, HandelsR, § 6 Rn. 43; vgl. auch MüKo.HGB/*Krebs*, § 49 Rn. 26; K/K/R/D/*Roth*, § 49 HGB Rn. 2; Oetker/*Schubert*, § 48 HGB Rn. 16; E/B/J/S/*Weber*, § 49 HGB Rn. 3.

853 Vgl. GroßKomm.HGB/*Joost*, § 49 Rn. 17 f.; MüKo.HGB/*Krebs*, § 49 Rn. 8; *Lettl*, HandelsR, § 6 Rn. 45; K/K/R/D/*Roth*, § 49 HGB Rn. 2; Oetker/*Schubert*, § 49 HGB Rn. 3; Röhricht/Graf v. Westphalen/Haas/*Wagner*, § 49 HGB Rn. 5; E/B/J/S/*Weber*, § 49 HGB Rn. 4.

854 Siehe dazu auch MüKo.HGB/*Krebs*, § 49 Rn. 8, der mit folgendem Erst-recht-Schluss argumentiert: Die organschaftlichen Vertreter sind in der Regel nicht zum Eingriff in die Grundlagen berechtigt, sodass dies erst recht nicht für die Prokuristen gelten könne.

855 GroßKomm.HGB/*Joost*, § 49 Rn. 18 f.; MüKo.HGB/*Krebs*, § 49 HGB Rn. 8; vgl. auch K/K/R/D/*Roth*, § 49 HGB Rn. 2; Oetker/*Schubert*, § 49 HGB Rn. 4, 14 ff.; E/B/J/S/*Weber*, § 49 HGB Rn. 3,4, 11 ff.

856 So auch GroßKomm.HGB/*Joost*, § 49 Rn. 21.

857 Baumbach/Hopt/*Hopt*, § 53 HGB Rn. 1; MüKo.HGB/*Krebs*, § 53 Rn. 1; K/K/R/D/*Roth*, § 53 HGB Rn. 1; Oetker/*Schubert*, § 53 HGB Rn. 1; E/B/J/S/*Weber*, § 53 HGB Rn. 1, 9.

858 Vgl. auch GroßKomm.HGB/*Joost*, Vor § 48 Rn. 51 f.; MüKo.HGB/*Krebs*, § 54 Rn. 2.

sich an der Stellung des Vertreters und dessen Bedeutung für den Verband oder Kaufmann einerseits sowie dem Verkehrsschutz andererseits orientiert.[859] Während der Organvertreter, dessen Handeln das Handeln des Verbands ist,[860] grundsätzlich alle Maßnahmen namens der Gesellschaft vornehmen und Rechtsgeschäfte abschließen darf, ist der Prokurist allein zur Tätigkeit im Rahmen des Handelsbetriebs ermächtigt.[861] Der Handlungsbevollmächtigte, dessen Vertretungsmacht nicht ins Handelsregister eingetragen wird, ist dagegen nur zum Abschluss solcher Geschäfte ermächtigt, deren Vornahme regelmäßig oder üblicherweise zum Betrieb eines Handelsgewerbes gehört.[862] Dies sind jene Geschäfte, deren Durchführung der Rechtsverkehr auch typischerweise erwarten darf. Ähnliches gilt für die sonstigen Vollmachten kraft Rechtsscheins, seien sie gesetzlich normiert oder richterrechtlich anerkannt.[863] Aus dem zurechenbar gesetzten Rechtsschein ergeben sich entweder der Bestand oder der Umfang der Vertretungsmacht. Als allgemeiner handelsrechtlicher Grundsatz ist daher festzuhalten, dass – anders als zumeist im BGB – nicht der Geschäftspartner das Risiko des Kontrahierens mit einem Vertreter ohne Vertretungsmacht trägt, sondern sich das Risiko auf den Kaufmann verlagert, der einen Dritten wissentlich und willentlich zur Erfüllung seiner Pflichten einsetzt. Bei Gutgläubigkeit des Dritten treffen den Kaufmann die Rechtsfolgen des unerwünschten Vertreterhandelns.[864] Der Handelsverkehr wird somit dort geschützt, wo er sich auf den Bestand einer Vertretungsmacht verlassen darf. Ist die Vertretungsmacht im Handelsregister eingetragen, so ist sowohl das Vertrauen in deren Bestand als auch in deren Umfang schutzwürdig.[865] Diesbezüglich ist der Rechtsverkehr absolut geschützt. Knüpft die Vertretungsmacht indes an einen erzeugten Rechtsschein kraft verkehrstypischen Verhaltens an, so richtet sich deren Reichweite zunächst auch nur nach den insoweit typisierten Verkehrserwartungen. Hier kann von einem relativen Schutz gesprochen werden. Entscheidend ist, dass das verkehrstypische Verhalten nach außen die *„Richtigkeitsgewähr“*[866]

---

859 Vgl. zur Steuerbarkeit des Vertreterhandelns auch MüKo.HGB/*Krebs*, § 54 Rn. 2.

860 Siehe 5. Kapitel A. und 6. Kapitel B.

861 Siehe vorstehend 7. Kapitel C. V. 2.

862 7. Kapitel C. V. 1.

863 Hierunter können beispielsweise Anscheins- und Duldungsvollmachten zu fassen sein, dazu MüKo.BGB/*Schubert*, § 167 Rn. 106 ff. Zur Duldungsvollmacht auch *BGH* v. 22.7.2014 – VIII ZR 313/13, BGHZ 202, 158 Rn. 26. Es ist aber umstritten, ob die Duldungsvollmacht eine Vertretungsmacht kraft Rechtsschein ist oder, ob es sich um eine konkludent erteilte Vollmacht handelt, siehe *Wertenbruch*, BGB AT, § 29 Rn. 17 f.

864 Siehe *RGZ* 65, 292 (295); *RGZ* 100, 48 (49) *RGZ* 117, 164 (165 f.).

865 Vgl. auch 15 III HGB: Hier wird das *Veranlassungsprinzip* besonders deutlich, wenn sogar unrichtig bekanntgemachte Tatsachen zulasten des Eintragenden wirken, sofern nicht der Dritte die Unrichtigkeit kannte. Siehe dazu MüKo.HGB/*Krebs*, § 15 Rn. 83.

866 Siehe dazu auch *Habersack*, BB 2005, 1965 (1967); GroßKomm.HGB/*Habersack*, § 125 Rn. 5; *Karsten Schmidt*, GesR, S. 561.

für das dahinterstehende Innenverhältnis trägt.[867] Die Richtigkeitsvermutung des Handelsregisters in Bezug auf den Vorstand oder die geschäftsleitenden Gesellschafter wirkt somit dahin gehend, dass die eingetragene Person tatsächlich mit Organkompetenzen ausgestattet und zur Vertretung der Gesellschaft ermächtigt ist. Bezüglich der Personengesellschaften gilt dies in besonderem Maße, denn die Organvertreter sind zugleich Gesellschafter und haften persönlich für die eingegangene Verbindlichkeit.[868] Für die Fälle der §§ 54 ff. HGB ist die Sach- und Rechtslage vergleichbar, weitergehend besteht aber auch im Fall des Organhandelns zunächst die Vermutung, dass der jeweilige Organvertreter zur Vornahme des konkret in Rede stehenden Geschäfts berechtigt ist.

So zeigt der Vergleich von Prokura und Organvertretungsmacht, deren Umfang jeweils gesetzlich festgelegt ist und nicht mit Wirkung gegen Dritte beschränkt werden kann, dass in Bezug auf die Reichweite der Vertretungsmacht ein qualitativer Unterschied besteht. Während der Prokurist zur Vornahme von Rechtsgeschäften ermächtigt ist, *„die der Betrieb eines Handelsgewerbes mit sich bringt"*, erstreckt sich die Vertretungsmacht des Vorstands gemäß §§ 78 I 1, 82 I AktG (so auch § 24 I 1 GenG und § 35 I 1 GmbHG) auf alle Rechtsgeschäfte. In § 78 I 1 AktG heißt es: *„Der Vorstand vertritt die Gesellschaft gerichtlich und außergerichtlich"*. Bezieht man § 126 I HGB mit ein, der die Vertretungsmacht ebenfalls auf *„alle [...] Geschäfte"* erstreckt, ist zu sehen, dass den Organvertretern sogar die Kompetenz zukommt, die Gesellschaft in jeder Hinsicht zu vertreten. Keine Beachtung erfahren überdies im Innenverhältnis geäußerte Widersprüche im Sinne des § 115 I Hs. 2 HGB. Darüber hinaus trägt der Vertretene das Risiko, dass der Vertreter pflichtwidrig handelt. Dies zeigt erneut, dass nur das eigene Risiko zu tragen ist und die Umstände zu vertreten sind, die in die eigene Sphäre fallen.[869] Die Ausnahmen im Rahmen des Missbrauchs der Vertretungsmacht sind daher gerechtfertigt, weil hier die Pflichtwidrigkeit auch in der Sphäre des Vertragspartners liegt oder er sie bei verkehrsgerechtem Handeln hätte erkennen können.[870] Entweder

867 Vergleichbar sind die Vorschriften über den gutgläubigen Erwerb beweglicher (§§ 932 ff. BGB) und unbeweglicher (§892 BGB) Sachen. Hier wirkt der Rechtsscheintatbestand stärker. Der gute Glaube ist aufgrund des stärkeren Rechtsscheins erst bei grober Fahrlässigkeit (§ 932 BGB) oder sogar nur positiver Kenntnis (§ 982 BGB) zerstört, woraus zu schließen ist, dass der erzeugte Rechtsschein stärker wirkt. Dazu auch *Schlüter*, Vertretungsmacht, S. 75; vgl. zu dieser Parallele auch *Hofmann/ Bartlitz*, DB 2019, 1833 (1837).

868 Vgl. dazu *Habersack*, BB 2005, 1965 (1967); GroßKomm.HGB/*Habersack*, § 125 Rn. 5.

869 Vgl. hierzu *BGH* v. 15.10.1987 – III ZR 235/86, DNotZ 1988, 551 (558) mit ablehnender Anmerkung *Bohrer*; E/B/J/S/*Hillmann*, § 126 HGB Rn. 14 ff.; Baumbach/Hopt/*Roth*, § 126 HGB Rn. 6; MüKo.HGB/*Karsten Schmidt*, § 126 Rn. 17; MüKo.AktG/*Spindler*, § 82 I Rn. 49 ff.; *Wertenbruch* in Westermann/Wertenbruch, Rn. I 331 ff.; jeweils zur Frage, ob Aktionäre oder Kommanditisten Dritte im Sinne der §§ 82 I AktG, 126 II HGB sind und ihnen gegenüber die Vertretungsmacht beschränkt werden kann.

870 Vgl. auch *BGH* v. 8.1.2019 – II ZR 364/18, NZG 2019, 505 Rn. 41 f.

weil er bewusst mit dem Vertreter zum Nachteil des Vertretenen zusammenwirkt (Kollusion) oder die Pflichtwidrigkeit offen zutage tritt (Evidenz), sodass ihm deren Verhütung zumutbar ist.[871]

Ein pflichtwidriges Verhalten zulasten des Vertretenen kann dementsprechend vorliegen, wenn sich dem Vertragspartner der Verstoß gegen die gesellschaftsrechtlichen Vereinbarungen aufdrängen musste.[872] An diesen dogmatischen Grenzen hält der *BGH* – entgegen den Befürchtungen einiger Autoren –[873] in seiner Entscheidung vom 8.1.2019 fest:[874] Nachdem er klarstellt, dass ein (gesellschaftsfremder) Dritter als Vertragspartner unterhalb der Schwelle des kollusiven Zusammenwirkens dann nicht schutzwürdig ist, *„wenn es sich ihm den Umständen nach aufdrängen muss, dass der Geschäftsführer ohne Zustimmungsbeschluss der Gesellschafterversammlung seine Vertretungsmacht überschreitet.“*[875] Trifft der BGH die Aussage, dass dies bei einem Unternehmensverkauf in der Regel und bei der Veräußerung einer Immobilie nur ausnahmsweise der Fall sein wird.[876] In einem zweiten Schritt – nachdem das schutzwürdige Vertrauen in den Bestand der Vertretungsmacht zerstört ist, weil ein *„besonders bedeutsames Geschäft“* vorliegt – erwägt der *BGH* die Annahme einer Erkundigungsobliegenheit des Vertragspartners, ob tatsächlich ein Zustimmungsbeschluss gefasst wurde.[877] Insoweit geht es aber nicht darum, die Anforderungen des evidenten Missbrauchs auf einfache Fahrlässigkeit abzusenken,[878] sondern die Konsequenzen des evidenten Missbrauchs auszuloten und den Instanzgerichten Maßstäbe an die Hand zu geben, wann dies im Einzelfall zu bejahen sein kann.[879] Indem der BGH in Ausnahmesituation eine

---

871 *Wachter*, GmbHR 2019, 183 (186); *Wertenbruch*, NZG 2019, 407 (411 f.); siehe zum Missbrauch der Vertretungsmacht Nk-BGB/*Dörner*, § 167 Rn. 9; BeckOK.BGB/*Schäfer*, § 167 Rn. 48 ff.; MüKo.BGB/*Schubert*, § 164 Rn. 213 ff.

872 *OLG Brandenburg* v. 29.3.2018 – 5 U 18/16, jurisRn. 30; *BGH* v. 8.1.2019 – II ZR 364/18, NZG 2019, 505 Rn. 40, 51; *Wertenbruch*, NZG 2019, 407 (412).

873 Vgl. *Berkefeld*, DNotZ 2020, 85 (92); Götze, NZG 2019, 695 (696 f.); *Mack*, MittBayNot 2019, 491 (493); *Meyer*, GmbHR 2019, 973 (974); *Müller*, NZG 2019, 807 (813); *v. Prittwitz*, DStR 2019, 1265 (1269), *Ulrich*, GmbHR 2019, 535 (536).

874 *BGH* v. 8.1.2019 – II ZR 364/18, NZG 2019, 505 3. Leitsatz sowie insbesondere Rn. 40 f.; vgl. auch *Wagner/Michel*, NotBZ 2019, 337 (340).

875 *BGH* v. 8.1.2019 – II ZR 364/18, NZG 2019, 505 Rn. 41.

876 *BGH* v. 8.1.2019 – II ZR 364/18, NZG 2019, 505 Rn. 41.

877 *BGH* v. 8.1.2019 – II ZR 364/18, NZG 2019, 505 Rn. 42.

878 So aber *Hoffmann/Bartlitz*, DB 2019, 1833 (1837), denen zuzugeben ist, dass die Terminologie des *BGH*, soweit er von einem für den Vertragspartner *„erkennbaren“* Missbrauch der Vertretungsmacht spricht, an die Voraussetzungen der einfachen Fahrlässigkeit erinnert; vgl. auch *Wertenbruch*, NZG 2019, 407 (412), der davon spricht, dass *„die Überschreitung der internen Restriktionen so krass [sein muss], dass der Vertragspartner Verdacht schöpfen musste.“* Dies erscheint bei einem Unternehmensverkauf aber nicht ausgeschlossen.

879 Man vergleiche nur die umfassende Beweiswürdigung des *OLG Brandenburg* v. 29.3.2018 – 5 U 18/16, jurisRn. 32 ff.

Erkundigungsobliegenheit des Vertragspartners verlangt, verhindert er, dass sich der Vertragspartner auf die unbeschränkte Vertretungsmacht beruft und bewusst die Augen verschließt, obwohl er erkannt hat, dass ein atypischer Ausnahmefall vorliegt. Mit einem solchen Vorgehen dürfte auch dem Schutz des Rechtsverkehrs kein Abbruch getan sein, da hier – anders als bei § 179a AktG – tatsächlich ausschließlich jene Sachverhalte in Rede stehen, bei denen das Handeln außerhalb der Kompetenzen klar erkennbar ist und sich dem Vertragspartner aufdrängen muss.[880] Grundsätzlich, das scheint auch der BGH zu betonen, bleibt es dabei, dass das Vertrauen in den Bestand der unbeschränkten Vertretungsmacht schutzwürdig ist und der Entfall derselben, selbst bei einem Vertrag über das ganze Vermögen, nur die Ausnahme ist.

Lässt man über die Missbrauchsfälle hinaus Beschränkungen des Umfangs der Organvertretungsmacht gemäß § 179a AktG zu, trägt der Rechtsverkehr das Risiko, dass der Vertreter pflichtwidrig zulasten des Vertretenen handelt. Ausnahmen können aber für solche Rechtsgeschäfte bestehen, die typischerweise und standardisiert von Organvertretern vorgenommen werden. Entsprechend der oben[881] aufgezeigten handels- und vertretungsrechtlichen Grundsätze kommt für diese Fälle aber ein gewisser Schutz des auf den Bestand oder Umfang der Vertretungsmacht gerichteten guten Glaubens in Betracht. In diesen Fällen trägt das Handeln des Vertreters aufgrund der Typizität der Maßnahme seine Richtigkeitsgewähr in sich. Eine Überprüfung der Vertretungsmacht ist dann im Einzelfall als atypisch anzusehen. Dies würde überdies den effizienten und flexiblen Geschäftsverkehr beeinträchtigen. In diesen Fällen stehen die Aktionäre dem Vorstand näher als der Vertragspartner, da sie ihn als Organ zurechenbar eingesetzt haben. Dies ist unabhängig davon zu bewerten, ob das Vermögen der AG und mittelbar das der Aktionäre gefährdet ist. Denn hier gilt die Wertung, dass das Innenverhältnis nicht auf das Außenverhältnis durchschlägt. Die Schwierigkeit besteht in den Fällen, in denen die Außergewöhnlichkeit dem Rechtsgeschäft nicht anhaftet. In negativer Abgrenzung reicht nicht jede Strukturrelevanz aus, um die Vertretungsmacht zu beschränken. Gleichwohl könnte man auf diesem Wege Geschäfte über einen einzelnen Vermögensgegenstand vom Anwendungsbereich des § 179a AktG ausschließen.

VI. Vergleich mit § 1365 BGB – insbesondere Einzeltheorie

Um in diesen Grenzfällen den Interessen des Rechtsverkehrs angemessen Rechnung zu tragen, wird die Anwendung eines subjektiven Tatbestandsmerkmals aufseiten des Vertragspartners in Betracht gezogen, welches mit einem Vergleich zu § 1365 BGB begründet wird:[882] § 1365 BGB schränkt zulasten des Rechtsverkehrs

880 So auch *Wagner/Michel*, NotBZ 2019, 337 (340).

881 7. Kapitel C. V. 1. f.

882 Vgl. *Bredthauer*, NZG 2008, 816 (818); *Brocker/Schulenberg*, BB 2015, 1993 (1997); *Hüren*, RNotZ 2014, 77 (82); *Spranger*, ZfIR 2011, 234 (238); *Weber*, DNotZ 2018, 96

die selbstständige Vermögensverwaltungsbefugnis der Ehepartner über das eigene Vermögen nach § 1364 Hs. 1 BGB ein und macht sowohl den Abschluss des Verpflichtungsvertrags als auch die Wirksamkeit der diesbezüglichen Verfügung(en) von der Zustimmung des jeweils anderen, unbeteiligten Ehepartners abhängig, sofern der Vertragsgegenstand das *„Vermögen im Ganzen"* darstellt.

§ 1365 BGB bezweckt nach der insoweit herrschenden Meinung den Schutz der wirtschaftlichen Existenzgrundlage der Familie und des Zugewinnausgleichs und schränkt im Hinblick darauf die freie Verfügungsbefugnis im Sinne des § 1364 Hs. 1 BGB ein.[883] Nicht nur die Rechtsfolgen (abgesehen davon, dass § 1365 I 2 BGB weitergehend als § 179a AktG auch auf die Verfügungsgeschäfte einwirkt), sondern auch der Zweck ist daher mit dem des § 179a AktG vergleichbar,[884] sofern man den Schutz der wirtschaftlichen Existenzgrundlage des Verbands als kleinsten gemeinsam Nenner sieht.[885] Bezieht man zudem die Rechtsprechung des *BVerfG*[886] ein, wonach § 179a AktG die *„volle Kompensation"* des Verlusts der Mitgliedschaft im Rahmen der Auflösung sicherstellen soll, ist auch der Schutzzweck vergleichbar. Überdies ergibt sich hinsichtlich des Tatbestands ein einheitliches Bild. Voraussetzung ist jeweils die (vertragliche Verpflichtung zur) Übertragung des ganzen oder des nahezu ganzen Vermögens, worunter auch die Übertragung nur einzelner Vermögensgegenstände (*Einzeltheorie*) fallen kann.[887]

---

(118); a.A. *Stellmann/Stoeckle*, WM 2011, 1983 (1986); siehe auch *Eschwey*, MittBayNot 2018, 299 (307).

883 *BGH* v. 13.11.1963 – V ZR 56/62, NJW 1964, 347; *BGH* v. 28.4.1961 – V ZB 17/60, NJW 1961, 1301 (1302); *BGH* v. 25.6.1980 – IV b ZR 516/80, NJW 1980, 2350; *BGH* v. 2.2.2000 – XII ZR 25/98, NJW 2000, 1947 (1948); *BGH* v. 16.1.2013 – XII ZR 141/10, BGHZ 196, 95 Rn. 20; Erman/*Budzikiewicz*, § 1365 BGB Rn. 1; MüKo.BGB/*E. Koch*, § 1365 Rn. 1 f.; BeckOK.BGB/*Siede*, § 1365 Rn. 1; a.A. *Braun*, Festschrift Musielak, 109 (133, 136) der den Zweck des § 1365 BGB nur im Schutz des Zugewinnausgleichs sieht; BeckOGK.BGB/*Szalai*, § 1365 BGB Rn. 2.2 geht davon aus, dass die Norm nur die wirtschaftliche Existenzgrundlage der Familie schützt.

884 *Timm*, AG 1980, 172 (176); a.A. *Packi*, Veräußerung, S. 44 f.: Die Vergleichbarkeit soll nur bei Personengesellschaften bestehen, da dort mit § 708 BGB eine dem § 1359 BGB vergleichbare Haftungsprivilegierung und dementsprechend ein im Innenverhältnis vergleichbares Nähe- und Schutzbedürfnis unter den Beteiligten besteht. Diese Haftungsprivilegierung soll zum Ausdruck bringen, dass die Gesellschafter oder Ehegatten untereinander weniger schutzwürdig sind, da Raum für individuelle Sorglosigkeit ist. Aus § 708 BGB müsste indes ein gegenüber den Aktionären geringeres Schutzbedürfnis folgen.

885 Vgl. auch *Timm*, AG 1980, 172 (176); zu § 1365 BGB *BGH* v. 16.1.2013 – XII ZR 141/10, BGHZ 196, 95 Rn. 20; Erman/*Budzikiewicz*, § 1365 BGB Rn. 1; MüKo.BGB/*Koch*, § 1365 Rn. 1 f.; a.A. *Stellmann/Stoeckle*, WM 2011, 1983 (1986).

886 7. Kapitel C. I.

887 Absolut herrschend *BGH* v. 13.3.1991 – XII ZR 79/90, NJW 1991, 1739 (1740); *BGH* v. 7.10.2011 – V ZR 78/11, NJW 2011, 3783 (3784); siehe auch Palandt/*Brudermüller*, § 1365 BGB Rn. 6; Erman/*Budzikiewicz*, § 1365 BGB Rn. 8a; MüKo.BGB/*E. Koch*,

Mangels Erkennbarkeit, ob die Wirksamkeit des Vertrags von der Genehmigung des Ehepartners abhängt, ist das Geschäft nur zustimmungsbedürftig, wenn der Vertragspartner entweder positiv weiß, dass der zu übertragende Vermögensgegenstand das ganze Vermögen ausmacht, oder wenigstens die Umstände kennt, aus denen sich dies ergibt (*subjektive Theorie*).[888] Darüber hinausgehende Nachforschungspflichten bestehen nicht. Die freie Verfügungsbefugnis im Sinne des § 1364 BGB ist die Regel, die Einschränkung gemäß § 1365 BGB die Ausnahme.[889] Der familienrechtliche Schutz hängt daher maßgeblich davon ab, ob der beteiligte Ehepartner über seine Vermögensverhältnisse aufklärt.

Weder der Wortlaut noch der Normzweck sehen den Schutz des Rechtsverkehrs vor, sodass mit der *objektiven Theorie* allein die Zustimmung des Ehepartners maßgeblich sein kann.[890] Dann gibt es aber keinen Verkehrsschutz. Erwogen wird eine verkehrsschützende Auslegung, weil infolge der Einzeltheorie Verkehrsgeschäfte erfasst sind, die in der Regel formfrei geschlossen werden und die Verfügungsbeschränkung dann überraschend wäre.[891] Entscheidend ist auch hier, dass der Grundsatz der freien Verwaltungsbefugnis zum Schutz des am Rechtsgeschäft unbeteiligten Ehepartners eingeschränkt wird, wenn tiefgreifende und/oder nachhaltige, die Vermögensstruktur verändernde Ereignisse drohen. Verkehrsfreundliche Korrekturen werden erforderlich und mit der subjektiven Theorie zugelassen, wenn es sich um Rechtsgeschäfte handelt, deren Vermögensrelevanz nicht nach außen erkennbar ist, insbesondere wenn aufgrund des erweckten Anscheins die Vermutung für die Wirksamkeit des Rechtsgeschäfts spricht.

---

§ 1365 Rn. 12 ff.; BeckOK.BGB/*Siede*, § 1365 Rn. 10; BeckOGK.BGB/*Szalai*, § 1365 Rn. 10.2; kritisch wohl auch *Braun*, Festschrift Musielak, S. 119 (130). Der *BGH* wendet in Abhängigkeit zur Größe des Vermögens § 1365 BGB an, wenn etwa 85–90 Prozent des Vermögens übertragen werden sollen.

888 H.M. Vgl. *BGH* v. 28.4.1961 – V ZB 17/69, BGHZ 35, 135 (140); *BGH* v. 26.2.1965 – V ZR 227/62, BGHZ 43, 174 (177); *BGH* v. 25.6.1993 – V ZR 7/92, BGHZ 123, 93 (95); *BGH* v. 16.1.2013 – XII ZR 141/10, BGHZ 196, 95 Rn. 10; *BGH* v. 21.2.2013 – V ZB 15/12, NZM 2013, 438 Rn. 10; Erman/*Budzikiewicz*, § 1365 BGB Rn. 11; Soergel/*Czeghun*, § 1365 BGB Rn. 6; MüKo.BGB/*E. Koch*, § 1365 Rn. 33; Staudinger/*v. Bar*, § 1365 BGB Rn. 17 ff.; zu § 179a AktG *Bredthauer*, NZG 2008, 816 (818); Grigoleit/*Ehmann*, § 179a AktG Rn. 5; *Hüren*, RNotZ 2014, 77 (82); Karsten Schmidt/Lutter/*Seibt*, § 179a AktG Rn. 8; *Weber*, DNotZ 2018, 96 (119).

889 Vgl. *BGH* v. 28.4.1961 – V ZB 17/60, BGHZ 35, 135 (140); *BGH* v. 22.4.1975 – VI ZR 90/74, BGHZ 64, 246 (249 ff.); *BayObLG (2. ZS)* v. 10.12.1987 – BReg. 2 Z 125/87, BayObLGZ 1987, 431 (435); *OLG Zweibrücken* v. 13.7.1988 – 3 W 72/88, DNotZ 1989, 577 (578); *OLG Celle v.* 1.3.1999 – 4 W 27/99, NJW–RR 2000, 384; *OLG Zweibrücken* v. 26.8.2003 – 3 W 171/03, NJOZ 2003, 3229 (3230); *OLG Schleswig* v. 24.1.2005 – 2 W 204/04, BeckRS 2005, 30349544; *OLG Frankfurt* v. 3.1.2012 – 20 W 297/11, juris Rn. 25 f.; *BGH* v. 21.2.2013 – V ZB 15/12, NZM 2013, 438 Rn. 10.

890 Zuletzt wohl *Gernhuber/Coester-Waltjen*, FamR, § 35 Rn. 40; vgl. auch *Wolf*, JZ 1997, 1087 ff.

891 Vgl. dazu Erman/*Budzikiewicz*, § 1365 BGB Rn. 11a.

Im Ergebnis ähnelt diese subjektive Theorie den aus dem Recht der Stellvertretung bekannten §§ 173 BGB, 54 III HGB sowie dem Prinzip vom Missbrauch der Vertretungsmacht. Auch hier lautet der Grundsatz auf die Wirksamkeit des Geschäfts, die aber entsprechend der Schutzwürdigkeit des Vertragspartners eingeschränkt wird. Übertragbar auf § 179a AktG sind bestenfalls die hinter der Auslegung stehenden Gedanken. Dies folgt insbesondere aufgrund der starken Unterschiede im Wortlaut, denn § 1365 I 1 BGB ordnet die Verfügungsbeschränkung ausdrücklich an: *„Ein Ehegatte kann sich nur mit Einwilligung des anderen Ehegatten verpflichten, über sein Vermögen im Ganzen zu verfügen."*

VII. Abwägung zwischen dem Schutz des Rechtsverkehrs sowie dem der Aktionäre

Betrachtet man das Recht der Stellvertretung, in dem zum Schutz des Rechtsverkehrs bei im Register eingetragener Vertretungsmacht eine Einschränkung allein in den Fällen des Missbrauchs erfolgt, so ist hervorzuheben, dass der Vertretene sich bewusst des Vertreters bedient und ihm daher das Missbrauchsrisiko zurechenbar ist. Demgegenüber ist die freie Verwaltungsbefugnis im Sinne des § 1364 BGB gerade Ausfluss der eigenen Handlungsfähigkeit. Intern besteht keine Grundlage, auf der der unbeteiligte Ehepartner die Pflichtwidrigkeit des anderen Teils zugerechnet bekommt, vielmehr will ihn § 1365 BGB schützen. Dies kommt außerdem im Rahmen der Rechtsscheintatbestände der §§ 173 BGB, 54 III HGB zum Ausdruck. Hier hat der, zu dessen Nachteil der Rechtsschein wirkt, diesen hervorgerufen, der Dritte darf sich daher auf den Bestand der Vertretungsmacht verlassen.

Diese Gedanken lassen sich auf § 1365 BGB übertragen. Wird vertraglich ausdrücklich die Pflicht zur Übertragung des ganzen Vermögens in *„Bausch und Bogen"*[892] begründet, ist der Vertragspartner nicht schutzwürdig, da sich das Zustimmungserfordernis aus dem Gesetz ergibt und er um die Umstände von dessen Anwendung weiß. Allein die Subsumtion muss er selbst vornehmen. Sind indes nur einzelne Vermögensgegenstände in den Vertrag aufgenommen, streitet die widerlegbare Vermutung für die selbstständige Verwaltungsbefugnis und damit für die Wirksamkeit des Vertrags. Insoweit trägt jede Vertragspartei das in ihre Sphäre fallende Risiko. Der Ehepartner muss über die subjektive Tragweite des Geschäfts wenigstens aufklären, der Vertragspartner daraus die notwendigen Schlüsse ziehen.

An diese Abwägung ist wiederum im Rahmen von § 179a I 1 AktG anzuknüpfen. Ähnlich der Verwaltungsbefugnis im Sinne des § 1364 BGB kann auch die Organvertretung, die funktionell vergleichbar ist, nur kraft Gesetzes eingeschränkt werden, weil zugleich die Handlungsbefugnis des Verbands eingeschränkt wird. Allerdings mit der Modifikation, dass im Handelsrecht die Interessen des

892 *RGZ* 94, 315 (316).

Rechtsverkehrs an einer sicheren und leichten Abwicklung des Rechtsgeschäfts in den Vordergrund treten und die Individualinteressen bezüglich des Schutzes vor pflicht- und interessenwidrigem Vertreterhandeln verdrängen.[893] Die Risikoverteilung erfolgt entsprechend der Erkenn- und Vermeidbarkeit.

In Übereinstimmung dazu genießt im Falle eines Vertrags über das ganze Vermögen die Erwerberpartei keinen Schutz, da die Beschränkung evident ist und ein auf die Übertragung des ganzen Vermögens gerichteter Wille besteht.[894] Sind Einzelgegenstände zu übertragen, streitet die widerlegbare Vermutung für die Vertretungsmacht des Vorstands. Dies folgt aus der grundsätzlich unbeschränkten Vertretungsmacht im Sinne der §§ 78 I 1, 82 I AktG, wonach alle Rechtsgeschäfte namens der AG abgeschlossen werden können. Sie ermächtigt nicht nur zur Vornahme jener Geschäfte, mit denen der Handelsverkehr regelmäßig rechnen darf, sondern erfasst außergewöhnliche Geschäfte ungeachtet ihrer betrieblichen Veranlassung. Eine Typisierung der vorzunehmenden Geschäfte ist aufgrund der Vielzahl möglicher Geschäfte untunlich, da der Vorstand als Leitungsorgan der AG aus praktischen Gesichtspunkten jedes Geschäft für diese tätigen können muss. Außerdem gleicht dies einer Eingrenzung der Vertretungsmacht nach Maßgabe des Unternehmensgegenstands. Zwar geht es – vergleichbar mit § 1365 BGB – darum, die unbeteiligten Aktionäre vor dem gegebenenfalls interessenwidrig handelnden Vorstand zu schützen.[895] Einerseits steht hier aber mittelbar das eigene und im Aktienanteil verkörperte Vermögen dem Wert nach zur Disposition. Andererseits ist zu berücksichtigen, dass die AG bewusst den Vorstand einsetzt, ihn aber auch durch einen Aufsichtsrat überwachen lässt. Die dem Wesen der Prinzipal-Agent-Beziehung immanenten Konflikte dürfen nicht zum Nachteil des Rechtsverkehrs nach außen wirken. Die Rechtsfolgen sind für die AG somit strenger zu ziehen, denn die Kontrolle durch den Aufsichtsrat (§ 111 I AktG) führt zu einer Risikobeherrschbarkeit aufseiten der AG. Das Vorstandsverhalten wird in gewissen Bahnen steuerbar (vgl. § 82 II AktG). Außerdem können Schadensersatzsprüche bestehen (§ 93 AktG).[896]

Knüpft man zum Schutz des Rechtsverkehrs dennoch entsprechend der handelsrechtlichen Leitprinzipien an die Typizität der Maßnahme sowie das normtypische Auftreten und Handeln im Rechtsverkehr an, so ist davon auszugehen, dass der Vorstand die Gesellschaft in allen Angelegenheiten vertritt. Ungeachtet des in Rede stehenden Vertragsgenstands geschieht dies auch ohne Rücksprache mit der Hauptversammlung, denn er leitet die AG eigenverantwortlich und weisungsfrei (§§ 76 I, 119 II AktG).[897] Lautet der Vertrag aber über das ganze Vermögen oder

---

893 Vgl. *BGH* v. 8.1.2019 – II ZR 364/18, NZG 2019, 505 Rn. 31.

894 Vgl. *Bredthauer*, NZG 2008, 816 (818); so wohl auch der *BGH* v. 8.1.2019 – II ZR 364/18, NZG 2019, 505 Rn. 41 f.

895 Vgl. *BGH* v. 8.1.2019 – II ZR 364/18, NZG 2019, 505 Rn. 28.

896 Vgl. auch zur GmbH *BGH* v. 18.1.2019 – II ZR 364/18, NZG 2019, 505 Rn. 43.

897 Siehe die Amtliche Begründung zum AktG 1937, abgedruckt bei *Klausing*, AktG, S. 56, 88; Ausnahmen können aber nach Maßgabe der *„Holzmüller/Gelatine"*-Rechtsprechung bestehen, wenn sogenannte Mediatisierungseffekte drohen. Siehe

steht ein Unternehmenskauf zur Debatte, so ist nicht nur die nachhaltige Tätigkeit des Unternehmens berührt, sondern es liegt auch kein Geschäft vor, welches im gewöhnlichen Geschäftsgang abgeschlossen wird. Insbesondere der Ausnahmecharakter eines strukturierten Unternehmensverkaufsverfahrens ist evident.

Darüber hinaus ist die Gesellschaft mit dem Unternehmen, dem sie in rechtlicher Hinsicht einen Handlungsrahmen und Leben verleiht, so stark verwoben, dass die mitgliedschaftlichen Interessen der Gesellschafter am Verband nicht einwandfrei von denen am Unternehmen getrennt werden können. Eine Einschränkung der Vertretungsmacht des Vorstands hinsichtlich solcher Verträge, die zur Übertragung des ganzen Vermögens oder des Unternehmens verpflichten, ist daher im Ergebnis zum Schutz der Aktionäre angezeigt. Dem entspricht auch der Zweck des § 82 AktG, der die Leichtigkeit und Sicherheit des Handelsverkehrs gewährleisten soll. Dafür besteht aber im Rahmen der höchst außergewöhnlichen und besonders umfangreichen Geschäfte über das ganze Vermögen im Sinne des § 179a AktG, die regelmäßig längerfristig geplant werden, kein vergleichbares Bedürfnis.

Im Ergebnis ist daher festzuhalten: Richtet sich das Rechtsgeschäft ausdrücklich auf die Übertragung des ganzen Vermögens oder steht der Verkauf des ganzen Unternehmens in Rede, so ist es ohne Zustimmung der Aktionäre unwirksam. Sollen dagegen Einzelgegenstände übertragen werden, die das ganze Vermögen darstellen, sind die Schutzinteressen des Rechtsverkehrs zu berücksichtigen. Eine Einschränkung der Vertretungsmacht ist daher nur vorzunehmen, wenn der Vertragspartner entsprechend § 173 BGB Kenntnis davon hatte, dass das ganze Vermögen der AG vertragsgegenständlich ist.

D. Anwendung des Rechtsgedankens des § 179a AktG auf OHG/KG

I. Abstrakte Unterschiede in Betreff auf Geschäftsführung und Vertretung

Die Vertretungsmacht der persönlich haftenden Gesellschafter der OHG/KG erstreckt sich gemäß § 126 I HGB auf *„alle gerichtlichen und außergerichtlichen Geschäfte und Rechtshandlungen einschließlich der Veräußerung und Belastung von Grundstücken [...]“*. Einschränkungen der Vertretungsmacht, insbesondere dass sie sich nur *„auf gewisse Geschäfte oder Arten von Geschäften erstreck[t]“*, sind nach § 126 II HGB unzulässig.[898] Eine Einschränkung außer für Grundlagengeschäfte

dazu *BGH* v. 16.11.1981 – II ZR 174/80, BGHZ 83, 122 (131); *BGH*, v. 26.4.2004 – II ZR 154/02, NZG 2004, 575 (577); *BGH* v. 26.4.2004 – II ZR 155/02, BGHZ 159, 30 (45); vgl. auch *BGH* v. 8.1.2019 – II ZR 364/18, NZG 2019, 505 Rn. 34.

898 *Grunewald*, JZ 1995, 577 (578); *Grunewald*, GesR, § 2 Rn. 23; *Hadding*, Festschrift Lutter, 851 (868); *Rosse*, Vertretungsmacht, S. 168, 171; siehe auch *Schlüter*, Vertretungsmacht, S. 77 ff.

begründet die herrschende Meinung mit dem Rechtsgedanken des § 179a AktG, wenn die Preisgabe des Vertragszwecks aufgrund der Übertragung des *„ganzen Vermögens"* in Rede steht.[899] Es leuchtet zwar ein, dass die wirtschaftliche Existenz der Gesellschaft schützenswert ist. Die Frage lautet aber, ob der Weg über § 179a AktG dogmatisch überzeugend und gangbar ist.[900] Problematisch erscheint hier, dass sich § 179a AktG von einem Spezialfall der Auflösung der AG im HGB 1897 hin zu einer Kompetenzklausel entwickelte, welche die Mitsprache der Aktionäre sichert, wenn die Auflösung der Gesellschaft zwar nicht in rechtlicher wohl aber in wirtschaftlicher Hinsicht droht.[901] Daher ist der Tatbestand des § 179a AktG allein bei der Überschreitung wirtschaftlicher Schwellenwerte erfüllt und durchbricht die gesetzliche Kompetenzverteilung („... *auch dann [...], wenn damit nicht*

---

899 Siehe dazu *BGH* v. 8.7.1991 – II ZR 246/90, NJW 1991, 2564 (2565); *BGH* v. 9.1.995 – II ZR 29/94, NJW 1995, 596; *BGH* v. 16.12.2004 – III ZR 119/04, NJW 2005, 753 (754); *OLG Düsseldorf* v. 23.11.2017 – I-6 U 225/16, ZIP 2018, 72 (75); *Fink/Chilevych*, NZG 2017, 1254; GroßKomm.HGB/*Habersack*, § 126 Rn. 16; *Hadding*, Festschrift Lutter, 851 (862 ff.); MüKo.HGB/*Heidinger*, § 22 Rn. 38; E/B/J/S/*Hillmann*, § 126 HGB Rn. 9; GroßKomm.HGB/*Hüffer*, 4. Aufl., § 22 Rn. 31; *Hüren*, RNotZ 2014, 77 (78, 88); *Packi*, Veräußerung, S. 267 ff.; *Rosse*, Vertretungsmacht, S. 77 ff., 143 ff.; *Karsten Schmidt*, ZGR 1995, 675 (681); *Karsten Schmidt*, GesR, S. 1403; MüKo.HGB/*Karsten Schmidt*, § 126 Rn. 13; MüKo.AktG/*Stein*, § 179a Rn. 14; Henssler/Strohn/*Strohn*, § 179a AktG Rn. 2; Nk-AktG/*Wagner*, § 179a Rn. 20; *Wertenbruch* in Westermann/Wertenbruch, Rn. I 328e.

900 Gegen eine analoge Anwendung zumindest auf die GmbH nunmehr *BGH* v. 8.1.2019 – II ZR 364/18, NZG 2019, 505; *Berkefeld*, DNotZ 2020, 85 (94); *Bungert/Evertz*, EWiR 2019, 263 (264); *Götze*, NZG 2019, 695 (696); *Henne/Dittert*, DStR 2019, 2371 (2373); *Jans*, WuB 2019, 438, (440); *Mack*, MittBayNot 2019, 491 (495); *Meyer*, GmbHR 2019, 973 (974, und zur OHG/KG S. 978 f.); *Müller*, NZG 2019, 807 (810); *Nutterer*, ZIP 2019, 1796 (1798 f.); *v. Prittwitz*, DStR 2019, 65 (1267); *Ulrich*, GmbHR 2019, 535 (536); *Vossius*, notar 2019, 161 f.; *Wachter*, DB 2019, 1078 (1079); *Wagner/Michel*, NotBZ 2019, 337 (339 f. – auch zur Personengesellschaft); wohl auch *Giedinghagen/Keller*, NJW-Spezial 2019, 271 (272); *Hoffmann/Bartlitz*, DB 2019, 1833; differenzierend eher *Heckschen*, AG 2019, 420 (421) sowie *Heckschen/Strnad*, notar 2019, 406 (416), die insbesondere den Normzweck auch bei der GmbH für verwirklicht halten, weil das Interesse der GmbH-Gesellschafter an ihrer Gesellschaft und deren Vermögen sogar stärker sei als das der Aktionäre. Der *BGH*, a.a.O. Rn. 33 ff., leitet das Fehlen einer vergleichbaren Interessenlage aus den Unterschieden in der Binnenstruktur zwischen AG und GmbH ab; vergleichbar den nachfolgenden Darlegungen hält der BGH die Gesellschafter der GmbH für weniger schutzbedürftig als die Aktionäre, da ihre Einflussmöglichkeiten auf den Geschäftsführer weitaus größer sind als die der Aktionäre auf den Vorstand.

901 Siehe auch die Begründung des RegE zu § 361AktG 1965, abgedruckt bei *Kropff*, AktG, S. 471. Im AktG 1965 war § 361 AktG aF noch Teil des aktienrechtlichen Umwandlungsrechts; vgl. auch *BGH* v. 8.1.2019 – II ZR 364/18, NZG 2019, 505 Rn. 16–21.

eine Änderung des Unternehmensgegenstandes verbunden ist.").[902] Weiterhin kommt der Hauptversammlung vorbehaltlich des § 119 II AktG sowie der Fälle der „Holzmüller/Gelatine-Rechtsprechung" keinerlei Kompetenz in Fragen mit Bezug zur Geschäftsführung zu,[903] sodass sich Organverfassung und Interessenlage in wesentlichen Punkten von jener der OHG/KG unterscheiden.[904] Hier liegen Geschäftsführungs- und Vertretungsbefugnis aufgrund der Selbstorganschaft in den Händen aller Gesellschafter gemeinsam und Ausnahmen bestehen allein nach §§ 164 S. 1, 170 HGB in Bezug auf die Kommanditisten.[905] Mangels persönlicher Einstandspflicht ist der Kommanditist zwar nicht kraft Gesetzes an der organschaftlichen Geschäftsleitung beteiligt, ausgleichend steht ihm gemäß § 164 S. 1 Hs. 2 HGB allerdings für Geschäfte, *„die über den gewöhnlichen Betrieb des Handelsgewerbes der Gesellschaft hinaus[gehen]"* (vgl. auch § 116 II HGB),[906] ein Widerspruchsrecht zu.[907] Die Beteiligung selbst der Kommanditisten an der Geschäftsleitung ist näher als die der Aktionäre (vgl. §§ 76 I, 119 II AktG); die Aktionäre können über Geschäftsleitungsfragen lediglich dann Beschluss fassen, wenn der Vorstand es verlangt.[908] Bereits deswegen – beziehungsweise der Regelung des § 116 II HGB (und des § 164 S. 2 Hs. 2 HGB) – dürfte eine die Analogie zu § 179a AktG rechtfertigende Regelungslücke im Recht der OHG/KG nicht vorliegen.[909] Der Ausschluss der Aktionäre von der Geschäftsleitung kann wegen § 23 V 1 AktG statutarisch nicht beseitigt werden, sodass die Organkompetenzen zwingend und fein austariert sind, um die strukturellen Machtunterschiede im Gleichgewicht zu halten.[910]

902 Vgl. BT-Drucks. 12/6699, S. 71, 177.

903 Hölters/*Drinhausen*, § 119 AktG Rn. 11; *Fleischer*, NJW 2004, 2335; Grigoleit/*Herrler*, § 119 AktG Rn. 13, 18; Hüffer/Koch/*Koch*, § 119 AktG Rn. 11; MüKo.AktG/*Kubis*, § 119 Rn. 18; Henssler/Strohn/*Liebscher*, § 119 AktG Rn. 8, 12 ff.

904 Wie hier *Eschwey*, MittBayNot 2018, 299 (310).

905 Vgl. *Eschwey*, MittBayNot 2018, 299 (310); *Reichelt/Lye*, ZfIR 2019, 369 (373); s. auch *Jans*, WuB 2019, 438 (442); *Wagner/Michel*, NotBZ 2019, 337 (340).

906 Vgl. hierzu GroßKomm.HGB/*Caspers*, § 164 Rn. 9 ff.; GroßKomm.HGB/*Schäfer*, § 116 Rn. 11 f.; *Wertenbruch*, NZG 2018, 1121 (1124 f.).

907 *Berkefeld*, DNotZ 2020, 85 (94); *Mack*, MittBayNot 2019, 491 (495); *Meyer*, GmbHR 2019, 973 (978); leiten aus den §§ 116 II, 164 S. 1 Hs. 2 HGB ab, dass eine vergleichbare Interessenlage zu § 179a AktG nicht bestehe; differenzierend *Jans*, WuB 2019, 438 (442), der im Hinblick auf die Kommandisten wohl eine vergleichbarere Interessenlage annimmt. Siehe auch zur GmbH: *BGH* v. 8.1.2019 – II ZR 364/18, NZG 2019, 505 Rn. 37

908 *Natterer*, ZIP 2019, 1796 (1798); *Ulrich*, GmbHR 2019, 535 (536).

909 *Meyer*, GmbHR 2019, 973 (979).

910 *BGH* v. 8.1.2019 – II ZR 364/18, NZG 2019, 505 Rn. 32; siehe zur Machtbalance in der AG Hüffer/Koch/*Koch*, § 119 AktG Rn. 1; Nk-AktG/*Krenek/Pluta*, § 119 Rn. 4; MüKo.AktG/*Kubis*, § 118 Rn. 10; *Kuntz*, AG 2016, 101; KK.AktG/*Mertens/Cahn*, § 76 Rn. 42 f.; vgl. zur Wandlung der Organverfassung seit dem HGB 1897 *Fleischer*, BB 2013, 835 f.

Die Trennung zwischen Geschäftsleitung sowie Eignern bedeutet weiterhin, dass der Vorstand die Interessen des Unternehmens wahrnimmt[911] und er überdies aufgrund der organschaftlichen Treuepflicht nicht den Gesellschaftern, sondern der Gesellschaft gegenüber verpflichtet ist.[912] Anders ist dies in der OHG/KG. Hier sind nicht nur die Gesellschafter- und Organstellung miteinander verknüpft, sondern die Gesellschafter untereinander vertraglich verbunden, sodass die Geschäftsleitung nicht nur am Gesellschaftszweck, sondern auch in stärkerem Maße an den Interessen der Mitgesellschafter auszurichten ist.[913]

Darüber hinaus überwacht in der AG nicht die Hauptversammlung, sondern der Aufsichtsrat die Geschäftsleitung des Vorstands (§ 111 I AktG).[914] Der Aufsichtsrat setzt sich nach § 96 AktG aus den Vertretern der Aktionäre und – soweit die AG dem Mitbestimmungsrecht unterliegt – aus den Vertretern der Arbeitnehmer zusammen.[915] Die Mitglieder des Aufsichtsrats müssen nicht selbst Aktionäre sein.[916] Dass sie auch eigene Interessen verfolgen, ist daher nicht ausgeschlossen.[917] Auch aus diesen Gründen ist eine ausschließliche Berücksichtigung der Aktionärsbelange auf Geschäftsleitungsebene nicht garantiert.[918] Diese Organisationsverfassung findet ihre Begründung im Zweck der AG, welche zu Zeiten der Industrialisierung eingeführt wurde, um Unternehmen und Großprojekte zu kapitalisieren und zu

---

911 Vgl. *Fleischer*, BB 2013, 835 (840); KK.AktG/*Mertens/Cahn*, § 76 Rn. 8; *Thiessen*, AG 2013, 573 (574); Hölters/*Weber*, § 76 AktG Rn. 7; siehe auch Ziffer 4.1.1 DCGK; kritisch aber *Zöllner*, AG 2003, 2 (7 ff.).

912 *BGH* v. 25.2.1982 – II ZR 174/80, BGHZ 83, 122 (134); *BGH* v. 12.3.1993 – II ZR 179/89, BGHZ 11, 323 (334); Spindler/Stilz/*Fleischer*, § 93 AktG Rn. 118; KK.AktG/*Mertens/Cahn*, § 76 Rn. 16; siehe auch Hölters/*Hölters*, § 93 AktG Rn. 114; MüKo.AktG/*Spindler*, § 93 Rn. 125.

913 Ausnahmen bestehen, wenn es sich um eine Publikumsgesellschaft handelt, hier ähnelt die Rechtslage der der AG. Dann fehlt den Gesellschaftern, so *Kuntz*, AG 2016, 101 (103), in der Regel der *„notwendige Überblick über die Geschäftslage"*.

914 *Eschwey*, MittBayNot 2018, 299 (310); *Fleischer*, BB 2013, 835; Grigoleit/*Grigoleit/Tomasic*, § 111 AktG Rn. 11; MüKo.AktG/*Habersack*, § 111 Rn. 12; Hölters/*Hambloch-Gesinn/Gesinn*, § 111 AktG Rn. 10; *Kuntz*, AG 2016, 101 (109); *Thiessen*, AG 2013, 573.

915 Vgl. dazu *BGH* v. 28.11.1988 – II ZR 57/88, NJW 1989, 979 (982); *Zöllner*, AG 2003, 2 (9); zur Fremdorganschaft siehe *Müller* in BeckHdB AG, § 1 Rn. 88 ff.;

916 *Müller* in BeckHdB AG, § 1 Rn. 88.

917 Daher ist der Argumentation von *Heckschen/Strnad*, notar 2019, 406 (416), nicht zu folgen, wonach die Aktionäre weniger schutzbedürftig sind als die Gesellschafter einer GmbH, die die Geschäftsführer in der Regel unmittelbar selbst kontrollieren.

918 Siehe dazu auch *BGH* v. 28.11.1988 – II ZR 57/88, NJW 1989, 979 (982); MüKo.AktG/Habersack, Vor §§ 95–116, Rn. 13; Hölters/*Simon*, § 96 AktG Rn. 2; an welchen Interessen die Aufsichtsräte aber ihre Tätigkeit auszurichten haben, ist in der aktienrechtlichen Literatur umstritten. Siehe dazu *Fendt*, AG 2017, 99 (100, 104 ff.); vgl. auch *Velte*, NZG 2016, 294 (296 f.).

finanzieren.[919] Der Gesellschafterkreis der AG ist daher typischerweise groß, anonym und unternehmerisch wenig versiert;[920] das Aktiengesetz sieht die Aktionäre daher eher als schützenswerte Geldgeber ohne Eigeninteresse an der Geschäftsleitung.[921] Die OHG/KG dahingegen lebt als individueller Zusammenschluss davon, dass die Gesellschafter gemeinsam die Geschäfte betreiben und das unternehmerische Risiko gemeinsam tragen, sodass das Verhältnis zwischen diesen in der Regel eng ist (siehe etwa § 708 BGB).[922] Sieht man, dass im AktG des Jahres 1937 die Kompetenzen und die Leitungsmacht des Vorstands zulasten der Aktionäre ausgebaut wurden und ein Ungleichgewicht zwischen Geschäftsleitungs- und Eignerinteressen möglich ist,[923] leuchtet ein, weshalb hier die unbeschränkte Leitungsmacht des Vorstands in Extremfällen beschränkt werden muss, um die Aktionäre zu schützen und das Unternehmen zu erhalten.[924] Nur weil die Veräußerung des Unternehmens im Interesse der Gesellschaft liegt (vgl. § 76 I AktG), muss diese nicht dem Interesse der Gesellschafter entsprechen. Wieder gegensätzlich stellt sich die Interessenlage hinsichtlich der Organisationsverfassung der OHG/KG dar.[925] Herrschaft, Haftung und Beteiligung ruhen hier in der Gesellschafterstellung, gegebenenfalls mit Ausnahme der Kommanditisten.[926] Weitergehend sind die Gesellschafter der Personengesellschaft persönlich mit dem Unternehmen verbunden.[927] Es droht nicht nur die persönliche Haftung für die Schulden (§ 128 HGB),[928] sondern die Erträge der Gesellschaft dienen unmittelbar dem persönlichen Erwerb der Gesellschafter.[929] Daher haben die persönlich haftenden Gesellschafter einen Anspruch darauf, die Geschäfte der Gesellschaft zu leiten. Nehmen sie die Leitung nicht selbst wahr, stehen ihnen zur Kompensation weitgehende Überwachungs- und Kontrollrechte zur Verfügung.[930] Diese werden nicht durch einen Aufsichtsrat

---

919 Siehe *Bredol*, Rechtsstellung, S. 24 ff., insbesondere S. 33; *Koch*, GesR, § 29 Rn. 1.

920 Amtliche Begründung zum AktG 1937, abgedruckt bei *Klausing*, AktG, S. 56; siehe auch *Kuntz*, AG 2016, 101 (103).

921 *Reichelt/Lye*, ZfIR 2019, 369 (372).

922 Vgl. dazu *Packi*, Veräußerung, S. 44; *Reichelt/Lye*, ZfIR 2019, 369 (373).

923 Vgl. dazu die amtliche Begründung zum AktG 1937, abgedruckt bei *Klausing*, AktG, S. 56.

924 So im Ergebnis auch *Reichelt/Lye*, ZfIR 2019, 369 (372).

925 Vgl. *Mack*, MittBayNot 2019, 491 (495).

926 Vgl. *Mack*, MittBayNot 2019, 491 (495).

927 Vgl. dazu *BGH* v. 16.12.2004 – III ZR 119/94, NJW 2005, 573 (574); siehe auch *Kuntz*, AG 2016, 101 (103).

928 *Timm*, Konzernspitze, S. 117.

929 Vgl. dazu 2. Kapitel A. I.; daraus könnte abzuleiten sein, dass die Gesellschafter der OHG/KG ein starkes Eigeninteresse an den Vermögenswerten der Gesellschaft haben und daher schutzwürdiger sind als die Aktionäre, vgl. *Heckschen/Strnad*, notar 2019, 406 (416). Dem dürfte aber entgegenzuhalten sein, dass insbesondere den persönlich haftenden Gesellschaftern weitgehende Herrschafts- und Mitwirkungsrechte zustehen, die die Schutzbedürftigkeit aufwiegen.

930 Siehe auch *Götze*, NZG 2019, 695 (696).

gemittelt. Dementsprechend haben es die Gesellschafter der OHG/KG in der Hand, die Geschäftsleitung zu überwachen, sodass eine Pflichtwidrigkeit unmittelbar und zurechenbar in deren Sphäre fällt.[931] Aufgrund der verschiedenen Interessenlage im Hinblick auf die Gesellschaftsverfassung kommt eine Übertragung des § 179a AktG auf die OHG/KG nicht in Betracht.[932] Auch aufgrund einer Anwendung des Sphärengedankens ist § 179a AktG weder analog noch dem Rechtsgedanken nach auf die OHG/KG anwendbar. Dafür spricht auch, dass die Norm nicht im auch für die OHG/KG geltenden Umwandlungsrecht, sondern im insoweit spezielleren AktG geregelt[933] und belassen wurde,[934] weshalb die Nähe zum Umwandlungsrecht keine andere Betrachtung gebietet.[935]

II. Rechtliche Unterschiede zwischen §§ 125, 126 HGB und §§ 78 I 1, 82 AktG

1. Vertretungsberechtigte Personen

In dogmatischer Hinsicht verleiht weder § 126 HGB noch § 78 AktG die Kompetenz zur Vertretung in Betreff auf Grundlagengeschäfte. Dementsprechend könnte bereits eine konsequente Anwendung des § 126 HGB dazu führen, dass die Organvertreter der OHG/KG nicht zur Veräußerung des Unternehmens ermächtigt sind. Begründen ließe sich dies mit der Vergleichbarkeit der Veräußerung des ganzen Vermögens beziehungsweise des Unternehmens mit einer Liquidation, da schlussendlich Vermögensgegenstände in Geld umgesetzt werden. Dies wirkt sich allerdings möglicherweise abträglich auf die weitere Erreichbarkeit des Gesellschaftszwecks aus. Während die Eröffnung des Liquidationsverfahrens eine nachhaltige Änderung des Gesellschaftszwecks bedeutet und insbesondere die Organ- und Gesellschafterpflichten im Hinblick auf die Geschäftsleitung Änderungen unterworfen sind, lässt

931 Mit ähnlichen Gedanken zur GmbH: *BGH* v. 8.1.2019 – II ZR 364/18, NZG 2019, 505 Rn. 14. Der argumentiert damit, dass die Einflussmöglichkeiten der Gesellschafter der GmbH auf die Geschäftsleitung stärker sind als die der Aktionäre. Daher müssen sie nicht vergleichbar den Aktionären vor Alleingängen des Vorstands beziehungsweise der Geschäftsführer geschützt werden.

932 *Eschwey*, MittBayNot 2018, 299 (310 f.); *Bredol/Natterer*, ZIP 2015, 1419 (1421, 1425); *Hadding*, Festschrift Lutter, 851 (858); *Mack*, MittBayNot 2019, 491 (495); *Meyer*, GmbHR 2019, 973 (978); *Rosse*, Vertretungsmacht, S. 165; *Leitzen*, NZG 2012, 491 (494); *Reichelt/Lye*, ZfIR 2019, 369 (373); das *OLG Hamm* v. 24.6.2007 – 15 W 145/07, NZG 2008, 21 (23) verzichtete auf eine Analogie, weil ohnehin keine Vertretungsmacht für Grundlagengeschäfte bestehe. Ein Eingriff in die Grundlagen liegt hier aber gerade nicht vor; a.A. wohl *Heckschen/Strnad*, notar 2019, 406 (416).

933 Siehe nur Denkschrift zum HGB 1897, abgedruckt in *Schubert/Schmiedel/Krampe*, Quellen, Band II/1 S. 149.

934 Vgl. auch *Leinekugel*, Ausstrahlung, S. 160; Lutter/*Bayer*, UmwG, Einl. Rn. 57 ff.

935 So auch *Müller*, NZG 2019, 807 (810).

die Veräußerung des Unternehmens die zwischen den Gesellschaftern bestehenden Rechtsbeziehungen und Pflichten unberührt. Hier setzt § 179a AktG an, der losgelöst von einer Änderung des Unternehmensgegenstands und damit einer Satzungsänderung die Veräußerung des ganzen Vermögens an die Mitwirkung der Aktionäre bindet, weshalb die Auswirkungen auf das Statut nicht in Rede stehen.[936]

Knüpft man an die Mitwirkung der Gesellschafter an, ist zu den §§ 125, 126 HGB festzustellen, dass die Vertretungsmacht ohnehin in den Händen der persönlich haftenden Gesellschafter ruht.[937] Der Vorstand der AG kann hingegen mit außenstehenden Dritten besetzt werden.[938] Aufgrund des Abspaltungsverbots des § 717 S. 1 BGB ist sichergestellt, dass die Verwaltung an die Gesellschafterstellung gebunden ist.[939] Nur die Gesellschafter selbst haben Einfluss auf den Verband und dessen Vermögen. Im gesellschaftsinternen Bereich geht es also nicht darum, die Mitsprache der Gesellschafter überhaupt sicherzustellen und deren Kompetenzen zu wahren, sondern nur um den effektiven Schutz der Minderheit. Daher sind Fragen nach der Angemessenheit des Vertragsinhalts im Innenverhältnis zu klären und wirken nicht nach außen.[940]

Eine Versagung der Vertretungsmacht für mittelbar grundlagenrelevante Geschäfte führt außerdem dazu, dass Fragen der Geschäftsführung und verbandsinternen Mitwirkung entgegen dem eindeutigen Wortlaut des Gesetzes (§§ 116 II, 119 HGB) ins Außenverhältnis verlagert werden und damit Dritte das Risiko der internen Pflichtverletzung tragen. Zwar regelt § 116 HGB nur die Mitsprache bei Fragen der Geschäftsführung, worunter die Veräußerung des Unternehmens eigentlich nicht zu fassen ist. Allerdings ist einerseits in § 116 HGB von allen Handlungen die Rede, die über den gewöhnlichen Betrieb des Handelsgewerbes der Gesellschaft hinausgehen.[941] Andererseits ist die Wertung des Gesetzes klar: Die

---

936 So aber die h.M., vgl. GroßKomm.HGB/*Habersack*, § 126 Rn. 16; MüKo.HGB/*Karsten Schmidt*, § 126 Rn. 13; Henssler/Strohn/*Steitz*, § 126 HGB Rn. 10; *Wertenbruch* in Westermann/Wertenbruch, Rn. I 328e; a.A. *Grunewald*, JZ 1995, 577 (578); *Grunewald*, GesR, § 2 Rn. 23; *Hadding*, Festschrift Lutter, 851 (858); K/K/R/D/*Kindler*, § 126 HGB Rn. 2; *Rosse*, Vertretungsmacht, S. 168, 171; kritisch auch *Spranger*, ZfIR 2011, 234 (237).

937 In diese Richtung auch *Meyer*, GmbHR 2019, 973 (979).

938 Hüffer/Koch/*Koch*, § 76 AktG Rn. 58; *Kuntz*, AG 2016, 101 (103); Grigoleit/*Vedder*, § 76 AktG Rn. 48.

939 Vgl. *Habersack*, die Mitgliedschaft, S. 81; *Habersack*, BB 2005, 1665 (1697); GroßKomm.HGB/*Habersack*, § 125 Rn. 5 unter Verweis auf *Karsten Schmidt*, GesR, S. 560 ff.; *P. Huber*, NJW 1990, 73 (78); MüKo.BGB/*Schäfer*, § 717 Rn. 5; *Wertenbruch* in Westermann/Wertenbruch, Rn. I 235a ff.; zum Abspaltungsverbot bei AG und GmbH *BGH* v. 25.2.1965 – II ZR 287/63, NJW 1965, 1378; *BGH* v. 7.11.1986 – II ZR 96/86, NJW 1987, 780; Soergel/*Hadding/Kießling*, § 717 BGB Rn. 20.

940 *Bredthauer*, NZG 2008, 816 (818).

941 Ausdrücklich zur Zustimmung bei Geschäften über das ganze Vermögen: *Berkefeld*, DNotZ 2020, 85 (94); *Götze*, NZG 2019, 695 (696); *Mack*, MittBayNot 2019, 491 (495).

interne Beschlussfassung respektive Zustimmung obliegt den Gesellschaftern im Innenverhältnis (vgl. §§ 109 ff., 116 II, 119 HGB) und wirkt nicht gegenüber Dritten (Umkehrschluss aus §§ 123 ff. HGB). Auch die Systematik der §§ 109 ff. HGB spricht daher gegen eine Außenwirkung nach Maßgabe des § 179a AktG. Die Vertretungsmacht der Organe ist zum Schutz des Rechtsverkehrs vom Innenverhältnis losgelöst und ausdrücklich weiter als die Geschäftsführungsbefugnis ausgestaltet (vgl. §§ 125 I, 126 I, 116 II HGB).[942] Das Gesetz macht keine Ausnahmen aufgrund der Reichweite des Geschäfts, weder dem Wortlaut noch dem Zweck nach. § 126 I HGB spricht von der Vertretung in Betreff auf *„alle gerichtlichen und außergerichtlichen Geschäfte"* und nicht etwa nur von den im Rahmen der Teilhabe am Handelsverkehr getätigten. Überdies sind gerade Grundstücksgeschäfte ausdrücklich von § 126 II HGB erfasst.[943] Damit werden erneut Unterschiede zu den §§ 78 I 1 AktG, 24 I 1 GenG, 35 I 1 GmbHG sichtbar, in denen allein von der *„gerichtlichen und außergerichtlichen"* Vertretung die Rede ist. Auch daher streiten Wortlaut und Systematik im Hinblick auf die Reichweite der Vertretungsmacht für einen qualitativen Unterschied. Diese absolute Ausgestaltung lässt überdies keinen Platz für Einschränkungen der Vertretungsmacht aufgrund der Typizität der Vertreterhandlung oder des in Rede stehenden Geschäfts.

2. Einzel- oder Gesamtvertretung – Schutz des Rechtsverkehrs oder der Gesellschaft

Insoweit steht es den Gesellschaftern frei, die *„effektive Teilhabe am Handelsverkehr"*[944] preiszugeben und statutarisch eine Gesamtvertretung (§ 125 II, III HGB) zu vereinbaren. Diese dient dem Schutz der Gesellschaft vor dem Abschluss nachteiliger oder missbräuchlicher Geschäfte durch die gegenseitige Kontrolle der an der Vertretung beteiligten Gesellschafter.[945] So lässt sich – insbesondere für kleine Gesellschaften – eine Parallelität von Innen- und Außenverhältnis erreichen. Die Gesamtvertretung ist in der AG (§ 78 II 1 AktG), eG (§ 25 I 1 GenG) und GmbH (§ 35 II 2 GmbHG) die Regel. In den Verbänden, in denen das Vertretungsorgan

942 Vgl. GroßKomm.HGB/*Habersack*, § 126 Rn. 5; Baumbach/Hopt/*Roth*, § 126 HGB Rn. 3; MüKo.HGB/*Karsten Schmidt*, § 126 Rn. 8; *Wertenbruch* in Westermann/Wertenbruch, Rn. I 327.

943 Nach *Eschwey*, MittBayNot 2018, 299 (310) schlägt der *„Zeiger"* daher in Richtung Verkehrsschutz aus.

944 *Berghoff*, Organschaftliche Vertretung, S. 60; BeckOK.HGB/*Klimke*, § 125 Rn. 2.

945 *RGZ* 100, 165 (166 f.); *BGH* v. 8.7.1986 – VI ZR 47/85, BGHZ 98, 148 (156); *Berghoff*, Organschaftliche Vertretung, S. 56; *Brandani*, BGB-Gesellschaft, S. 140; *Canaris*, JuS 1980, 332 (334); Oetker/*Kamanabrou*, § 150 HGB Rn. 1; BeckOK.HGB/*Klimke*, § 125 Rn. 2; Henssler/Strohn/*Klöhn*, § 150 HGB Rn. 1; K/K/R/D/*Kindler*, § 150 HGB Rn. 1; M/H/L/S/*Lenz*, § 35 GmbHG Rn. 45; *Schwarz*, NZG 2001, 529 (530); MüKo.BGB/*Schubert*, § 164 Rn. 194; MüKo.AktG/*Spindler*, § 78 Rn. 27; Hölters/*Weber*, § 78 AktG Rn. 20; *Wertenbruch*, NZG 2005, 462 (463).

nicht unbeschränkt für Gesellschaftsverbindlichkeiten haftet und zumeist nur aus wenigen Personen besteht, ist daher zum Schutz der Gesellschaft die Gesamtvertretung zwischengeschaltet. Da auch in der eG gemäß § 9 II 1 GenG die Organe nach selbstorganschaftlichen Prinzipien besetzt werden und ebenfalls die GmbH personalistisch strukturiert ist, ist die Begründung der Einzelvertretungsmacht der persönlich haftenden Gesellschafter primär im Haftungsstatut zu sehen. Wobei darauf hinzuweisen ist, dass der Vorstand der AG in erster Linie dem Unternehmensinteresse verpflichtet ist, wohingegen die Gesellschafter der OHG/KG sich untereinander und dieser gegenüber aufgrund des gemeinsamen Zwecks im Sinne des § 705 BGB verpflichtet sind.[946] Die Vermutung spricht daher für eine kollegiale und umsichtige Geschäftsleitung. Die Einzelvertretung besteht zwar auch in der (sozialen) Krise – bei Streit zwischen den Gesellschaftern –, sodass sogar in diesem Fall die Gesellschafter allein über das gesamte Gesellschaftsvermögen disponieren können. Der Entfall der Interessenparallelität wird aber erst mit Auflösung vermutet, weshalb auch erst ab Liquidationseröffnung eine Gesamtvertretung besteht (§ 150 I HGB).

Aufgrund der typischerweise engen Beziehungen zwischen den Gesellschaftern ist die Entscheidung, den Gesellschafterschutz nicht auf den Rechtsverkehr zu verlagern, nachvollziehbar und richtig. In Extremfällen hilft das Institut des Missbrauchs der Vertretungsmacht, denn auch der Ausnahmecharakter der (Teil-) Betriebsveräußerung ist im Recht der OHG/KG evident.

III. Ergebnis

Die Vertretungsmacht der persönlich haftenden Gesellschafter ist nicht zuletzt wegen des Grundsatzes der Selbstorganschaft weiter als die des Vorstands. Sie dürfen *„alle [...] Geschäfte“* namens der OHG/KG abschließen, was sowohl der Vergleich mit § 49 HGB als auch mit den §§ 78 I 1 AktG, 25 I 1 GenG und § 35 II 2 GmbHG zeigt. Insbesondere der werbende Zweck stellt keine gegenständliche Begrenzung der Vertretungsmacht dar, insoweit handelt es sich um ein allgemeines Prinzip der Organvertretung. Ob des individuellen Zusammenschlusses der Gesellschafter ist der Schutz der Mitgesellschafter dem gesetzlichen Leitbild entsprechend im Innenverhältnis zu verwirklichen. Aufgrund der andersartigen Interessenlage, der grundsätzlichen Beteiligung der Gesellschafter an der Geschäftsleitung sowie der höheren Kontrolldichte kommt eine Übertragung des § 179a AktG, der insbesondere der aktienrechtlichen Organverfassung Rechnung trägt, nicht infrage. Überdies besteht nicht einmal eine planwidrige Regelungslücke, die Voraussetzung einer Analogie ist.[947]

---

946 Vgl. *BGH* v. 10.7.1958 – II ZR 71/57, NJW 1959, 432; MüKo.BGB/*Schäfer*, § 705 Rn. 229.

947 Siehe zu den Voraussetzungen einer Analogie *BGH* v. 18.1.2019 – II ZR 364/18, NZG 2019, 505 Rn. 14; *Larenz*, Methodenlehre, S. 381.

E. Die Wertung des § 179a AktG in der Liquidation

Die Liquidationsgesellschaft ist unbeschränkt handlungsfähig, sodass an die vorstehenden Überlegungen anzuknüpfen ist. Gleichwohl kommt die Übertragung des § 179a AktG auf die OHG/KG im Liquidationsstadium eigentlich nicht in Betracht. Einerseits gelten die obigen Wertungen fort, insbesondere ist der Zusammenschluss nach wie vor personalistisch und die Gesellschafter können sich gemäß §§ 150 I, 152 HGB selbst in Geschäftsführungsangelegenheiten gegenseitig kontrollieren sowie überwachen. Andererseits sind nach §§ 146 I, 150 I HGB sämtliche Gesellschafter kraft Gesetzes nur gemeinsam zur Vornahme aller Handlungen berechtigt, weshalb ohnehin der Gleichlauf mit dem Willen der Gesellschafterversammlung hergestellt wird. Zwar können die Gesellschafter statutarisch von dieser Regelung abweichen und die Liquidatoren zur Einzelvertretung ermächtigten. Dann aber verzichten sie nicht nur freiwillig auf Leitungsmacht, sondern die Handlungen der Liquidatoren, die ihre Befugnisse von der Gesellschaft beziehungsweise den Gesellschaftern ableiten, sind aufgrund dessen gegenüber Dritten mit einer erhöhten Richtigkeitsgewähr ausgestattet.

Selbst wenn der Veräußerung des ganzen Vermögens beziehungsweise des Unternehmens nicht eine verfahrensbeschleunigende Wirkung zukommt, so ist das Ergebnis, nämlich die Vermögensverwertung inklusive Schlussverteilung, ein Ähnliches.[948] Obgleich der Veräußerungstatbestand aufgrund der Andersartigkeit des Verfahrens insbesondere in tatsächlicher Hinsicht ein aliud zur Liquidation darstellt,[949] handelt es sich hier um Interna, die nicht nach außen wirken und daher die Vertretungsmacht nicht beeinflussen. Weiterhin ist der Gesellschaftszweck, der durch eine entsprechende Firmierung im Sinne des § 153 HGB nach außen objektiv kundgetan wird, nicht auf den werbenden Betrieb eines Handelsunternehmens gerichtet und die Aufgabe der Liquidatoren lautet in aller Pauschalität auf Vollbeendigung, sodass die Typizität für die Zulässigkeit dieser Maßnahme spricht.

---

948 Vgl. *Hillers*, Liquidation, S. 66; nach *Hillers* besteht die Pflicht der Liquidatoren zur Unternehmensveräußerung ungeachtet anders lautender Auseinandersetzungsvereinbarungen, die wiederum von der Veräußerungspflicht verdrängt werden. Darüber hinaus ist eine Zustimmung der Gesellschafter zur Veräußerung erforderlich, die aber nur dem Informationsfluss dient. Auch die Wirkung der Zustimmung bleibt offen, da den Liquidatoren die entsprechende Geschäftsführungs- und Vertretungsbefugnis ohnehin zukommt.

949 Vgl. zu den Voraussetzungen der Erfüllung/„closing" *BGH* v. 19.6.1995 – II ZR 255/93, NJW 1995, 2845. Kein Unterschied zur Einzelveräußerung besteht im Rahmen der Übertragung, denn aufgrund des sachenrechtlichen Bestimmtheitsgrundsatzes (vgl. *Canaris*, HandelsR, § 8 Rn. 1; *Helms/Zeppernick*, SachenR I, Rn. 11) müssen die „assets" alle einzeln übertragen werden. Es genügt gleichwohl, wenn sie im Vertrag so genau bezeichnet werden, dass ein Dritter die einzelnen zu übertragenden Sachen klar erkennen kann.

Weiterhin erfährt der Grundsatz der Selbstorganschaft mit Auflösung der Gesellschaft einen Einschnitt. An der Liquidation können Privatgläubiger und Insolvenzverwalter der Gesellschafter beteiligt sein, die im Innenverhältnis weisungsbefugt sind. Darüber hinaus kann die Liquidation gemäß § 146 I 1 HGB auch *„anderen Personen"* als den Gesellschaftern übertragen werden. Gerade dies könnte zum Schutz der Gesellschafter und Beteiligten einen Einschnitt in die Kompetenzen der Liquidatoren begründen, um deren Interessen zu schützen.[950] Daher soll erneut der Blick auf Verbände gerichtet werden, in denen Fremdorganschaft der Normalfall ist, die Interessen der Gesellschafter daher gegenüber denjenigen der Geschäftsführung geschützt, durchgesetzt und gewahrt werden müssen.

I. Die Befugnisse der Abwickler der AG

Mit Auflösung der AG wird gemäß § 264 I AktG deren Liquidation – in der Terminologie des AktG *„Abwicklung"* – zwingend notwendig.[951] Sofern nichts Abweichendes bestimmt ist, besorgen nach § 265 I AktG die ehemaligen Vorstandsmitglieder die Abwicklung, wobei ihnen im Rahmen *„ihres Geschäftskreises"* (§ 268 II 1 AktG) *„die Rechte und Pflichten des Vorstands"* zustehen.[952] Folglich leiten sie die Abwicklung und das in Auflösung befindliche Gesellschaftsunternehmen im Sinne des § 76 I AktG in eigener Verantwortung sowie weisungsfrei.[953] Eine Grenze erfährt die Leitungsmacht allein im Abwicklungszweck: Die Abwickler dürfen die AG nicht faktisch in eine werbende zurückverwandeln,[954] abseits davon aber über die zu ergreifenden Maßnahmen frei entscheiden. Überdies soll sogar die Fortführung des Unternehmens zulässig sein, soweit sich die Abwickler um dessen optimale Verwertung bemühen.[955]

Nach Ansicht des Gesetzgebers ist die Abwicklung auf die Zerschlagung des Vermögens der AG gerichtet, was sich anhand der § 149 S. 1 HGB gleichenden Aufgabenliste des § 268 I 1 AktG ergibt.[956] Allerdings dürfen die Abwickler gemäß § 268 I 2 AktG *„soweit es die Abwicklung erfordert, [...] auch neue Geschäfte eingehen"*,[957] weshalb die in §§ 149 S. 2 HGB, 70 S. 2 GmbHG angelegten Auslegungsprobleme

---

950 Vgl. *Frotz*, Verkehrsschutz, S. 574.

951 Henssler/Strohn/*Drescher*, § 264 AktG Rn. 1; MüKo.AktG/*Koch*, § 264 Rn. 1; Nk-AktG/*Wermeckes*, § 264 Rn. 2; KK.AktG/*Winnen*, § 264 Rn. 2.

952 Dazu *Bredol*, Rechtsstellung, S. 171.

953 Spindler/Stilz/*Bachmann*, § 268 AktG Rn. 15; Hölters/*Hirschmann*, § 268 AktG Rn. 1; Hüffer/Koch/*Koch*, § 268 AktG Rn. 1; MüKo.AktG/*J. Koch*, § 268 Rn. 1; GroßKomm. AktG/*Karsten Schmidt*, § 268 Rn. 3; Nk-AktG/*Wermeckes*, § 268 Rn. 6; vgl. aber zur Stärkung der Hauptversammlung Hüffer/Koch/*Koch*, § 268 AktG Rn. 6.

954 Spindler/Stilz/*Bachmann*, § 268 AktG Rn. 8; vgl. auch KK.AktG/*Winnen*, § 268 Rn. Rn. 33 mit Rn. 1.

955 Spindler/Stilz/*Bachmann*, § 268 AktG Rn. 8.

956 Siehe aber die Begründung des RegE zu den §§ 268, 269 AktG 1965, abgedruckt bei *Kropff*, AktG, S. 357 ff.

957 Siehe zu § 268 AktG auch *Bredol*, Rechtsstellung, S. 170 ff.

nicht bestehen. Überdies wird der Kontext zu den *„schwebenden Geschäften"* nicht hergestellt. Daher dürfen sie zur Erhaltung und Maximierung des Gesellschaftsvermögens neue Geschäfte anbahnen und eingehen, worunter selbst die einstweilige Fortsetzung der Unternehmenstätigkeit fällt,[958] wenn die Veräußerung des Unternehmens möglich ist.[959] Ziel der Abwicklung ist daher die unternehmerische Aufgabe, trotz Beendigung der eigenen unternehmerischen Tätigkeit, ein möglichst positives Ergebnis zu erreichen.[960] Zu beachten ist aber, dass gemäß § 272 AktG der Gläubigerschutz ausdrücklich zu den Aufgaben der Abwickler zählt und das Vermögen nicht vor Ablauf eines Sperrjahres unter den Gesellschaftern verteilt werden darf. Die AG kann daher ohnehin nicht unmittelbar mit der Beschlussfassung über die Auflösung beendigt werden. Im Hinblick darauf kann es sogar sinnvoll sein, weitere Geschäfte abzuschließen, wenn somit das Sperrjahr produktiv genutzt werden kann.

Im Außenverhältnis haben die Liquidatoren gemäß § 269 I, IV AktG die unbeschränkte und unbeschränkbare Vertretungsmacht, wobei im Hinblick auf die Veräußerung des ganzen Vermögens die Zustimmung der Aktionäre gemäß § 179a AktG notwendig ist.[961] Die Aktionäre sollen somit vor dem Missbrauch der Organvertretungsmacht geschützt werden. Darüber hinaus soll ihnen auch im Abwicklungsstadium die Möglichkeit erhalten bleiben, das Unternehmen fortzusetzen.[962] Insoweit ist die Wiederaufnahme der Geschäftstätigkeit risikoärmer als die wirtschaftliche Neugründung.[963] Im Übrigen sprechen weder der Wortlaut, die Stellung im Abschnitt über Satzungsänderungen noch die Vergleichbarkeit mit den umwandlungsrechtlichen

---

958 Begründung des RegE zu den §§ 268, 269 AktG 1965, abgedruckt bei *Kropff*, AktG, S. 357 ff.

959 Vgl. die Begründung des RegE zu den §§ 268, 269 AktG 1965, abgedruckt bei *Kropff*, AktG, S. 357 ff.; Hölters/*Hirschmann*, § 268 AktG Rn. 9; *Hoffmann-Becking* in MHdB GesR Band 4, § 67 Rn. 9; Hüffer/Koch/*Koch*, § 268 AktG Rn. 2; MüKo.AktG/*Koch*, § 268 Rn. 3; *Paura*, Liquidation, S. 89 ff.; GroßKomm.AktG/*Karsten Schmidt*, § 268 Rn. 6; Nk-AktG/*Wermeckes*, § 268 Rn. 2, 4; KK.AktG/*Winnen*, § 269 Rn. 33, 1; differenzierend *Bredol*, Rechtsstellung, S. 184.

960 Spindler/Stilz/*Bachmann*, § 268 AktG Rn. 1; *Bredol*, Rechtsstellung, S. 170 ff.; Henssler/Strohn/*Drescher*, § 268 AktG Rn. 2; Karsten Schmidt/Lutter/*Riesenhuber*, § 268 AktG Rn. 2; MüKo.AktG/*J. Koch*, § 268 Rn. 1.

961 *Bredol/Natterer*, ZIP 2015, 1419 (1423); Grigoleit/*Ehmann*, § 179a AktG Rn. 11; Hölters/*Haberstock/Greitemann*, § 179a AktG Rn. 3; Hölters/*Hirschmann*, § 268 AktG Rn. 4; *Hüren*, RNotZ 2014, 77 (78); Hüffer/Koch/*Koch*, § 179a AktG Rn. 24; NZG 2012, 491 (492); GroßKomm.AktG/*Karsten Schmidt*, § 268 Rn. 3; MüKo.AktG/*Stein*, § 179a Rn. 12; Henssler/Strohn/*Strohn*, § 179a Rn. 12; *Timm*, Konzernspitze, S. 115 *Wachter*, DB 2019, 1078 (1079); *Wachter*, GmbHR 2019, 183 (187); KK.AktG/*Winnen*, § 269 Rn. 10; *Leitzen*; a.A. *Heckschen*, AG 2019, 420 (421); *Weber*, DNotZ 2018, 96 (115).

962 MüKo.AktG/*J. Koch*, § 268 Rn. 14; MüKo.AktG/*Stein*, § 179a Rn. 12; *Timm*, Konzernspitze, S. 115; *Timm*, AG 1980, 172 (176).

963 *Timm*, Konzernspitze, S. 115; *Timm*, AG 1980, 172 (176).

Maßnahmen gegen die Anwendung im Rahmen der Abwicklung. Vielmehr sind auch hier bei strukturrelevanten Maßnahmen die Aktionäre zu beteiligen. Zwar könnte die Wertung des § 119 II AktG in Verbindung mit den auf Zerschlagung gerichteten Aufgaben im Sinne des § 268 I AktG dafürsprechen, dass die Veräußerung des Unternehmens eine zustimmungsfreie Abwicklungsmaßnahme darstellt. Andererseits beendigt die Veräußerung des Unternehmens die Abwicklung unmittelbar und umfasst, wenn sie den Tatbestand des § 179a AktG erfüllt, so viele Vermögensbestandteile, dass zumindest die Schutzaspekte, der Minderheit Gehör zu verschaffen und eine Entwertung der Mitgliedschaft zu verhindern, sowie der klare Anwendungsbereich der Norm überwiegen.[964]

Entscheidend ist im Ergebnis aber die Organisation und Struktur der AG. Der Vorstand ist weisungsfrei und eigenverantwortlich tätig. Er leitet die AG sowie deren Unternehmen. Entsprechendes gilt für die Liquidatoren. Die Herrschaft über die Satzung obliegt den Aktionären, die ihre Rechte im Rahmen der Hauptversammlung wahrnehmen. Nach Maßgabe des Katalogs des § 119 AktG sowie darüber hinaus für mittelbar grundlagenrelevante Maßnahmen, die auf deren Rechtsstellung durchschlagen, ist der Vorstand überdies der unmittelbaren Kontrolle der Hauptversammlung unterworfen. Dies ändert sich auch aufgrund der Auflösung nicht.

II. Die Befugnisse der Liquidatoren der GmbH[965]

Vergleichbar stellt sich die Rechtslage hinsichtlich der GmbH dar: Im an die Auflösung der GmbH (ebenfalls) notwendigerweise anschließenden Liquidationsverfahren übernehmen gemäß § 66 I GmbHG grundsätzlich die ehemaligen Geschäftsführer das Amt der Liquidatoren und arbeiten dementsprechend auf die Vollbeendigung der GmbH hin.[966] Wie auch die Liquidatoren der OHG/KG und die Abwickler der AG haben die Liquidatoren gemäß § 70 GmbHG die *„laufenden Geschäfte zu beendigen"*, also die Geschäftstätigkeit einzustellen[967] sowie das Vermögen der GmbH in Geld umzusetzen, sodass die Gläubiger befriedigt werden können und das verbleibende Vermögen an die Gesellschafter ausgekehrt werden kann. Auch für die Liquidatoren der GmbH ist mit der Normierung des Sperrjahres nach § 73 GmbHG, innerhalb dessen das Vermögen der GmbH zum Schutz der Gläubiger zu erhalten ist und Liquiditätsausschüttungen an die Gesellschafter unzulässig sind, der Gläubigerschutz deren Aufgaben zugeordnet.[968]

---

964 Siehe dazu auch 7. Kapitel C. I. und III. 4.

965 § 88 GenG ist wortgleich, allein von Genossenschaft und nicht Gesellschaft ist die Rede. Auch die Auslegung ist vergleichbar. Siehe Beuthien/*Wolff*, § 88 GenG passim.

966 *OLG Stuttgart* v. 28.2.1986 – 2 U 148/85, ZIP 1986, 647 (648); *Hofmann*, GmbHR 1976, 229 (233); Scholz/*Karsten Schmidt*, § 70 GmbHG Rn. 1.

967 *Hofmann*, GmbHR 1976, 258 (263); Hk-GmbHG/*Kolmann/Dormehl*, § 70 Rn. 16; MüKo.GmbHG/*H.F. Müller*, § 70 Rn. 9; M/H/L/S/*Nerlich*, § 70 GmbHG Rn. 15; Scholz/*Karsten Schmidt*, § 70 GmbHG Rn. 7.

968 Roth/Altmeppen/*Altmeppen*, § 70 GmbHG Rn. 4.

Zwar dürfen die Liquidatoren gemäß § 70 S. 2 GmbHG nur neue Geschäfte eingehen, soweit sie zur Beendigung *„schwebender Geschäfte"* erforderlich sind. Dies wird aber unter wirtschaftlichen Gesichtspunkten dahin gehend ausgelegt, dass der Abschluss neuer Geschäfte zulässig ist, soweit nicht eine Rückverwandlung in eine werbende Gesellschaft droht.[969] Im Ergebnis ist dies die einzige Beschränkung der Geschäftsführungsbefugnis der Liquidatoren.[970] Gemäß § 70 S. 1 Hs. 2 GmbHG obliegt den Liquidatoren die *„gerichtliche und außergerichtliche"* Vertretung der Gesellschaft.[971] § 70 GmbHG weicht daher wesentlich von § 149 HGB ab, wonach den Liquidatoren die Vertretungsmacht nur *„innerhalb ihres Geschäftskreises"* zusteht. Anknüpfend an den Wortlaut (vgl. § 269 I AktG) ist die Vertretungsmacht der Liquidatoren (heute) unstreitig unbeschränkt und unbeschränkbar:[972] Das ergibt sich aus § 71 IV in Verbindung mit § 37 II 1 GmbHG.[973] Überdies wird ein Vergleich zu § 269 AktG herangezogen, der § 210 AktG 1937 ersetzt, welcher noch – wie auch § 149 S. 2 HGB – nur Vertretungsmacht *„innerhalb [des] Geschäftskreises"* gewährte. Mit der Streichung dieses Zusatzes nahm der Gesetzgeber den gegenteiligen Auslegungen im Hinblick auf die GmbH die Argumentationsbasis.[974]

Im Speziellen sind die Liquidatoren dazu ermächtigt, das Unternehmen der Gesellschaft im Ganzen oder in Teilen zu veräußern.[975] Einerseits sollen sie das bestmögliche Abwicklungsergebnis erzielen und andererseits steht nicht mehr der Gesellschaftszweck entgegen.[976] Intern aber kann die Zustimmung der Gesellschafter, die auch in der Liquidation weisungsbefugt sind (§ 71 IV in Verbindung mit

---

969 *OLG Karlsruhe* v. 3.10.1956 – 1 U 44/56, GmbHR 1960, 24 (25); *LG Köln* v. 21.12.1979 – 29 T 21/79, DNotZ 1980, 422 (423); Henssler/Strohn/*Büteröwe*, § 70 GmbHG Rn. 1, 8; *Hofmann*, GmbHR 1976, 258 (263); Hk-GmbHG/*Kolmann/Dormehl*, § 70 Rn. 16; MüKo.GmbHG/*H.F. Müller*, § 70 Rn. 21; Scholz/*Karsten Schmidt*, § 70 GmbHG Rn. 16; *Tavakoli/Eisenberg*, GmbHR 2018, 75 (78); *Wicke*, § 70 GmbHG Rn. 5.

970 Vgl. dazu Roth/Altmeppen/*Altmeppen*, § 70 GmbHG Rn. 12; *Hofmann*, GmbHR 1976, 229 (233); MüKo.GmbHG/*H.F. Müller*, § 70 Rn. 1; M/H/L/S/*Nerlich*, § 70 GmbHG Rn. 15, 33; Scholz/*Karsten Schmidt*, § 70 GmbHG Rn. 16.

971 *BGH* v. 8.1.2019 – II ZR 364/18, NZG 2019, 505 Rn. 46.

972 *BGH* v. 8.1.2019 – II ZR 364/18, NZG 2019, 505 Rn. 46.

973 *LG Köln* v. 21.12.1979 – 29 T 21/79, DNotZ 1980, 422 (423); *BayObLG* v. 14.5.1985 – BReg. 3 Z 41/85, BB 1985 1148 (1149); *OLG Stuttgart* v. 28.2.1986 – 2 U 148/85, ZIP 1986, 647 (648); Roth/Altmeppen/*Altmeppen*, § 70 GmbHG Rn. 24; *Eller*, Liquidation, Rn. 102; Baumbach/Hueck/*Haas*, § 70 GmbHG Rn. 2; *Hofmann*, GmbHR 1976, 229 (233); Hk-GmbHG/*Kolmann/Dormehl*, § 70 Rn. 2; MüKo.GmbHG/*H.F. Müller*, § 70 Rn. 3; Scholz/*Karsten Schmidt*, § 70 GmbHG Rn. 3.

974 *Hofmann*, GmbHR 1976, 229 (234); MüKo.GmbHG/*H.F. Müller*, § 70 Rn. 3.

975 So wohl auch das *Brandenburgische Oberlandesgericht* v. 29.3.2018 – 5 U 18/16 jurisRn. 21 ff.; a.A. aber nachfolgend der *BGH* (v. 8.1.2019 – II ZR 364/18, NZG 2019, 505 Rn. 36 ff., 47) im Rahmen des Revisionsverfahrens,

976 *BGH* v. 28.1.1980 – II ZR 124/78, BGHZ 76, 352 (356); *BGH* v. 1.2.1988 – II ZR 75/87, BGHZ 103, 184 (192); *BGH* v. 8.1.2019 – II ZR 364/18, NZG 2019, 505 Rn. 47; Henssler/Strohn/*Büteröwe*, § 70 GmbHG Rn. 1; Rowedder/*Gesell*, § 70 GmbHG Rn. 16;

§ 37 I GmbHG),[977] erforderlich werden, da eine Veräußerung des Unternehmens als Ganzes für das weitere Verfahren von grundlegender Bedeutung ist und eine Fortsetzung der Gesellschaft unmöglich macht.[978]

III. Gemeinsamkeiten und Unterschiede im Hinblick auf OHG/KG

Während bei der OHG/KG gemäß § 146 I HGB eine neue Handlungsverfassung etabliert wird, lautet der Grundsatz bei AG und GmbH auf Ämterstabilität. Die Geschäftsleiter der werbenden Gesellschaft sind zugleich deren Abwickler/Liquidatoren. Auch die Pflichtenbindung im Innenverhältnis wird weitgehend fortgeschrieben und unter Umständen zunächst sogar verstärkt.[979] Insbesondere im Recht der AG wurden daher die Kompetenzen der Abwickler ausgedehnt, was aufgrund der Notwendigkeit der Abwicklung (gilt gleichfalls für die GmbH) reflexartig dem Gläubigerschutz dient. Die Flexibilität der Geschäftsleitung wurde gesteigert, sodass diese spontan auf wechselnde Marktsituationen reagieren kann. Im Gegensatz aber zum Recht der GmbH oder auch der Personengesellschaften sind die Vorgaben des AktG (§ 23 V AktG) zwingend. Die Kompetenzen der Abwickler oder der Hauptversammlung können nur erweitert oder abgeändert werden, sofern das Gesetz eine Öffnungsklausel enthält. Das heißt auch, dass anders als im GmbHG oder HGB eine solche Erweiterung der Kompetenzen kraft Gesetzes notwendig wurde, um eine effektive oder flexible Abwicklung zu ermöglichen, die eine maximale Wertschöpfung aus dem aktuell vorhandenen Gesellschaftsvermögen gewährleistet. In den personalistischen Verbänden (GmbH und OHG/KG), die das Innenrecht dem Willen der Gesellschafter unterwerfen, ist eine Reformation des Gesetzes nicht von solch wesentlicher Bedeutung gewesen. Hier können die Kompetenzen der Liquidatoren notfalls kraft eines Beschlusses erweitert werden.

Darüber hinaus ist der Schutz der Aktionäre (sowie der Gesellschafter einer GmbH) auch nach der Auflösung nicht in besonderem Maße zu verwirklichen, denn eine persönliche Haftung lebt nicht auf, womit sich die Rechtslage in wesentlichen

---

Hofmann, GmbHR 1976, 258 (265); Hk-GmbHG/*Kolmann/Dormehl*, § 70 Rn. 21; Scholz/*Karsten Schmidt*, § 70 GmbHG Rn. 14; *Wicke*, § 70 GmbHG Rn. 3.

977 Roth/Altmeppen/*Altmeppen*, § 70 GmbHG Rn. 3; Henssler/Strohn/*Büteröwe*, § 70 GmbHG Rn. 1; Rowedder/*Gesell*, § 70 GmbHG Rn. 3; Hk-GmbHG/*Kolmann/Dormehl*, § 70 Rn. 7 ff.; MüKo.GmbHG/*H.F. Müller*, § 70 Rn. 3; Scholz/*Karsten Schmidt*, § 70 GmbHG Rn. 5.

978 Vgl. *BGH* v. 8.1.2019 – II ZR 364/18, NZG 2019, 505 Rn. 36 ff., 47; Roth/Altmeppen/*Altmeppen*, § 70 GmbHG Rn. 6; Baumbach/Hueck/*Haas*, § 70 GmbHG Rn. 8; *Mack*, MittBayNot 2019, 491 (494); *Meyer*, GmbHR 2019, 973 (975); MüKo.GmbHG/*H.F. Müller*, § 70 Rn. 8, 16; M/H/L/S/*Nerlich*, § 70 GmbHG Rn. 27; Scholz/*Karsten Schmidt*, § 70 GmbHG Rn. 14; a.A. *Wachter*, GmbHR 2019, 183 (187), der von einer Außenwirkung analog § 179a AktG ausgeht.

979 Vgl. 1. Kap. C. III.

Punkten von der bei der OHG/KG im Hinblick auf die persönlich haftenden Gesellschafter unterscheidet: Bedingt durch die auf das Grund- beziehungsweise Stammkapital beschränkte Haftung rücken in der AG und der GmbH die Interessen der Gläubiger in den Vordergrund. Auszahlungen an die Gesellschafter sind während des Sperrjahres verboten. Das Kapital wird somit zur Befriedigung noch offener Verbindlichkeiten erhalten. Anders als in der OHG/KG können etwaige aus einer Fortsetzung der Unternehmenstätigkeit erzielte Gewinne nicht ausgeschüttet werden, sondern sind bis zum Ablauf des Sperrjahres zu thesaurieren.[980] Auch wenn das HGB ein Sperrjahr nicht kennt, erlischt die OHG/KG nicht, solange Forderungen von Gläubigern gegen sie bestehen (diese sind gemäß § 149 S. 1 HGB auch für deren Liquidatoren von Bedeutung), sodass zumindest daher Interessen Dritter beachtlich sind. Sie stehen aber nicht einer sofortigen oder schnellen Abwicklung entgegen.

AG und GmbH sind auch nach ihrer Auflösung Verbände, die auf eine Marktteilnahme und den Betrieb eines Unternehmens gerichtet sind, allein die Interessen der Gläubiger rücken aufgrund des bevorstehenden Endes des Verbands in den Vordergrund. Denn der Verband erlischt erst, sobald er vermögenslos und im Handelsregister gelöscht ist. Insbesondere das Recht der AG zeigt aufgrund der Kompetenzerweiterung in § 268 I 2 AktG, dass Unternehmen nicht stichtagsgenau beendigt werden können, vielmehr die Abwicklung in umfangreichem Maßstab eine weitere Geschäftstätigkeit erfordern kann. Die Auslegung auch des Rechts der anderen Verbände orientiert sich daher an den §§ 264 ff. AktG, da hier der Gesetzgeber seine geänderten Ansichten zur Liquidation äußerte.[981] Zudem sind bezüglich der Personenhandelsgesellschaften Einschränkungen vorzunehmen, denn die §§ 146 ff. HGB sind nicht alternativlos. Vielmehr ist der Wille der Gesellschafter verstärkt zu berücksichtigen, da bis zur Vollbeendigung die unbeschränkte und persönliche Haftung der Gesellschafter fortbesteht und die Regelungen nicht auf die fortgesetzte Teilhabe am Rechtsverkehr, sondern auf die schnellstmögliche Zerschlagung abzielen. Zugleich ist aber zu beachten, dass ein Ausscheiden aus dem aufgelösten Verband nicht mehr möglich ist und aufgrund der Durchsetzungssperre der Innenregress im Sinne des § 110 HGB einstweilig gehemmt wird. In Anbetracht der persönlichen Haftung nach § 128 HGB ist daher die weitere Unternehmenstätigkeit kritisch zu sehen.

---

980 MüKo.GmbHG/*H.F. Müller*, § 70 Rn. 16; vgl. auch *Karsten Schmidt*, DB 1994, 2013 (2015); zur AG siehe Spindler/Stilz/*Bachmann*, § 272 AktG Rn. 4; Henssler/Strohn/*Drescher*, § 272 AktG Rn. 1; Hüffer/Koch/*Koch*, § 272 AktG Rn. 2; zur GmbH siehe M/H/L/S/*Nerlich*, § 73 GmbHG Rn. 3 f.

981 Begründung des RegE zu den §§ 268, 269 AktG 1965, abgedruckt bei *Kropff*, AktG, S. 357 ff.

F. Zusammenfassung

Im Ergebnis führen die Auslegung der §§ 146 ff. HGB, die sich am Recht der AG und der GmbH orientiert, sowie das gewandelte Verständnis von der Liquidationsgesellschaft als rechtsfähigem und kaufmännischem Verband, welcher unter Wahrung der Identität fortbesteht, zu einer weitgehenden Angleichung der in den Gesellschaftsstrukturen angelegten Unterschiede. Die OHG/KG nimmt, obgleich sie sich in Liquidation befindet, uneingeschränkt am Handelsverkehr teil, was wiederum bedeutet, dass ein verstärktes Bedürfnis nach Verkehrsschutz besteht. Dieses äußert sich insbesondere in der Ausdehnung der Vertretungsmacht, die nunmehr als unbeschränkt und unbeschränkbar verstanden wird.[982] Allein zum unmittelbaren Eingriff in die Grundlagen der Gesellschaft und der Vertretung der Gesellschafter sind die Liquidatoren nicht ermächtigt.

Zum Schutz des Rechtsverkehrs wirken Beschränkungen der Geschäftsführungsbefugnis, mögen sie vertraglicher oder gesetzlicher Natur sein, nur dann nach außen, wenn dies entsprechend publiziert werden kann. Daher bestimmen sowohl der Gesellschafts- oder Liquidationszweck als auch die konkrete Abwicklungsvereinbarung Art und Maß der Geschäftsleitungsbefugnisse nach innen, sie stellen allerdings keine taugliche Begrenzung der Vertretungsmacht nach außen dar.

Die Vertretungsmacht der Liquidatoren erfährt weiterhin keine Einschränkung analog § 179a I AktG für Verträge über das ganze Gesellschaftsvermögen. Es mangelt bereits an den Voraussetzungen einer analogen Anwendung. Es ist nicht nur fraglich, ob bezüglich der OHG/KG eine planwidrige Regelungslücke vorliegt, da der Gesetzgeber den § 179a AktG bewusst nicht im UmwG geregelt hat.

Auch die Interessenlage ist nicht vergleichbar. § 179a AktG schränkt die Leitungsmacht des Vorstands ein und sichert so die Beteiligung der Aktionäre bei grundlagenrelevanten Geschäften, die die Unternehmensstruktur der AG nachhaltig beeinflussen. Die Aktionäre stehen der Geschäftsleitung aber nicht vergleichbar nahe, wie dies die Gesellschafter einer OHG/KG tun. In der Liquidation sind einerseits grundsätzlich alle Gesellschafter gleich- und gesamtvertretungsberechtigte Liquidatoren (§§ 146 I 1, 150 I HGB). Andererseits – wenn sie im Einzelfall keine Liquidatoren sind – können sie diesen in allen Belangen der Geschäftsführung gemäß § 152 HGB Weisungen erteilen. Sollten Drittliquidatoren tätig werden, verzichten die Gesellschafter in der Regel freiverantwortlich auf Leitungsmacht.

Anders als bei der AG kann der Gesellschafterschutz nicht höher als der Verkehrsschutz bewertet werden. Bezüglich der OHG/KG überwiegt das Vertrauen in die Wirksamkeit einer Maßnahme. Da die Gesellschaft in der Regel von unmittelbar an der Haftung teilnehmenden Gesellschaftern vertreten wird, besteht eine gewisse dahin gehende Richtigkeitsvermutung, dass das Handeln des geschäftsleitenden Gesellschafters mit dem Willen des Verbands übereinstimmt. Abweichendes gilt auch nicht im Falle von Drittliquidatoren, da hier weitreichende Weisungsrechte

---

982 Ausführlich hierzu auch das 6. Kapitel.

der Gesellschafter bestehen. Insoweit widerspräche eine Beschränkung der Vertretungsmacht dem Interesse des Handelsverkehrs an leichten und sicheren Geschäftsabschlüssen. Insbesondere die zahlreichen Überlegungen dazu, wie das Tatbestandsmerkmal des *„ganzen Gesellschaftsvermögens"* auszulegen ist, verdeutlichen die Schwierigkeiten des Rechtsverkehrs, verlässlich zu bewerten, ob das Rechtsgeschäft zustimmungsfrei und damit von der Vertretungsmacht erfasst wäre.

Somit lässt sich abschließend zusammenfassen, dass die Anwendung des § 179a AktG auf die OHG/KG zunächst an der andersartigen Organverfassung scheitert. Diese baut auf der Mitwirkung aller Gesellschafter auf. Denn sie sind im Gegensatz zu den Aktionäre regelmäßig eng an die Geschäftsleitung und die Verwaltung gebunden oder verzichten freiverantwortlich auf Leitungsmacht – Ausnahmen können für Publikumsgesellschaften gelten. Zwar sind die Gesellschafter vor einem Missbrauch der Vertretungsmacht aufseiten der Liquidatoren zu schützen, hierfür genügt aber das gleichnamige allgemeine zivilrechtliche Institut.

Auch wenn die Organisationsverfassung des Verbands eine Fortsetzung der Unternehmenstätigkeit, die für die Herstellung der Veräußerbarkeit des Unternehmens erforderlich sein kann, bis zur Grenze der faktischen Rückverwandlung in eine werbende Gesellschaft zulässt, bestehen grundlegende Bedenken gegen diese Art der Liquidation. Betreiben die Liquidatoren das Unternehmen über den Zeitpunkt der Auflösung hinaus fort, könnten essenzielle Wertungen des Personengesellschaftsrechts wie die Bindung von Vertretungsmacht und Geschäftsführungsbefugnis an die Mitgliedschaft (Selbstorganschaft) und damit auch das Abspaltungsverbot (§ 717 S. 1 BGB) umgangen werden, da nach § 146 I 1 HGB auch Fremdorganschaft zulässig wird. Derweil besteht zwar die unbeschränkte Haftung gemäß § 128 HGB, nicht aber der Innenregress im Sinne des § 110 HGB fort. Auch aus diesem Grund ist die Gesellschaft nicht auf eine aktive Unternehmenstätigkeit ausgerichtet. Außerdem lautet der mit Auflösung der Gesellschaft zum Ausdruck gekommene Wille der Gesellschafter auf Beendigung der Unternehmenstätigkeit und der Gesellschaft. Daher stellt sich die Frage, in welchem Umfang interne Zustimmungen der Gesellschafter erforderlich werden. Außerdem ist zu beantworten, ob auch in der Liquidation eine Abkehr von der in den §§ 147, 152 HGB zum Ausdruck gekommenen Einstimmigkeit zulässig ist.

8. Kapitel Ansprüche und Mitwirkungsbefugnisse der Gesellschafter im Innenverhältnis

A. Verfahrensbeteiligung aller Gesellschafter

Weder die Rechtsfähigkeit der Gesellschaft noch die Vertretungsmacht der Liquidatoren werden durch den Liquidationszweck beschränkt. Die Gesellschaft ist uneingeschränkt verkehrsfähig. Ausnahmen gibt es keine. Der Schutz der Gesellschafter wird in der Liquidationsphase zuvörderst dadurch realisiert, dass alle Gesellschafter einen Anspruch auf die Liquidation nach Maßgabe der §§ 145 I, 146 ff. HGB[983] sowie auf die Stellung als Liquidator haben (§§ 146, 147 HGB). Diese können mangels abweichender statutarischer Gestaltung – der Ernennung einzelner Gesellschafter oder Dritter zu Liquidatoren – überdies nur gemeinsam tätig werden (§ 150 I HGB). Sind die Gesellschafter keine Liquidatoren, so können sie in allen Geschäftsführungsangelegenheiten gemäß § 152 HGB Weisungen erteilen; grundsätzlich nur einstimmig. Den Gesellschaftern obliegt daher die Durchführung und kumulativ oder alternativ die Überwachung der Liquidation. Die Verfahrensherrschaft ruht in den Händen aller Gesellschafter.[984] Sie können nur in ihrer Verbundenheit tätig werden, sodass sie das Haftungsrisiko beherrschen.[985] Dies geht aber zulasten der Flexibilität der Handlungsorgane.

Das gleiche Spannungsverhältnis besteht zwischen den Anliegen, die Minderheit aufgrund von Einstimmigkeit zu schützen, ihr ein Vetorecht gegen alle Liquidationsmaßnahmen einzuräumen (§§ 150 I, 152 HGB) und der Sicherstellung von Handlungsfähigkeit und Flexibilität der Gesellschaft nach innen.[986] Im Hinblick auf Mehrheitsentscheidungen, die dieses Problem beheben können, stellt sich die Frage, ob es Maßnahmen oder Liquidationsvereinbarungen gibt, an denen

---

983 Vgl. *OLG Naumburg* v. 1.3.2012 – 9 U 151/11, NZG 2012, 1259 (1260); *Schäfer*, ZGR 2013, 237 (238).

984 Denkschrift zum HGB 1897, abgedruckt in *Schubert/Schmiedel/Krampe*, Quellen, Band II/1, S. 75; *Heckschen/Bachmann*, NZG 2015, 531; *Goette*, Festschrift Sigle, 145 f.; MüKo.BGB/*Schäfer*, § 709 Rn. 81.

985 Vgl. dazu *BGH* v. 14.5.1956 – II ZR 229/54, BGHZ 20, 363 (368); Hk-HGB/*Psaroudakis*, § 119 Rn. 6; *Schäfer*, ZGR 2013, 237 (250 ff.); *Wertenbruch*, DB 2014, 2875 (2879 f.).

986 Siehe dazu *BGH* v. 12.11.1952 – II ZR 260/51, BGHZ 8, 35 (41); *BGH* v. 15.1.2007 – II ZR 245/05, BGHZ 170, 283 Rn. 6; *BGH* v. 24.11.2008 II ZR 116/08, BGHZ 179, 13 Rn. 22; *BGH* v. 16.10.2012 – II ZR 239/11, NZG 2013, 63 Rn. 23; *Goette*, Festschrift Sigle, 145 (146); *Goette/Goette*, DStR 2016, 74; *Grunewald*, BB 2015, 333; *Heckschen/Bachmann*, NZG 2015, 531; *Holler*, DB 2008, 2067; Nk-HGB/*Klimke*, § 119 Rn. 34; *Weber*, ZfPW 2015, 123 (124); *Wiedemann*, Festschrift Hopt, 1491 (1492).

zwingend die Gesamtheit der Gesellschafter mitwirken muss, weil sie in den sogenannten *„Kernbereich der Mitgliedschaft“* eingreifen.

Darüber hinaus unterscheidet das Gesetz zwischen den *„Liquidatoren“* und weiteren *„Beteiligten“* (§§ 146, 147, 152 HGB), was unter anderem ausdrückt, dass es ein Handlungs- und ein Beschlussorgan geben kann. Dieses letztere Organ ist den Liquidatoren zum Zweck der Überwachung gegenüber weisungsbefugt (§ 152 HGB). Handlungen der Gesellschaft nach außen sind auch dadurch legitimiert, dass die Liquidatoren ihre Befugnisse unmittelbar von der Gesellschaft ableiten. Aufgrund der Anordnung des § 146 I HGB sind sie grundsätzlich die Gesamtheit der verbundenen Gesellschafter und damit personenidentisch zur Gesellschafterversammlung. Handelt es sich aber um Drittliquidatoren, so wurden diese einerseits bewusst von der Gesellschaft – oder vom zuständigen Gericht – eingesetzt und haben andererseits ihre Handlungsbefugnisse auf Kosten derer der Gesellschafter erworben.

B. Art der Auseinandersetzung und Geschäftsführungsbefugnisse der Liquidatoren

I. Beendigung der Gesellschaft sowie der bestehenden Rechtsbeziehungen

Das übergeordnete Verfahrensziel der Liquidation ist die Beendigung der Gesellschaft und der damit einhergehenden Rechtsverhältnisse sowie die Desinvestition des in der Gesellschaft zusammengefassten Kapitals. Diesbezüglich ist das Gesellschaftsvermögen nach § 149 S. 1 HGB zu verwerten. Vorgesehen als abschließende Desinvestitionsmaßnahme ist eine Auseinandersetzung unter den Gesellschaftern in Geld (vgl. § 155 HGB). Das hierfür relevante Definitionsmerkmal ist die Herbeiführung eines Vermögensübergangs im Wege der Einzelrechtsnachfolge.[987] Eine Auseinandersetzung im Sinne der §§ 146 ff. HGB liegt daher nicht vor, wenn das Vermögen der Gesellschaft unmittelbar unter den Gesellschaftern verteilt wird.[988]

---

987 Vgl. *Butzer/Knof* in MHdB GesR Band 1, § 84 Rn. 81 f.; Röhricht/Graf v. Westphalen/Haas/*Haas*, § 145 HGB Rn. 7 f.; GroßKomm.HGB/*Habersack*, § 145 Rn. 35 ff.; E/B/J/S/*Hillmann*, § 145 HGB Rn. 22 ff.; Oetker/*Kamanabrou*, § 145 HGB Rn. 17 ff.; K/K/R/D/*Kindler*, § 145 HGB Rn. 4; Henssler/Strohn/*Klöhn*, § 145 HGB Rn. 14; Nk-HGB/*Lehmann-Richter*, § 145 Rn. 19; Baumbach/Hopt/*Roth*, § 145 HGB Rn. 10; *Karsten Schmidt*, ZHR 153 (1989), 270 (277); MüKo.HGB/*Karsten Schmidt*, § 145 Rn. 8; *Wertenbruch* in Westermann/Wertenbruch, Rn. I 1702 ff.

988 Denkschrift zum HGB 1897, abgedruckt in *Schubert/Schmiedel/Krampe*, Quellen Band II/1, S. 92; *BGH* v. 11.5.2009 – II ZR 210/08, NJW 2009, 2205 (2206); *Butzer/Knof* in MHdB GesR Band 1, § 84 Rn. 82; GroßKomm.HGB/*Habersack*, § 145 Rn. 36; E/B/J/S/*Hillmann*, § 145 HGB Rn. 24; Nk-HGB/*Lehmann-Richter*, § 145 Rn. 20; Baumbach/Hopt/*Roth*, § 145 HGB Rn. 10.

Ebenfalls keine Liquidation stellt eine Vollbeendigung der Gesellschaft im Rahmen eines der in § 1 I UmwG geregelten Verfahren dar. Diese sind nicht nur spezieller, der Vermögensübergang wird hier auch stets im Wege der Gesamtrechtsnachfolge bewirkt. Umwandlungsverträge können die Liquidatoren überdies nicht wirksam namens der Gesellschaft abschließen. Diese bedürfen, da sie die Gesellschaft in ihrem Kern und in ihrer rechtlichen Struktur nachhaltig beeinflussen, der Zustimmung der Gesellschafterversammlung (siehe §§ 13 I 2, 43 I UmwG).

Vor diesem Hintergrund leuchtet eine Differenzierung in *„typische"* und *„atypische"* Liquidation nur ein,[989] wenn man die §§ 149 ff. HGB nicht als programmatische Nennung der Liquidationsaufgaben, sondern (wie der HGB-Gesetzgeber) als nahezu abschließende Umschreibung des Verfahrens begreift.[990] Dadurch würden sodann die Geschäftsführungsbefugnisse der Liquidatoren absolut beschränkt. Unter diesem Blickwinkel stellt der Unternehmensverkauf ein aliud respektive einen *„atypischen Fall der Liquidation"*[991] dar, der im Innenverhältnis weder von der Geschäftsführungsbefugnis der Liquidatoren noch von dem Weisungsrecht der Gesellschafter- oder Beteiligtenversammlung im Sinne des § 152 HGB erfasst ist und daher eines die Liquidationsvereinbarung erweiternden Gesellschafterbeschlusses bedarf. Das folgt auch aus dem Verhältnis von Gesellschaftszweck zu Unternehmensgegenstand sowie von Liquidationszweck zu Art der Auseinandersetzung im Sinne des § 145 I HGB: Der Zweck der Liquidation ist das übergeordnete Verbandsziel, welches durch die *„Art der Auseinandersetzung"* näher ausformuliert wird. Bezugnehmend auf die Ziele Desinvestition und Gläubigerbefriedigung wäre der Unternehmensverkauf zwar kein aliud, aufgrund der Ausformulierung durch § 149 HGB, der von einer Zerschlagung ausgeht, aber schon.

II. Anspruch auf den Liquidationserlös gemäß § 155 I HGB

1. Konsentierte (Voll-)Beendigung der Gesellschaft

Die Gesellschafter haben nicht nur einen Anspruch auf die Liquidation sowie die Beteiligung an dieser,[992] sondern sind zudem Inhaber des Anspruchs auf

989 Vgl. hierzu MüKo.HGB/*Karsten Schmidt*, § 145 Rn. 7 ff.

990 Siehe dazu 5. Kapitel B.

991 So *BayObLG* v. 30.12.1980 – BReg. 1 Z 108/80, DB 1981, 518; *Butzer*, Jura 1994, 628 (631); Röhricht/Graf v. Westphalen/Haas/*Haas*, § 145 HGB Rn. 9; Oetker/*Kamanabrou*, § 145 HGB Rn. 16; Henssler/Strohn/*Klöhn*, § 145 HGB Rn. 4, 14; MüKo.HGB/*Karsten Schmidt*, § 145 Rn. 9; a.A. Hk-HGB/*Anissimov*, § 145 Rn. 11; Groß-Komm.HGB/*Habersack*, § 145 Rn. 35; *Wertenbruch* in Westermann/Wertenbruch, Rn. I 1707.

992 *Hillers*, Liquidation, S. 46; vgl. auch *OLG Hamm* v. 24.5.2007 – 15 W 145/07, NZG 2008, 21 (23 f.); *OLG Naumburg* v. 1.3.2012 – 9 U 151/11, NZG 2012, 1259 (1260); MüKo.HGB/*Enzinger*, § 119 Rn. 72; MüKo.BGB/*Schäfer*, § 709 Rn. 93.

Auschüttung und Verteilung des Liquidationsergebnisses.[993] Dieser Anspruch stellt die vermögensrechtliche Folge der Mitgliedschaft in der Gesellschaft sowie der gemeinschaftlichen Förderung des Gesellschaftszwecks dar und setzt den Gewinnbeteiligungsanspruch im Sinne der §§ 120 ff. HGB in der Liquidationsphase fort. Der Anspruch auf Beteiligung am Liquidationserlös geht allerdings mit Pflichten einher. Zwar haben die Gesellschafter im Falle eines positiven Liquidationsverlaufs einen Anspruch auf Ausschüttung des Vermögens gemäß § 155 I HGB. Ist das Liquidationsergebnis aber negativ, so besteht umgekehrt ein Anspruch der Gesellschaft gegen die Gesellschafter analog § 735 BGB. Die Gesellschafter tragen den Verlust zu verhältnismäßig gleichen Teilen,[994] sodass im Rahmen der Liquidation verfahrensimmanent eine Abweichung von § 707 BGB vorliegt. Dies gilt außerdem über die finanzielle Einstandspflicht hinaus in Betreff auf die Geschäftsleitungspflicht (§ 146 I HGB). Daher verwundert es nicht, dass es sich nach alter Terminologie um sogenannte Kernbereichsrechte handelt und die Disposition über den Auseinandersetzungsanspruch seitens der Gesellschafterversammlung nur einstimmig beziehungsweise unter Mitwirkung aller betroffenen Gesellschafter möglich war.[995] Dieser Gesellschafterschutz wird subsidiär durch die Beteiligung aller Gesellschafter an der Leitung des Verfahrens (§ 146 I, 152 HGB) sichergestellt, sodass die Gesamtvertretungsregelung nicht nur den Verkehrserwartungen gerecht wird beziehungsweise wurde,[996] sondern die intern erforderliche Einstimmigkeit auch gegenüber Dritten – im Außenverhältnis – absichert. Liquidationsmaßnahmen, die sich auf den elementaren Auseinandersetzungsanspruch auswirken, können somit unter dem Vorbehalt des § 150 HGB auch mit Wirkung gegen Dritte gewissermaßen nur von der Gesellschafterversammlung vorgenommen werden.[997] Folglich dienen die §§ 146 I, 149, 150 I, 152 HGB auch dem Schutz der Bezugsrechte der Gesellschafter (und gegebenenfalls der Gläubiger).[998]

---

993 *RGZ* 114, 393 (395); *BGH* v. 12.5.1966 – II ZR 254/63, WM 1966, 876; *BGH* v. 10.10.1994 – II ZR 18/94, NJW 1995, 194 (195); MüKo.HGB/*Enzinger*, § 119 Rn. 72; *Holler*, DB 2008, 2067 (2073); Nk-HGB/*Klimke*, § 119 Rn. 54; *Priester*, NZG 2015, 529 (530); Hk-HGB/*Psaroudakis*, § 119 Rn. 11a.

994 Vgl. *BGH* v. 6.2.2018 – II ZR 1/16, NZG 2018, 577 Rn. 39.

995 Zur Einordnung als Kernbereichsrecht nach alter Terminologie siehe *BGH* v. 14.5.1956 – II ZR 229/54, BGHZ 20, 363 (370 f.); *BGH* v. 10.10.1994 – II ZR 18/94, NJW 1995, 194 (195) mit Anmerkung *Flume*, ZIP 1995, 651 (652) und *Karsten Schmidt*, JZ 1995, 313 (314); *OLG Hamm* v. 24.5.2007 – 15 W 145/07, NZG 2008, 21 (23 f.); *Binz/Mayer*, DB 2007, 1739 (1742); MüKo.HGB/*Enzinger*, § 119 Rn. 64; *Goette*, Festschrift Sigle, 145 (148); *Holler*, DB 2008, 2067 (2073); *P. Huber*, NJW 1990, 73 (79); *Röttger*, Kernbereich, S. 164 ff.; *Schäfer*, ZGR 2013, 237 (48 ff.); MüKo.BGB/*Schäfer*, § 709 Rn. 93; *Karsten Schmidt*, ZGR 2008, 1 (17 ff.); *Wahlers/Orlikowski-Wolf*, ZIP 2012, 1161 (1165); demgegenüber kritisch *Kleindiek*, GmbHR 2017, 674 (676).

996 Vgl. Denkschrift zum HGB 1897, abgedruckt in *Schubert/Schmiedel/Krampe*, Quellen Band II/1 S. 74; *Heimann*, ADHGB, S. 276.

997 Zu möglichen Vertragsgestaltungen vgl. Meilicke/*Meilicke*, § 7 PartGG Rn. 28.

998 Vgl. *Frotz*, Verkehrsschutz, S. 574.

2. *Bedeutung für die Achtung der individuellen Rechtsstellung*

Einerseits haben die Gesellschafter daher einen Anspruch auf die Beteiligung als Liquidator, weshalb sie zur eigenverantwortlichen Vornahme aller Maßnahmen ermächtigt sind, welche unter § 149 HGB fallen. Andererseits hat die Gesellschafterversammlung die Möglichkeit, diese Rechte kraft ihrer Weisungsbefugnis einzuschränken (§§ 147, 151, 152 HGB). Weitergehend treten die Weisungen, die den Liquidationserlös betreffen, partiell in Konflikt mit der sogenannten Kernbereichslehre und könnten daher nur mit Zustimmung der betroffenen Gesellschafter vorgenommen werden. Die Gesellschafter sind zum Schutz ihrer Interessen auf die vorbenannten Herrschafts- und Steuerungsrechte angewiesen. Zwar ist der Grundsatz „ohne Haftung keine Herrschaft" aufgrund der Möglichkeit von Drittliquidatoren gebrochen, gleichwohl trifft die persönlich haftenden Gesellschafter das Verlustrisiko, sodass die Steuerung der Gesellschaftstätigkeit nicht an Bedeutung verliert. Überdies spielt die Steuerungsfunktion dahin gehend eine besondere Rolle, dass die Haftung zwar fortbesteht, das Vermögen aber ganz dem Liquidationszweck untergeordnet wird. Eine Kompensation der Inanspruchnahme der Gesellschafter erfolgt während des Verfahrens daher in der Regel nicht – Ausnahmen sind aber zulässig. Gleiches gilt, um einen Vermögensabfluss zu vermeiden und um das Verfahren nicht zu verzögern, auch für das Kündigungsrecht der Gesellschafter, sodass diese an die Gesellschaft gebunden sind. Das heißt, die Gesellschafter sind auf den vorgegebenen und korrekten Gang des Verfahrens angewiesen, weshalb deren individuelle Interessen Berücksichtigung erfahren müssen.

C. Eingriff in die persönliche Rechtsstellung des Gesellschafters

I. (Nahezu) unantastbarer Kernbereich individueller Rechte

Die Rechtsprechung erkannte und die in der Literatur herrschende Auffassung erkennt den Gesellschaftern einen Kreis von Rechten an, in den entweder gar nicht oder nur mit Zustimmung der individuell betroffenen Gesellschafter eingegriffen werden darf.[999] Als *„Gesellschaftergrundrechte"* in diesem Sinne gänzlich unentziehbar sollen jene Rechte sein, die die individuelle Stellung des Einzelnen im Verband in vermögenswerter und rechtlicher Hinsicht charakterisieren und schützen.[1000]

---

999 Siehe bereits im vorstehenden Abschnitt, 8. Kapitel B. II. 2.

1000 Vgl. MüKo.HGB/*Enzinger*, § 119 Rn. 64; Oetker/*Lieder*, § 119 HGB Rn. 56, 59; Hk-HGB/*Psaroudakis*, § 119 Rn. 11a; *Schiffer*, BB 2015, 584 (585); *Wertenbruch*, DB 2014, 2875 (2879); *Wicke*, MittBayNot 2017, 125 (126); im Ergebnis auch *Grunewald*, GesR, § 1 Rn. 88; *Goette/Goette*, DStR 2016, 74 (78); siehe auch zum Schutz der Mitgliedschaft *Escher-Weingart*, WM 2016, 1569 (1571).

Außerdem soll ein Kreis nur relativ unentziehbarer Rechte bestehen.[1001] In diesen Rechtskreis greifen jene Beschlüsse ein, die eine unmittelbare Erhöhung des Engagements der Gesellschafter über das vertraglich geschuldete Maß (§ 707 BGB) oder einen Eingriff in die private, gesellschaftsfreie Rechtsstellung zur Folge haben.[1002] Aber nicht nur durch die Erhöhung der Beitragspflichten wird in die gesellschaftsfreie Rechtsstellung der Gesellschafter eingegriffen, indem das noch ungebundene Privatvermögen geschmälert und die Leistungspflichten unmittelbar erhöht werden. Weitergehend stellt sich auch der Ausschluss einer möglichen Gewinnverteilung oder eine Thesaurierung als Erhöhung des Beitrags im Sinne des § 707 BGB dar.[1003] Dadurch, dass die Gesellschafter ihnen zustehende Gewinne nicht entnehmen, führen sie der Gesellschaft im Ergebnis weitere Gelder zu.

Es geht daher um den Schutz der vermögensmäßigen und individuellen Stellung des Einzelnen innerhalb des Verbands. Insbesondere § 707 BGB gewährleistet den Erhalt des gegenwärtigen vermögensrechtlichen Zustands beziehungsweise des Beitragslevels der Gesellschafter.[1004] Der Einzelne soll sich auf den Bestand der einmal abgeschlossenen Beitragsvereinbarung, die damit einhergehende einmal verhandelte Verteilung der Rechte und Pflichten sowie darauf verlassen dürfen, dass er nicht aufgrund weiterer Beitragserhöhungen aus der Gesellschaft gedrängt wird.[1005] Aber selbst die Erhöhung des Beitrags einzelner Gesellschafter kann zu einer Stärkung des Ungleichgewichts innerhalb der Gesellschaft führen; dies gilt überdies auch hinsichtlich einer Erhöhung der Geschäftsleitungspflichten. Eine Beitragserhöhung, soweit sie nicht alle Gesellschafter gleichermaßen betrifft, kennt daher je nach Blickwinkel immer Verlierer, wenn der Einfluss einiger

1001 Vgl. hierzu (sofern man deren Existenz anerkennt) *BGH* v. 14.5.1956 – II ZR 229/54, BGHZ 20, 363 (370); *BGH* v. 10.10.1994 – II ZR 18/94, NJW 1995, 194 (195); *BGH* v. 15.1.2007 – II ZR 245/05, BGHZ 170, 283 Rn. 10; MüKo.HGB/*Enzinger*, § 119 Rn. 64; *Goette*, Festschrift Sigle, 145 (154); Nk-HGB/*Klimke*, § 119 Rn. 48 ff.; *Podewils*, BB 2009, 733 (736); Hk-HGB/*Psaroudakis*, § 119 Rn. 11; *Schäfer*, ZIP 2015, 1313 (1314); MüKo.BGB/*Schäfer*, § 709 Rn. 91 ff.; *Ulmer*, ZIP 2015, 657 (659); *Wiedemann*, Festschrift Hopt, 1491 (1501).

1002 *Altmeppen*, NJW 2015, 2065 ff.; *Heckschen/Bachmann*, NZG 2015, 531 (535); *Kleindiek*, GmbHR 2017, 674 (678); *Priester*, EWiR 2015, 71 (72); *Priester*, NZG 2015, 529 (530); *Raiser/Veil*, KapGesR, § 47 Rn. 47; Baumbach/Hopt/*Roth*, § 119 HGB Rn. 36; *Schäfer*, ZIP 2015, 1313; *Ulmer*, ZIP 2015, 657 (659).

1003 *Goette/Goette*, DStR 2016, 74 (81, auch Fn. 96); vgl. auch *Priester*, DStR 2007, 28 (31).

1004 *RGZ* 68, 93 (96); *RGZ* 106, 403 (405 f.); *RGZ* 151, 321 (326); *BGH* v. 5.3 2007 – II ZR 282/05, NJW-RR 2007, 757 Rn. 12 f.; MüKo.BGB/*Schäfer*, § 707 Rn. 1; BeckOK.BGB/*Schöne*, § 707 Rn. 1; Henssler/Strohn/*Servatius*, § 707 BGB Rn. 1 f.; *Wertenbruch*, DStR 2007, 1680.

1005 Vgl. *RGZ* 62, 303 (311 ff.); *RGZ* 68, 93 (96); *RGZ* 106, 403 (405 f.); *RGZ* 151, 321 (327 f.); *BGH* v. 5.3 2007 – II ZR 282/05, NJW-RR 2007, 757 Rn. 12 f.; MüKo.BGB/*Schäfer*, § 707 Rn. 1; BeckOK.BGB/*Schöne*, § 707 Rn. 1; Henssler/Strohn/*Servatius*, § 707 BGB Rn. 1 f.

weniger steigt.[1006] Eine Dehnung des Kernbereichs über die im Gesetz angelegten elementaren Fälle unentziehbarer Rechte hinaus (beispielsweise der §§ 118 II, 133 III HGB) oder auf solche Beschlussgegenstände, die in individuelle Rechte oder die vermögensrechtliche Stellung der Gesellschafter abstrakt eingreifen, lässt sich dem Gesetz nicht entnehmen[1007] und steht im Widerspruch zur Wertung und Vertragsfreiheit des § 109 HGB (siehe auch §§ 23 V AktG, 18 S. 2 GenG [beziehungsweise den hieraus zu ziehenden Umkehrschluss]). Selbst § 707 BGB schließt nicht Mehrheitsentscheidungen dahin gehend aus, dass ein Gesellschafter zur Erhöhung seines vereinbarten Engagements verpflichtet werden kann, sondern beschränkt primär die gesetzlich bestehende Mehrheitsmacht.

II. Verständnis des Kernbereichs in der neueren Rechtsprechung

In der BGH-Rechtsprechung jüngeren Datums wird daher eine Differenzierung nach Art des betroffenen Rechtskreises durch eine allgemeine materielle Beschlussmängelprüfung ersetzt,[1008] die sich an der gesellschafterlichen Treuepflicht orientiert. Ergänzend finden auch elementare rechtliche Grundsätze Eingang. So führt der *BGH* aus:

„Die Wirksamkeit einer Mehrheitsentscheidung [setzt] sowohl eine Prüfung ihrer formellen Legitimation durch eine Mehrheitsklausel auf der ersten Stufe als auch eine inhaltliche Prüfung auf der zweiten Stufe (materielle Prüfung) unter dem Aspekt einer etwaigen Verletzung der gesellschafterlichen Treuepflicht der Mehrheit gegenüber der Minderheit voraus[...]. [Dies gilt ...] allgemein für alle Beschlussgegenstände, also auch bei sogenannten ‚Grundlagengeschäften' oder Maßnahmen, die in den ‚Kernbereich' der Mitgliedschaftsrechte bzw. in absolut oder relativ unentziehbare Rechte der Minderheit eingreifen [...]. In den zuletzt genannten Fällen der absolut oder relativ

---

1006 Siehe zu einem *„Verwässern"* der Beteiligung beispielsweise *Wicke*, MittBayNot 2017, 125 (128 f.).

1007 Im Ergebnis auch *Reuter*, Festschrift Karsten Schmidt, 1357 (1369).

1008 *BGH* v. 21.10.2014 – II ZR 84/13, BGHZ 203, 77 Rn. 12; zustimmend MüKo.HGB/*Enzinger*, § 119 Rn. 66; E/B/J/S/*Freitag*, § 119 HGB Rn. 70 ff, 73; *Goette/Goette*, DStR 2016, 74 (76); *Grunewald*, BB 2015, 333; *Holler*, DB 2008, 2067 (2073); *Leuering/Rubner*, NJW-Spezial 2017, 655 (656); *Lind*, LMK 2015, 366316; Röhricht/Graf von Westphalen/Haas/*Haas*, § 119 HGB Rn. 20c; *Risse/Höfling*, NZG 2017, 1131 (1133); K/K/R/D/*Kindler*, § 119 HGB Rn. 11 f.; Oetker/*Lieder*, § 119 HGB Rn. 53; *Seidel/Wolf*, BB 2015, 2563; *Weber*, ZfPW 2015, 123 (127); *Wertenbruch*, DB 2014, 2875 (2877) *Wertenbruch* in Fleischer/Thiessen, Gesellschaftsrechts-Geschichten, S. 637 (654); *Wicke*, MittBayNot 2017, 125 (126); siehe auch *Reuter*, Festschrift Karsten Schmidt, 1357 (1368 ff.). Aber auch die Autoren, die dem BGH-Urteil zustimmen, wenden weiterhin die „ehemalige" Kategorie des Kernbereichs an. Dies geschieht allerdings im Rahmen der Auslegung des Beschlusses und ist nicht endgültig, sondern richtungsweisend. Vgl. dazu beispielsweise *Schiffer*, BB 2015, 584 (586).

unentziehbaren Rechte ist – bei der Prüfung auf der zweiten Stufe – lediglich regelmäßig eine treupflichtwidrige Ausübung der Mehrheitsmacht anzunehmen, während in den sonstigen Fällen die Minderheit den Nachweis einer treupflichtwidrigen Mehrheitsentscheidung zu führen hat.“[1009]

Weiter heißt es: „*Auch bei der nach Bejahung der formellen Legitimation des Mehrheitsbeschlusses vorzunehmenden Prüfung der materiellen Unwirksamkeit auf der zweiten Stufe stellt der Senat in seiner jüngeren Rechtsprechung allerdings nicht (mehr) darauf ab, ob ein Eingriff in den so genannten ‚Kernbereich' gegeben ist. In der Senatsrechtsprechung ist schon vor der Aufgabe des Bestimmtheitsgrundsatzes zu Recht darauf hingewiesen worden, dass sich der Kreis der nicht ohne Weiteres durch Mehrheitsbeschluss entziehbaren Rechte nicht abstrakt und ohne Berücksichtigung der konkreten Struktur der jeweiligen Personengesellschaft und einer etwaigen besonderen Stellung des betroffenen Gesellschafters umschreiben lässt [...]. Abgesehen von unverzichtbaren und schon deshalb unentziehbaren Rechten – unabhängig davon, ob und in welchem Umfang man solche überhaupt anerkennen will – kommt es bei Eingriffen in die individuelle Rechtsstellung des Gesellschafters, dh in seine rechtliche und vermögensmäßige Position in der Gesellschaft, letztlich maßgeblich immer darauf an, ob der Eingriff im Interesse der Gesellschaft geboten und dem betroffenen Gesellschafter unter Berücksichtigung seiner eigenen schutzwerten Belange zumutbar ist.*“[1010]

Damit wagt der *BGH* die Abkehr von einem im Gesetz nicht angelegten Kernbereich und berücksichtigt zugleich die im Gesetz angelegte Vertragsfreiheit sowie den im Statut zum Ausdruck gekommenen Willen, in allen (oder ausdrücklich diesen) Angelegenheiten kraft Mehrheit entscheiden zu wollen. Eingang in die Abwägung findet überdies die individuelle Rechtsstellung der Gesellschafter. Zugleich muss sich der *BGH* nicht auf eine formelhafte Umschreibung eines Kernbereichs zurückziehen. Dieser und andere bedeutsame Gesellschafterrechte können aber dennoch in die Abwägung und Bewertung des Beschlusses einfließen.

Dieses Ergebnis entspricht § 119 HGB: Gemäß § 119 II HGB kann in Abkehr von § 119 I HGB (Einstimmigkeit) statutarisch eine Mehrheitsklausel vorgesehen werden.[1011] Diese kennt dem Wortlaut des § 119 II HGB sowie dem Verständnis des § 109 HGB nach keine Einschränkungen und kann daher für sämtliche zu fassenden Beschlüsse gelten. Allein § 707 BGB ordnet eine weitergehende Zustimmungspflicht für die Erhöhung der Beitrags- und Einlagepflicht an. Abgesehen davon

---

1009 *BGH* v. 21.10.2014 – II ZR 84/13, BGHZ 203, 77 Rn. 12; nahezu wortgleich *BGH* v. 24.11.2008 – II ZR 116/08, BGHZ 179, 13 Rn. 17.

1010 *BGH* v. 21.10.2014 – II ZR 84/13, BGHZ 203, 77 Rn. 19; unter Berufung auf *BGH* v. 10.10.1994 – II ZR 18/94, ZIP 1994, 1942 (1944); *BGH* v. 4.7.2005 – II ZR 354/04, ZIP 2005, 1455 (1456); siehe auch *BGH* v. 24.11.2008 – II ZR 116/08, BGHZ 179, 13 Rn. 17.

1011 Denkschrift zum HGB 1897, abgedruckt in *Schubert/Schmiedel/Krampe*, Quellen, Band II/1, S. 76.

ist selbst die Gesellschafterstellung gemäß § 131 III 1 Nr. 6 HGB aufgrund eines *„Beschluss[es]"* entziehbar und demnach mehrheitsoffen. Das heißt wiederum, dass alle Rechte, da insoweit im Gesetz nichts Abweichendes geregelt ist, von einer Mehrheitsklausel im Sinne des § 119 II HGB erfasst sein können. Überdies sollte § 119 I HGB den Grundsatz der Einstimmigkeit für alle Fälle der Beschlussfassung anordnen und § 119 II HGB zugleich klarstellen, dass das erforderliche Quorum als Innenrecht der Dispositionen der Gesellschafter offen steht.[1012] Gemäß § 156 HGB gilt dies in der Liquidation fort.[1013] Aus dem Verfahrenszweck ergibt sich nichts Gegenteiliges, weshalb die Einstimmigkeit im Rahmen der §§ 147, 152 HGB modifizierbar ist. Das Gesetz sieht also vor, dass sich der Einzelne ohnehin in allen Belangen der Mehrheit unterwerfen kann und dies auch per se nicht unzulässig ist.

III. Bedeutung der gesellschafterlichen Treuepflicht

Folgt man der oben zitierten Rechtsprechung, so ist der Gesellschafterbeschluss in erster Linie anhand der gesellschafterlichen Treuepflicht und nicht des betroffenen Rechtskreises zu bewerten. Dies führt zu flexiblen sowie interessengerechten Ergebnissen im Einzelfall[1014] und ist als Korrektiv einer weiten Mehrheitsklausel notwendig.[1015] Die Treuepflicht kann indes eine entsprechende Beschlussfassung aber nicht nur untersagen, wenn in den Rechtskreis eines Gesellschafters eingegriffen wird, sondern auch gebieten.[1016] Eine Zustimmungspflicht besteht, wenn die Maßnahme dem Gesellschaftszweck dient, das Interesse der Gesellschaft gerade

---

1012 Denkschrift zum HGB 1897, abgedruckt in *Schubert/Schmiedel/Krampe*, Quellen, Band II/1, S. 76.

1013 GroßKomm.HGB/*Habersack*, § 156 Rn. 9; MüKo.HGB/*Karsten Schmidt*, § 156 Rn. 28.

1014 Vgl. *BGH* v. 10.6.1965 – II ZR 6/63, BGHZ 44, 40 (41); *BGH* v. 28.4.1975 – II ZR 16/73, BGHZ 64, 253 (257); *BGH* v. 25.9.1986 – II ZR 262/85, BGHZ 98, 276 (279); *BGH* v. 10.10.1994 – II ZR 18/94, NJW 1995, 194 (195), mit Anmerkung *Flume*, ZIP 1995, 651 (652) und *Karsten Schmidt*, JZ 1995, 313 (314); *BGH* v. 24.11.2008 – II ZR 116/08, BGHZ 179, 13 Rn. 17; *BGH* v. 19.10.2009, BGHZ 183, 1 Rn. 22; *BGH* v. 16.10.2012 – II ZR 239/11, NZG 2013, 63 Rn. 19; *BGH* v. 21.10.2014 – II ZR 84/13, BGHZ 203, 77 Rn. 19; *BGH* v. 15.11.2011 – II ZR 266/09, BGHZ 191, 293 Rn. 23; MüKo.HGB/*Enzinger*, § 119 Rn. 83; *Göz*, EWiR 2009, 173 (174); *Grunewald*, BB 2015, 333; *Podewils*, BB 2009, 733 (736); Hk-HGB/*Psaroudakis*, § 119 Rn. 12; *Wertenbruch*, DB 2014, 2875 (2877); *Wertenbruch* in Fleischer/Thiessen, Gesellschaftsrechts-Geschichten, S. 637 (654); kritisch *Goette*, Festschrift Sigl, 145 (157); *Priester*, NZG 2015, 529 (530); *Schäfer*, ZGR 2013, 237 (263 f.) MüKo.BGB/*Schäfer*, § 709 Rn. 93, 100; *Ulmer*, ZIP 2015, 657 (659).

1015 Vgl. *Leenen*, Festschrift Larenz zum 80. Geburtstag, 371 (392 f.).

1016 Siehe hierzu insbesondere die zu Publikumspersonengesellschaften ergangene „Sanieren oder Ausscheiden"-Rechtsprechung: *BGH* v. 19.10.2009, BGHZ 183, 1 Rn. 23; *BGH* v. 25.1.2011 – II ZR 122/09, NZG 2011, 510 Rn. 18 ff.; *BGH* v. 9.6.2015 – II ZR 420/13, NZG 2015, 995 Rn. 19 ff.

diese Maßnahme zwingend erfordert und der Gesellschafter seine Zustimmung ohne vertretbaren Grund verweigert.[1017]

Für ein Vorgehen im vorbenannten Sinn spricht, dass der einzelne Gesellschafter sich mit Gesellschaftsgründung beziehungsweise dem Beitritt zwar nicht den Interessen oder dem Willen der anderen Gesellschafter, wohl aber dem Interesse des Verbands unterworfen hat. Dies folgt wenigstens aus der Abrede, den gemeinsamen Zweck zu fördern (§ 705 BGB).[1018] Das zuvor Genannte und die Partikularinteressen der Gesellschafter widerspiegelnde und zusammenfassende Verbandsinteresse vermag insoweit auch gesetzliche Zustimmungserfordernisse im Sinne des § 707 BGB außer Kraft zu setzen, sofern es dem Interesse der Gesellschaft dient.[1019] Eine solche Betonung des Gesellschaftsinteresses im Rahmen der Treuepflicht bedeutet, dass dem Eingriff in die Sphäre des einzelnen Gesellschafters im Verhältnis zum Schutz des Verbands nur ein geringes Gewicht zukommen kann. Insoweit wird auch die im Verband verkörperte Gesellschaftermehrheit vor *„dissentierenden Gesellschaftern“* geschützt.[1020] Der Einzelne darf sich daher beispielsweise der Veräußerung des Unternehmens innerhalb der Liquidation nicht verschließen, wenn dies die lukrativste Art der Auseinandersetzung darstellt, das Interesse der Gesellschaft die Veräußerung erfordert und keine berechtigten Interessen seinerseits entgegenstehen. Nach *Hillers* soll dies sogar die Regel sein und das Zustimmungserfordernis nur vergleichbar § 179a II AktG der Aufklärung über die anstehende und *„bedeutsame Liquidationsmaßnahme“* dienen.[1021] Dann aber wäre die Beschlussfassung eine reine Formsache. Entscheidend muss vor allem sein, dass der nicht verkaufswillige Gesellschafter zu seiner Position Stellung beziehen kann und die Möglichkeit erhält, durch Darlegung von Argumenten Einfluss auf die Beschlussfassung zu nehmen.[1022] Nur dann kann nach Maßgabe der obigen Rechtsprechung zwischen dem Schutz der Gesellschafter und dem des Verbands abgewogen werden.

1017 Vgl. *BGH* v. 17.12.1959 – II ZR 81/59, NJW 1960, 434 f.; *BGH* v. 24.1.1972 – II ZR 3/69, NJW 1972, 862; *BGH* v. 21.10.1985 – II ZR 57/85, NJW 1986, 256; *BGH* v. 10.10.1994 – II ZR 18/94, NJW 1995, 194 (195); *BGH* v. 19.10.2009, BGHZ 183, 1 Rn. 23; *BGH* v. 12.4.2016 – II ZR 275/14, NZG 2016, 781 (782); *Baier*, NZG 2004, 356 (358 f.); *Karrer*, NZG 2009, 932 (934); Oetker/*Lieder*, § 119 HGB Rn. 63; *Karsten Schmidt*, JZ 1995, 313 (314); *Wiedemann*, WM 2009, 1 (4); *Zöllner*, Stimmrechtsmacht, S. 353.

1018 So sieht der *BGH* im Vertrag die Grundlage der Treuepflicht *BGH* v. 25.1.2011 – II ZR 122/09, NJW 2011, 1667 Rn. 21; *BGH* v. 9.6.2015 – II ZR 420/13, NZG 2015, 995 Rn. 23.

1019 *Marburger*, NJW 1984, 2252 (2256); *Reuter*, Festschrift Karsten Schmidt, 1357 (1369) spricht daher von der *„Wunderwaffe“* der gesellschafterlichen Treuepflicht.

1020 Vgl. *Marburger*, NJW 1984, 2252 (2256).

1021 Liquidation, S. 67.

1022 *Meyer*, GmbHR 2019, 973 (976); siehe dazu auch *Risse/Höfling*, NZG 2017, 1131 (1134 f.).

Vor diesem Hintergrund ist der Eigendynamik, die der Verband aufgrund seiner Beteiligung am Wirtschaftsleben entwickelt, besondere Beachtung zu schenken. Diese steht in Wechselwirkung zur Verselbstständigung der Gesellschaft gegenüber den Gesellschaftern und darf gleichwohl nicht losgelöst von deren Individualinteressen gesehen werden. Entscheidend ist letztlich, dass die Gesellschaft die Zusammenfassung der Gesellschafter einerseits und der zum Verbandswillen gewordenen Interessen der Mitglieder andererseits ist, die aber durch den Kontakt im Rechtsverkehr geprägt wird und Änderungen der äußeren Umstände daher flexibel und offen gegenüberstehen muss.[1023] Entwickelt sich der Verband aber in eine Richtung, die der einzelne Gesellschafter nicht mittragen kann oder möchte und widerspricht die Unternehmenstätigkeit angesichts der persönlichen Haftung seinen Interessen, so verbleibt diesem als Ultima Ratio der Austritt aus dem Verband[1024] – die Kündigung der Mitgliedschaft im Sinne der §§ 132, 131 III 1 Nr. 3 HGB. Der Gesellschafter scheidet dann aus der Gesellschaft aus, die Auseinandersetzung erfolgt analog § 738 BGB. Die Mitgliedschaft ist in diesem Fall zumindest dem Wert nach geschützt.

Im Rahmen der materiellen Beschlusskontrolle ist die Möglichkeit des Ausscheidens allerdings mit der Maßgabe zu berücksichtigen, dass die Gesellschafter einer OHG/KG regelmäßig aus eigenem unternehmerischen Antrieb an der Gesellschaft beteiligt und wegen der persönlichen Haftung zudem eng mit ihr verbunden sind. Daher ist der Erhalt der Mitgliedschaft weit mehr als etwa bei der AG schutzwürdig. Gerade aufgrund des Haftungsrisikos und der damit einhergehenden Herrschaft des Verbands über den Gesellschafter als Individuum dient der Austritt auch dem Schutz der eigenen Interessen vor Fremdeinfluss.[1025] In der Liquidationsphase gilt die Durchsetzungssperre. Das Vermögen wird zur Erleichterung sowie zur Beschleunigung der Auseinandersetzung in den Händen der Gesellschaft konzentriert und ein Kapitalabfluss vermieden. Außerdem droht die Nachschusspflicht, weshalb die Gesellschafter in nicht unerheblichem Maße an der Lenkung des Verfahrens sowie der Vermeidung der Haftung interessiert sein werden. Dies gilt insbesondere in den Fällen, in denen weitere Verluste mangels Unternehmenstätigkeit nicht durch Gewinne kompensiert werden können. Überdies ist der Austritt aus dem aufgelösten und sich in der Liquidation befindenden Verband unzulässig, denn der Abfindungsanspruch des ausscheidenden Gesellschafters kann zu Kapitalabfluss führen, da das austrittsbedingte individuelle Auseinandersetzungsverfahren das Liquidationsverfahren vorwegnehmen würde.[1026] Ausnahmen können

1023 Vgl. auch *Marburger*, NJW 1984, 2252 (2256).

1024 Im Ergebnis auch *Haar*, Konzern, S. 56; *U. H. Schneider*, ZGR 1972, 357 (387).

1025 Siehe dazu *BGH* v. 13.7.1967 – II ZR 215/65, BGHZ 48, 207 (210); *Flume*, AT I/1, S. 211; *Reuter*, Festschrift Karsten Schmidt, 1357 (1360); *Haar*, Konzern, S. 55; *Wolf/Neuner*, AT § 17 Rn. 107.

1026 *BGH* v. 11.12.1978 – II ZR 41/78, NJW 1979, 765; *BGH* v. 28.6.2004 – II ZR 373/00, NJW 2004, 3332 (3333); *BGH* v. 30.1.2018 – II ZR 95/16, NJW 2018, 539 Rn. 55; *BGH* v. 6.2.2018 – II ZR 1/16, NZG 2018, 577 Rn. 23 ff. mit Anmerkung *Podewils*,

allenfalls bei Vorliegen eines wichtigen Grundes bestehen. Somit werden insgesamt ab der Auflösung das Vermögen und der Gesellschafterkreis erhalten. Dies ist im Rahmen einer Beschlussfassung und -kontrolle zu berücksichtigen. Zugleich ist das Interesse der Gesellschafter an einer zügigen und nach Möglichkeit risikoarmen Auseinandersetzung zu beachten.

IV. Vorhersehbarkeit der Statutenänderung aufseiten der Gesellschafter

1. *Das Statut ändernde sogenannte Grundlagengeschäfte*

Ein Eingriff in den Kernbereich der Mitgliedschaft nach traditionellem Verständnis soll vorliegen, wenn die Verfassung der Gesellschaft rechtlichen oder tatsächlichen Änderungen unterworfen ist, die aus der Perspektive der Gesellschafter die Art des unternehmerischen Engagements oder den Umfang des persönlichen Risikos bestimmen.[1027] Nach der BGH-Rechtsprechung handelt es sich dann um *„eine lediglich regelmäßig treupflichtwidrige Ausübung der Mehrheitsmacht"*.[1028] Erfasst wären zum Beispiel die Änderung des Gesellschaftszwecks oder der nach der herrschenden Meinung gleichstehende Unternehmensverkauf (gegebenenfalls analog § 179a AktG).[1029]

Die Kernbereichslehre lässt sich beispielsweise anhand der in den §§ 179 ff., 293, 319 AktG zum Ausdruck gekommenen Rechtsgedanken beschreiben.[1030] Diese Regelungen ordnen insbesondere für Änderungen des Statuts, außergewöhnliche Verwaltungsmaßnahmen und in weitem Umfang über die normale Geschäftsführungstätigkeit hinausgehende Strukturmaßnahmen Quoren von *„drei Vierteln des bei der Beschlussfassung vertreten Mindestkapitals"* an. Außerdem stellen sie die Erhöhung der Leistungspflichten in Abhängigkeit zur Zustimmung der betroffenen Gesellschafter.[1031] Es geht also nicht nur um die unmittelbaren Auswirkungen

jurisPR-HaGesR 6/2018 Anmerkung 2; *BGH* v. 15.5.2018 – II ZR 92/16, juris Rn. 22; gleichwohl trifft der *BGH* (v. 6.2.2018 – II ZR 1/16, NZG 2018, 577 Rn. 31) ausdrücklich nur Aussagen zu Publikumsgesellschaften.

1027 Vgl. *BGH* v. 9.1.1995 – II ZR 24/94, NJW 1995, 596; *OLG Hamm* v. 24.5.2007 – 15 W 145/07, NZG 2008, 21 (23 f.); *Bredol/Natterer*, ZIP 2015, 1419 (1423); MüKo.HGB/*Enzinger*, § 119 Rn. 64; Nk-HGB/*Klimke*, § 119 Rn. 54; GroßKomm.HGB/*Schäfer*, § 119 Rn. 42; *Schäfer*, ZGR 2013, 237 (246, 255); *Seidel/Wolf*, BB 2015, 2563 (2566); *H.P. Westermann*, ZIP 2007, 2289 (2291); *Wiedemann*, Festschrift Hopt, 1491 (1499); *Wiedemann*, WM 2009, 1 (8); auch *Grunewald*, GesR, § 1 Rn. 88 ff.; vgl. auch *Habersack*, ZHR 164 (2000), 1 (6 f.).

1028 Siehe *BGH* v. 21.10.2014 – II ZR 84/13, BGHZ 203, 77 Rn. 12.

1029 Vgl. *Wicke*, MittBayNot 2017, 125 (127).

1030 Siehe dazu auch *Wicke*, MittBayNot 2017, 125 (127); vgl. auch *Leenen*, Festschrift Larenz zum 80. Geburtstag, 371 (386).

1031 Siehe dazu auch *Wicke*, MittBayNot 2017, 125 (127).

der Maßnahme auf die individuelle Rechtsstellung der Gesellschafter, sondern um alle Maßnahmen, welche die Eigendynamik des Verbands in erheblichem Maße beeinflussen, die wenigstens mittelbar auf die Auszahlungsansprüche sowie die Leistungspflichten der Gesellschafter einwirken oder aufgrund derer die Mitgliedschaft dem Wert nach verändert wird.

Der Unternehmensverkauf (in Form des „asset-deal") ist aufgrund der Auswirkungen auf die Gesellschaft der Zweckänderung vergleichbar, mangels Änderung des Statuts handelt es sich hier aber nicht um ein Grundlagengeschäft.[1032] Diese Maßnahme wirkt sich auf den steuerrelevanten Umsatz und Gewinn der Gesellschaft aus. Steuersubjekte im Sinne des § 1 EStG sind aber die Gesellschafter und nicht die Gesellschaft.[1033] Daher berührt eine solche Maßnahme spürbar und unmittelbar die private Vermögenslage der Gesellschafter. Die steuerlichen Pflichten können dadurch abgefangen werden, dass den Gesellschaftern nach Maßgabe der §§ 120 ff. respektive § 155 II HGB ein Anspruch auf Ausschüttung des erzielten Ertrags zusteht. Somit können sie den entstandenen privaten Verlust kompensieren. Solche Maßnahmen sind aber dem Kreis der außergewöhnlichen Geschäfte im Sinne des § 116 II HGB zuzuordnen, was bedeutet, dass sich die Kernbereichsbetroffenheit letzten Endes nicht abstrakt anhand der in Rede stehenden Beschlussgegenstände, sondern nur konkret-individuell festlegen lässt. Innerhalb der Liquidation wären diese Maßnahmen nicht von § 149 S. 1 HGB erfasst. Ebenso knüpft § 179a AktG nicht an eine Änderung des Unternehmensgegenstands, sondern an die tatsächliche Änderung des Unternehmens sowie der Eigendynamik des Verbands an. Ändert die Gesellschaft ihren Zweck, steht eine Vertragsänderung in Rede, die sich unmittelbar auf den konkreten Inhalt der Zweckförderpflicht im Sinne des § 705 BGB auswirkt. Davon abstrakt ist jedoch die Einlage- oder Beitragspflicht, sodass die Änderung des Zwecks allein den Inhalt der Geschäftsleitungstätigkeiten beeinflusst.

Bereits dieser Ausschnitt zeigt also, dass die Anerkennung eines Kernbereichs nur dann zu Rechtssicherheit führt, wenn man ihn abstrakt generell festlegt. Dies wiederum heißt: Flexibilität aufgeben. Aber selbst wenn man den Kernbereich abstrakt-generell bestimmt, kann sich die Erheblichkeit ein und derselben Maßnahme im Einzelfall unterscheiden.

2. *Essenzielle Individualrechtspositionen – Haftungssteuernde Funktion*

Die Bejahung eines Kernbereichs führt dazu, dass der im Statut zum Ausdruck gekommene Wille, kraft Mehrheit zu entscheiden, teilweise wieder eingeschränkt wird. Einerseits sind aber selbst wesentliche der Haftungssteuerung und der

1032 A.A. ohne Begründung *Reichelt/Lye*, ZfIR 2019, 369 (373).

1033 Kirchhof/*Gosch*, § 1 EStG Rn. 5; Schmidt/*Heinicke*, § 1 EStG Rn. 13; Blümich/*Rauch*, § 1 EStG Rn. 66. Die OHG/KG fällt nicht in den Anwendungsbereich des KStG, siehe Kirchhof/*Krumm*, § 15 EStG Rn. 173.

Erhaltung des verbandsrechtlichen Status quo dienende Rechtspositionen der Gesellschafter im Interesse der Gesellschaft entziehbar (so unter anderem die Rechte aus den §§ 117, 127 HGB). Andererseits können dem Statut nach nicht bestehende Rechte im Interesse des Gesellschafters zu dessen Schutz aufleben (§ 118 II HGB). Gleichwohl ist in die Abwägung und Bewertung des Beschlusses einzustellen, dass Geschäftsführung und Vertretung nicht nur der eigenen Haftungssteuerung dienen, sondern auch weitreichende Herrschaftsrechte über den Verband verleihen und zugleich Macht über die Mitgesellschafter – verbandsintern wie -extern – vermitteln.

In Abkehr zu den §§ 117, 127 HGB können Liquidatoren gemäß § 147 Hs. 1 HGB durch einen *„einstimmigen Beschluss der nach § 146 Abs. 2 und 3 Beteiligten"* abberufen werden. Dies ist zwar die Kehrseite der zulässigen Fremdorganschaft, gilt aber auch in Betreff auf die Tätigkeit der persönlich haftenden Gesellschafter. Darüber hinaus können die Liquidatoren durch einen Beschluss mit einfacher Mehrheit abberufen werden, denn die Wertung der §§ 119 II, 109 HGB gilt auch in der Liquidation.[1034] Demgegenüber schützen die §§ 117, 127 HGB die Tätigkeit der Geschäftsführer grundsätzlich vor einer willkürlichen Abberufung durch die Gesellschafter, denn der Entzug der Geschäftsführungsbefugnis oder der Vertretungsmacht verlangt danach einen wichtigen Grund.[1035] Daher können sie ihre Tätigkeit freier ausüben als die Liquidatoren. Demgegenüber dreht § 147 HGB dieses Verhältnis von Regel zu Ausnahme um und ermöglicht, da nun ob des zu erreichenden Auseinandersetzungsanspruchs die individuellen Interessen der Gesellschafter in den Vordergrund rücken, die jederzeitige Abberufung der Liquidatoren.[1036] Grundsätzlich trägt eine Mehrheitsentscheidung ihre Legitimation in sich.[1037]

1034 Röhricht/Graf v. Westphalen/Haas/*Haas*, § 147 HGB Rn. 1; GroßKomm.HGB/*Habersack*, § 147 Rn. 8; E/B/J/S/*Hillmann*, § 147 HGB Rn. 3; BeckOK.HGB/*Lehmann-Richter*, § 147 Rn. 6; Baumbach/Hopt/*Roth*, § 147 HGB Rn. 1; MüKo.HGB/*Karsten Schmidt*, § 147 Rn. 15; *Wertenbruch* in Westermann/Wertenbruch, Rn. I 1720.

1035 Soweit nicht statutarisch Abweichendes vereinbart ist, siehe *BGH* v. 3.11.1997 – II ZR 353/96, NJW 1998, 1225 (1226); E/B/J/S/*Hillmann*, § 127 HGB Rn. 17; MüKo.HGB/*Karsten Schmidt*, § 127 Rn. 19; Henssler/Strohn/*Steitz*, § 127 HGB Rn. 12; zu § 117 GroßKomm.HGB/*Habersack*, § 117 Rn. 9, 45; K/K/R/D/*Kindler*, § 117 HGB Rn. 5.

1036 Vergleichbar statuiert § 265 II 1, V 1 AktG in Abkehr zu § 84 I, III AktG die Kompetenz der Hauptversammlung, die Abwickler zu bestellen und deren Bestellung zu widerrufen. Es genügt die einfache Stimmenmehrheit gemäß § 133 I AktG (Hölters/*Hirschmann*, § 265 AktG Rn. 9, 19). Somit rücken die Gesellschafterinteressen in den Vordergrund. Das Gesetz überträgt diese Befugnis der Hauptversammlung, die es eigentlich für ungeeignet hält, die Unternehmens- und Gesellschaftsleitung zu kontrollieren (vgl. §§ 111, 119 AktG). Somit werden die Interessen der Aktionäre für besonders wichtig und schutzwürdig erklärt. Außerdem könnte demnach die unternehmerische Aufgabe gewandelt oder eingeschränkt sein.

1037 *Karsten Schmidt*, GesR, S. 451, 461; zustimmend *Risse/Höfling*, NZG 2017, 1131 (1134); siehe auch *Leenen*, Festschrift Larenz zum 80. Geburtstag, 371 (385).

Dies wird auch an § 147 HGB deutlich. Danach können die Liquidatoren ohne wichtigen Grund durch einstimmigen Beschluss abberufen werden. Der Antrag nur eines Beteiligten auf Abberufung durch das Gericht setzt demgegenüber einen wichtigen Grund voraus. Der Schutz der Liquidatoren beschränkt sich im Ergebnis auf eine treuepflichtorientierte Willkürkontrolle, weshalb diese ihre Tätigkeit vielmehr an den Interessen der Gesellschafter ausrichten werden.

Aufgrund der haftungssteuernden Funktion organschaftlicher Leitungsmacht ist zu fragen, ob die Organ- und Leitungsstellung wegen der gemäß § 149 S. 1 HGB eingeschränkten Leitungsmacht weniger schutzwürdig ist. Weitergehend könnten aber auch die individuellen Rechtspositionen der Gesellschafterliquidatoren aufgrund des mangels unternehmerischer Tätigkeit geminderten Haftungsrisikos nicht vergleichbar wie zu Zeiten der werbenden Gesellschaft schutzwürdig sein. Das Interesse der Beteiligten an einer sorgfältigen, interessengerechten Geschäftsleitung wäre dann in Anbetracht der bevorstehenden Auseinandersetzung sowie des Schutzes vor interessenwidriger Tätigkeit höher zu bewerten als das Interesse der Liquidatoren am Erhalt der Leitungsmacht. Im Ergebnis ist hier die Wertung kodifiziert, dass nicht mehr die effiziente Verkehrsteilhabe, sondern der Schutz der Gesellschafter im Vordergrund steht. Dies folgt daraus, dass im Rahmen der endgültigen Auseinandersetzung die unbeschränkte Nachschusspflicht stehen kann. Insofern muss der Fokus also nicht auf der freien und eigenverantwortlichen Geschäftsleitung liegen.

3. Betonung des Gesellschafterschutzes in der Liquidationsphase

Gemäß § 109 HGB richten sich die Rechtsbeziehungen im Innenverhältnis zuallererst nach dem Statut, welches auch den Willen der Gesellschafter abbilden kann, kraft Mehrheit entscheiden zu wollen. Indisponible Rechte bestehen nur in Ausnahmefällen. Die §§ 117, 127, 118 II HGB geben allerdings die Wertung vor, dass im Einzelfall die Abwägung zwischen Gesellschafts- und Gesellschafterinteressen anzustellen ist. Sie dienen somit der treuepflichtorientierten Bewertung des Beschlusses durch den *BGH* als Vorbild.[1038] Dennoch stellen diese Tatbestände vertragsoffenes Innenrecht im Sinne des § 109 HGB dar.[1039] Entscheidend ist im Ergebnis, dass der Wille der Gesellschafter Berücksichtigung findet, in allen

1038 Vgl. *BGH* v. 21.10.2014 – II ZR 84/13, BGHZ 203, 77 Rn. 11 f.; entspricht weitgehend *Karsten Schmidt*, GesR, S. 472; zur Begrenzung der Mehrheitsmacht und Konkretisierung der Treuepflicht durch den *„Anspruch auf bestmögliche Verwertung"* *Hillers*, Liquidation, S. 62.

1039 Vgl. zu §§ 117, 127 HGB *BGH* v. 3.11.1997 – II ZR 353/96, NJW 1998, 1225 (1226); Röhricht/Graf v. Westphalen/Haas/*Haas*, § 127 HGB Rn. 12; GroßKomm.HGB/*Habersack*, § 127 Rn. 21; BeckOK.HGB/*Klimke*, § 127 Rn. 16; Baumbach/Hopt/*Roth*, § 127 HGB Rn. 12; MüKo.HGB/*Karsten Schmidt*, § 127 Rn. 10; E/B/J/S/*Hillmann*, § 127 HGB Rn. 17.

Belangen flexibel kraft Mehrheit zu entscheiden, ohne im Einzelfall langwierig feststellen zu müssen, ob der in Rede stehende Beschlussgegenstand aufgrund von Kernbereichsrelevanz wiederum von der Mehrheitsklausel auszuschließen ist. Rechtfertigt aber ein wichtiger Grund den Eingriff, ist dieser auch in dem Kernbereich zuzuordnende Rechte zulässig.[1040] Darüber hinaus zeigt das Verhältnis der §§ 117, 127 HGB zu § 147 HGB, dass die Bedeutung von und das Interesse an einzelnen Individualrechtspositionen sowie der konkreten Rechtsstellung innerhalb der Gesellschaft erneut nicht generell-abstrakt, sondern allein kontextuell und konkret-individuell bestimmbar sind. Gleichwohl stehen die einzelnen Individualrechtspositionen der Gesellschafter in der Liquidation hinter dem Verbandszweck zurück. Das Interesse an einer geordneten Abwicklung ist höher zu bewerten.

Solange die Gesellschafterstellung existiert, vermittelt sie einen Anspruch auf Beteiligung an der Geschäftsleitung, Teilhabe an der Willensbildung sowie auf Ausschüttung des anteiligen Gesellschaftsgewinns und Liquidationserlöses. Der Erhalt dieser Rechtspositionen wird mittels weiterer Rechtspositionen abgesichert und kann klageweise durchgesetzt werden. Genauso, wie die Gesellschafterstellung entziehbar ist, sind als aliud aber auch die einzelnen Rechtspositionen entziehbar. Die §§ 117, 127 HGB zeigen, dass daran strenge Anforderungen gestellt werden. Der Entzug soll nur die Ausnahme sein. Wird die Gesellschaft aufgelöst, besteht der Anspruch auf Beteiligung an der Geschäftsleitung weiter. Wegen der grundsätzlichen Unkündbarkeit der Gesellschafterstellung im Zeitraum des Abwicklungs- oder Liquidationsverfahrens sind die Gesellschafter derweil in höherem Maße auf die Leitungs- und Überwachungstätigkeit angewiesen. Dennoch sinken die Voraussetzungen an den Entzug der Liquidatorenstellung. Die eigenverantwortliche Tätigkeit Einzelner tritt hinter den gemeinsamen Verbandswillen sowie dem Interesse an einer optimalen Auseinandersetzung zurück.

V. Bedeutung der materiellen Beschlusskontrolle

Die Gesellschafterversammlung kann folglich kraft Beschlusses über alle Belange der Personengesellschaft entscheiden. In materieller Hinsicht stehen dem die Individualinteressen der einzelnen Gesellschafter grundsätzlich nicht entgegen. Auszunehmen ist nicht einmal die Erhöhung der individuellen Beitragspflicht der Gesellschafter im Sinne des § 707 BGB. Eine Beschlussfassung hierüber kann aber an der fehlenden Zustimmung der betroffenen Gesellschafter scheitern.[1041] Grundlage dieses Belastungsverbots ist, dass die Herrschaftsmacht der Gesellschaft endet und die Dispositionshoheit des Gesellschafters wegen des Eingriffs in seine Privatsphäre beginnt.

1040 Vgl. *Karsten Schmidt*, GesR, S. 472.

1041 Vgl. beispielsweise *Wicke*, MittBayNot 2017, 126 (128).

§ 707 BGB erfasst aufgrund des weiten Verständnisses des Beitragsbegriffs nicht nur die vermögensrechtliche Position des Gesellschafters, sondern ist umfassend dahin gehend zu verstehen, dass allgemein die Erhöhung der persönlichen Leistungspflichten der Zustimmung der betroffenen Gesellschafter bedarf.[1042] Die Mehrheit darf nicht nachträglich den Umfang der statutarisch übertragenen Aufgaben oder Pflichten erhöhen. Grundlos dürfen außerdem weder die Stellung noch die Mitwirkungsrechte des Einzelnen verschlechtert oder entzogen werden, vgl. §§ 117, 127 HGB. Daher dient der beschlussrechtliche Minderheitenschutz allgemein der Erhaltung des individuellen Status quo.

Nicht von der Zustimmungspflicht erfasst sind all jene Belange, welche den Verband als überindividuelle Wirkungseinheit betreffen. Zwar ordnet § 146 HGB die Mitwirkung aller Gesellschafter an der Liquidation an, gleichwohl wird hier nicht die Zustimmung im Sinne des § 707 BGB erforderlich, da nicht unmittelbar in den Rechtskreis eines Mitglieds eingegriffen wird. Weiterhin kann die Liquidation analog § 735 BGB zu Nachschusspflichten der Gesellschafter führen. Hierin liegt dennoch keine nachträgliche Verschlechterung der Gesellschafterstellung im vorbenannten Sinne. Die Auflösung ist einerseits der einzige Weg, die Gesellschaftstätigkeit insgesamt zu beenden und andererseits handelt es sich nicht um einen schutzbedürftigen Bereich der gesellschaftsfreien Privatsphäre des Gesellschafters. Überdies kennt er dieses Risiko bereits bei Vertragsschluss.[1043]

VI. Erfordernis einer vertraglichen Ermächtigungsgrundlage (formelle Legitimation)

In formeller Hinsicht erfordert das Abweichen von der Einstimmigkeit eine statutarische Ermächtigung. Zwar gab der *BGH* unter Zustimmung der Literatur den *„Bestimmtheitsgrundsatz“*[1044] auf.[1045] Dennoch setzt eine Mehrheitsentscheidung

---

1042 Vgl. oben 1. Kapitel A.

1043 Dazu im nachfolgenden Abschnitt 8. Kapitel C. VI.

1044 *RGZ* 91, 166 (168); *RGZ* 151, 321 (326 ff.); *RGZ* 163, 385 (391); *BGH* v. 12.11.1952 – II ZR 260/51, BGHZ 8, 35 (41 ff.); *BGH* v. 10.10.1994 – II ZR 18/94, NJW 1995, 194 (195); vgl. *Reichert/Winter*, BB 1988, 981 (984); außerdem *Goette*, Festschrift Sigle, 145 (149 ff.); kritisch bezüglich des Bestimmtheitsgrundsatzes *Goette/Goette*, DStR 2016, 74 (76); *Heckschen/Bachmann*, NZG 2015, 531; *Podewils*, BB 2009, 733 (736); MüKo.BGB/*Schäfer*, § 709 Rn. 84; *Karsten Schmidt*, ZIP 2009, 737 (739); *Seidel/Wolf*, BB 2015, 2563 (2565); *Ulmer*, ZIP 2015, 657 (658); *Wiedemann*, Festschrift Hopt, 1491 (1497); vgl. auch *Karsten Schmidt*, ZHR 158 (1994), 205 (211 ff.); *Karsten Schmidt*, GesR, S. 455 f.

1045 Aufgabe des Bestimmtheitsgrundsatzes durch *BGH* v. 15.1.2007 – II ZR 245/05, BGHZ 170, 283 Rn. 10; *BGH* v. 24.11.2008 – II ZR 116/08, BGHZ 179, 13 Rn. 15 f.; *BGH* v. 19.10.2009 – II ZR 240/08, BGHZ 183, 1 Rn. 14; *BGH* v. 15.11.2011 – II ZR 266/09, BGHZ 191, 293 Rn. 16; *BGH* v. 16.10.2012 – II ZR 239/11, NZG 2013, 63 Rn. 11; zustimmend *Binz/Mayer*, DB 2007, 1739 (1740); MüKo.HGB/*Enzinger*, § 119 Rn. 79a; E/B/J/S/*Freitag*, § 119 HGB Rn. 70 f.; *Goette*, Festschrift Sigle, 145 (159); *Göz*, EWiR

auch weiterhin voraus, dass im Statut zum Ausdruck kommt, dass die Gesellschafterversammlung durch Mehrheitsbeschluss entscheiden darf und soll.[1046] Denn Einstimmigkeit ist gemäß § 119 I HGB der dispositive Normalfall.[1047] In Übereinstimmung mit den allgemeinen Grundsätzen muss diese Mehrheitsermächtigung dem Vertrag nunmehr wenigstens im Rahmen der Auslegung zu entnehmen sein.[1048]

Der Bestimmtheitsgrundsatz sah nicht nur vor, dass Mehrheitsentscheidungen im Vertrag ausdrücklich unter Angabe des Beschlussgegenstands zugelassen sein mussten, sondern auch, dass die Anforderungen an die statutarische Ermächtigung stiegen, je stärker der potenzielle Beschluss die Rechtsstellung der Gesellschafter betraf.[1049] Die Gesellschafter sollten vor unvorhergesehenen Eingriffen in ihre Rechte durch die Mehrheit bewahrt und eine pauschale Unterwerfung unter den Mehrheitswillen vermieden werden.[1050] Das Erfordernis einer solchen statutarischen Ermächtigungsgrundlage sollte sicherstellen, dass sich die Minderheit bereits bei Vertragsschluss darüber bewusst ist, welche Rechte und Befugnisse sie auf die Mehrheit überträgt.[1051]

Wie bei der Problematisierung der Zulässigkeit von Fremdorganschaft in den von der Gesellschafterhaftung geprägten Personengesellschaften geht es darum, in welchem Umfang die Selbstbestimmung preisgegeben und auf Dritte übertragen werden kann.[1052] Allerdings kann eine Personenmehrheit mit steigender

---

2009, 173 (174); *Grunewald*, BB 2015, 333; Röhricht/Graf v. Westphalen/Haas/*Haas*, § 119 Rn. 19e; *Heckschen/Bachmann*, NZG 2015, 531 (533); *Holler*, DB 2008, 2067 (2068); *Kleindiek*, GmbHR 2017, 674 (679); Nk-HGB/*Klimke*, § 119 Rn. 39 ff.; *Leuering/Rubner*, NJW-Spezial 2017, 655 (656); *Lind*, LMK 2015, 366316; *Priester*, EWiR 2015, 71; *Risse/Höfling*, NZG 2017, 1131; MüKo.BGB/*Schäfer*, § 709 Rn. 90; *Karsten Schmidt*, ZIP 2009, 737 (739); *Seidel/Wolf*, BB 2015, 2563 (2565); *Ulmer*, ZIP 2015, 657 (658); *Wertenbruch*, NZG 2013, 641 (642); *Wertenbruch*, DB 2014, 2875 (2876); *Wertenbruch* in Fleischer/Thiessen, Gesellschaftsrechts-Geschichten, S. 637 ff.; *H.P. Westermann*, ZIP 2007, 2289 (2297); *Wicke*, MittBayNot 2017, 125 (126); kritisch aber *Altmeppen*, NJW 2015, 2065; Hk-HGB/*Psaroudakis*, § 119 Rn. 10 f.; *Wahlers/Orlikowski-Wolf*, ZIP 2012, 1161 (1165).

1046 Vgl. beispielsweise *BGH* v. 11.9.2018 – II ZR 307/16, NJW 2019, 157 Rn. 17.

1047 *BGH* v. 21.10.2014 – II ZR 84/13, BGHZ 203, 77 Rn. 15 ff.

1048 *BGH* v. 15.1.2007 – II ZR 245/05, BGHZ 170, 283 Rn. 9; *BGH* v. 24.11.2008 – II ZR 116/08, BGHZ 179, 13 Rn. 15; *BGH* v. 15.11.2011 – II ZR 266/09, BGHZ 191, 293 Rn. 16 f.; *BGH* v. 21.10.2014 – II ZR 84/13, BGHZ 203, 77 Rn. 15.

1049 *Leenen*, Festschrift Larenz zum 80. Geburtstag, 371 (372); *Marburger*, NJW 1984, 2252 (2254); *Röttger*, Kernbereichslehre, S. 114 f.; Soergel/*Hadding/Kießling*, § 709 BGB Rn. 40.

1050 *Marburger*, NJW 1984, 2252 (2254); *Röttger*, Kernbereichslehre, S. 116; Soergel/*Hadding/Kießling*, § 709 BGB Rn. 40.

1051 *Leenen*, Festschrift Larenz zum 80. Geburtstag, 371 (373); *Marburger*, NJW 1984, 2252 (2254); *Röttger*, Kernbereichslehre, S. 116; Soergel/*Hadding/Kießling*, § 709 BGB Rn. 40.

1052 Vgl. dazu auch *Leenen*, Festschrift Larenz zum 80. Geburtstag, 371 (381 f.).

Mitgliederzahl nur dann flexibel und effektiv entscheiden, wenn sie sich von der Einstimmigkeit löst.[1053] Aufgrund der Wechselwirkung mit der persönlichen Haftung sowie der Selbstorganschaft können ein höheres Verantwortungsbewusstsein und auch eine umsichtige am Unternehmsinteresse orientierte Beschlussfassung erreicht werden.[1054] Weiterhin können allein kraft Mehrheitsentscheidung echte Kompromisse gefunden und sichergestellt werden, dass der seine Rechte preisgebende Gesellschafter an der Entscheidungsfindung und Haftungssteuerung beteiligt ist.[1055] Er kann seine Argumente in der Gesellschafterversammlung vorbringen und damit Einfluss auf die Entscheidungsfindung nehmen.[1056] Darüber hinaus erhalten somit alle Gesellschafter – auch die Kommanditisten – die Möglichkeit, die Geschicke auch in ihrem Interesse zu gestalten; dies vermag die Identifikation mit Gesellschaft und Unternehmen zu steigern.[1057] Die formelle Ermächtigungsgrundlage ist daher allein wegen des Abweichens vom Gesetz (§ 119 HGB) erforderlich, denn weder geben die Gesellschafter ihnen zustehende Kompetenzen noch Mitwirkungs- und Beteiligungsrechte an der Gesellschafterversammlung preis.

Für die Liquidation ist weiterhin zu beachten, dass die §§ 145 I, 147 Hs. 1, 150 I, 152 HGB die Einstimmigkeit mehr oder weniger ausdrücklich anordnen und damit dieses Prinzip gegenüber § 119 HGB besonders betonen.[1058] Unter Berücksichtigung des Erfordernisses einer formellen Legitimation von Mehrheitsentscheidungen und der Aufgabe des Bestimmtheitsgrundsatzes bedeutet dies aber nur, dass eine Auslegung des Gesellschaftsvertrags ergeben muss, dass das Mehrheitsprinzip in der Liquidation fortgelten soll.[1059]

1053 Vgl. MüKo.HGB/Enzinger, § 119 HGB Rn. 61; *Leenen*, Festschrift Larenz zum 80. Geburtstag, 371 (382, 390 f.).

1054 Vgl. *Wiedemann*, Gedächtnisschrift Lüderitz, 839 (859).

1055 Nach *Risse/Höfling*, NZG 1131 (1134) besteht daher ein *„Primat der Diskussion in der Gesellschafterversammlung"*.

1056 *Meyer*, GmbHR 2019, 973 (976).

1057 Vgl. *Wiedemann*, Gedächtnisschrift Lüderitz, 839 (859).

1058 Vgl. *BGH* v. 13.7.1967 – II ZR 72/67, BGHZ 48, 251 (255).

1059 Dazu *BGH* v. 13.7.1967 – II ZR 72/67, BGHZ 48, 251 (254 f.); *Butzer/Knof* in MHdB GesR Band 1, § 84 Rn. 22; E/B/J/S/*Hillmann*, § 152 HGB Rn. 7; Oetker/*Kamanabrou*, § 152 HGB Rn. 5; Henssler/Strohn/*Klöhn*, § 152 HGB Rn. 3; Baumbach/Hopt/*Roth*, § 152 HGB Rn. 1; MüKo.HGB/*Karsten Schmidt*, § 152 Rn. 14; nach K/K/R/D/*Kindler*, § 152 HGB Rn. 2 darf eine Mehrheitsklausel nicht zulasten sonstiger Beteiligter im Sinne des § 146 II, III HGB gehen. Für eine solche Begrenzung der Verbandsautonomie ist dem Gesetz aber nichts zu entnehmen, denn somit würde einem Gläubiger eine Blockadeposition eingeräumt, mittels derer er die Gesellschaft „erpressen" könnte.

D. Bedeutung der Beschlussfassung im Falle des Unternehmensverkaufs

I. Minderheitenschutz durch feste Quoren

§ 179a AktG sieht nicht nur eine Zustimmungspflicht der Gesellschafter, sondern auch ein Quorum von *„mindestens drei Vierteln des bei der Beschlussfassung vertretenen Grundkapitals"* vor, sodass dieser Beschluss im Verhältnis zur allgemeinen Mehrheitsklausel des § 133 I AktG einem verschärften, qualifizierten Mehrheitserfordernis unterliegt. Die Mehrheitsmacht wird daher in besonderem Maße beschränkt und die Minderheit wiederum besonders geschützt.[1060] Dasselbe Verhältnis zwischen satzungsändernden Beschlüssen, die mit einer Mehrheit von drei Vierteln der abgegebenen Stimmen (§ 53 II 1 GmbHG) gefasst werden, und der regulären, die laufende Verwaltung betreffenden Beschlussfassung, die nach einfacher Mehrheit erfolgt (§ 47 I GmbHG), gilt für die GmbH.[1061]

Für die Personengesellschaften ordnen allein die §§ 43 II 1, 217 I 3 UmwG eine Beschlussfassung nach qualifizierter Mehrheit an. Teilweise wird auch aus § 179a AktG (analog) ein qualifiziertes Mehrheitserfordernis abgeleitet.[1062] Grundsätzlich steht es aber gemäß § 119 II HGB zur Disposition der Gesellschafter, ein entsprechendes Mehrheitserfordernis in Abweichung zur sonst üblichen Einstimmigkeit zu vereinbaren.[1063] Aufgrund der klaren Gesetzeslage verbietet sich eine Übertragung

---

1060 Siehe dazu *BGH* v. 28.11.1974 – II ZR 176/72, AG 1975, 16 (17); MüKo.AktG/*Stein*, § 179 Rn. 81; *Witt*, AG 2000, 345 (346).

1061 Für eine Übertragung der Dreiviertelmehrheit auf die GmbH im Hinblick auf die Beschlussfassung über die Veräußerung des ganzen Vermögens: *Heckschen*, AG 2019, 420 (422); *Henne/Dittert*, DStR 2019, 2371 (2373); *Hoffmann/Bartlitz*, DB 2019, 1833 (1835); *Pfeiffer*, BB 2019, 1107; *v. Prittwitz*, DStR 2019, 1265 (1268); *Wachter*, GmbHR 2019, 183 (188); gegen eine Übertragung dieses Mehrheitserfordernisses: *Berkefeld*, DNotZ 2020, 85 (93); *Giedinghagen/Keller*, NJW-Spezial 2019, 271 (272); *Mack*, MittBayNot 2019, 491 (494 f.); *Meyer*, GmbHR 2019, 973 (976); *Natterer*, ZIP 2019, 1796 (1799); *Schulze/Schlütter-Lückel*, jurisPR-HaGesR 4/2019 Anm. 1; *Wachter*, DB 2019, 1078 (1079). Zumeist wird argumentiert, dass das Beschlusserfordernis aus § 49 II GmbHG und nicht aus § 53 I GmbHG folge, weshalb eine einfache Mehrheit ausreiche. Es handele sich gerade nicht um eine Satzungsänderung. Offenlassend: *Heinze*, NJW 2019, 1995 (1996).

1062 Auch *OLG Düsseldorf* v. 23.11.2017 – I-6 U 225/16, RNotZ 2018, 191 Rn. 35; *Weitnauer*, GWR 2018, 1 (3); im Fall des *OLG Düsseldorf* (v. 23.11.2017 – I-6 U 225/16, RNotZ 2018, 191 Rn. 35) sprach für eine Analogie auch eine Auslegung des Gesellschaftsvertrags, der für vergleichbare Beschlüsse eine ebensolche Mehrheit vorsah; a.A. *Mack*, MittBayNot 2019, 491 (495).

1063 Siehe dazu auch RegE BT-Drucks. 13/8444, S. 65 f.; *OLG München* v. 28.3.2001 – 7 U 5341/00, BB 2001, 1492 (1493); GroßKomm.HGB/*Casper*, § 163 Rn. 11; MüKo.HGB/*Enzinger*, § 119 Rn. 5; MüKo.HGB/*Grunewald*, § 161 Rn. 34; *Heckschen/Bachmann*, NZG 2015, 531 (536); Baumbach/Hopt/*Roth*, § 119 HGB Rn. 41; GroßKomm.HGB/*Schäfer*, § 119 Rn. 43; *Schiffer*, BB 2015, 584 (586); *Harry Westermann*, Freundesgabe

des Rechtsgedankens respektive der verschiedenen Mehrheitserfordernisse: § 119 II HGB lässt in allen Fällen eine einfache und nach Köpfen zu bestimmende Mehrheit zu. Die Minderheit ist mittels zweistufiger Beschlusskontrolle, die eine maximale Flexibilität erlaubt, zu schützen. Bei der Beurteilung der inhaltlichen Wirksamkeit von Gesellschafterbeschlüssen ist daher zu berücksichtigen, dass ein niedrigeres Mehrheitserfordernis zu einer dynamischen Entscheidungsfindung und der Vermeidung von Blockadepositionen führt.[1064] Gleichzeitig schützt nur ein hohes Mehrheitserfordernis die Minderheit vor aus ihrer Perspektive nachteiligen Beschlüssen, es erschwert die Entscheidungsfindung aber auch.[1065]

II. Wechselwirkung zwischen Außen- und Innenverhältnis

§ 179a AktG sichert der herrschenden Meinung nach die Minderheit in besonderem Maße, denn das Außenverhältnis wird in Abhängigkeit zur internen Beschlussfassung gesetzt.[1066] Ohne einen zustimmenden Beschluss fehlt dem Vorstand die Vertretungsmacht zum Abschluss eines Vertrags über das ganze Vermögen. In diesem Fall besteht daher eine Wechselwirkung zwischen der Vertretungsmacht und der internen Zustimmung der Gesellschafter; die Beschlussfassung wirkt unmittelbar nach außen. Dem gleicht das Verhältnis von Geschäftsführung und Vertretung in der GbR (§§ 709, 714 BGB). Im Recht der OHG/KG wird dieses Verhältnis durchbrochen, weil nicht nur den unter dem Topos Geschäftsführung zusammengefassten Gesellschafterbeschlüssen explizit keine Außenwirkung zukommt, sondern auch darüber hinaus die interne Beschlussfassung in keinem Fall auf das Außenverhältnis durchschlägt. Daraus folgt ein in zweifacher Weise hinter dem Aktienrecht zurückstehender Minderheitenschutz: Selbst elementare, das Statut ändernde Beschlüsse können mit einfacher Mehrheit gefasst werden. Weitergehend ist die Minderheit selbst im Fall der Veräußerung des *„ganzen Gesellschaftsvermögens“* nicht gegenüber Dritten geschützt. Demnach können auch Auflösung und Liquidation kraft einfacher Mehrheit beschlossen werden.

E. Flexible Liquidation und deren Vereinbarkeit mit dem Minderheitenschutz

Mit Eröffnung des Liquidationsverfahrens könnte dieses Schutzdefizit beseitigt sein: Gemäß §§ 146 I, 150 I HGB wandeln sich Leitungsverfassung und Organbesetzung, was dazu führen kann, dass die interne Beschlussfassung unmittelbar

---

Hengeler, 240 (247); *Wicke*, MittBayNot 2017, 125 (127); kritisch *Karsten Schmidt*, GesR, S. 460; vgl. auch *OLG Düsseldorf* v. 23.11.2017 – I-6 U 225/16, RNotZ 2018, 191 Rn. 35; *Weitnauer*, GWR 2018, 1 (3).

1064 Vgl. *Karsten Schmidt*, ZHR 158 (1994), 205 (225); *Witt*, AG 2000, 345 (348).

1065 Vgl. *Karsten Schmidt*, ZHR 158 (1994), 205 (225); *Witt*, AG 2000, 345 (348).

1066 Siehe zu § 179a AktG das vorstehende 7. Kapitel.

nach außen wirkt. Nunmehr sind alle Gesellschafter, sogar die Kommanditisten, an der Geschäftsführung beteiligt. Innerhalb des Verfahrens könnte daher der Minderheiten- und Gesellschafterschutz neu zu denken sein.[1067] Überdies ordnet das Gesetz in § 152 HGB nun ausdrücklich die Einstimmigkeit für alle Liquidationsmaßnahmen an.

I. Verhältnis von Geschäftsführung zu Beschlussfassung

Die für die Personengesellschaften geltende Selbstorganschaft gebietet, dass Herrschaft und Haftung auf Organebene Hand in Hand gehen. Die Gesellschafter sind daher sowohl Mitglieder des Beschlussorgans (der Gesellschafterversammlung) als auch des Leitungsorgans (als Liquidatoren), soweit dies nicht statutarisch abbedungen ist (§ 146 I 1 HGB). Sie haben nicht nur einen Anspruch hierauf, sondern aufgrund der Abrede, den Gesellschaftszweck zu fördern, grundsätzlich die Pflicht, daran teilzuhaben.[1068] Gemäß § 150 I HGB sind alle zur Liquidation gehörenden Handlungen von den Liquidatoren gemeinsam vorzunehmen, also aufgrund einer Willensübereinstimmung. Folglich können alle Geschäfte nur mit Billigung aller Gesellschafter vorgenommen werden. Dies gilt selbst für jene der laufenden Verwaltung im Sinne des § 149 S. 1 HGB. Dadurch kann das Verantwortlichkeitsgefühl für die Gesellschaft und die vorgenommenen Akte gestärkt werden.[1069] Die gleichen Gedanken spiegeln sich auch in der persönlichen und solidarischen Haftung im Sinne des § 128 HGB wider.

II. Kompetenzverteilung zwischen Liquidatoren und Gesellschafterversammlung

Eine im vorbenannten Sinne gemeinsame und miteinander abgestimmte Liquidationstätigkeit durch alle Gesellschafter hemmt indes die effektive Geschäftstätigkeit, weshalb eine Organverfassung ähnlich jener der werbenden Gesellschaft im Hinblick auf den unternehmerischen Charakter der Liquidation vorzugswürdig erscheint. Akzeptiert man eine zweigliedrige Organverfassung, bestehend aus Leitungs- und Beschlussorgan, stellt sich die Frage, ob es Liquidationsmaßnahmen gibt, über die nicht nur alle Gesellschafter Beschluss zu fassen haben, sondern deren Wirksamkeit von der Zustimmung aller Gesellschafter oder Beteiligten abhängt. Weitergehend ist zu untersuchen, ob die Liquidatoren zur Vornahme solcher Maßnahmen ermächtigt sind, weil sie in die Kompetenzen der Gesellschafterversammlung eingreifen könnten.

1067 3. Kapitel C. II. und insbesondere II. 3. a).
1068 GroßKomm.HGB/*Habersack*, § 146 Rn. 5.
1069 Vgl. *Wiedemann*, Gedächtnisschrift Lüderitz, 839 (859).

1. Repräsentation der Gesellschafter innerhalb des Verbands

Die Gesellschafterversammlung ist dafür zuständig, die Beschlüsse zu fassen.[1070] Eine solche Mitgliederversammlung ist allen Verbänden immanent, soweit sie überindividuell von den Mitgliedern losgelöst existieren und am Rechtsverkehr teilhaben.[1071] Innerhalb dieses Organs respektive im Rahmen der Beschlussfassung verdichten sich die Individualwillensäußerungen der Gesellschafter zum der Gesellschaft zurechenbaren und die Rechtsverhältnisse gestaltenden Gesamtwillen.[1072] Dem steht das Leitungsorgan gegenüber, welches den Verband im Verhältnis zu Dritten repräsentiert. Es ist zwar an den Gesellschaftswillen gebunden, zum Schutz des Rechtsverkehrs muss aber im Rahmen der Stellvertretung grundsätzlich keine Übereinstimmung mit diesem bestehen. Dies gilt gemäß §§ 126 II, 151 HGB sogar für die OHG/KG, bei der aufgrund der Selbstorganschaft keine Begrenzungen bestehen. Indes ist quasi eine Rückausnahme zu machen, wenn alle Gesellschafter gesamtvertretungsberechtigte Liquidatoren sind und einzelne nicht an der Maßnahme mitwirken wollen und dies die Treuepflicht auch nicht gebietet. Dann ergibt sich diese Beschränkung aber aus dem Handelsregister, der Rechtsverkehr ist nicht schutzwürdig.[1073]

2. Die Gesellschafter als Herren des Vertrags

Das HGB konstituiert nicht ausdrücklich das Organ Gesellschafterversammlung, sondern richtet sich an die Gesellschafter als die Herren des Vertrags.[1074] So heißt es in § 145 I HGB: „*Nach der Auflösung der Gesellschaft findet die Liquidation statt, sofern nicht eine andere Art der Auseinandersetzung von den Gesellschaftern vereinbart […] ist.*" Gleichwohl setzen die §§ 113 II, 116 II, 117, 122 II, 127, 131 I Nr. 2, III Nr. 6, 146 I 1, 147 Hs. 1, 152, 164 HGB eine Beschlussfassung voraus. Nehmen sie

---

1070 So auch *Weipert* in MHdB GesR Band 1, § 57 Rn. 3.

1071 *Bitter/Heim*, GesR, § 5 Rn. 78; *Kießling*, WM 1999, 2391 (2400); siehe auch *Mülbert/Gramse*, WM 2002, 2085; insoweit ist strittig, ob auch die Personengesellschaften eine Gesellschafterversammlung kennen, vgl. K/K/R/D/*Kindler*, § 119 Rn. 6; GroßKomm.HGB/*Schäfer*, § 119 Rn. 5; zustimmend *Schuld*, Beschlußzurechnung, passim.

1072 Siehe *O. v. Gierke*, Privatrecht, S. 688; *Weipert* in MHdB GesR Band 1, § 57 Rn. 3.

1073 Vgl. Meilicke/*Meilicke*, § 7 PartGG Rn. 28 zu entsprechenden Vertragsgestaltungen, die sich das System aus Gesamtvertretung und Einzelvertreterermächtigung zunutze machen.

1074 Vgl. dazu *RGZ* 163, 385 (392 f.); E/B/J/S/*Freitag*, § 119 HGB Rn. 2, 45 f.; Staudinger/*Habermeier*, § 709 BGB Rn. 11; *Kießling*, WM 1999, 2391 (2400); MüKo.BGB/*Schäfer*, § 705 Rn. 258; BeckOK.BGB/*Schöne*, § 705 Rn. 146; GroßKomm.HGB/*Schäfer*, § 119 Rn. 5; MüKo.BGB/*Schäfer*, § 705 Rn. 258; *Karsten Schmidt*, ZHR 158 (1994), 205 (215); *Karsten Schmidt*, ZGR 2008, 1 (1 ff., 32); Scholz/*Karsten Schmidt*, Anhang § 45 GmbHG Rn. 16 ff.; *H. Schneider/U. H. Schneider*, Festschrift Möhring, 271 (273); *Stengel*, BeckHBPersG, § 3 Rn. 440; *Wiedemann*, ZGR 1996, 286 (292).

ausdrücklich auf den *„Beschluss"* Bezug, liegt die terminologische Annäherung an AktG, GenG und GmbHG vor. Das ebenfalls für die Personengesellschaften geltende UmwG setzt in den §§ 13 I 2, 43 I, 217 I 1 beispielsweise eine Gesellschafterversammlung der Personengesellschaft als Selbstverständlichkeit voraus, sodass auch im Hinblick darauf die noch vorhandenen Unterschiede beseitigt werden.[1075]

Unabhängig von der Bezeichnung des Organs ist entscheidend, dass die Gesellschafter einen gemeinsamen und dem Verband zurechenbaren Willen bilden.[1076] Eine einstimmige Willensbildung aller Gesellschafter ist genauso wenig erforderlich, wie die Einhaltung eines bestimmten Verfahrens.[1077] Gemäß § 119 HGB kommt es allein darauf an, dass alle Gesellschafter beteiligt sind; nur dann kann der als Ergebnis der gemeinsamen Beschlussfassung gewonnene Wille der Gesellschaft zugerechnet werden.[1078] Für die werbende Gesellschaft folgt dies unter anderem aus § 116 II HGB, im Liquidationsrecht ist diese Anordnung allgegenwärtig.

a) Schuldrechtliche Kooperation statt organschaftlicher Willensbildung

Keine Beschlussfassung der Gesellschafter innerhalb der Gesellschafterversammlung soll es nach *Schürnbrand*[1079] sein, *„wenn sie die vertragsmäßigen Grundlagen der Gesellschaft ändern"*, dann nämlich *„agieren"* sie *„nicht als deren Organ, sondern als die das Schuldverhältnis konstituierenden Partner des Gesellschaftsvertrags."*[1080] In diesem Fall wird deren Entscheidung nicht zugleich dem überindividuellen Verband – der Gesellschaft – zugerechnet.[1081] So ging auch *O. v. Gierke*[1082] davon aus, dass der Gesellschaftswillen grundsätzlich kraft eines Beschlusses gebildet wird,

---

1075 Vgl. *Priester*, DStR 2015, 788 (790); *Wiedemann*, ZGR 1999, 568; *Ulmer*, Festschrift Niederländer, 415 (428).

1076 Vgl. dazu *RGZ* 163, 385 (392 f.); MüKo.HGB/*Enzinger*, § 119 Rn. 40 f.; GroßKomm. HGB/*Schäfer*, § 119 Rn. 5; siehe auch *Nitschke*, Personengesellschaft, S. 103; *H. Schneider/U. H. Schneider*, Festschrift Möhring, 271 (284).

1077 Vgl. auch § 48 GmbHG; hierzu führt *Hüffer*, Festschrift 100 Jahre GmbHG, 521 (523) unter Verweis auf die Stellungnahmen der *Centrale für GmbH* zu den Entwürfen eines GmbHG (BT-Drucks. 7/253, 1974, S. 27) aus, dass ein typischerweise personalistischer Verband keine förmliche „Versammlung" benötigt, da wichtige Entscheidungen auch aufgrund unförmlicher Kontakte besprochen werden können.

1078 MüKo.HGB/*Enzinger*, § 119 Rn. 40 f.; *Hüffer*, Festschrift 100 Jahre GmbHG, 521 (523); vgl. auch *Risse/Höfling*, NZG 2017, 1131 (1134).

1079 Organschaft, S. 82.

1080 *Schürnbrand*, Organschaft, S. 82, 90; vgl. auch *O. v. Gierke*, Privatrecht, S. 688, Fn. 122; *Schäfer*, GesR, S. 50 f.; *Wiedemann*, GesR Band 2, S. 296.

1081 Vgl. *O. v. Gierke*, Privatrecht, S. 688, Fn. 122; *Schäfer*, GesR, S. 50; *Schürnbrand*, Organschaft, S. 82, 90; *Wiedemann*, GesR Band 2, S. 296; kritisch *Schuld*, Beschlußzurechnung, S. 130 f., 179 ff.; a.A. *Priester*, Festschrift Hadding, 607 (609 ff.); *Saenger*, GesR, Rn. 155, 282; *Schäfer*, GesR, S. 50; *Scholz*, WM 2006, 897 (902); BeckOK. BGB/*Schöne*, § 709 Rn. 28 f.

1082 Privatrecht, S. 688.

was aber im Fall der *„überschreitenden Abänderung des Gemeinschaftsverhältnisses"* nicht gelten solle.[1083] Bereits aufgrund der benutzten Terminologie *„beschließen"* nähert man sich jedoch der organschaftlichen Willensbildung an. Weshalb teilweise auch immer dann von einem Beschluss die Rede ist, wenn wenigstens zwei Gesellschafter entscheiden.[1084] Allerdings heißt es in § 145 I HGB in Bezug auf die Liquidation auch: *„Sofern nicht eine andere Art der Auseinandersetzung von den Gesellschaftern vereinbart ist."* Damit wird im Wortlaut von der organschaftlichen Beschlussfassung Abstand genommen und auf eine vertragliche Vereinbarung unter den Gesellschaftern als natürlichen Personen hingewiesen. Es wird ein nicht nur verbaler Kontrast zu § 152 HGB offenbar. Daher könnte es naheliegen, dass die Vereinbarung über die Abwicklung einerseits und die Beschlussfassung über Liquidationsanordnungen anderseits in zwei verschiedenen Verfahren verwirklicht werden. Eine solche Sichtweise führt aber dazu, dass Geschäftsleitungsfragen innerhalb einer Gesellschafterversammlung beschlossen werden, während der Vertrag als Schuldverhältnis unter den Gesellschaftern geändert wird. Das würde dann ebenfalls für die Organbestellung Geltung erfahren, soweit die Organstellung im Gesellschaftsvertrag geregelt wurde. Damit würde der Gesellschafterversammlung trotz Personenidentität mit den Gesellschaftern die Vertragshoheit in bestimmten Bereichen aberkannt.

Die Gesellschafterversammlung wäre demnach jenes Gremium, welches den Liquidatoren gegenüber gemäß § 152 HGB weisungsbefugt ist. Deren Kompetenzen würden sich auf Geschäftsführungsfragen (im Innenverhältnis) beschränken. Der Gesellschafterversammlung kämen allein die Aufgaben der Haftungs- und der Verfahrenssteuerung zu. Eine solche Differenzierung könnte im Rahmen der Liquidation erforderlich werden, da Beteiligte im Sinne des § 146 II, III HGB an der weisungsberechtigten Versammlung teilhaben. Diese Dritten dürfen aber nicht über den in die Herrschaftssphäre der Gesellschafter fallenden Vertrag disponieren. Hierfür spricht fernerhin, dass Anordnungen nach § 152 HGB beschlossen werden, wohingegen gemäß § 145 II HGB eine Liquidation nur mit Zustimmung des im Namen des Gesellschafters kündigenden Gläubigers oder Insolvenzverwalters unterbleiben darf. Gleichwohl setzt die Zustimmungspflicht erst nach einem wirksam gefassten Gesellschafterbeschluss an und die Anordnungs- und Weisungsbefugnis des § 152 HGB gewährt nur ein partielles Anwesenheits- und Stimmrecht in Bezug auf Liquidationsmaßnahmen.

Für eine solche Kompetenztrennung spricht, dass das Gesetz den Terminus Beschluss stets dort verwendet, wo es von der Willensbildung innerhalb eines überindividuellen und dem Verband zurechenbaren Organs spricht:[1085] Exemplarisch lassen sich hierfür die §§ 108 I, 119 I, 179 I 1 AktG, 43 II 1 GenG 47 I GmbHG anführen, die in Bezug auf die juristischen Personen zweifelsfrei die Beschlussfassung

---

1083 *O. v. Gierke*, Privatrecht, S. 688, Fn. 122.
1084 *Saenger*, GesR, Rn. 155, 282; BeckOK.BGB/*Schöne*, § 709 Rn. 28 f.
1085 *Ernst*, Liber Amicorum Leenen, 1 (5).

anordnen. Demgegenüber normiert § 745 I BGB (teilweise auch die §§ 1356 I,[1086] 1627 I[1087] BGB) für die rechtlich nicht verselbstständigte Gemeinschaft nach Bruchteilen lediglich das Erfordernis der *„Stimmenmehrheit"*.[1088] Auch die weiteren (nicht rechtsfähigen) Gesamthandsgemeinschaften des BGB kennen die Beschlussfassung im organschaftlichen Sinne nicht (vgl. §§ 1450, 2038 II 1 BGB).

b) Problematik der vertraglichen Grundlage der Gesellschaft

Nach außen tritt die Gesellschaft als rechtsfähiger Verband in Erscheinung. Nach innen wird sie durch ein zwischen den Gesellschaftern abgeschlossenes Schuldverhältnis konstituiert.[1089] Da die Gesellschaft aufgrund des vertraglichen Charakters nicht gegenüber den Gesellschaftern verselbstständigt sei, könne für die Änderung des Vertrags nichts anderes gelten.[1090] Deutlich wird dieses Verständnis auch daran, dass Streitigkeiten über das Statut oder die Beschlussfassung (etwa im Falle einer Beschlussanfechtung) nicht gegen die Gesellschaft, sondern unter den Gesellschaftern als Vertragsparteien zu führen sind.[1091] Dies soll aus den §§ 117, 127, 133, 140 HGB folgen, die im Innenprozess die Antragsbefugnis der Gesellschafter statuieren.[1092] Abweichendes gilt gemäß § 246 II 1 AktG für die als juristische Person gegenüber den Aktionären verselbstständigte AG.[1093] Dort ist die

1086 *Medicus/Petersen*, BGB AT, Rn. 206.

1087 *Ernst*, Liber Amicorum Leenen, 1 (5).

1088 So *Ernst*, Liber Amicorum Leenen, 1 (5); kritisch aber *Schuld*, Beschlußzurechnung, S. 130 ff.

1089 Siehe dazu *Risse/Höfling*, NZG 2017, 1131 (1132).

1090 *Schürnbrand*, Organschaft, S. 81 f.

1091 Ständige Rechtsprechung *RGZ* 163, 385 (388); *BGH* v. 5.6.1967 – II ZR 128/65, BGHZ 48, 175 (176 f.); *BGH* v. 13.7.1981 – I ZR 56/80, BGHZ 81, 263 (264 f.); *BGH* v. 2.5.1983 – II ZR 94/82, WM 1983, 785; *BGH* v. 30.4.1984 – II ZR 293/83, BGHZ 91, 132 (133); *BGH* v. 11.12.1989 – II ZR 61/89, NJW-RR 1990, 474; *BGH* v. 9.11.1998 – II ZR 213/97, ZIP 1999, 68; *BGH* v. 24.3.2003 II ZR 4/01, NJW-RR 2003, 820; *Borris*, NZG 2017, 761 (764); BeckOK.HGB/*Klimke*, § 105 Rn. 121; Oetker/*Lieder*, § 105 HGB Rn. 67; Baumbach/Hopt/*Roth*, § 109 HGB Rn. 38; *Schürnbrand*, Organschaft, S. 83 ff.; *Wertenbruch*, NZG 2006, 408 (412); E/B/J/S/*Wertenbruch*, § 105 HGB Rn. 229 f.; kritisch *Nolting*, ZIP 2017, 1641 (1644); *Scholz*, NZG 2002, 153 (160); *Scholz*, WM 2006, 897 (900 ff.); *Wiedemann*, Festschrift Kellermann, 529 (536 ff.); *Wiedemann*, GesR Band 2, S. 291 ff.; a.A. *Schuld*, Beschlußzurechnung, S. 211; siehe zur Klage auf Einberufung einer Gesellschafterversammlung, bei der die Gesellschaft Klagegegnerin ist *BGH* v. 8.7.1957 – II ZR 54/56, BGHZ 25, 115 (118); *Grunewald*, Festschrift Baums, 507 (509); *Wertenbruch*, NZG 2018, 1121 (1128).

1092 Kritisch *Mülbert/Gramse*, WM 2002, 2085 (2090); *Karsten Schmidt*, NJW 2001, 993 (1000); MüKo.HGB/*Karsten Schmidt*, § 105 Rn. 174, § 124 Rn. 23; *Scholz*, NZG 2002, 151 (161); *Schwab*, Prozeßrecht, S. 206 ff.

1093 *Schürnbrand*, Organschaft, S. 79 f.

Beschlussanfechtungsklage gegen die durch den Vorstand vertretene Gesellschaft zu richten.[1094]

Dennoch ist gemäß § 131 I Nr. 2 HGB die Auflösung der Gesellschaft und nach § 131 III 1 Nr. 6 HGB die Ausschließung eines Gesellschafters durch Beschluss der Gesellschafter möglich,[1095] sodass bereits das Gesetz Ausnahmen von der rein schuldrechtlichen Kooperation über das Statut anordnet. Änderungen des Statuts bedürfen eben keines Vertrags, sondern gemäß den §§ 109, 163, 119 II HGB genügt auch ein Mehrheitsbeschluss.[1096] Daher kann die abstrakte Unterscheidung zwischen der Gesellschaftergesamtheit sowie der Gesellschafterversammlung nicht rein terminologischer Natur sein.[1097] Die fakultative Abkehr von der Einstimmigkeit bringt auch zum Ausdruck, dass die Änderung des Vertrags und die Beschlussfassung eben nicht ausschließlich der Gesamtheit der Gesellschafter obliegen und auch nicht der Zustimmung der Gesamtheit der Gesellschafter bedürfen. Der Vertragscharakter kann im Ergebnis als Zeugnis der engen Verbundenheit der Gesellschafter untereinander angesehen werden.[1098] Löst man sich aber von dieser Vorstellung, so wird deutlich, dass das Personengesellschaftsrecht noch nicht an den modernen Geschäfts- und Wirtschaftsverkehr angepasst ist. Extern ist die Gesellschaft überdies ein von den Gesellschaftern verschiedenes Rechtssubjekt,

---

1094 Gilt analog für die GmbH, siehe *OLG Hamburg* v. 28.6.1991 – 11 U 148/90, ZIP 1991, 1430; *OLG Rostock* v. 28.5.2003 – 6 U 173/02, NZG 2004, 191 f.; Lutter/Hommelhoff/*Bayer*, Anhang § 47 GmbHG Rn. 32; Ulmer/Habersack/Löbbe/*Raiser*, Anhang § 47 GmbHG Rn. 217; Scholz/*Karsten Schmidt*, § 45 GmbHG Rn. 148; MüKo.GmbHG/*Wertenbruch*, Anhang § 47 Rn. 283.

1095 Vgl. dazu RegE, BT-Drucks. 13/8444, S. 65 f.; Oetker/*Kamanabrou*, § 131 HGB Rn. 37; IIk HGB/*Schall*, § 131 Rn. 42; GroßKomm.HGB/*Schäfer*, § 131 Rn. 106; MüKo.HGB/*Karsten Schmidt*, § 131 Rn. 93; *U. H. Schneider*, ZGR 1972, 357 (378); *Wiedemann*, Gedächtnisschrift Lüderitz, 839 (849).

1096 Dogmatisch wird hier auch teilweise mit einer „*antizipierten Zustimmung*" zum Mehrheitsbeschluss gearbeitet, soweit sich dieser innerhalb der zuvor festgelegten Grenzen hält. Vgl. dazu *Goette/Goette*, DStR 2016, 74 (2 ff.); *Risse/Höfling*, NZG 2017, 1131 (1133); Baumbach/Hopt/*Roth*, § 119 HGB Rn. 37. Dann wären Mehrheitsentscheidungen aber ausschließlich in den zuvor festgelegten Grenzen zulässig und pauschale Mehrheitsklauseln mangels inhaltlicher Bestimmtheit unzureichend. Dies ist wenig interessengerecht. Vgl. zur antizipierten Zustimmung bei Beitragserhöhungen etwa *BGH* v. 21.10.2014 – II ZR 84/13, BGHZ 203, 77 Rn. 17; *Heckschen/Bachmann*, NZG 2015, 531 (536)Bau.

1097 Der gleiche und primär terminologische Disput besteht im GmbH-Recht, vgl. Rowedder/Schmidt-Leithoff/*Ganzer*, § 45 GmbHG Rn. 8; *Hüffer*, Festschrift 100 Jahre GmbHG, 521 (524 ff.); M/H/L/S/*Römermann*, § 45 GmbHG Rn. 35; Scholz/*Karsten Schmidt*, § 45 GmbHG Rn. 1; *Schulze-Osterloh*, Festschrift H.P. Westermann, 1487 (1490); zum eV *Noack*, NJW 2018, 1345 (1346) der zwischen der Gesellschafterversammlung als Beschlussverfahren und Organ unterscheidet.

1098 Vgl. *Nolting*, ZIP 2017, 1641 (1644); *Risse/Höfling*, NZG 2017, 1131 (1132).

intern aber wird die Individualität und vertragliche Verbindung der Gesellschafter untereinander und gegenüber der Gesellschaft betont.

Dieses vorstehend beschriebene Vertragsmodell lässt sich dem Gesetz unmittelbar entnehmen. Denn während die §§ 179 AktG, 53 GmbHG ausdrücklich von einer Satzungsänderung sprechen, verweist § 105 III HGB auf die §§ 705 ff. BGB. Die §§ 705 ff. BGB sind Normen des besonderen Teils des Schuldrechts und ordnen für die Änderung des Gesellschaftsvertrags nichts gegenüber dem im allgemeinen Schuldrecht stehenden § 311 I BGB Abweichendes an. Sie machen sich die Vertragsänderung kraft Konsenses aufgrund des Klammerprinzips des BGB zu eigen.[1099] Auf den ersten Blick findet sich in den §§ 109 ff. HGB keine gegenteilige Regelung, sodass gemäß § 105 III HGB in Verbindung mit §§ 705, 311 I BGB das Statut auch nur durch einen neuen Vertrag geändert werden könnte.[1100] Entscheidend ist also das Verständnis des § 119 HGB.[1101] Diese Vorschrift geht zunächst vom *„Vertragsmodell"* aus, lässt mit ihrem zweiten Absatz aber auch eine organschaftliche Willensbildung zu.[1102] So formuliert beispielsweise *Saenger*, dass Beschlüsse, welche Regelungsmaterien des Gesellschaftsvertrags betreffen, diesen nur *„de facto"* abändern.[1103] De jure könnte die Lösung aber in § 311 I BGB zu suchen und das Beschlusserfordernis als Ausnahme zum Konsensprinzip zu verstehen sein, denn in § 311 I BGB[1104] aE heißt es: *„Soweit nicht das Gesetz ein anderes vorschreibt."* Gemäß § 119 HGB entscheiden die Gesellschafter durch Beschluss und mangels Einschränkung auf gewisse Beschlussgegenstände gilt dies auch für den Gesellschaftsvertrag. Der Beschluss ist allgemeiner Ansicht nach der spezielle verbandsrechtliche Ausdruck des innerhalb eines Organs gebildeten Willens und weder eine Willenserklärung noch ein Vertrag im Sinne der §§ 145 ff. BGB.[1105] Allein

---

1099 Siehe dazu auch das 2. Kapitel A. II. 1.

1100 *Risse/Höfling*, NZG 2017, 1131 (1132).

1101 Vgl. dazu *RGZ* 163, 385 (393); *Hüffer*, Festschrift 100 Jahre GmbHG, 521 (528 f.); *Priester*, Festschrift Hadding, 607 (617); *Risse/Höfling*, NZG 2017, 1131 (1132); *Karsten Schmidt*, Festschrift Stimpel, 217 (236 f.); *Karsten Schmidt*, GesR, S. 448; *Schürnbrand*, Organschaft, S. 87 f.

1102 Vgl. *Hüffer*, Festschrift 100 Jahre GmbHG, 521 (528 f.); *Schürnbrand*, Organschaft, S. 87 f.

1103 *Saenger*, GesR, Rn. 155, 282.

1104 § 311 I BGB entspricht § 305 BGB aF, BT-Drucks. 14/6040, S. 161; § 305 BGB aF sollte zwar insbesondere das einseitige Versprechen erfassen, wurde dann aber bewusst offen formuliert, siehe *Jakobs/Schubert*, Die Beratung des BGB, S. 365 ff.

1105 Zur Definition des Beschlusses *OLG Frankfurt* v. 8.3.1998 – 13 U 273/96, BeckRS 1998, 16066 Rn. 53; *OLG München* v. 24.3.2016 – 23 U 1884/15, BeckRS 2016, 06543 Rn. 49; GroßKomm.HGB/*Casper*, § 163 Rn. 9; MüKo.GmbHG/*Drescher*, § 47 Rn. 7 f.; MüKo.HGB/*Enzinger*, § 119 Rn. 9 f.; E/B/J/S/*Freitag*, § 119 HGB Rn. 8; Rowedder/*Ganzer*, § 47 GmbHG Rn. 2; Ulmer/Habersack/Löbbe/*Hüffer/Schürnbrand*, § 47 GmbHG Rn. 2; Oetker/*Lieder*, § 119 HGB Rn. 35; M/H/L/S/*Römermann*, § 47 GmbHG Rn. 7 ff.; *Karsten Schmidt*, GesR, S. 436; Scholz/*Karsten Schmidt*, § 45 GmbHG Rn. 18; *Ulmer*, Festschrift Niederländer, 415 (425 ff., insb. 429 f.); a.A. in Betreff auf

dies vermag zu erklären, weshalb Änderungen des Statuts kraft Mehrheit gegen oder ohne den Willen einzelner Gesellschafter zulässig sind. Daher sind intern die Abkehr vom strengen Vertragsprinzip und die Verselbstständigung der Gesellschaft gegenüber ihren Gesellschaftern anzuerkennen.[1106]

Weder daraus, dass die Gesellschafter die Herren des Vertrags sind, noch daraus, dass die Gesellschaft aufgrund eines Vertrags (§ 705 BGB) konstituiert wird, ist zwingend das Vertragsmodell abzuleiten. Insoweit ist auch das GmbHG nicht einheitlich. § 53 GmbHG ist überschrieben mit *„Form der Satzungsänderung"*. In seinem ersten Absatz indes ist von der Änderung des Gesellschaftsvertrags (wie insgesamt im GmbHG) die Rede. Gleichwohl würde man hier nicht die Parallele zu § 311 I BGB ziehen.

c) Widerspruch zur Vermögenszuordnung

Dass die Gesellschaft aber mehr als ein Vertrag zwischen den Gesellschaftern ist, zeigt sich daran, dass das Gesetz in vermögensrechtlicher Hinsicht sowohl in §§ 110, 122 HGB als auch in § 155 HGB in Übereinstimmung mit § 124 HGB zwischen der Gesellschaft und den Gesellschaftern differenziert. Finanzielle Ausgleichsansprüche sind stets in diesem Verhältnis zwischen der Gesellschaft und den Gesellschaftern durchzusetzen und nur subsidiär unter den Gesellschaftern. Die Trennung wird auch davon getragen, dass beispielsweise ein säumiger Einlageschuldner im Innenprozess nicht von den Gesellschaftern aus eigenem Recht, sondern im Rahmen einer actio pro socio auf Leistung an die Gesellschaft verklagt wird. Die Beitrags- und Einlageansprüche, die unmittelbar aus dem Vertrag entspringen, gehen auf die Gesellschaft über. Dies soll die von den §§ 718, 719 BGB angeordnete Vermögenszuordnung aufrechterhalten. Wenn in Bezug auf das Vermögen zwar der rechtsfähige Verband anerkannt wird, das Statut aber durch einen neuen Vertrag im Sinne des § 311 I BGB zu ändern ist, erfährt eine sachlich und rechtlich nicht zu rechtfertigende „Teilrechtsfähigkeit"[1107] Geltung.

Daran vermag auch die persönliche Haftung der Gesellschafter nichts zu ändern, aufgrund derer die Verbindlichkeiten der Gesellschaft vorbehaltlich der §§ 110 HGB, 707 BGB zugleich Verbindlichkeiten der Gesellschafter sind. Originäre Schuldnerin ist die Gesellschaft, die Gesellschafter haften akzessorisch für die von dieser begründeten Verbindlichkeiten. Daraus ist (in Abweichung zur AG, eG oder GmbH) allenfalls zu folgern, dass den Gesellschaftern untereinander, aber

---

Beschlüsse zur Änderung des Gesellschaftsvertrags Röhricht/Graf v. Westphalen/Haas/*Haas*, § 119 HGB Rn. 7; K/K/R/D/*Kindler*, § 119 HGB Rn. 1a; GroßKomm. HGB/*Schäfer*, § 119 Rn. 8; Baumbach/Hopt/*Roth*, § 119 HGB Rn. 25.

1106 Vgl. auch *A. Schmitt*, Beschlussmängelrecht, S. 40 ff.; *Schuld*, Beschlußzurechnung, S. 199; siehe außerdem *Saenger*, GesR, Rn. 155, 282; *Wiedemann*, Gedächtnisschrift Lüderitz, 839 ff.

1107 Siehe dazu *BGH* v. 2.6.2005 – V ZB 32/05, NJW 2005, 2061 (2068); *U. Huber*, Festschrift Lutter, 107 (110); *Priester*, Festschrift Hadding, 607 (610).

auch den Organen ein weitergehendes Maß an Rücksichtnahme abzuverlangen ist. Denn die Gesellschafter müssen gegenüber Dritten unmittelbar und primär für Gesellschaftsschulden einstehen.[1108] Die Leistungsfähigkeit des Verbands speist sich daher mittelbar aus derjenigen der Gesellschafter. Gleichwohl ist die OHG/KG eine rechtlich gegenüber den Gesellschaftern verselbstständigte Organisation,[1109] was auch aus den reformierten Auflösungs- und Ausscheidungstatbeständen der §§ 131 ff. HGB folgt, welche die Unternehmenskontinuität und den Erhalt der Gesellschaft in den Vordergrund rücken.

3. Universalzuständigkeit kraft Vertragshoheit

Nun hat die Gesellschaft eine Gesellschafterversammlung als Organ, welche kraft Beschlusses Entscheidungen fällt. Ein förmliches Beschlussverfahren oder das Erfordernis einer räumlichen Zusammenkunft hinsichtlich der Entscheidungsfällung sehen die §§ 109 ff. HGB (und auch die §§ 705 ff. BGB) allerdings nicht vor.[1110] Auch einen klaren Zuständigkeitskatalog, wie ihn etwa das AktG oder das GmbHG kennen,[1111] enthalten die §§ 109 ff. HGB nicht. Dies folgt aus der Vorstellung, die Gesellschaftern seien gleichberechtigte Partner, die sowohl die Geschäftsleitung als auch die Willensbildung gemeinsam vornehmen. Allein die §§ 149 ff. HGB ordnen den Liquidatoren die Maßnahmen zu, welche der Auseinandersetzung inklusive der Durchführung Schlussverteilung dienen. Gleichwohl besteht diese Kompetenzanordnung nur unter der Voraussetzung, dass nicht entgegenstehende oder weitergehende Weisungen der Gesellschafter oder Beteiligten vorliegen. Das ergibt sich auch aus einem Umkehrschluss aus § 151 HGB, wonach die Beschränkung der Kompetenzen nur gegenüber Dritten unzulässig ist. Im Ergebnis ähnlich sehen die §§ 109 ff. HGB vor, dass die Geschäftsführer alle gewöhnlichen Geschäfte namens der Gesellschaft tätigen dürfen, allein für darüber hinausgehende Handlungen *„ist ein Beschluss sämtlicher Gesellschafter erforderlich.“* Die Zuständigkeit der KG-Gesellschafterversammlung ist in Betreff der laufenden Geschäfte gemäß § 164 S. 1 Hs. 2 HGB eingeschränkt. Den Kommanditisten steht danach lediglich bezüglich der außergewöhnlichen Geschäfte im Sinne des § 164 HGB ein Zustimmungsrecht zu, weshalb im Liquidationsverfahren auch die internen Mitwirkungsrechte der

1108 Siehe zur Haftung der Gesellschafter nach § 128 HGB BeckOK.HGB/*Klimke*, § 128 HGB Rn. 22; Baumbach/Hopt/*Roth*, § 128 HGB Rn. 1; Henssler/Strohn/*Steitz*, § 128 HGB Rn. 14 ff. Eine lediglich subsidiäre Haftung besteht zwischen den Gesellschaftern untereinander, vgl. *BGH* v. 8.10.2013 – II ZR 310/12, NZG 2013, 1334 Rn. 31 ff.

1109 3. Kapitel A.

1110 Vgl. MüKo.HGB/Enzinger, § 119 Rn. 40; RGRK.BGB/*v. Gamm*, § 709 Rn. 10.

1111 Siehe dazu *Eickhoff*, Gesellschafterversammlung, Rn. 311; KK.AktG/*Mertens/Cahn*, Vor § 76 Rn. 17 f.; *Raiser/Veil*, KapGesR, § 16 Rn. 1; Scholz/*Karsten Schmidt*, Anhang § 45 GmbHG Rn. 23; *Schneider*, ZGR 1972, 357 (366); vgl. auch *Wertenbruch*, NZG 2016, 1081 (1082).

Kommanditisten durch § 152 HGB und damit insgesamt die Rechte der KG-Gesellschafterversammlung gestärkt werden.[1112]

Sowohl aus der Weisungsbefugnis nach § 152 HGB als auch aus der Vertragshoheit folgt insgesamt die Universalzuständigkeit der Gesellschafterversammlung im Innenverhältnis.[1113] Begründen lässt sich dies speziell für die Liquidation damit, dass gemäß § 146 I HGB die Liquidation ohnehin durch alle Gesellschafter durchgeführt wird. Eine Grenze erfahren die Kompetenzen der Gesellschafterversammlung darin, dass sie nicht die Befugnis hat, für die Gesellschaft nach außen zu handeln; dies obliegt gemäß § 149 S. 2 HGB allein den Liquidatoren.[1114] Überdies können nach Maßgabe der Grundsätze über die Selbstorganschaft sowie aufgrund der Wertung des § 145 HGB die Gesellschafter ihre Herrschaft über das Statut nicht preisgeben und auf Dritte übertragen, gleichwohl erscheinen ausnahmsweise Zustimmungsvorbehalte zulässig (so § 145 II HGB).

Andererseits umschreibt § 149 S. 1 HGB die Aufgaben der Liquidatoren. Darüber hinausgehende Handlungen dürfen sie nicht vornehmen. Die Kompetenz zu solchen Maßnahmen kann derivativ erworben werden. Weitergehend bestimmt § 150 I HGB, dass die Liquidatoren die zur Liquidation gehörenden Handlungen kraft Bestimmung der anderen Gesellschafter einzeln vornehmen können. Damit kann in der Liquidation zum für die werbende Gesellschaft geltenden Status quo der §§ 114 I, 125 I HGB zurückgekehrt werden. Im Unterschied dazu beschränken sich die Geschäftsführungskompetenzen der Liquidatoren aber auf jene Maßnahmen, die innerhalb der Liquidationsvereinbarung liegen. Alle davon abweichenden Handlungen bedürfen eines kompetenzerweiternden Beschlusses der Gesellschafterversammlung, welchem Dritte unter Umständen nach § 145 II HGB zustimmen müssen, wenn dadurch die Abwicklungsvereinbarung erweitert wird. Aufgrund teleologischer Erwägungen unter Beachtung der Schutzinteressen der beteiligten Gesellschafter ist § 149 S. 1 HGB daher entgegen der herrschenden Meinung eng zu verstehen,[1115] sodass beispielsweise die Veräußerung des ganzen Vermögens im Rahmen der Liquidation im Innenverhältnis eines zustimmenden Gesellschafterbeschlusses und dementsprechend der Mitwirkung der Gesellschafterversammlung bedarf. Weitergehend werden die Gesellschafter vor einer unvorhergesehenen Ausweitung der Liquidations- und Geschäftstätigkeit geschützt.

1112 Dies kann als erneutes Indiz dafür gewertet werden, dass das entweder Gesetz davon ausgeht, dass die Liquidationsgesellschaft keinen Geschäftsbetrieb mehr aufrechterhält oder die maßgeblichen, zu berücksichtigenden Interessen andere sind.

1113 Vgl. *Mülbert/Gramse*, WM 2002, 2085 (2093); *Wiedemann*, ZGR 1996, 286 (292); *Wiedemann*, Festschrift Harry Westermann, 585 (591); *Wiedemann*, GesR Band 2, S. 294.

1114 Zur Abgrenzung nach Kompetenzen *Nitschke*, Personengesellschaft, S. 94.

1115 Siehe dazu das 5. Kapitel. B.

III. Befugnisse und Pflichten der Liquidatoren in der dualistischen Organverfassung

Die Kompetenzverteilung ist klar und deutlich: Die Liquidatoren führen die Geschäfte und vertreten die Gesellschaft gerichtlich und außergerichtlich gemäß § 149 HGB. Die Überwachung der Liquidatoren und die interne Willensbildung obliegt der Gesellschafterversammlung. Eine Eingrenzung der Kompetenzen auf Geschäftsleitungstätigkeiten ist vor dem Hintergrund der Abkehr vom Grundsatz der strikten Selbstorganschaft notwendig. Ausnahmen können aber bestehen, wenn alle Gesellschafter gemeinsam im Sinne der §§ 146 I, 150 I HGB tätig werden. In diesem Fall kontrollieren sich die Gesellschafter unmittelbar im Rahmen der Geschäftsleitung selbst, eine Trennung zwischen zwei Organen (Liquidatoren und Gesellschafterversammlung) wäre dann rein formalistisch.

Die Liquidatoren haben kraft ihrer Organstellung die Liquidation zu betreiben, sie trifft die dahin gehende Pflicht. Die Grundlage dieser Pflicht ist die Abrede, den gemeinsamen Zweck zu fördern. Bei Drittliquidatoren folgt sie aus einem Dienstvertrag. Sind die Gesellschafter nicht unmittelbar an der Liquidation beteiligt, so können sie den Anspruch der Gesellschaft hierauf geltend machen. Neben der dem Kapitalerhalt dienenden Austrittssperre kommt der Durchsetzungssperre elementare Bedeutung zu, sodass die Gesellschafter an ihre Stellung innerhalb des Verbands gebunden und auf die Auseinandersetzung sowie das Fortschreiten der Liquidation angewiesen sind. Mangels entgegenstehender Weisungen, Beschlussfassung oder Auseinandersetzungsvereinbarung dürfen die Liquidatoren daher die werbende Geschäftstätigkeit nicht fortsetzen.[1116]

F. Zusammenfassung

Im Hinblick auf die Geschäftsführung und den internen Minderheitenschutz ergeben sich im Vergleich zwischen dem werbenden und dem aufgelösten Verband folgende Unterschiede: Das Gesetz benennt nur das Geschäftsleitungsorgan (die Liquidatoren) ausdrücklich. Sowohl dessen Kontrolle als auch die dem Verband zurechenbare Willensbildung sind in der Regel in einem davon losgelösten Gesellschaftergremium zu verwirklichen, und zwar der Gesellschafterversammlung. Diese entscheidet grundsätzlich im Beschlusswege. Die internen Kompetenzen der Liquidatoren sind nach Maßgabe des Wortlauts des § 149 S. 1 HGB als auf Zerschlagung gerichtet zu verstehen. Aber auch § 116 I HGB beschränkt die Geschäftsführungsbefugnis vergleichbar auf Handlungen, *„die der gewöhnliche Betrieb des Handelsgewerbes mit sich bringt.“* Demgegenüber erfahren die Befugnisse der Gesellschafterversammlung keine Eingrenzung; gegenüber Dritten handeln aber allein die offiziellen Liquidatoren.

1116 Mit abweichender Tendenz *Paura*, Liquidationspflichten, S. 167.

Im Innenverhältnis ist die Kompetenzverteilung flexibel und satzungsdispositiv. Der Grundsatz lautet darauf, dass alle Gesellschafter gemeinsam die Liquidation durchführen. In diesem Fall besteht eine Personenidentität zwischen den Liquidatoren und der Gesellschafterversammlung. Dieser Umstand zeigt also, dass die Gesellschafter gemeinsam in ihrer Gesamtheit das Amt der Liquidatoren bekleiden können und hypothetisch alle Maßnahmen von diesen vorgenommen werden dürfen, ohne in Konflikt mit dem Statut zu geraten. Die Gesellschafterversammlung darf nämlich, wie die §§ 145 I, 152 HGB zeigen, über alle Angelegenheiten der Gesellschaft entscheiden. Denn aufgrund der fortbestehenden Gesellschafterhaftung ist auch der Schutz Dritter nicht besonders zu verwirklichen. Daraus folgt einerseits die Schwierigkeit, die Zulässigkeit einer Liquidationsmaßnahme zu bewerten und andererseits der Konflikt zwischen dem Schutz des Rechtsverkehrs und dem Schutz der Gesellschafter im Innenverhältnis.

Grundsätzlich vollzieht sich die Willensbildung innerhalb der Gesellschafterversammlung. Nach Maßgabe des § 119 I HGB entscheiden die Gesellschafter einstimmig, wovon jedoch gemäß § 119 II HGB im Statut abgewichen werden kann. Dies bedeutet, dass sämtliche Liquidationsmaßnahmen mittels einfacher Mehrheit beschlossen werden können. Voraussetzung hierfür ist in formeller Hinsicht eine vertragliche Ermächtigungsgrundlage, welche sich zumindest auch auf den in Rede stehenden Beschlussgegenstand beziehen muss. Es genügt aber, wenn sich der Inhalt der vertraglichen Ermächtigung durch Auslegung ermitteln lässt. In materieller Hinsicht erfährt die Mehrheitsmacht eine Grenze, wenn die gefassten Beschlüsse gegen die gesellschafterliche Treuepflicht oder andere elementare rechtliche Grundsätze verstoßen. Hierfür spricht im Wesentlichen, dass das Gesetz strengere Voraussetzungen für Mehrheitsentscheidungen nicht vorsieht. Weiterhin lautet die Wertung des § 109 HGB darauf, dass sich die Regelung des Innenverhältnisses zunächst nach dem Gesellschaftsvertrag richtet. Somit kann einerseits der Gesellschafterwillen berücksichtigt und andererseits eine flexible Entscheidungsfindung ermöglicht werden. Abweichendes gilt auch in der Liquidation nicht, da § 152 HGB dispositiv ist.

Mehrheitsentscheidungen sind in erster Linie anhand der gesellschafterlichen Treuepflicht zu überprüfen. Im Rahmen der Liquidation wandelt sich aufgrund des geänderten Zwecks auch der Grad der Treuepflichtbindung und somit der Bewertungsmaßstab für die inhaltliche Prüfung eines Gesellschafterbeschlusses. Art und Maß der Treuepflicht nehmen mit Fortschreiten des Verfahrens ab. Der Erhalt des unternehmerischen Status quo steht nicht mehr im Vordergrund. Im Rahmen der Liquidation kann außerdem gemäß § 145 II HGB bezüglich der Auseinandersetzungsvereinbarung die Zustimmung der Privatgläubiger oder des Insolvenzverwalters eines Gesellschafters notwendig werden.[1117] Die Beteiligung Dritter hat

1117 Wegen der §§ 131 II 1 Nrn. 2, 5, 135 HGB darf die praktische Relevanz des Zustimmungsvorbehalts des § 145 II HGB allerdings bezweifelt werden, siehe auch *Wiedemann*, Gedächtnisschrift Lüderitz, 839 (844).

jedoch keinen Einfluss auf eine Mehrheitsklausel. Weitere Schutzmechanismen wie etwa Mindestquoren kennt das HGB nicht; der Grundsatz lautet auf eine dispositive Einstimmigkeit.

Für das Liquidationsverfahren ist bei der Beschlusskontrolle im Speziellen zu berücksichtigen, dass dieses Verfahren gemäß der §§ 146 I, 150 I, 152 HGB die Mitwirkung aller Gesellschafter und etwaiger Beteiligter anordnet. Die Gesellschafter – oder die weiteren beteiligten Dritten – sind nämlich auf den ordnungsgemäßen Gang des Verfahrens angewiesen, da am Ende der Liquidation eine mögliche Nachschusspflicht oder eine Verteilung des verbleibenden Vermögens stehen. Zudem ist ein Ausscheiden aus der Gesellschaft während des Liquidationsverfahrens grundsätzlich aufgrund der Durchsetzungssperre nicht möglich. Die Mitwirkungsrechte stellen somit elementare Herrschafts- und Steuerungsrechte dar, denn das Ergebnis des Verfahrens wirkt sich unmittelbar auf die eigene Rechtsstellung aus. Auch hier ist eigentlich erneut die Wertung kodifiziert, dass der Schutz der Gesellschafter in den Vordergrund rückt.

Gesamtzusammenfassung und Ausblick

1. Der Gesellschaftszweck ist von elementarer Bedeutung, sowohl für die Bestimmung der Aufgaben des Verbands als auch der den Gesellschaftern und den Liquidatoren obliegenden Pflichten. In der Liquidation lautet dieser Zweck nicht mehr auf den fortgesetzten, werbenden Betrieb des Handelsgewerbes, sondern auf die Abwicklung und die Vollbeendigung der Gesellschaft. Ziel des Liquidationsverfahrens nach Maßgabe der §§ 146 ff. HGB ist die Verwertung des Gesellschaftsvermögens und letzten Endes die Beendigung der Gesellschaft insgesamt. Dies erfordert, dass der tatsächliche Betrieb des Handelsgewerbes der OHG/KG eingestellt und das Unternehmen im Laufe des Verfahrens zerschlagen wird. Nach § 155 HGB sollen die Beziehungen zu Dritten abgewickelt und die Gläubiger der Gesellschaft befriedigt werden. Daran anschließend sind entweder Nachschüsse von den Gesellschaftern einzufordern oder verbleibendes Vermögen unter den Gesellschaftern zu verteilen.

2. Der Gesellschaftszweck ändert sich mit der Fassung des Beschlusses über die Auflösung und den Eintritt in das Liquidationsstadium. Denn die Gesellschafter bilden einerseits ausdrücklich den Willen, die Gesellschaft nach Maßgabe der §§ 146 ff. HGB abzuwickeln. Andererseits ist die Aufgabe der OHG/KG gerade nicht mehr auf den fortgesetzten Betrieb eines Handelsgewerbes, sondern dessen Einstellung gerichtet.

3. Die OHG/KG besteht bis zu ihrer Vollbeendigung, dem Zeitpunkt der absoluten Vermögenslosigkeit, als eine ein Gewerbe im Sinne der §§ 1, 2 HGB betreibende Handelsgesellschaft fort. Sie ist trotz der Liquidation auf die Teilhabe am Wirtschaftsverkehr ausgerichtet und angewiesen. Die Fassung des Auflösungsbeschlusses, mit der die Gesellschafter kundgeben, das unternehmerische Engagement beendigen zu wollen, stellt zwar eine Zäsur im Leben, nicht aber das Lebensende der Gesellschaft dar. Infolgedessen erfahren die §§ 105 ff. HGB auch insoweit Anwendung, wie die §§ 146 ff. HGB nichts Abweichendes regeln. Insbesondere bleibt das Gesellschaftsvermögen der OHG/KG zugeordnet. Es dient nun aber der Liquidation. Zu diesem Zweck wird es von der Durchsetzungssperre erfasst. Das Gesellschaftsvermögen darf daher nur noch soweit unter den Gesellschaftern verteilt werden, wie es zu Zwecken der Liquidation entbehrlich ist.

Die Außenhaftung der Gesellschafter erfährt, da sie dem Schutz der Gläubiger dient, keine Änderung. Die Haftung wird weiterhin dahin gehend verschärft, dass am Ende der Liquidation eine Nachschusspflicht droht, sollte das Gesellschaftsvermögen nicht ausreichen, sämtliche Gläubigeransprüche zu befriedigen. Diesbezüglich wird § 707 BGB verdrängt.

Die Liquidation wird nach §§ 146 I, 150 I HGB grundsätzlich durch alle Gesellschafter – einschließlich der Kommanditisten der KG – gemeinsam als geborene Liquidatoren durchgeführt. Weiterhin dürfen auch Dritte zu Liquidatoren bestellt werden. Die gleichberechtigte und gemeinsame Wahrnehmung und Durchführung aller zur Liquidation gehörenden Handlungen dient dem Schutz sowie der gegenseitigen Kontrolle der einzelnen Gesellschafter. Darüber hinaus wird die Durchführungsverantwortung sämtlicher Gesellschafter gestärkt, da sie das Recht erhalten, sich in die Liquidation einzubringen.

4. Ebenfalls der Kontrolle des Verfahrens dienen die gemäß §§ 154, 238 ff., 242 ff. HGB von den Liquidatoren aufzustellenden Rechenwerke. In Übereinstimmung mit § 154 HGB ist es einerseits entscheidend, dass die Liquidation als eigenständige Rechnungsperiode von der werbenden Geschäftstätigkeit abgrenzbar ist. Andererseits finden aufgrund der bis zur Vollbeendigung bestehenden Kaufmannseigenschaft der Gesellschaft die allgemeinen Vorschriften der §§ 238 ff., 242 ff. HGB Anwendung. Es sind daher eine Schlussbilanz der werbenden Gesellschaft sowie weitere Jahresabschlüsse während der Liquidation aufzustellen. Die der Vollbeendigung vorausgehende Schlussverteilung wird auf Grundlage der endgültigen Schlussbilanz der Gesellschaft vorgenommen. Außer der Kontrolle des Verfahrens dient die fortgesetzte Bilanzierung der Erfüllung steuerrechtlicher Pflichten und dem Schutz des Rechtsverkehrs.

5. Die Geschäftsführungsbefugnisse der Liquidatoren richten sich nach § 149 S. 1 HGB. Danach sind sie dazu verpflichtet, den Geschäftsbetrieb einzustellen und das vorhandene illiquide Gesellschaftsvermögen in Geld umzusetzen. Mit diesem so erhaltenen Geld sind anschließend die Gläubiger zu befriedigen. Für einen solchen Liquidationsgang sprechen insbesondere der Wortlaut, die Systematik, da das Liquidationsverfahren nur eines von mehreren möglichen Auseinandersetzungsverfahren ist, der Normzweck sowie der im Gesetzgebungsverfahren zum Ausdruck gekommene Wille des Gesetzgebers. Der Unternehmensverkauf in der Liquidation ist ausdrücklich nicht von § 149 HGB erfasst. Die Veräußerung des Unternehmens aus der Liquidation heraus stellt sich als Abweichung gegenüber dem von § 149 S. 1 Hs. 1 HGB beschriebenen Verfahren dar, da es nicht um eine sukzessive Auflösung des Handelsgewerbes unter Begleichung der Schulden, sondern um dessen Erhaltung sowie anschließende Veräußerung als Ganzes geht. Dies kann im Einzelfall daher zu einer weitgehenden Umgehung von Schutzrechten der Minderheit führen. Im Falle der Drittorganschaft (im Sinne des § 146 I HGB) liegt überdies ein Verstoß gegen die für die werbende Gesellschaft geltende Selbstorganschaft und das Abspaltungsverbot vor, wenn der Geschäftsbetrieb zum Zweck der Vollbeendigung umfänglich aufrechterhalten wird und damit dem der werbenden Gesellschaft gleicht.

6. Im Außenverhältnis sind die Liquidatoren gleichwohl unbeschränkt zur Vertretung der Gesellschaft ermächtigt. Die Vertretungsmacht kann weiterhin nicht mit Wirkung gegenüber Dritten beschränkt werden. § 149 S. 2 HGB ist zum Schutz des Rechtsverkehrs dergestalt auszulegen. Dass das vertretungsberechtigte Organ einer Handelsgesellschaft unbeschränkt zur Vertretung des Verbands ermächtigt ist, entspricht überdies allgemeinen handelsrechtlichen Prinzipien, da es gerade hier auf die schnelle und leichte Geschäftsabwicklung ankommt. Eine Beschränkung der Vertretungsmacht auf lediglich solche Geschäfte, die innerhalb des

Liquidationszwecks lägen, würde weiterhin zu einer Beschränkung der Vertretungsmacht bezüglich etwaiger Rechtsakte ultra-vires führen.

7. Zum Schutz des Rechtsverkehrs kommt auch die entsprechende Anwendung des § 179a AktG auf die Personenhandelsgesellschaften nicht in Betracht. Die maßgebliche Erwägung ist hierbei, dass die OHG/KG anders als die AG vom Grundsatz der Selbstorganschaft geprägt ist. Gesellschafter- und Organstellung gehen in der Regel Hand in Hand. Die persönlich haftenden Gesellschafter führen im Gegensatz zum Vorstand der AG ihr eigenes Unternehmen und können sich gegenseitig überwachen. Dies gilt gemäß §§ 146 I, 150 I, 152 HGB erst recht in der Liquidation. Die mitunternehmerische und verantwortungsvolle Beteiligung der Gesellschafter steht für den Fall der typischen OHG/KG im Vordergrund. Dies ist bei der AG gänzlich anders. Der Vorstand hat grundsätzlich kein Eigeninteresse am Unternehmen. Die Aktionäre überwachen den Vorstand nur gemittelt durch einen Aufsichtsrat und haben nur ausnahmsweise ein Mitspracherecht bei Geschäftsführungsangelegenheiten. Obwohl in der Liquidationsphase der OHG/KG Drittorganschaft zulässig ist, sind Geschäftsleitung und Gesellschafterstellung in der Regel miteinander verbunden. Selbst wenn die Gesellschafter nicht die Abwicklung durchführen, sind sie in allen Belangen weisungsberechtigt. Auch daher kommt eine Übertragung des § 179a AktG nicht in Betracht.

Folglich könnten die Liquidatoren auch das Unternehmen der Gesellschaft in einem Akt veräußern. Eine solche unbeschränkte Vertretungsmacht ist vorzugswürdig, da sich deren Umfang anderenfalls nicht anhand von Rechtsscheinerwägungen oder der Typizität der in Rede stehenden Maßnahme festmachen lässt. Anknüpfungspunkt eines Rechtsscheins wären nach § 149 S. 2 HGB die für die Liquidation erforderlichen Maßnahmen. Diese Handlungen stehen einerseits in Abhängigkeit zur konkreten Gesellschaft und andererseits kann ein Dritter die Erforderlichkeit nur dann verlässlich bewerten, wenn er Einblicke in die Interna der Gesellschaft hat. Die Organvertretungsmacht kennt darüber hinaus grundsätzlich keine Einschränkungen, sofern nicht ausnahmsweise im Rahmen des Missbrauchs der Vertretungsmacht der Wille der Gesellschaft nach außen wirkt.

8. Das Liquidationsrecht des HGB schützt die Gesellschafter vor einem Missbrauch der Leitungsmacht dadurch, dass es die Durchführung des Verfahrens in Übereinstimmung mit dem Gesamthandsprinzip gemäß §§ 146 I, 150 I HGB in die Hände aller Gesellschafter legt. Im Ausgangsfall sind alle Gesellschafter zugleich Liquidatoren und Mitglieder der Gesellschaftsversammlung, sodass sie jede Maßnahme für die Gesellschaft vornehmen können. Sofern eine zweigliedrige Organverfassung, bestehend aus den Liquidatoren und der Gesellschafterversammlung, eingeführt wird, sind die Gesellschafter gemäß § 152 HGB ausdrücklich in allen Belangen der Geschäftsführung weisungsbefugt. Diese Weisungsbefugnis steht auch den Kommanditisten zu. Darüber hinausgehende Weisungen sind zwar nicht von § 152 HGB erfasst, können aber von der Gesellschafterversammlung vorgenommen werden. Dies folgt aus § 145 I HGB. Weichen sie dadurch von der bestehenden Auseinandersetzungsvereinbarung ab, kann erneut die Zustimmung der Beteiligten im Sinne des § 146 II, III HGB erforderlich werden.

Zwar sind alle Maßnahmen und Anordnungen dem vertragsoffenen Recht nach nur einstimmig zulässig, hiervon kann aber gemäß § 119 II, 109, 163, 156 HGB abgewichen werden. Das Statut kann Mehrheitsentscheidungen vorsehen. Unter Beachtung der jüngeren BGH-Rechtsprechung gilt dies in allen Belangen, solange der Wille, per Mehrheit zu entscheiden, im Statut zum Ausdruck kommt. Außerdem dürfen im Einzelfall nicht berechtigte, schützenswerte Interessen der Gesellschafter entgegenstehen. Dies gilt selbst für den Auflösungs-/Liquidationsbeschluss sowie für die Rückverwandlung der Gesellschaft in eine werbende. Aufgrund des in der Liquidation geänderten Zwecks und der modifizierten Aufgabenstellung des Verbands, ist der Prüfungsmaßstab bezüglich der Berücksichtigung der Gesellschafterinteressen im Verhältnis zur werbenden Gesellschaft indes ein neuer. Die erhöhte Mehrheitsmacht und die verstärkte Berücksichtigung der Verbandsinteressen zulasten der Handlungsbefugnis der Liquidatoren kommt im Rahmen der §§ 147, 152 HGB zum Ausdruck. Eine Berücksichtigung der Individualinteressen der Gesellschafter wird notwendig, denn der Verband bleibt in personeller und vermögensrechtlicher Hinsicht wegen der geltenden Durchsetzungssperre bis zur Vollbeendigung erhalten. Die Bindung der Gesellschafter an den Verband wird daher konträr zum geänderten Zweck aufrechterhalten und erhöht. Die Mitwirkung an oder die Steuerung der Liquidation ist für die Gesellschafter daher von elementarer Bedeutung.

9. Insgesamt wird ein Zwiespalt innerhalb des Liquidationsrechts deutlich. Die aufgelöste aber nicht vollbeendigte Gesellschaft ist zwar ein rechts- und handlungsfähiges Subjekt, welches am Wirtschaftsverkehr teilnimmt und grundsätzlich noch geeignet ist, ein Unternehmen zu tragen. Das Unternehmen, das im Wesentlichen das Gesellschaftsvermögen darstellt, ist in Geld umzusetzen. Diesem Bedürfnis und nicht der aktiven, fortgesetzten Marktteilhabe tragen die Vorschriften der §§ 146 ff. HGB Rechnung. Aufgrund des bevorstehenden Rückzugs aus dem Geschäftsverkehr dient das Liquidationsverfahren daher dem Schutz der Gesellschafter und der Rückführung des Vermögens an diese. Diesbezüglich stellen sowohl die Begleichung der Schulden der Gesellschaft als auch der Einzug von Forderungen Zwischenziele dar. Interessen des Verkehrs müssen berücksichtigt werden, um die Handlungsfähigkeit der Gesellschaft zu erhalten. Anderenfalls würde sie keinen verlässlichen Geschäfts- und Vertragspartner darstellen. Dieser Verkehrsschutz wird mittels der unbeschränkten Organvertretungsmacht sowie der fortbestehenden Gesellschafterhaftung sichergestellt. Überdies wird das Vermögen, soweit für die Liquidation erforderlich, in der Gesellschaft gebunden. Aufgrund dieser im Verhältnis zur werbenden Gesellschaft gesteigerten Kapitalerhaltung können die Unternehmensveräußerung und die diesbezüglich notwendige Aufrechterhaltung des Geschäftsbetriebs nur mit der Zustimmung der Gesellschafter erfolgen.

10. Angesichts dieses Befundes erscheint es an der Zeit, den Wortlaut des § 149 HGB an §§ 269 I AktG, 88 S. 1 Hs. 2 GenG, 70 S. 1 Hs. 2 GmbHG anzupassen. Insoweit könnte jedenfalls hinsichtlich der Reichweite der Vertretungsmacht der Liquidatoren Rechtssicherheit geschaffen werden. Hierbei handelt es sich – wie dargestellt – um einen allgemeinen handelsrechtlichen Grundsatz. Daher ist nicht ersichtlich, weshalb die Vertretungsmacht der Liquidatoren kraft Gesetzes nicht vergleichbar weit gezogen ist. Denn auch hier, bei der OHG/KG, besteht ein anerkennenswertes Bedürfnis, den Rechtsverkehr zu schützen und zugleich die Verkehrsfähigkeit der Gesellschaft sicherzustellen. Gleichwohl sollte die Geschäftsführungsbefugnis der Liquidatoren nicht erweitert werden, denn somit kann der Schutz der Gesellschafter im Innenverhältnis aufgrund der drohenden Haftungsrisiken verwirklicht werden. Überdies steht es den Gesellschaftern frei, die Aufgaben der Liquidatoren zu erweitern und den Unternehmensverkauf sowie eine weitere Geschäftstätigkeit zuzulassen.

Anhang

Artikel 137 ADHGB 1861

Die Liquidatoren haben die laufenden Geschäfte zu beendigen, die Verpflichtungen der aufgelösten Gesellschaft zu erfüllen, die Forderungen derselben einzuziehen und das Vermögen der Gesellschaft zu versilbern; sie haben die Gesellschaft gerichtlich und außergerichtlich zu vertreten; sie können für dieselbe Vergleiche schließen und Kompromisse eingehen. Zur Beendigung schwebender Geschäfte können die Liquidatoren auch neue Geschäfte eingehen.

Die Veräußerung von unbeweglichen Sachen kann durch die Liquidatoren ohne Zustimmung der sämmtlichen Gesellschafter nicht anders, als durch öffentliche Versteigerung bewirkt werden.

§ 303 HGB 1897

(1) [1]*Eine Verwerthung des Gesellschaftsvermögens durch Veräußerung des Vermögens im Ganzen ist nur auf Grund eines Beschlusses der Generalversammlung zulässig.* [2]*Der Beschluss bedarf einer Mehrheit, die mindestens drei Viertheile des bei der Beschlußfassung vertretenen Grundkapitals umfaßt; der Gesellschaftsvertrag kann noch andere Erfordernissen aufstellen.*

(2) *Der Beschluß hat die Auflösung der Gesellschaft zur Folge, sofern diese nicht bereits aufgelöst war.*

(3) [1]*Die Vorschriften der §§ 294 bis 302 kommen mit der Maßgabe zur Anwendung, daß die Liquidatoren zu denjenigen Geschäften und Rechtshandlungen befugt sind, welche die Ausführung der beschlossenen Maßregel mit sich bringt.* [2]*Die Ausantwortung des Vermögens an den Übernehmer darf nur unter Beobachtung der für die Vertheilung unter die Aktionäre nach den §§ 297, 301 geltenden Vorschriften stattfinden.*

§ 209 AktG 1937

Pflichten der Abwickler

(1) *Die Abwickler haben die laufenden Geschäfte zu beenden, die Forderungen einzuziehen, das übrige Vermögen in Geld umzusetzen und die Gläubiger zu befriedigen; um schwebende Geschäfte zu beenden, können sie auch neue eingehen.*

(2) [1]*Wird die Gesellschaft zahlungsunfähig, so haben die Abwickler ohne schuldhaftes Zögern, spätestens aber zehn Tage nach Eintritt der Zahlungsunfähigkeit, die Eröffnung des Konkursverfahrens oder des gerichtlichen Vergleichsverfahrens zu beantragen.* [2]*Dies gilt sinngemäß, wenn das Vermögen der Gesellschaft nicht mehr die Schulden deckt.* [3]*Schuldhaft verzögert ist der Antrag nicht, wenn die Abwickler die*

Eröffnung des gerichtlichen Vergleichsverfahrens mit der Sorgfalt eines ordentlichen und gewissenhaften Geschäftsleiters betreiben.

(3) *Im übrigen haben die Abwickler innerhalb ihres Geschäftskreises die Rechte und Pflichten des Vorstands; sie unterliegen wie dieser der Überwachung durch den Aufsichtsrat.*

(4) *Das Wettbewerbsverbot des § 79 gilt für sie nicht.*

(5) *Auf allen Geschäftsbriefen müssen die sämtlichen Abwickler und der Vorsitzer des Aufsichtsrats mit dem Familiennamen und mindestens einem ausgeschriebenen Vornahmen angegeben werden.*

§ 255 AktG 1937

Vermögensübertragung in anderer Weise

(1) [1]*Eine Übertragung des ganzen Gesellschaftsvermögens einer Aktiengesellschaft oder einer Kommanditgesellschaft auf Aktien, die nicht unter die §§ 233 bis 254 fällt, ist nur auf Grund eines Beschlusses der Hauptversammlung zulässig.* [2]*Der Beschluß bedarf einer Mehrheit, die mindestens drei Viertel des bei der Beschlußfassung vertretenen Grundkapitals umfasst; die Satzung kann diese Mehrheit durch eine größere Kapitalmehrheit ersetzen und noch andere Erfordernisse aufstellen.*

(2) *Für den Vertrag, durch den sich die Gesellschaft zur Vermögensübertragung verpflichtet, gilt § 235 Abs. 1.*

(3) [1]*Wird aus Anlass der Übertragung die Auflösung der Gesellschaft beschlossen, so gelten die §§ 205 bis 214; die Abwickler sind zu den Geschäften und Rechtshandlungen befugt, die die Ausführung der beschlossenen Maßregel mit sich bringt.* [2]*Der Anmeldung der Auflösung der Gesellschaft ist der Vertrag in Ausfertigung oder öffentlich beglaubigter Abschrift beizufügen.*

§ 361 AktG 1965

Vermögensübertragung in anderer Weise

(1) [1]*Ein Vertrag, durch den sich eine Aktiengesellschaft oder eine Kommanditgesellschaft auf Aktien zur Übertragung des ganzen Gesellschaftsvermögens verpflichtet, ohne daß die Übertragung unter die §§ 339 bis 360 fällt, wird nur mit Zustimmung der Hauptversammlung wirksam.* [2]*Der Beschluss bedarf einer Mehrheit, die mindestens drei Viertel des bei der Beschlußfassung vertretenen Grundkapitals umfasst.* [3]*Die Satzung kann eine größere Kapitalmehrheit und weitere Erfordernisse bestimmen.* [4]*Für den Vertrag gilt § 341 Abs. 1.*

(2) [1]*Der Vertrag ist von der Einberufung der Hauptversammlung an, die über die Zustimmung beschließen soll, in den Geschäftsräumen der Gesellschaft zur Einsicht*

auszulegen. [2]Auf Verlangen ist jedem Aktionär unverzüglich eine Abschrift zu erteilen. [3]In der Hauptversammlung ist der Vertrag auszulegen. [4]Der Vorstand hat ihn zu Beginn der Verhandlung zu erläutern. [5]Der Niederschrift ist er als Anlage beizufügen.

(3) *[1]Wird aus Anlaß der Übertragung des Gesellschaftsvermögens die Auflösung der Gesellschaft beschlossen, so gelten §§ 264 bis 273. [2]Der Anmeldung der Auflösung der Gesellschaft ist der Vertrag in Ausfertigung oder öffentlich beglaubigter Abschrift beizufügen.*

www.ingramcontent.com/pod-product-compliance
Ingram Content Group UK Ltd.
Pitfield, Milton Keynes, MK11 3LW, UK
UKHW021930290926
8980IPUK00016B/1554

9 783631 819425